本书第四版曾获首届全国教材建设奖全国优秀教材二等奖

 "十四五"职业教育国家规划教材　　 国家级精品资源共享课配套教材

高职应用写作
（第六版）

杨文丰　编著

中国教育出版传媒集团

高等教育出版社·北京

内容简介

本书第五版是"十四五"职业教育规划教材,第四版获首届全国教材建设奖全国优秀教材二等奖,第一版为普通高等教育"十一五"国家级规划教材,第三版、第四版分别为"十二五"和"十三五"职业教育国家规划教材、国家级精品资源共享课配套教材,并被列入"中国写作学会成立40周年40部优秀教材"。

第六版主要内容包括应用写作理论知识与AI应用、新媒体文案与大学生通用文书、公文、常用工作文书的写作知识和要求等,全书共16章,包含面向职业、面向企业并贴近大学生校园生活的49个常用应用文文种。第六版新增AI概述及使用AI处理文字的技巧。应用文段落展开方式,各个应用文文种写法、例文、案例、"拓展学习"、"AI同行"训练题,均注重强化写作思维训练,包括各文种均编配有规范撰稿思路、循格快速套写的"写作模板",例文附借鉴写作特点和写作运思的"提示",并有足量的"病文分析"、"病文修改"、文书拟写技能训练题,以助学生既清楚"不应该怎样写",亦明确"应该怎样写"。此外,本书编入了国家各级秘书职业资格证考试涉及的基本应用文种。为更好地适应学生的就业需要,本书所选例文,除力求趣味性,还多数源自企业和基层行政机关。

本书配套开发有智能备课系统(含全书的习题及参考答案、教学建议、授课用的PPT、习题参考答案等配套教学资源),订书院校教师如需要,可登录"高教社产品检索信息系统"(https://xuanshu.hep.com.cn/)免费下载。各节"拓展学习"部分可与作者主持的"应用写作"国家级精品资源共享课资源结合使用,读者用手机扫描二维码,可看到相关授课视频及各章节自测题。

本书适合作为高职院校、应用型本科院校的应用写作课程教材,也可作为企业文员和社会相关从业人员的培训用书或参考用书。

图书在版编目(CIP)数据

高职应用写作 / 杨文丰编著. -- 6版. -- 北京:高等教育出版社,2025.7. -- ISBN 978-7-04-063689-5

Ⅰ. H152.3

中国国家版本馆CIP数据核字第202576N4A4号

GAOZHI YINGYONG XIEZUO

策划编辑	方 雷	责任编辑	方 雷	封面设计	杨伟露	版式设计	杨 树
责任绘图	李沛蓉	责任校对	刘娟娟	责任印制	存 怡		

出版发行	高等教育出版社	网 址	http://www.hep.edu.cn
社 址	北京市西城区德外大街4号		http://www.hep.com.cn
邮政编码	100120	网上订购	http://www.hepmall.com.cn
印 刷	保定市中画美凯印刷有限公司		http://www.hepmall.com
开 本	787mm×1092mm 1/16		http://www.hepmall.cn
印 张	22	版 次	2006年5月第1版
字 数	560千字		2025年7月第6版
购书热线	010-58581118	印 次	2025年7月第1次印刷
咨询电话	400-810-0598	定 价	48.90元

本书如有缺页、倒页、脱页等质量问题,请到所购图书销售部门联系调换

版权所有 侵权必究

物 料 号 63689-00

专家评价

杨文丰教授提出的公文模块及结构模式教学的实质,是使公文写作变得简易好学、有格好循。杨文丰教授实际上创立了一个公文写作流派。

——张广昆教授,上海市政法党校(上海行政学院)

杨文丰教授编著的教材体系创新,内容实际,公文模块及结构模块的创立很利于教与学。

——陈子典教授,广东省写作学会会长、享受国务院特殊津贴专家

我从事"应用写作"课程教学工作十一年,采用过五部教材,教学实践中深切体会到《高职应用写作》具有如下堪称精品教材的优点:

其一,教材充分体现了编著者杨文丰教授同时是国家一级作家的"双师型"教师特质。

其二,教材贯穿一条强化写作思维训练的主线,各文种新编配了"写作模板",既便于教师施教,亦使学生写作思路明晰,能够循模板快速套写,轻松入门。

其三,教材实行任务驱动,目标明确,项目导向易于激发学生的学习兴趣,真正让学生变成课堂主角,消除了学生对应用写作的畏难情绪,有利于培养学生的写作能力。

总之,教材语言简练精确,理论知识、例文选择严谨精当,既面向职业、企业,又面向校园,选文经典、评析精到、格式规范,复习与训练题足量而又循序渐进,是国内目前当之无愧的最好的应用写作教材!

——王子权教授,河北石油职业大学

这是由应用写作"国家级精品资源共享课程"主持人,同时又是一级作家杨文丰教授所编著,达到国家一流水准的应用写作教材,本教材连续多次被评为国家级规划教材、第四版获国家教材奖,便是明证。本教材具有如下特点:

一、教育理念先进。坚持"写作训练"与"思维训练"融为一体的教学原则,体现了"面向职业、面向企业、面向校园"的编写理念。

二、教学内容科学。本书涵盖了应用写作的基本理论和职场的常用文书,按照职场的需要安排编写内容。

三、教材体系完善。本书体现了作者创立的模块理论,采用"纸质教材+数字化教学资源"的立体化教材体例,各种文书编配了"框图+文字"的"写作模板",便于习作者便捷套写,提高学习效率。

四、AI同行,"与时俱进"。本书率先将"人工智能辅助写作"引入教材,着力培养学生掌握AI写作,非常适应"人工智能+"时代的需要。

总之，本书是我看到的最好的一部应用写作教材，若采用此教材进行教学，一定能够取得良好的教学效果。

——尹相如教授，云南省写作学会名誉会长，写作"国家精品课程"主持人

这本教材堪称职场写作案头必备工具书。49种应用文已能覆盖职场写作范畴，贴合职场写作实际。教材阐述写作知识和各种应用文写作技能，语言简明、精准而类似辞典。据应用文特点编配的"写作模板"导引写作思维，可便捷套写。值得称誉的还有，新版教材引入AI辅助写作，顺应了"人工智能+"时代的要求。

——王志明所长，高级工程师，深圳市万商天勤知识产权事务所

一本 AI 同行、理论体系独特、写作思维训练
精当、写作模板套写便捷的应用写作教材

第六版前言

本书自 2006 年 5 月出版以来，先后被评为普通高等教育"十一五"国家级规划教材、"十二五""十三五"和"十四五"职业教育国家规划教材，被众多高职院校和部分"双一流"本科院校选为应用写作课程教材，受到广大使用院校师生的高度好评，发行量已逾 80 万册，荣获"首届全国教材建设奖全国优秀教材二等奖""全国高校出版社优秀畅销书一等奖"，并荣膺"中国写作学会成立 40 周年 40 部优秀教材"之一等殊荣。

2013 年 6 月，作为教育部首批上线并向社会免费开放的 120 门中国大学资源共享课中唯一一门"应用写作"课程，即以本书为基础配套开发，并于 2016 年 6 月被教育部授予"国家级精品资源共享课"称号。

本书作为应用写作"国家精品课程""国家级精品资源共享课"的配套教材，融入了本人 30 多年来从事应用写作教学、写作学研究、课程建设和撰写应用文书的经验与研究成果，以及文学创作的经验。20 年来，本人受中国职教学会等单位之邀，赴北京、上海、福建、浙江、黑龙江、吉林、辽宁、四川、河南、山东、江西、湖南、广东等十多个省市为高校写作教师作过包括本教材建设经验在内的如何建设"应用写作"国家精品课程、国家级精品资源共享课程的学术交流，其中，2011 年 5 月本人有幸被邀在"教育部全国高校教师网络培训中心"，以"强化写作思维训练，推进模式化写作"为题，通过视频讲座与全国 24 个省(区)市分会场的高校写作教师做过写作学研究及课程建设经验交流。2023 年 4 月在"全国优秀教材建设经验分享会"上，本人与近三千五百位高校写作教师和社会人士在线分享了"课程思政背景下应用写作课程与教材改革创新"经验。

党的二十大报告指出："教育、科技、人才是全面建设社会主义现代化国家的基础性、战略性支撑。"习近平总书记在《培养德智体美劳全面发展的社会主义建设者和接班人》一文中提出："教材是传播知识的主要载体，体现着一个国家、一个民族的价值观念体系，是老师教学、学生学习的重要工具。"习近平总书记还指示"要把创新教育贯穿教育活动全过程"。作为肩负着"为党育人，为国育才"神圣使命、社会应用面极广的应用写作教材，如何更好地贯彻落实习近平总书记的重要指示和党的二十大精神、如何更好地发挥教材的课程思政育人功能、如何让纸质教材与数字资源高度融合，尤其是随着今年春节以来中国版人工智能 DeepSeek 的迅猛崛起，如何让学生利用 DeepSeek 等人工智能有效地促进学习，已成为摆在教育工作者及写作界同人面前的新课题。

鉴此,在第五版更新一批例文、提升案例的思政育人实效,并增编微博、微信文案写作内容的基础上,第六版将新编写的"AI概述及使用AI处理文字材料的技巧",编入"第一章 应用文书概述与AI应用",在各节【拓展学习】中设置导引学生认识和掌握AI应用的训练题,亦替换了部分例文和技能训练题,修订了教材中的一些文字,适当加大论文写作的学习难度,并将会务文书中会议记录一节的内容以二维码的形式移至公文纪要的【拓展学习】。

本版教材的特点如下:

一、引入了人工智能辅助写作,"AI同行",丰富了教材内涵、延伸了教材的边界和拓展了教材的使用空间,在对辅助与延展写作思维,指令快速写出初稿、生成逻辑性和连贯性的文章内容、收集整合网上材料、检测和纠正文本语法错误、判识写作误区、提供措辞与句式优化,以及提升写作效率等方面,做了有益探索。

二、基于作者独创的应用文内容模块及结构理论建构全书体系,书中贯穿一条"强化学生写作思维训练"的主线,具体体现在:一是注重学习应用写作常用思路及其对文书结构的作用和影响;二是依托本人首创的"公文正文基本内容模块及结构模式"强化对公文的结构和写作运思的分析;三是基于应用文固有模式化的特点,对公文和其他各种应用文书均编配有"框图+文字"形式的"写作模板",以助学习者便捷套写;四是书中的"例文借鉴"与病文分析,均附有剖析写作思路和问题的"提示",对如何理清写作思路、合乎逻辑地展开段落,均作重点提示;五是在"技能训练"中设计了足量的病文析改案例,在"拓展学习"中除"即测即评"外,增加"AI同行",设置了"以提示词指令,请AI生成各个应用文书撰写易出现的误区"等AI训练题,既训练"应该怎样写",还得明白"不应该怎样写"。

三、体现"面向职业、面向企业、面向校园"的编写理念。书中编入的文书种类均为职场常用文书,例文选择求"实"求"质"。例文也主要选自中小企业和基层行政机关常用文书,尽量与就业"零距离"对接,同时,在微信公众号、微博和论文写作章节,亦编入本人的作品作例文。设置的AI训练题,力求贴近大学生的校园学习生活和适应工作需要。

四、优化"任务驱动""项目导向"的教学模式,以"例文借鉴→必备知识→结构写法和写作模板→技能训练→拓展学习"为编写体例。例文及讲解提示在前,让学习者先建立感性认识,以导助学,再案例驱动,循序渐进,这种编写体例与本人主持的"应用写作"国家精品资源共享课视频课程结构基本相同。

五、注重突出新形态教材的一体化设计。读者可用手机扫一扫二维码,即可观看"爱课程"网上由本人和教学团队讲授的一批国家级精品资源共享课程"应用写作"的教学视频;也可扫一扫各节复习训练题旁的"二维码",实现"即练即测即评";订书院校教师还可联系高等教育出版社获取其他配套资源如电子教案PPT(含课程介绍、教学建议、例文及评析、习题及参考答案、教学重点难点、AI同行训练题等)。

六、注重文字内容的可读性、趣味性,追求语言精练、准确、明晰、得体,"全书没有多余的话"(谭元亨教授评语)。

在本书付梓之际,衷心感谢教材建设合作企业深圳市万商天勤知识产权事务所!感谢计算机专家高级实验师李强博士审校全书中新增的AI内容!感谢高等教育出版社和所有关注、支持本书出版的各界师友!感谢在众多教材中选用本书的师生们!同时,感谢应用写作课程教学团队各位同仁对教材修订工作的支持!

期盼写作界专家、教师、学生和各界读者，对本书多多提出宝贵意见！

"应用写作"国家精品资源共享课主持人
"应用写作"国家精品课程主持人
二级教授、国家一级作家

2025 年 3 月 25 日

第一版前言

高等职业教育在人才培养上,坚持"以服务为宗旨,以就业为导向,走产学研结合的发展道路"。作为与传统学科型高等教育双峰并峙的教育形式,高等职业教育必将在办学宗旨、教学方法与手段、教学管理、教学内容与课程体系,乃至在教材建设等诸多方面引发一场革命性的变革。很希望通过本书,能够为这一场利国利民的教育变革添砖加瓦。

根据教育部《关于加强高职高专教育教材建设的若干意见》,本书以"必需、够用"作为应用写作理论和写作技能训练内容的编写标尺。全书内容分应用写作理论知识、公文、常用文书和科技文书四个部分,构成了基本理论知识、例文借鉴和写作技能训练(分病例析评和作文训练)三个教学模块。本书能充分突出应用写作教学的教写性和实训性的要求,旨在通过教学,使各类高职高专学生养成较好的应用写作技能,能较快地写出合格的常用应用文书,同时,还能掌握必备的应用写作理论知识,以适应就业需要。

总体来说,本书具有如下特色。

1. 本书充分体现了编著者主持、主讲"应用写作"国家精品课程的成功经验。

2. 本书内容注重面向职业、面向企业。书中所编入的46个文种,均是根据我们深入各类企业、基层行政机关的调研而确定的,绝大多数文种都是目前企业经常使用的,具有当代性。所编入的公文例文,也大都选自当今企业和基层行政机关。

3. 本书在编写体例方面注重创新,书中文种写作内容按"习题预览→例文借鉴→必备知识→文种的结构和写法→注意事项→习题"的体例编写,以更好地体现写作规律,适应教学之需。

4. 本书注重培养和训练学生的写作思路:(1)对于常用公文,利用编著者总结的、经教学实践证明实用好用的模块模式化写作教研成果,实行格式化快速套写;(2)注重微观写作规律的运用,本书编写了应用文书段落展开的种种方式,这对展开学生写作思路、提高成文能力将大有裨益;(3)本书把对每个例文的"点评"改为借鉴例文写作特点和作者写作运思的独到"提示",以调动学生主动思考成文规律的积极性。

5. 本书注重明确"不应该怎样写"的教学训练。书中编入大量的"病文分析"和"病文修改"训练题,以求通过训练,让学生在明确"不应该怎样写"的同时,更好地明确"应该怎样写"。

6. 本书将"习题预览"列为各文种写作教学内容的第一项,以强化学生解决问题的意识和成文意识,增强学习的目的性。

7. 本书注重与国家相关职业技能资格鉴定标准紧密结合,已将国家各级秘书职业资格考试涉及的全部应用文种(共20种)编入书中。

8. 本书较好地融合了编著者长期从事写作教学与研究、撰写应用文书以及文学创作的经验。全书语言精练、准确、明晰和得体。

9. 为了丰富教师的教学手段，方便教师教学，拓展学生的学习空间，本书配套开发了电子教案、网络课程、考试系统和自测系统。其中，电子教案包含了课程教学建议、理论和实训教学大纲、授课计划、例文及析评、全书习题及参考答案等内容。

感谢华南理工大学新闻与传播学院中文教授、广东省人民政府参事谭元亨先生拨冗为本书审稿，并提出宝贵意见。感谢所有为本书的出版付出辛劳、提供支持和帮助的人们。在编写本书的过程中，编著者还参阅了部分国内外相关的教材、资料，获得了启发和借鉴，在此一并向有关人士致以诚挚的谢意！

由于编写时间短促，书中不当之处在所难免，期待同行专家、教师、同学们和广大社会读者多提宝贵意见。

编著者
2006 年 1 月 1 日

目 录

第一篇 应用写作理论知识与AI应用

第一章 应用文书写作概述与 AI 应用 …………… 2
- 第一节 应用文书的含义、特点及分类 …………… 2
- 第二节 应用文书主旨的确立及显示 …………… 3
- 第三节 应用文书材料的处理 …………… 6
- 第四节 AI 概述及使用 AI 处理文字材料的技巧 …………… 9

第二章 思路与结构 …………… 14
- 第一节 应用文书写作的常用思路 …………… 14
- 第二节 应用文书的结构 …………… 18
- 第三节 应用文书段落的展开方式 …………… 20

第三章 语言及表达方式 …………… 28
- 第一节 应用文书语言的基本特征 …………… 28
- 第二节 应用文书语言的主要表达方式 …………… 31

第二篇 新媒体文案与大学生通用文书

第四章 新媒体文案 …………… 38
- 第一节 微信文案 …………… 38
- 第二节 微博文案 …………… 47

第五章 竞聘词 社会实践报告 …………… 55
- 第一节 竞聘词 …………… 55
- 第二节 社会实践报告 …………… 59

第六章 实习报告 毕业设计报告 毕业论文 …………… 65
- 第一节 实习报告 …………… 65
- 第二节 工科类专业毕业设计报告 …………… 72
- 第三节 文科类专业毕业论文 学术论文 …………… 77

第七章 求职文书 …………… 93
- 第一节 求职函 …………… 93
- 第二节 简历 …………… 98
- 第三节 劳动合同 …………… 103

第三篇 公 文

第八章 公文写作知识概述 …………… 114
- 第一节 公文正文基本内容模块及结构模式 …………… 114
- 第二节 公文的特点、作用及用语要求 …………… 117

第九章 公文写作 …………… 122
- 第一节 决定 …………… 122
- 第二节 纪要 …………… 127
- 第三节 通告 …………… 132
- 第四节 通知 …………… 139
- 第五节 通报 …………… 149
- 第六节 报告 …………… 155

第七节　请示 …………………… 163　　　　第八节　函 ……………………… 171

第四篇　常用工作文书

第十章　规章文书 …………………… 180
　　第一节　规章制度概说 …………… 180
　　第二节　章程 ……………………… 182
　　第三节　规定 ……………………… 190
　　第四节　制度 ……………………… 194

第十一章　会务文书 ………………… 199
　　第一节　开幕词 …………………… 199
　　第二节　闭幕词 …………………… 203
　　第三节　简报 ……………………… 206

第十二章　事务文书 ………………… 213
　　第一节　计划 ……………………… 213
　　第二节　总结 ……………………… 219
　　第三节　述职报告 ………………… 227
　　第四节　启事 ……………………… 232
　　第五节　备忘录 …………………… 236
　　第六节　产品说明书 ……………… 240

第十三章　经济契约文书 …………… 245
　　第一节　经济合同 ………………… 245
　　第二节　意向书 …………………… 252

　　第三节　招标书 …………………… 257
　　第四节　投标书 …………………… 261
　　第五节　订货单 …………………… 266

第十四章　经济调研文书 …………… 269
　　第一节　市场调查报告 …………… 269
　　第二节　可行性研究报告 ………… 275

第十五章　经济仲裁与诉讼文书 …… 282
　　第一节　经济仲裁申请书 ………… 282
　　第二节　经济仲裁答辩书 ………… 287
　　第三节　经济纠纷起诉状 ………… 291
　　第四节　经济纠纷上诉状 ………… 296
　　第五节　经济纠纷申诉状 ………… 301
　　第六节　经济纠纷答辩状 ………… 304

第十六章　礼仪信函 ………………… 310
　　第一节　感谢信 …………………… 310
　　第二节　邀请书　请柬 …………… 313
　　第三节　欢迎词　欢送词 ………… 317
　　第四节　贺信（电） ……………… 322

附录一　党政机关公文处理工作条例 …………………………………………………… 326
附录二　文章修改符号及其用法 ………………………………………………………… 332
附录三　公文和 AI 应用常用特定用语简表 …………………………………………… 334
主要参考文献 ……………………………………………………………………………… 336

第一篇　应用写作理论知识与AI应用

第一章　应用文书写作概述与 AI 应用

第一节　应用文书的含义、特点及分类

一、应用文书的含义

教学视频：应用文书写作概说

所谓写作,是人们用语言文字符号把感受、认识主观世界和客观世界的思维结果及情感有选择地记录、表述,实现交流沟通的创造性脑力劳动。

应用写作是写作的一个重要分支,是以应用文书为学习和研究对象,以实用性为明确目的的写作。

应用文书是应用写作的文字表现形态。

应用文书是国家党政机关、企事业单位、社会团体或个人用以处理事务、传播信息、表述意愿而撰写的具有一定的惯用体式的实用性文章。

二、应用文书的特点

（一）实用性

实用性是应用文书最本质的特点。应用文书为解决实际问题或达到某种目的而写,对象明确。这也是它区别于其他文体的主要标志。例如,写一篇请示,是为了向上级请求指示或批准办理某一事项;写一篇民事诉状,是为了解决所发生的纠纷。而文学作品则不同,文学作品以审美为宗旨,关注的是人的精神与灵魂,内容上重创新,形式上不拘一格,与应用文书相比,文学作品的实用性相对较弱,也不那么直接。

（二）真实性

文学作品的真实是艺术的真实,它源于生活,又高于生活。应用文书则为解决实际问题而写,强调的是方针、政策的正确和客观事实的真实。一切从实际出发,按照客观规律行文,事实确凿可信,统计数据准确无误,有理有据,这是应用文书写作对真实性的基本要求。

（三）思维的逻辑性

思维的逻辑性是指应用文书的撰写要讲究逻辑。体现在文章的结构上,要条理清楚,段落之间具有明显的逻辑关系;陈述的事项界限清晰、不交叉;内容前后讲究逻辑因果,材料能够证明观点。虽然在撰写过程中,应用文书也有运用形象思维的时候,但多数是以具体的事件或问题为中心,在阐述观点,分析前因后果、现象和本质时,多是采用逻辑思维的方式。例如,写请示就要讲清请示事项和请求批准的原因;写总结,则应在陈述具体成绩和存在问题的基础上,分析说明取得成绩和存在问题的原因;科技论文的结论,则须来自对材料的分析和对

问题的推断。

(四) 格式的稳定性

格式是在长期的写作实践和应用中形成的一定的规格式样,如果约定俗成,就可称为惯用格式;如果格式被固化,就称为规范格式。应用文书多数有惯用格式,党政机关公文则具有规范格式。应用文书格式的稳定性,使不同的文种显得清晰而独特,便于写作、阅读、承办、归档、查询、利用,达到行文的目的。现当代文学作品一般没有固定的格式规定。格式的稳定性是应用文书特有的属性之一。

三、应用文书的分类

应用文书的分类是按照特定的标准而进行的。标准不同,分类结果也相应不同。

应用文书的文章体裁种类繁多,由于标准不同,分类结果也不尽相同。

本书综合考虑应用文书的特点、作用、写作规律以及教学规律,把应用文书分成新媒体文案、大学生通用文书、公文、常用工作文书几大类,全书包含的 50 个职场常用应用文书的知识及写法,将在下面分别介绍。

> 【拓展学习】
>
> 一、名词解释
> 应用文书
> 二、填空题
> 1. 应用写作,是以_____为目的的写作。
> 2. 应用文书具有_____、_____、_____和_____4 个特点。
> 3. 本书将应用文书分成_____个文种。
> 三、阅读本书附录一《党政机关公文处理工作条例》。
> 四、认真阅读并抄写本书附录二《文章修改符号及其用法》。
> 五、AI 同行
> 上网熟悉 AI 的使用,初选一个 AI,比如 DeepSeek 及另一个 AI,分别输入提示词指令:"请简述应用文书的特点。""请说明应用文书的使用范围。"阅读 AI 生成的文字。

1.1 即测即评

第二节 应用文书主旨的确立及显示

一、主旨的概念和作用

(一) 主旨的概念

主旨与材料是应用文书内容的基本要素。主旨又称为主题、题旨、立意等。具体地说,主旨就是通过文章的具体材料所表达的中心思想、基本观点或要说明的主要问题,是作者对客观事物的评价和态度。

（二）主旨的作用

1. 主旨是文章的灵魂和生命

主旨决定着应用文书的价值、质量和影响。应用文书的主旨一经确立，就会成为文章的中心。全篇文章会因它而拥有灵魂和生命。

如果主旨不好，材料再典型、结构再完善、语言再符合应用文书的要求，也不可能是好文章。

2. 主旨对行文产生制约作用

应用文书的材料取舍、布局谋篇、技巧运用，乃至拟订标题、遣词造句等，都受到主旨的制约，并服从表现主旨的需要。

下笔前先确定主旨，材料取舍、结构安排、方法运用、语言调遣就有了依据，写起来当然就可"得举止闲暇"，从容成篇。而主旨还没有确定就动笔写作，就难免"手忙脚乱"，甚至无法成篇。

二、对主旨的要求

（一）正确

主旨首先必须符合国家的法律、法规，符合党和国家的路线、方针、政策。请看下面一篇通告：

××五金有限公司关于加强安全保卫工作的通告

近来，我公司连续发生盗窃、斗殴和小型失火事故。有数位职工被歹徒打伤，财物损失数万元，为了保证公司的正常生产秩序，特作如下通知：

一、凡是本公司职工进入公司，均要佩戴工牌标志，自觉以指纹开门锁，否则视作违反公司纪律处理，扣发奖金。

二、外来人员进入公司时，必须持所属单位介绍信或证件登记；离开公司时，应接受行李物品检查。

三、来客投宿，有关人员应报公司保卫科批准。在此期间，如公司内发生盗窃、失火事故，来客不准离开公司，并要集中接受审查。

四、公司内职工离开车间或办公室，应关好门窗，以防小偷破门而入。

通告自××××年2月8日生效。凡自觉执行本通告的给予表彰，拒不执行者予以经济处罚或行政处分。

××××年2月1日

显然，这篇通告的有关条文有违法之处，如果公之于众，极可能引发或激化社会矛盾，产生消极甚至是破坏性的作用。

主旨的正确还体现在必须符合客观实际情况，能反映客观事物的本质规律，经得起实践和时间的检验。

（二）鲜明

不像文学作品那样可以含蓄隐晦地表达主题，应用文书的主旨必须清楚、明白，无论赞成或反对、提倡或禁止、肯定或否定，都应使人一目了然。

（三）集中

应用文书要求内容单一，一文一事，主旨理应集中、单一，不可多中心，"意多必乱文"。只有主旨集中，文章才能写得深刻，才容易被对方理解，有关事项才便于处理，有关规定才便于执行。

为了做到主旨集中,在构思和撰稿时就要控制思路,"目标始终如一,方寸一丝不乱",不能下笔千言,离题万里。写那些内容比较复杂的文章,如会议报告、工作总结、纪要、调查报告,在构思时,就要统观全局,在更高的层次上确立主旨,做到中心明确、突出。

三、显示主旨的主要方法

（一）标题点旨

即用标题概括点明主旨。如《××集团公司关于实行"产品三包"责任制的通知》,便在标题中概括点明了主旨。

标题点旨的形式,要求概括事由或概括主旨的文字要严密、准确。

（二）开宗托旨

1. 使用主旨句,开宗托旨

在公文和其他应用文书中,明白、准确地表达主旨的句子叫作主旨句。主旨句以介词结构"为了……"为特征。在正文开头用主旨句托出写作主旨,是一种开宗托旨、开门见山的写作方法。通知、通报、通告、报告、意见以及规章文书等常用此方法。如"为构建德智体美劳全面培养的教育体系,现就加强新时代大中小学劳动教育提出如下意见"（中共中央　国务院《关于全面加强新时代大中小学劳动教育的意见》）。

2. 不出现主旨句,开宗托旨

有的应用文书开宗托旨,首句并不出现主旨句,而是直接阐述意义、主张或基本观点。如一份通知的开头:"棉花是关系国计民生的战略物资,是产棉区农民收入的基本来源,是纺织工业的主要原料。做好棉花购销工作,对于稳定农业大局,保证纺织行业正常生产,安排好人民生活,加强出口创汇具有重要意义。"

（三）小标题显旨

小标题显旨的形式,是将文章主旨分解成几个部分,每个部分用一个小标题来显示。值得注意的是,各个小标题的排序,必须体现合理的逻辑关系。如下文:

关于我省清理整顿公司工作的报告

国务院：

我省自××××年××月清理整顿公司以来,坚持既坚决又稳定的方针,抓紧清理整顿方案的拟定和实施,积极查处了公司违法违纪案件,努力加强公司的建设和管理,基本完成了党中央、国务院赋予我们的任务,达到了预期的目的。现将这项工作情况报告如下:

一、撤并了一批流通领域的公司,解决了公司过多过滥的问题。（略）

二、查处了公司违法违纪案件,整顿了公司的经营秩序。（略）

三、认真做好撤并公司的各项善后工作。（略）

四、加强了公司管理和法规、制度建设。（略）

××省人民政府
××××年××月××日

上文的4个小标题围绕清理整顿公司这一主旨表述了富有内在逻辑关系的4个思路和做法。各个小标题均是小标题下文字内容的概括。

（四）转换揭旨

在内容重大转换处揭示主旨，即转换揭旨，也叫片言居要。转换揭旨可以让读者产生文意突兀感，提高认识，强化记忆，同时，转换揭旨也起着承上启下的过渡作用。揭旨之前的文字，通常是揭示主旨的文字的铺垫。如《××市国土资源局关于加强国有农场土地管理的报告》，在说明该市的国有农场土地近年存在被一些地方划拨占用的情况，影响了农场繁育良种、示范和推广先进农业技术等工作，之后，笔锋一转即直截了当地揭示主旨："为了切实保障国有农场生产用地，管好用好土地，发挥好农场繁育良种和农业科技试验、示范及推广等功能，特提出如下意见。"

（五）呼应显旨

即让正文的开头和结尾前后呼应，以突出主旨。

这种写法多是开头提出与主旨相关的问题，篇末呼应之。

（六）篇末点旨

即在应用文书正文的结尾点明写作主旨。

【拓展学习】

1.2 即测即评

一、名词解释

1. 主旨

2. 主旨句

二、填空题

1. 应用文书要求主旨要正确、_____和_____。

2. 显示主旨的主要方法，除了开宗托旨外，常见的还有_____、_____、_____、_____和_____。

三、简答题

1. 应用文书主旨的作用主要表现在哪些方面？

2. 以小标题显旨，各个小标题间必须体现什么关系？

四、AI 同行

在 AI 上输入提示词指令："请简述应用文书如何显示主旨，并举例说明。"重复输入生成 2 到 3 次，辨析 AI 生成的回复是否相同。

第三节　应用文书材料的处理

一、选择材料的标准

（一）真实

真实即写进应用文书里的材料必须准确无误，大到事件，小到具体细节，甚至一句引语、一个数据，都不允许有丝毫的虚假。

（二）切题

切题是指写进应用文书里的材料既要有针对性又要恰到好处。首先,必须有针对性,能紧扣写作主旨。选用的材料必须能准确地说明观点。材料和观点绝不能相互脱节成为"两张皮"。与主旨无关的材料,再生动也不能选用,否则将与主旨南辕北辙。其次,要选用能明确、具体、突出地说明主旨或观点的材料,给人以深刻的印象、清晰的认识,不能笼统含糊,使人不得要领。

（三）恰当

为了使材料更有表现力、说服力,在写作中,不妨从以下几个角度恰当地选用材料来说明观点。

1. 点面结合

所谓"点",即用典型材料说明问题的深度;所谓"面",即用相关的一般性材料概括说明问题的广度。

2. 对比

有比较才有鉴别,在叙述事实、说明情况时,应用文书常常选用能进行优劣对比、新旧对比的材料来说明观点。

3. 正反结合

应用文书以正面阐述问题为主,但有时也用反面材料说明事物本质。正面材料和反面材料的互相映衬、比较,能加深读者对事物的认识,将观点阐述得更加鲜明。

4. 定性材料和定量材料结合

应用文书在说明事物的现状和发展变化时,除主要用文字材料加以定性说明、描述外,有时也用数据甚至图表作定量说明,以使观点更生动、直观,更具有说服力。

（四）新颖

新颖是指写进应用文书里的材料一定要有时代感,能够表现客观事物的发展变化趋势,反映客观事物的最新面貌,以及现实生活中人们最关心的那些新人、新事、新思想、新成果和新问题。

二、处理材料的常用方法

（一）筛选法

筛选法是对材料进行鉴别、筛选,从纷繁复杂的材料中找到最切合主旨的材料的方法。

（二）类化法

类化法是通过确立反映事物本质特征的、与分类目的相适应的标准,将纷繁复杂的材料进行梳理归类的方法。

（三）截取法

截取法是选用一个完整事件的片段或完整事物中的部分以表现观点的一种处理材料的方法。用这种方法,不求事件的连贯、事物的完整,只求能言简意赅地说明问题和阐明观点。叙事性较强的应用文书,如简报、通报、调查报告以及应用文书中叙事性较强的部分,常用此法。

截取材料的多少或详略需适度。为此,必须考虑材料与观点的紧密程度、读者对材料的熟悉程度。同时,在截取材料时,不能断章取义,不能扭曲原意,还要注意上下文的衔接,并与整篇文章表述角度一致,避免牵强附会、生硬别扭。

（四）撮要概述法

撮要概述法是对虽有价值却非常纷繁的材料加以概括和压缩，使精华部分更为突出的方法。在具体做法上，对叙述性的事实材料，往往保留主干，抓住要点，理清线索，剔除细节，变描写、详述为略写、概述，只要求简要交代事件的概貌和实质，而不求像文学作品那样细腻传神、形象感人。如《中共××市委、××市人民政府关于在全市开展向何国治烈士学习活动的决定》（以下简称《决定》）中，便是以撮要概述法介绍何国治的英雄事迹。《决定》写道：

××××年5月26日下午5时44分，我市3名儿童在锦江河九眼桥下踩水玩耍时，不慎失足跌入水深湍急的回水凼，生命危在旦夕。青年工人何国治听到呼救，毫不犹豫地第一个跳入河中抢救，奋力将溺水儿童推向浅处。何国强等几名青年也相继跳入河中，齐心协力救起3名儿童。在抢救中，何国治英勇牺牲。他们见义勇为、舍己救人的英雄事迹，谱写了一曲社会主义精神文明的壮丽凯歌，赢得全市人民的热情赞扬。

何国治同志生前是成都市房地产经营公司职工，共青团员。他热爱祖国、热爱人民，时时处处学雷锋、树新风，工作勤奋，埋头苦干，勤俭节约，珍惜国家财产，勇于同坏人坏事作斗争，在平凡的岗位上做出了不平凡的事迹，表现了一个共青团员献身社会主义事业的崇高信念和优秀品质。

300多字的《决定》概括了何国治同志光辉的一生和舍己救人的英雄事迹，体现了应用文书概述事实材料的写作特征。

三、材料与观点的组织形式

（一）先列材料，后亮观点

这种形式先介绍事实、说明论据，或列举数字，然后水到渠成地归纳观点，推导结论。这种安排由事到理，说服力强。叙事性应用文书或文中叙事性较强的片段，常采用这种方法组织材料。

（二）先亮观点，后列材料

这种形式常在层、段、条的首句先概括出观点或问题，然后列举事例并陈述观点，或用理论材料和事实材料论述观点。这种写法观点鲜明、条理清楚、先声夺人、引人注目。多数应用文书采用这种形式组织材料。

（三）边列材料，边亮观点

这是一边举材料，一边亮观点，即夹叙夹议的组织形式。这种形式的优点是既摆事实又讲道理，行文层层深入，便于理解。叙事性较强的片段也常采用此种写作形式。

【拓展学习】

一、填空题

1. 应用文书选择材料需符合_____、_____、_____和_____的标准。
2. 应用文书写作处理材料常用的方法有_____、_____、_____和_____4种。

二、简答题

在应用文书写作中，材料与观点的组织形式有哪几种类型？

1.3 即测即评

三、阅读与分析

试阅读下面一段文字,分析观点与材料的组织采用的是何种形式,这种形式有何作用。

我省质量技术监督局今年共抽查生产企业 25 810 个,检查产品 40 900 种,共 55 431 批次,合格率为 75.37%。与其他省、直辖市相比,我省在全国的排位,5 年前是第 8 位,今年不仅低于全国平均水平,而且下降到第 22 位。

今年抽查商业企业 5 235 个,检验商品 635 种,共 11 526 批次,商品合格率为 63.63%。

可见,在我省生产领域和流通领域中,产(商)品合格率不高,问题十分严重。

四、AI 同行

在 AI 上分别输入提示词指令:"简述如何处理应用文书的材料,分条列项。""简述观点与材料的组织容易出现的误区,范围:公文写作,要求:分条列项。"阅读 AI 生成的文字。

第四节 AI 概述及使用 AI 处理文字材料的技巧

一、人工智能(Artificial Intelligence,AI)与大语言模型(Large Language Model,LLM)概念[①]

人工智能是一门研究、开发用于模拟、延伸和扩展人的智能的理论、方法、技术及应用系统的新技术科学。

人工智能研究如何使计算机系统能够执行通常需要人类智能才能完成的任务,这些任务包括但不限于视觉感知、语音识别、自然语言处理、决策制定、学习以及解决问题等。人工智能涵盖了多种技术和方法,包括但不限于机器学习、深度学习、强化学习、计算机视觉、自然语言处理等。

包括 DeepSeek 在内的大语言模型是人工智能家族的重要成员,是人工智能技术发展的一个重要里程碑,专注于自然语言处理领域,通过模拟人类的语言行为,为人工智能系统提供了强大的语言理解和生成能力。随着人工智能技术的不断发展,大语言模型不断优化和完善,以应对更加复杂和多样化的应用场景。

大语言模型能够理解和生成自然语言文本,通过在大规模文本数据集上进行训练,学会了语言的统计规律和模式,从而能够在如文本生成、问答系统、文本摘要、翻译等各种 NLP 任务中表现出色。

二、大语言模型在写作中的应用[②]

大语言模型在应用写作乃至文学写作中应用广泛。

1. 写作助手与文本生成

作为写作助手,根据用户输入的提示或主题,大语言模型能够自动生成连贯且富有逻辑的文本内容,这包括应用文书、博客、诗歌、故事等多种形式。例如,根据输入的关键词或句子,大语

---

① 编写的内容主要源于 AI 生成。
② 编写的内容主要源于 AI 生成。

言模型可以生成完整的段落甚至整篇文章,为作家、秘书、编辑、内容创作者等提供极大的便利。

2. 内容构思与创意激发

在写作过程中,大语言模型还能帮助用户构思内容,提供创意灵感。只要用户向模型提出一个大致的想法或主题,模型都能生成多个相关的内容建议或框架,帮助用户快速形成写作思路。这对于那些面临写作障碍或需要快速生成大量内容的用户来说尤为有用。

3. 文本润色与校对

大语言模型还具备文本润色和校对的能力。它们可以检查并纠正文本中的语法错误、拼写错误以及逻辑不连贯等问题,使文本更加流畅和易读。此外,LLM还能根据语境和写作风格对文本进行改写和优化,增强文本的表达效果,提高文本的吸引力。

4. 个性化写作建议

随着技术的发展,根据用户的写作习惯和偏好,大语言模型越来越能够提供个性化的写作建议。例如,通过分析用户的写作历史和反馈数据,大语言模型可以了解用户的写作风格和偏好,并据此生成更符合用户需求的文本内容。这有助于改善、提升用户的写作体验和满意度。

5. 跨语言写作支持

对于需要进行跨语言写作的用户来说,大语言模型也能够提供有力的支持。通过多语言数据训练,大语言模型能够进行高质量的机器翻译,帮助用户将文本从一种语言翻译成另一种语言,这极大地拓宽了用户的写作范围和市场潜力。

此外,作为在线教育平台,大语言模型可为学生提供个性化的学习材料和作业辅导,帮助学生提高写作能力和学习效率。随着技术的不断进步和完善,大语言模型在应用写作中的应用前景将更加广阔。

三、大语言模型的常用小技巧①

在人们印象中,使用大语言模型是极其简单的操作——只需输入一个问题,立刻就能得到回答。但实际上,要想"用好"大语言模型,仍是需要技巧的。

如何有效地与人工智能模型互动,发挥出它们的最大潜力?中国科学技术大学心理学系特任研究员林志成在发表于《自然—人类行为》的评论文章中,提供了一系列策略和指导,以此帮助人们更好地理解和"用好"这些先进工具,生成更精准的回答。

"从本质上看,大语言模型是一个数学模型,缺乏对语义的理解。它只能'预测下一个文字'出现的概率,而不能生成'真理'。"在接受《中国科学报》采访时,林志成建议在输入指令时可以使用八个小技巧。

1. 拆分复杂任务

由于缺乏对语义的理解,想要大语言模型"举一反三"是很难的。但是,它有海量的数据、珍贵的"记忆",可以从中提取信息。

比如,不要直接给出"将文本翻译成中文"这样宽泛的指令,而是将指令拆解成两步——首先按字面意思翻译,保持含义不变;然后意译,让文本符合中文的语言习惯。

再比如,让大语言模型写出一篇1 000字的论文,可以尝试把任务分解成子任务,用具体的指令分别生成概述、结论和中心论点。

---

① 编写的内容主要基于《八个小技巧用好大语言模型》(作者:王敏,载2024年8月2日《中国科学报》)。

"清晰、逐步的指令会降低模糊性和不确定性,从而生成更准确的答案。"

2. 添加相关语境

大语言模型的记忆量,比人的记忆量大得多,因而想让它提供精准且符合问题语境的回复,在输入指令时添加相关语境就很重要。

"一个限定语境的问题应当包含具体内容和细节,从而引导大语言模型进行更准确的理解产生更准确的理解力,生成有洞察力、更精细的回复。"

例如,让大语言模型起草一份求职简历,事先要把企业发布的具体职位需求、个人基本情况等内容一并提供给它,如此一来,输出的简历就更具有针对性。

3. 明确的指令

当你走进一间咖啡厅,想要点一杯喜欢的咖啡,应该不会说"请来杯咖啡",而是会说"来杯摩卡或拿铁"。同样,你也不要期待大语言模型能读懂你的心思。

"要想降低大语言模型预测时的不确定性,就要给出明确的指令。"

例如,想让大语言模型修改文章,不要说"润色这篇文章",而是具体到修改成什么风格、文章的目标受众是谁。

"一段更具体的指令甚至可以是像顶级期刊的顶级编辑那样,润色这篇文章,让它更为清晰流畅。"

4. 提供多种选项

大语言模型还拥有超强的"长期记忆"和生产能力。因此,它可以提供多个版本,而不是一个。

"很多时候,人们潜意识里认为,大语言模型给出的答案是最优的。但就文本写作而言,其带有很多主观色彩,并不是一个简单量化的东西。因此很难判断大语言模型第一次给出的就是最优答案。"此时,可以让大语言模型提供多种选项,再从中选出符合个人需求的答案。

此外,林志成建议,还可以考虑重复用同样的指令多次生成回复。

5. 设定角色

大语言模型特有的"长期记忆",意味着它能够模拟各种角色,提供专业的反馈或独特的视角解读。因此,设定角色也是一种小技巧。

例如,输入指令时,可以让大语言模型模仿典型读者提供写作上的反馈,也可以让它扮演一名写作教师帮助修订文稿,甚至可以让它扮演一头擅长人类生理学的西藏牦牛,以其独特的视角解释高海拔对心肺功能的影响。

"让大语言模型扮演不同角色,不仅能获得更多有针对性和符合语境的回复,还能在整个过程中获得更多乐趣。"

6. 提供具体例子

大语言模型擅长小样本学习。"一个特别有效的手段就是使用具体例子丰富大模型的想法。就像你去理发店,对理发师描述想要的发型,最好的方法是给他看照片。"

比如,输入指令时,不要模糊地说"以这些数据制图",而是提供一个例子,如"为这些数据画个条形图,类似附件论文中的图"。再比如,当你让大语言模型根据文稿生成摘要时,可以提供几份期刊中的摘要样例,大语言模型就可以参考这些例子生成符合期刊风格的摘要。

"这些具体的例子就像路线图一样,指导大语言模型朝着你期望的方向生成内容。"

7. 声明回复格式

"大语言模型经常'废话太多'。"例如,让它修改一篇文章,它可能会把修改的细节一并反馈,但其实你只需要最后的成稿。

因此,可以要求大语言模型仅输出修改后的内容。比如,可以指定回复格式,包括列表格式、阅读水平和语言等。用列表格式和通俗的语言能够提升回复的可读性;限制回复的长度可以使内容更简洁;设定阅读水平则有助于更好地理解。

例如,与其让大语言模型"总结关键发现",不如声明回复格式,"用列表形式总结关键发现,并使用高中生能够理解的语言"。

8. 实验、实验再实验

"需要指出的是,如何使指令更有效,尚无确切答案。有时稍微调整一下,可能就会收获意外惊喜。""实验、实验再实验,是最好的办法。"

例如,在一系列推理问题中,在指令中简单加入"一步一步思考"就可以让大语言模型表现得更好。

有意思的是,大语言模型还能回应"情绪性的信息"。假如你让它修改一篇未经同行审议的论文,可以在指令中加入一些短语,比如"深呼吸一下,这事对我的职业生涯很重要"。

"这些例子证明大语言模型对指令非常敏感。不过,并非所有尝试都会成功,但每次尝试都会有新的收获,并在一定程度上提升工作效率、增加乐趣。"

四、温馨提示

(1)大语言模型是 AI 族的重要一员。现在多数网民所说的人工智能,多是指大语言模型,本书沿用多数网民的说法,将大语言模型的应用类同为人工智能的应用。

(2)人工智能能够通过学习已有文本,生成符合人类语言习惯并具有一定生动性的文章。人工智能可以提供写作素材、写作风格、写作内容等多方面的建议。在写作完成后,人工智能可以从纠错、配图、排版等多个角度提供改进建议,帮助人们提高文章质量。

然而,值得注意的是:人工智能更擅长处理海量的信息,筛选合适的素材,而对信息的深入理解、对信息真实可靠性的把控却未必能完全到位。如果行文需要感情、吸引力,关涉价值观,通常仍然需要逻辑,依然需要人工分析和总结,真正热门和重要的内容依然需要人去完成写作,或者说,对数据抓取、分析、处理是人工智能的强项,但对非数据化内容的处理却是其弱项。

从本质上来说,写稿机器人目前提供的是"数据",而非真正意义上的文章。写作是人类智力的体现,人工智能永远也无法完全替代人类写作。人类写作的高度决定了人工智能写作的高度,当然人工智能写作的质量会越来越接近人类写作的作品,同时,人工智能写作水平的提升,也将倒逼人类写作不断进步。

(3)人工智能写作可分为"自动写作"和"辅助写作"两类应用形态。"自动写作"是人工智能自主完成写作任务,其写作过程不需要人工干预。"辅助写作"是人工智能为人类写作的全流程提供多种辅助功能,帮助人类完成写作任务的智能写作方式。

辅助写作软件提供的写作格式及内容模板,有助于作者更快捷地创作,或模板化地批量创作。辅助写作给人类提供的帮助,主要在四个方面:写什么?如何写?如何写好?如何更好地分发、传播?

在应用写作课程中,人们一般使用的是人工智能的"辅助写作"功能,因而,用好 AI 的关键,就完全取决于你能否撰写出精准、可让人工智能接受的提示词指令——撰写提示词指令的过程,本质上就成了研究问题、提出问题和解决问题的过程。只有对自己学习、研究的问题认识深透,对期望的目标了然于心,才有可能写出精准的提示词指令,让人工智能输出相应的回复。

(4) 基于本教材编者使用人工智能从事应用写作和文学创作的经历,经由反复验证,归纳出如下的"提示词指令模式":

提示词指令=生成××××(事项说明或主题指令)+涵盖:××、××(范围指令 N 个)+要求:××、××(生成形式指令 N 个)

(注:1."事项说明或主题生成指令"不能缺失。"生成"两字可以省略;2."范围指令""生成形式指令",视生成内容需要,可全部省略或省略若干;3. N≥1,一般为 2~5 个)

(5) 把学习人工智能的过程,变成用好人工智能的过程。人工智能入门的门槛并不高,但要用好,却需不断深入学习。在学习过程中,我们不妨多与人工智能互动,比如,我们可以用同样的提示词指令重复输入同一人工智能,让同一人工智能反复生成回复,也可以将同样的提示词指令输入不同的人工智能,辨析不同人工智能回复内容的异同。与同一人工智能不断地互动,也相当于在一定程度上不断地调教人工智能。由于人工智能有智能性记忆功能,它在与我们的不断互动中,会增强对我们关注领域,或学习、研究领域的记忆,从而会更顺畅更倾心地助我们一臂之力。

人工智能好不好用,完全取决于使用它的人。人工智能是否能充分体现智能,相当程度上取决于使用人工智能的人的能力。

(6) 选好最适合自己的人工智能产品。目前,网上的人工智能产品种类很多,收费的、免费的均有。只有经过使用和对比,我们才能选好"最对自己口味"的人工智能产品。

【拓展学习】

一、名词解释

1. 人工智能
2. 大语言模型

二、填空题

1. 大语言模型是人工智能家族的_____成员。
2. 用好人工智能的核心或关键,在于能否撰写出精准的人工智能可以接受的_____。

三、简答题

1. 大语言模型是如何成为写作助手实现文本生成的?
2. 为什么要选好适合自己学习或研究领域的人工智能产品类型?

四、AI 同行

参照"提示词指令模式":提示词指令=生成××××(事项说明或主题指令)+涵盖:××、××(范围指令 N 个)+要求:××、××(生成形式指令 N 个),选自己喜欢的 AI,输入如下的提示词指令(其中××××改为自己攻读的专业):

"生成如何运用 AI 提高应用写作能力,涵盖:××××专业,要求:分条列项,言之有物。"阅读 AI 的回复。

第二章　思路与结构

第一节　应用文书写作的常用思路

教学视频：
结构与模板

探究应用文书的结构,我们不能只停留在掌握文种格式及写法这个浅层面上,还要深入到写作思路这个较深层次的领域中去,在思维方式上下功夫,因为任何文章的结构和质量水平都主要是由作者的思路所决定的。只有充分地认识和明确应用文书写作的一般思路,才能更好地认识和掌握应用文书的一般结构形式。

本节旨在通过对思路与结构的认识,为提高应用文书的成文能力打下一定的基础。①

一、思路的基本含义

思维是具有意识的人脑对于客观现实的本质属性和内部规律作出自觉、间接和概括的反映。

人的思维活动与语言紧密联系。语言是思维活动的载体,人需要借助语言呈现思维活动。

思路是思维活动的运行轨迹。

文章思路就是作者构思文章时,有规律、有条理、有方向、连贯的思维过程的"路线"。由于人们的思想观念、生活经历、文化素质、才情禀赋各不相同,写作目的和对文体的认识和掌握程度存在差异,对问题的思考方法、习惯也有所区别,这些情况反映到文章里,就表现为文章的不同思路和形态。文章的思路,应当是作者整体思维、系统思考的结果。正如语言学家张志公先生在《怎样锻炼思路》一文中所作的说明:"作者的思路是他对客观事物怎样观察、理解、认识的反映。思路不是凭空产生的,是以客观事物为基础的。客观事物反映在作者头脑里,经过观察、理解、认识的过程,形成了他对这件事物的印象、看法、态度或感情。把这些印象、看法、态度或感情理出个头绪来,就是所谓的思路。按照这个思路写成文章,就是所谓的组织结构。文章的组织结构是否严密,表明他对所写的客观事物是否形成了鲜明的印象、看法、态度或感情。"②这段话对我们认识思路的性质、特点及其与文章结构的关系有极大的帮助。

文章思路的发展和推进是有一定走向的,不同的文体,可分别沿着时空线、逻辑线、情感线或意识流线展开思路。应用文书写作主要沿逻辑线和时空线展开思路。

---

① 本节借鉴和编选了叶黔达教授主编的《应用写作》(四川人民出版社)一书的有关内容。特此致谢!
② 张志公. 怎样锻炼思路[J]. 中学生阅读(初中版),2019(21).

二、思路与结构的一般关系

文章的结构和作者对客观事物的观察、理解、认识以及思想脉络是紧密相关的。文章结构实质上就是作者认识客观事物的思想脉络在文章构造上的反映,是作者思路的体现。只是对于不同的文体,这种反映和体现的程度有所不同。文艺作品的这种反映和体现是曲折迂回、深藏含蓄的;而应用文书的结构通常是作者思路的直接呈现。

如果说结构是文章的骨架,思路则是文章的脉络。文章的结构总是沿着思路展开主旨、组织材料、谋篇布局的。思路是结构的内核和基础,结构是思路的外在表现。文章的结构提纲,就是作者用文字反映自己大的思路的形式。可见思路和结构的关系是十分密切的。

如果说思路中包含着思想,那么文章的结构与作者的思想必然是相对应或相统一的。如果文章结构杂乱无章,则表明作者的思路杂乱不清。如果文章结构不严谨、不清楚,则表明作者的思路不缜密、不清晰。因而,"思路,这是关乎文章结构的最根本的东西"(张志公《怎样锻炼思路》)。为了使结构完整、严谨和条理清晰,能准确地表达思想、写出通顺流畅的应用文书,我们在下笔之前,必须先理清、理顺思路。

三、应用文书写作常用思路简述

应用文书写作构思主要是运用逻辑思维。不同的文种、不同的写作意图,一般会以不同的逻辑思维方法进行构思,而不同的思路相应也会影响到应用文书的结构形式。

(一)递进思路

递进思路是运用递进思维方法而形成的一种思路。递进思路是类似于掘深井的思路。递进思路是应用文书写作的常用思路之一。递进思路是认识事物或事理由浅入深、由表及里、由低到高、由小到大、由轻到重,层层递进、循序渐进的一种思维方法。运用这种思维方法,可以深入、清晰地阐释某些比较复杂的事理,说明某些比较复杂的关系,有助于深刻认识事物的本质属性,使文章达到一定的深度。例如,《××公司财务管理混乱的现状亟待改变》的调查报告,按以下思路写成:

$$××公司财务管理混乱$$
$$\downarrow$$
$$"财务管理混乱"导致乱账多,员工"主人翁"精神衰退$$
$$\downarrow$$
$$查找财务管理混乱的原因$$
$$\downarrow$$
$$采取有力措施抓好财务制度建设$$

很明显,这篇文章运用的就是典型的递进思路。

运用递进思路时,各层次间要环环扣紧,先写哪一层次,后写哪一层次,顺序不能随意调换。

(二)并列思路

运用平等、平行、并列的思维方式认识和对待事物或事理而形成的思路就是并列思路。并列思路犹同双峰对峙或 AA 制的思路。并列思路认识事物或事理不存在由浅入深、由表及里的递进关系,而是将事物或事理平等看待,横向发展。如通知、决定的诸多事项,规章文书的许多同类条文,体现的都是并列思路。并列思路也是应用文书写作的常用思路之一。

（三）比较思路

比较思路是运用比较和鉴别的思维方法而形成的一种思路。应用文书写作常常运用比较思路。

任何比较都要注意事物有可比性，且比较的标准要一致。要注意抓住事物的本质特征进行比较，以便更深刻地认识和把握事物的异同与特质。还要注意比较的灵活性，根据实际情况和写作需要，从多角度、多方面对事物进行比较，以便更全面、更准确地认识事物。

（四）归纳和演绎思路

1. 归纳

归纳是指从两个以上个别的、特殊的事物或道理的共同属性中，推出同一类事物或道理的普遍性结论的推理方法。它是从个别到全体、从特殊到一般的思维方法。应用文书写作运用这种思维方法便形成了归纳思路。如对某类客观事物共同规律的探讨、对先进经验的提炼总结，都可运用这种思路。

归纳常有以下几种方法。

（1）完全归纳法。即穷究同类事物中所有个别事物的共同属性，推出普遍性结论的方法。这种方法不允许漏掉任何一个性质相同的个别事物。

（2）不完全归纳法。即根据对某类事物部分对象的概括，推出一般性结论的方法。如《中共××县委员会关于向徐庆文、吴春山同志学习的决定》一文，归纳出的结论是"徐庆文、吴春山同志忠诚地为党和人民的事业奋斗了一生，他们的一生是光荣的一生。他们不愧是我党的优秀党员。"归纳出这个结论的依据，只是选择介绍了他们一生中一些典型事迹，并没有罗列全部事迹。

（3）科学归纳法。即由某类事物中的一部分与某种属性具有的必然联系，而推出这类事物全都具有这种属性的方法。

2. 演绎

演绎是从普遍性的前提推出特殊个别性结论的思维方法。它与归纳的思维方向正好相反。例如，《××市××局关于机关干部勤政廉政的规定》写道："廉洁奉公是党的优良传统，是党的根本宗旨的具体体现，是党取信于民的根本保证，也是机关干部应具备的职业道德。只有做到高效廉洁，党的工作才能得到群众的信任和支持，党的事业才能得到群众的关心和拥护，党和政府才有可能带领和团结大家同心同德，共渡难关，深化改革，实现发展。"这里采用的就是演绎思路。说理性较强的应用文书较多地运用演绎思路。

运用演绎思路写作应用文书时，作为根据、前提的一般性结论必须正确无误，才能进行直接演绎。

归纳和演绎既是两种方向完全对立的思维方法，又是互相依存的辩证统一体。

（五）综分思路

综分思路是运用综合和分析两种思维方法而形成的思路，也是应用文书写作的常用思路之一。综合则是把事物的各个部分联合起来，从整体上加以考察，也就是由分到总，集散为整。综合的过程，就是对实体事物进行组合、对抽象事物进行概括的过程。分析则是把事物分成若干部分，分别加以研究，由总到分，化整为零。对实体事物进行分解，对抽象事物进行分类、剥离的过程，就是剖析的过程。

综合和分析也是互相依存、互相联系、互相转化的。分析是综合的基础，没有分析，认识不可能具体深入,也就无从综合。综合是分析的前导,没有综合,不能统观全局,就可能只见树木不见森林,分析就缺乏方向和目标。分析重在发现事物的本质,分析不是目的,而是认识事物的手段。分析之后,还要把事物的各个部分放到事物的整体中,放到各个部分相互的联系、作用和矛盾中,放到事物的运动、变化中去考察它们的地位、作用,从而把握其本质。综合并不是现象的罗列,不是事物各个部分机械地相加,而是要按照事物各个部分间的有机联系,对事物各个方面做全面的、本质的反映,从而从整体上把握事物的特征。

在应用文书写作中,文章能否点面结合、铺陈展开,关键在于构思时要善于分析客观对象,且善于在分析的基础上进行综合。

(六) 因果思路

因果思路是运用探因和寻果两种思维方法形成的思路。在应用文书写作中,根据写作意图和受众接受心理,常常采用由果溯因的思路。

应用文书写作运用因果思路时,首先要全面分析导致结果或现状的原因。在诸多原因中首先抓住主要的、根本的原因,同时也不能忽视次要原因。要实事求是地、全面地分析事物的内因和外因,不能只抓一点不及其余,防止片面性和绝对化。其次要深刻地分析产生原因的原因,从原因中去探究产生原因的原因,这就是所谓的"因因分析"。因为有时表面的原因也只不过是个别现象,如果我们的分析浅尝辄止,只根据这个表层的原因得出结论,那么,这个结论就可能是片面、肤浅的。比如,某厂生产的传统产品出现销售疲软势头,厂方要求做出调查并写出市场销售情况的调查报告。通过调查发现,销售疲软是广告宣传不力、营销渠道不畅、产品包装陈旧、产品式样单一、产品质量下降等多种原因造成的。经过分析研究,认定其中质量下降是关键。进一步分析,发现质量下降的原因是生产第一线工人质量意识不强、检验工不负责任。又深入分析,发现造成这种状况的原因是管理不善,制度不严,职工普遍缺乏品牌意识。再追本溯源,发现根本原因是厂领导班子缺乏市场优胜劣汰的竞争意识,只抓产品数量、产值,而忽视产品质量……经过这样层层深入分析,厂方找出了深层次的根本原因,提出了"领导重视,狠抓质量,注重宣传,打通渠道"的对策,终于使产品销售重新呈现了增长势头。

以上是应用文书写作的常见思路。应用文书写作常常会综合运用多种思路而成文。

【拓展学习】

一、名词解释

1. 思维

2. 思路

二、填空题

1. 语言是_____的载体。

2. 应用文书的结构和质量水平,主要由作者的_____决定。

3. 文章结构杂乱无章,则表明作者的思路_____。

4. 应用文书写作的常用思路有_____、_____、_____、_____、_____和_____6类。

2.1 即测即评

三、简答题
递进思路是怎样一种思维方法？试举例说明。

四、AI 同行
在 AI 上输入提示词指令："对比文学创作与应用写作的思路，涵盖：小说，散文，要求：分条列项。"阅读 AI 生成的文字。

第二节　应用文书的结构

一、对应用文书结构的要求

（一）要反映客观事物的本质联系和规律

客观事物本身有它的存在形式、特点和运动规律。文章表现是客观事物，其结构形式应取决于内容，以体现客观事物本身的内在本质联系。应用文书写作要依据事件发展的过程、事物的特征来安排正文结构，以反映对象的内在本质及规律。如写通报，无论是用于传达重要情况，还是用于表彰或批评，都必须把事实叙述清楚。

（二）要适应不同文种的体式特点

应用文书文种都有相对稳定的体式规范。应用文书的结构安排需适应文种体式的规范要求。这就要求作者须注意研究、把握应用文书文体样式的规范。如写市场调查报告，要写基本情况、分析评价和建议；写规章制度，则一般要用条款式来写。

（三）具有严密性

应用文书的各部分要成为一个统一的整体，共同表达一个主旨，或由统一的主旨统领，部分和部分之间不能互相矛盾或不相关联，或者说，文章从内容到结构都要周全，避免因遗漏而表达不全。例如，写一份请示，结构上该有请示缘由、事项和请求三个层次。有的请示，理由轻描淡写，不具备使上级机关批准的充分依据；或是没有请求，使上级机关不明白要批复什么。结构不完整，行文就难以达到目的。

内容逻辑严密的文章，必定是结构完整的文章。

应用文书的部分与部分之间，应当或呈现因果关系，或呈现主次关系，或呈现并列关系，或呈现表里关系，各部分互相弥补、互相协助，共同使文章的结构及内容具有严密性。要达到这样的要求，关键还是取决于作者的思路。

二、应用文书的结构类型

应用文书的结构类型是指应用文书的文章结构，即正文在外部形态上所表现出的形式。应用文书的外部形态大体有10种类型。

（一）篇段合一式

正文内容在一个完整的自然段内，即一个段落就是一篇完整的文章。这种形式常用于内容单一的应用文书。

（二）两段式

两段式常用于内容简单、篇幅简短的应用文书。如把篇段合一式中的结语部分单独列为一段,可成为两段式;或把三段式中的结语部分省略,写作目的或缘由、行文事项各为一段,也可以成为两段式。

(三) 三段式

三段式是短篇应用文书比较常见的外部结构形式,即正文分为写作目的或缘由、事项、结语3个层次。

(四) 多段式

多段式多用于内容稍多、篇幅稍长的应用文书。一般,开头概述情况,说明缘由、目的或依据,结尾单独成段或省略结尾段,主体部分内容稍多,分别写为若干段。如果是内容很多、篇幅很长的应用文书,一般不宜采用多段式,而宜采用分部式。

(五) 分部式

这种结构形式,通常把文章分成几个大部分,每个部分就是一个层次。为了做到眉目清楚,每个部分可用小标题或者序号列出,多用序号加小标题的形式。小标题或者作为层旨句概括该部分中心,或者提示该部分内容范围。这种结构形式容量较大,观点清晰,头绪分明,适用于内容较多、篇幅较长的应用文书。工作总结、理论文章、调研文章等常用这种结构。应用文书纵式结构中的递进式结构多这样写,采用这种写法时一定要注意前后各部分由浅入深、由表及里的逻辑顺序。

(六) 贯通式

贯通式是围绕中心,按时间顺序、事物发展顺序或者认识顺序,抓住主要线索,比较完整地叙述或说明一个事项、一项工作、一个道理的结构形式。它不分条文,不用小标题,前后贯通,以自然段落组成全篇。这种结构适用于内容比较单一的以叙述性或说明性为主的应用文书。

(七) 条款(项)式

法规、规章和职能部门的一些文书,经常用这种形式,显得观点清楚,排列有序,简洁明了。条款(项)式结构有以下两种。

1. 章断条连式

章断条连式适用于内容多且篇幅长的法规、规章。这种结构以章为序划分层次,章下可分条,各章下的"条"不依章断开另起开头,而是连续编号。这便于执行承办时援引有关条文。极少数还在章下分节,节下再分条。章、节、条均用小写汉字数码表示,如第一章、第一节、第一条。有的条下分款,款不带序数,一个自然段就是一款;有的条下列项,项冠以带圆括号的汉字数码"(一)""(二)"等,项下可分目,目冠以阿拉伯数字"1""2"等。

2. 条文并列式

条文并列式适用于内容不太多、篇幅不太长的法规、规章和其他应用文书。法规、规章以外的其他应用文书,通常不用"第×条"标示,其标法形式是:第一层为"一、",第二层为"(一)",第三层为"1.",第四层为"(1)";不另以其他数码为序数。若是只有一个层次,则以"一、""二、"这类数码为序数。

条下的款或项、目独立成段。段间内容具有相关性。

(八) 总分条文式

总分条文式也是应用文书用得较多的一种外部结构形态,公文、规章、合同等文书常采用这种结构。文章开头部分(即引言部分)先总说:或概述情况,或说明写作目的、依据、原因,或阐明主旨,摆出结论。后文则分条文分述有关内容,每条或说明事物的一个方面,或围绕主旨阐述一个问题,或分析事件的一个原因,或提出一项要求、措施、办法等。

条文的层级结构序数与条款式的写法一样。有的在分条之后还有一个总说的结尾,形成"总说—分说—总说"的结构。安排条文的要求,与条款式结构相同。

(九)表格式

表格式是应用文书不同于其他文体所特有的一种外部结构形态。不少经济管理职能部门如工商行政管理部门、税务部门、专利管理部门等和不少企业如银行、保险公司及厂矿公司等,常采用表格式,制发各种专门文件。

(十)不成文式

不成文式是应用文书尤其是告启类文书所特有的一种外部结构形态。它不像一般文章那样有完整的结构内容,开头、结尾、层次、段落、过渡和照应都不一定齐备或有明显标示,从其外部结构形态来看也不像传统的文章样式,语言表述方式也有其特殊性,通常运用图文相间的形式或者图表形式。典型的不成文式应用文书多是一些广告、海报等告启文书。它同表格式文书一样,看似不成文,没有传统文章的形式,但表达效果常常比成文式文书好。运用这种形式撰写告启文书时,一是告启事项要周全,二是要注意突出重点,不能因图害意,让图画冲淡或掩盖了主要内容。

【拓展学习】

2.2 即测即评

一、填空题
1. 应用文书的结构类型大体有_____、_____、_____、_____、_____、_____、_____、_____、_____和不成文式10种类型。
2. 条款式有_____和_____两种。

二、判断题
1. 文章的层级标法,顺序依次为"一、""(一)""1.""(1)"。(   )
2. 条款式应用文书条下有的分款,款不带序数,一个自然段就是一款。(   )
3. 条款式应用文书条下有的列项,项冠以带圆括号的汉字数码(一)、(二)……若项下再分目,则目冠以阿拉伯数字1、2……(   )

三、简答题
应用文书对结构有什么要求?

四、AI 同行
在 AI 上输入提示词指令:"应用文书的结构为什么要规范,要求:以例子说明。"阅读 AI 生成的文字。

第三节 应用文书段落的展开方式

一、层次与段落的一般关系

层次是文章结构环节中的重要一环。层次又称为"逻辑段""部分""意义段"等。段落又叫作"自然段"。

段落和层次既有区别又有联系。层次是文章中表现思想内容的基本单位,而段落是文章中表达完整意思的最小单位。层次着眼于整篇文章内容先后次序的划分,而段落着眼于在表现某个相对完整意思时的间歇、停顿、强调或转折。多数情况下,段落小于层次,几个段落表达思想内容上的一个层次。有时段落正好与层次的划分相一致,段落等于层次。个别情况下,段落大于层次,如篇段合一式的段落就是如此。

提行空格是段落的标志,但不是凡提行空格的就是段落。例如,法规、规章中的有些条文,各项或各目都分别提行标示,有时甚至一项一目还不是一句话。在这种情况下,一条或一项内的所有条文是一个段落。

段落表达的思想叫作"段旨",表示段旨的句子叫作"段旨句"。与其他文体相比,应用文书特别注重使用段旨句。无论是自然构段,还是分条列项的分段,应用文书常常把体现全段中心意思的句子置于段首,使段落的中心意思明确醒目。有些文学作品也会用展开段旨句的方式行文。

在概括层次的内容时,应用文书常在文中使用小标题,或在层次之首单列一个揭示层次主旨的独立段落,这便是"层旨段"。

二、层次的展开方式

应用文书层次的展开方式主要有以下几种。

(一)递进式

递进式是层次犹同掘深井般纵向展开文章内容的方式,反映事物或事理本身的自然联系,结构层次之间是延续、承接、深入的关系。具体的方式有以下几种。

(1)按照时间先后顺序展开层次。
(2)按照事物或矛盾发展的各个阶段展开层次。
(3)按照作者认识的发展深化展开层次。
(4)按照论证推理的各个步骤展开层次。

(二)并列式

并列式是按事物的逻辑联系进行分类归纳,按事物构成部分、特性、性质的不同侧面来安排层次、将材料横向排列的方式,结构层次间是平行、平等,犹同双峰并峙或 AA 制的关系。具体的方式有以下几种。

(1)按照观察者立足点的转移或空间位置的变换展开层次。
(2)按照事物各个构成部分展开层次。
(3)按照材料的类属展开层次。
(4)按照论述、说明的问题或各分论点展开层次。

(三)总提分承式

总提分承式是一种按辐射形式展开层次的方式,能鲜明地体现领属关系或整体与部分的关系,具有中心突出、层次分明、条理清楚的特点。在应用文书中,这种层次展开方式用得较多的是先总后分,也有由总到分再到总,很少用先分后总。应用文书中的通告、通知、纪要等的正文结构常呈现这种展开方式。

（四）纵横交叉式

纵横交叉式是将纵向递进式和横向并列式综合起来交叉展开层次的方式。内容比较复杂、时空变换较大、篇幅较长的报告、总结、调查报告常采用这种模式。采用这种纵横交叉式要注意内容分布有主有从：或是以纵向为主，以横向为辅；或是以横向为主，以纵向为辅，一般不能平均用力。一些内容复杂、时空变换较大、篇幅较长的应用文书通常以一种结构为主来安排大的层次，用另一种结构来安排小的层次。

此外，应用文书在结构的展开上，还常采用连接、转折的方式，这里说的连接、转折可视为一般文章的过渡、照应，具体写法主要有两种。

一是普遍地使用序数。序数的使用，既使应用文书各部分内容的连接、转折显得简单明确，又使应用文书的层次、段落的划分、安排变得更加清楚和有条理，利于受文者理解和把握应用文书的内容。

二是使用表示衔接与转接的词语和句式。这些词语、句式大多数用在开头与主体、主体与结尾、层次与层次、段落与段落、层次与段落的过渡、转折的地方。常用的衔接或转接词语有：以下、如下、以上、是、现、将、即、总之、为此、对此、因此、但、但是、不过、一些、另一些、一方面、另一方面、另外、有的、同时、还有、此外、一律、所有等。

常用的句式有：

现将……如下……

具体做法是……

主要表现在以下几个方面……

综上所述……

层次的展开次序，应根据应用文书的具体内容和文种的特定需求作相应安排。在写作之前，我们可以通过拟写提纲，使流动、模糊、粗疏的思路变得固定、清晰、细密，以保证层次之间的关系既紧密而又不会纠缠不清。

三、段落的展开方式

段落与层次的展开方式类似，比如，都常用递进法、并列法。然而，这只是相对于宏观的方面而言。由于段落是应用文书中表达完整意思的最小单位，所以对段落展开方式的研究，是将研究视野转入较为微观的领域。

著名创意写作学者叶黔达教授在《现代公文写作与处理最新规范·观念·技巧》一书中，提出段落的展开主要围绕"主句"进行，认为"主句是段落中概括或提示本段中心、内容范围的句子。它起提携全段的作用。好的主句总能服从于并说明文章题目（或主旨），能揭示段落中心或揭示段落的内容范围"。

围绕主句展开段落，是写好应用文书段落的关键。一般说来，围绕主句展开段落的方式，通常有下列 11 种。

（一）通过解释、说明和阐述主句展开段落

即对主句提出的概念、定义、主张或观点进行解释和阐述，以展开段落。例如：

办学要体现改革的精神。//增设学院，不增加编制。要充分挖掘党校现有的师资、场地、设施等方面的潜力。还要充分利用各种社会智力资源，聘请有实践经验、有理论素养的干部和企业家讲课，当客座教授。在生产（经营）、教学、科研相结合上下功夫，努力探索一条有特色的党

校办学的新路子。

段中展开部分概说了办学如何体现改革精神的措施。

（二）以实例说明主句展开段落

用举例来陈述、证实、说明主句以展开段落，有的用具体事例，有的用概括性例子。例如：

公文写作和私务文书写作也存在相同的地方。//如请示、请批函和我们平时写的申请书，一般都要撰写背景情况、行文的目的和提出具体的请求或要求。

以几个例子说明主句时，须注意叙述、说明的先后顺序。

（三）通过递进展开段落

即由浅入深，层层推进，逐步深入说明事物的本质属性或事理，以展开段落。它实质上是递进思路在段落中的运用。例如：

目前养猪业已形成三种经营形式或称为养猪的三个层次，即千家万户养猪、专业户养猪和工业化（工厂化）养猪。//前两者数量大，占有举足轻重的地位。但这两者限制了高科技的应用，因而难以进一步提高繁殖率、产肉率、商品率和经济效益，属于低层次养猪。要把这两个层次从数量增长型变为质量效益型，当务之急是集中精力发展第三个层次，才能达到启动前两个低层次类型的目标。//这是我省养猪业跃上新台阶的必由之路。

在层层递进时，这个段落还适当运用了一些关联词语，使层次的递进关系更为清晰。

（四）通过数字说明展开段落

即通过数字说明主句以展开段落。这种方法利于具体、准确地说明客观事物的现状及变化。例如：

四川已成为全国最大的商品猪基地。//十年来，川猪出栏量以年递增12%的速度稳定增长。出栏率达91%，瘦肉率大面积达48%以上，均达历史最高水平，数量上也保持着绝对优势，全省生猪存栏数已达6 400万头，数量已超过美国。

（五）通过比较展开段落

即通过比较事物的差异或说明事物的相同点，来展开段落。例如：

对技术人员的引进态度不一样。//发展快的张村，光从北京、天津等地请进的技术人才就有近百名，并采取师傅带徒弟的办法，为本地培养技术人员326名。依靠这些技术人才办企业87个，今年新增产值960万元；发展慢的王村，只引进外地人才11名。

（六）通过分类展开段落

即依据同一标准对事物进行分类，以展开段落。例如：

这次检查的内容为今年6月以来发生的各种乱涨价、乱收费行为。//(1) 违反国家规定，擅自涨价和扩大进销差率、批零差率、最高限价、指导价，提高商品价格及收费标准的行为；(2) 违反国家规定的调价备案、申报制度与监审品种的差率、利润率、临时性限价以及不实行明码标价的行为；(3) 违反国家规定，擅自提高化肥、农膜、农用柴油等农业生产资料最高限价的行为；(4) 擅自扩大收费范围，随意提高收费标准以及自立名目乱收费的行为。

例段中4类行为皆属"乱涨价、乱收费"。

（七）通过总说与分述展开段落

即先总说后分述，实质上是总分思路在段落中的体现。总说要概括、准确，分述要善于铺陈，必要时可用序号，使分述条理更清楚。例如：

县委、县政府把加快企业转型升级作为全县经济上台阶、农民奔小康的突破口，领导重视，工作抓得实在。//县委、县政府把企业转型升级列入重要工作日程,县委常委会多次专题研究企业转型升级工作,先后4次召开大型企业专题研讨会安排部署、检查指导。县委书记、县长蹲在基层调查研究,协调解决问题;主管领导集中精力抓住不放;为各乡(镇)配备了抓乡镇企业的专职副乡(镇)长;充实和加强了县乡企局和乡(镇)企业办的工作力量。明确提出,不抓乡(镇)企业转型升级的领导不是称职的领导。

例段中,分述从多个方面对总说的"领导重视,工作抓得实在"加以具体陈述。

(八)通过转折展开段落

即通过前后意思的转变以展开段落。例如:

我前段时间运营微信公众号发现,明明文章内容超优质,//但是拟的标题不给力,不吸引眼球,所以点击率低得可怜。看来标题还是得有吸引力,比如《涨粉的方法》这个标题,肯定不如《三步教你轻松涨粉》更有吸引力。

(九)通过排比展开段落

排比是把三个以上结构相同或相似、语气一致、意义相关的短语或句子连续排列起来使用的一种修辞方法。

在应用文书中运用排比展开段落,能使叙说之事更加周密、完整,使所论之理更加透彻,使表达的内容更加突出。而且,排比句结构匀称,节奏鲜明有力,能大大增强文章的可读性和感染力。例如:

只有维护稳定的社会局面,促进人与自然的和谐,保持和谐的人际关系;才能挖掘蕴藏的潜力,充分发挥人民的聪明才智;才能振奋民族精神,凝聚海内外各方面的力量。

又如:

权为民所用,情为民所系,事为民所办,利为民所谋。

运用排比应注意服从内容需要,不要生拼硬凑,并注意短语或句子之间的逻辑排序。

(十)通过时空的变化展开段落

即以时间先后顺序展开段落,来表述同一时间里不同地域、方位的情况。例如:

××市着力提高市民素质,社会步入良性发展轨道,促进了全市社会经济的大发展。//五年来,全市生产总值年均增长14.5%。去年综合经济实力在全省各地市中位居第二。今年1—6月,实现国内生产总值113亿元,比去年同期增长17.5%,财政收入13.5亿元,比去年同期增长23%。

这一段话的展开部分,就是以时间为序,十分精要地阐明了主句的意思。

这种展开段落的方法类似于中国画中的"移步换形"技法。

(十一)通过因果关系的表述展开段落

采用这种方式展开段落,既可由因及果,又可由果溯因。例如:

实行经营改制后,该集团公司生产仍然上不去。//其主要原因有以下几点:一、经营机制不健全,集团公司领导的权、责、利没有紧密配合。二、主管部门的干预过多,集团公司自主权不够。三、技术力量薄弱,没有能力搞技术改造和开发新产品,以致产品在市场上缺乏竞争力。四、集团公司职工当家做主的"主人翁"积极性还未能充分调动起来。

展开段落的方式并不只有以上这些,以上只是应用写作常用的方式。上述方式也常常不是单独使用,而是几种方法结合运用。

选用怎样的方式展开段落,应依据表述的需要灵活运用。

四、开头与结尾的展开方式

（一）开头方式

1. 概述情况

即在开头简明扼要、切题地介绍有关情况或背景。简报、报告、纪要、总结等常用此法开头。

2. 提出问题

即在开头提出问题,提示应用文书的主旨或主要内容,以引起阅读者的注意与思考。调查报告等常用这种方式开头。

3. 直陈目的

即在开头以"为了""为"等介词构成的主旨句领起下文。法规、规章、决定、通知等应用文书常用此方式开头。

4. 引述来文

即在开头引述对方来文的标题、文号,然后引出下文。复函、批复普遍使用此方式开头。

5. 阐明观点

即在开头先提出观点,或者点明主旨,接着加以解释说明,以引起读者的重视。

6. 表明态度

即在开头直截了当地对批转、转发或发布的文件或者有关的事项、会议表明态度,作出评价,提出看法。批转、转发性通知多如此开头。

7. 交代原因

即在开头以"由于""因为""鉴于"等词语领起下文,也可直接陈述发文原因。

8. 说明根据

即在开头引用有关法律、法规或上级指示精神。具体来说,是以"根据""遵照""按照"等词语领起下文,标示出行文有据。通知、批复、规章文书等常用这种方式开头。

应用文书的开头,有时也会结合运用多种方式。

（二）结尾方式

1. 作请求

即在结尾写明请求上级批复、批转、批准或请求对方帮助之类的话语。请示、函等普遍使用此方式结尾。

2. 作强调

即在结尾写对文中的主要问题作强调说明,以期引起阅读者的重视。

3. 作要求

即在结尾提出要求、希望或发出号召。

4. 作总结

即在结尾对文中的主要观点或问题作出归纳总结,使读者对全文有一个较完整的印象。

5. 显文种

以模式化的方式把名词性文种作动词用,并以此结尾,如"特此通告""特此通报""特此通知""特此报告"。

6. 作补充

即在结尾补充交代有关事项、事宜。通知、法规、规章等常用这样的结尾。

除上述几种结尾方式外,还有祝贺、慰问式的结尾,以及主体部分意尽即文完,不再另写结尾等方式。

【拓展学习】

一、名词解释
1. 段旨
2. 主句

二、填空题
1. 应用文书写作特别注重使用_____,段旨句通常置于_____。
2. 应用文书概括层次内容,常常使用_____,或在层次之首列出一个揭示层次主旨的_____。
3. 应用文书的开头方式通常有_____、_____、_____、_____、_____、_____、_____和_____8种。
4. 应用文书的结尾方式通常有_____、_____、_____、_____、_____和_____6种。

三、简答题
1. 应用文书写作以递进思路展开文章层次的方式通常有哪几种?
2. 应用文书写作以并列思路展开文章层次的方式通常有哪几种?
3. 段落展开通常有哪些方式?

四、阅读与分析
1. 文章要求各段落的中心要单一,不要把不相关的几个意思混在一个段落中,同时,段落要完整,即一个意思要在一个段落里讲完,使段落有头有尾。

阅读下面的段落,分析其是否用恰当的材料充分说明了主句。

领导带头干,人人把力献。//由于青壮年多数外出打工、经商,这个自然村经常出勤的男女整、半劳力只有190人,在大忙季节人手不足。去年11月,参加村修渠92人,平地、管麦50人,村办企事业占用26人,红星水库内专业队和饲养员、管菜、积肥、场头等又占了若干人。这样就把剩余劳动力都支配光了。村里无劳力农户在场院里堆放的花生、玉米急需脱粒入库存。在这种情况下,村委会领导挨家挨户动员剩余人员到村里场院干活,有84名辅助劳力,完成了脱粒任务。

2. 表达角度一致是对文章段落的要求。所谓表达角度一致,是指在一个段落中,叙事、说明、论理,都要选取好同一个角度去写。

阅读下面的段落,分析其展示主句时,表达角度有无问题。

中年知识分子一般都是各单位的中坚力量,他们的工作时间也比较长。//据有关方面的统计,他们平均每天工作和上下班花在路途上的时间为9小时20分钟,比同时调查的623名其他职工多4.8%。其中,大中小学教师的工作时间比工人多11.1%,教师在校加班加点,回家后还要备课、批改作业。

3. 段落中的句子排列要合乎逻辑,意思要连贯而有序,要达到这样的要求,段中句子的文意(包括概念)不能矛盾。

阅读下面的段落,分析其句子排列是否有序?在表达文义上有无存在什么问题?应如何修改?

怎样兼顾工作和政治学习呢?//"工作忙,没时间学。"公司有部分员工总是这样说,摆出了学习和业务的矛盾。可是雷锋同志是怎样处理"红"与"专"这对矛盾的呢?他说:"我们在学习问题上也是提倡这种钉子精神,善于'挤'和善于'钻'。"//我们应该学习雷锋同志这种"钉子"精神。

五、AI同行

在 AI 上输入提示词指令:"在段落展开上,文学作品与应用文书有哪些差别,涵盖:散文,诗歌,要求:分条列项,各项请举一例。"试搜索 2 到 3 次,辨析 AI 各次生成的文字有何差别。

第三章 语言及表达方式

第一节 应用文书语言的基本特征

一、实用性

人类的语言分为两个基本类型：实用语言和文学语言。虽然在词汇、语法上，二者没有太大区别，但实际上功能完全不同。实用语言只传达"实用"的内容，而且为了能够最大限度地达到交流的实际效果，利于人们准确理解，有效运用，在表述上也应是清楚、实在和准确的。而文学语言并不限于传达词语的词典意义，它讲究审美，意在言外，是经过了作家"雕饰"后的语言。

应用文书语言的实用性特征是由应用文体的本质所决定的。

二、无歧义性

应用文书的语言可以说是一种直白而循途守辙的语言。在词汇使用上，应用文书语言严格遵照其词典意义；在造句上，严格遵循语法规则；在修辞上，只适当运用比喻、对偶、排比等常规修辞格，而对夸张、通感、暗示等可使语句有较大变形的或曲折达意的修辞格一般不用。

应用文书叙述多用直叙，证明多是直接证明，以免文章的内容观点出现曲折隐晦、含糊其词或模棱两可的情况，应用文书追求不同的读者在理解上均能够达到最大限度地一致。

三、模式性

应用文书常沿用一些固定的模式化语句和语词。模式化语言对文学作品来说可能是失败的语言，但对于应用文书来说却是必需的、正常的语言。

公文的体式便是模式化的。公文的一些专用语更是模式化的。如"特此函复"这一说法，如果换用别的语言来表达，不可能如此简练明白。

应用文书语言一部分是沿用惯用语、套语，如"来函收悉""敬请批复"。在公文中，有一些文言词语，已经与现代汉语自然地融为一体。

四、概说性

应用文书不追求文学语言的细密，也不追求纤毫毕现的细节展示。应用文书运用的任何一种表述方法，目的都是为了向忙于事务的读者介绍情况、说明原委、陈述事实、总结规律、指示办法，因而，这些"介绍""说明""陈述""总结""指示"，只求抓住关键、抓住要点，实行概括述说，因此，叙述多是概述，说明多是概说。而议论，一般也是直接明白地提出观点与主张，是"说理"，而不是"论理"。这种表述方式的概说性,不但使应用文书信息更精要,而且是对读者需求的尊重,更能达到行文的目的。

五、得体性

得体性是指根据行文目的、内容、对象,恰当地使用语言,做到文实相符,内容和形式统一,这是由应用文书特有的语体风格所决定的。

应用文书文种丰富,各类文种的风格也有明显的区别,写作时要根据文体特点,把握好其文章语言上的得体性。例如,指挥性公文的命令、决议、决定须注重庄重严肃,法规、规章和管理规章文书讲求严谨、确切、利落,计划性文书必须实在、周密、可行,会议报告应富于鼓动性。不同文种的语言,都应有与文体风格相协调的基调。从总的方面看,应用文书使用的大都是比较庄重、通俗的大众化书面语言,而较少使用口头语言和方言。

语言还应随社会的变化发展而有所变化,做到与时俱进。陈旧、过时的词语不宜使用;新名词术语要谨慎使用,不以词语的艰深掩饰内容的浅薄。如果忽略了语言的这种变化,会造成语言上的不得体。

应用文书的语言,还应根据不同的受文对象,注意其接受心理,来把握不同的分寸。上行文的语言,应尊重但不阿谀讨好;下行文的语言,应谦和但又不失度;与平行机关往来函件的语言,则应以诚以礼相待,多商量,互相尊重;惩戒坏人坏事的通报,语言应言之凿凿,义正词严;表彰好人好事的决定,语言则应热情、稳重;对上级的情况报告,不必有过多的宣传议论;对下级布置工作的通知,又不可过于原则、空洞,应实实在在,切实可行,有操作性。为了使语言更得体,有时应用文书会有选择地使用模糊词和委婉用语。

应说明的是,应用文书语言的上述 5 个基本特征,常常是相辅相成、难以分割的。

【拓展学习】

一、填空题

应用文书语言具有_____、_____、_____、_____和_____ 5 个基本特征。

3.1 即测即评

二、选择题

1. 下列各句中用词符合应用文书语言基本特征的一句是( )。
   A. 公司董事会全体会议审查通过了年度决算报告。
   B. 煤炭、石油、钢铁等是发展工业所必需的原料。
   C. 本合同必须经甲乙双方签字,方能生效。
   D. 截至今年 10 月已有京广、京沪、京包三条铁路提速运行。
2. 下列没有歧义的句子是( )。
   A. 我看见你那年才 9 岁。
   B. 涉外秘书班和商务管理班的部分学生迟到了。
   C. 新职工的宿舍建在开发区内。
   D. 校部采纳了一个学生的合理化建议。

三、AI 同行

1. 阅读与分析

(1) 下面这份公文纪要,由 AI 生成,请阅读全文,并认真体味这份不属于文学作品的应用文书的语言特点。

纪　　要

会议时间:2024 年××月××日

会议地点:公司第一会议室

会议主持:公司总经理

参会人员:各部门负责人及项目经理

本次会议主要围绕公司近期项目进展及未来规划进行了深入讨论。首先,市场部负责人汇报了近期市场推广活动的成效,数据显示客户反馈积极,销售额稳步增长。随后,研发部负责人详细介绍了新产品的开发进度,并表示将按计划在下一季度推出。

在讨论环节,各部门负责人就项目执行中遇到的问题及解决方案进行了交流。财务部提出需加强成本控制,确保项目盈利;人力资源部则强调了团队建设的重要性,建议增加员工培训频次。

针对这些问题,会议形成了以下共识:一是加强跨部门沟通,确保信息畅通;二是优化工作流程,提高工作效率;三是加大成本控制力度,实现精细化管理。

会议还就公司未来一年的发展规划进行了初步探讨,明确了市场拓展、产品创新、团队建设等方面的重点任务。各部门表示将紧密配合,确保各项任务顺利推进。

会议最后,公司总经理对本次会议进行了总结,强调各部门要紧密协作,共同推动公司发展。同时,要求各部门负责人会后及时传达会议精神,确保每位员工都能明确公司的发展方向和目标。

本次会议的纪要由行政部负责整理,并经与会人员确认无误后,将作为公司重要文件存档备查。

(2) 下面的文字,是将指示词指令"请对以下文字进行评论,并分别举例句说明其语言的实用性、无歧义、模式性、概说性、得体性特征"为,置于上面的《纪要》之前,同时输入 AI 所生成的评论,你是否认同 AI 的评论?

此份纪要语言精练、条理清晰,充分展现了实用性、无歧义、模式性、概说性和得体性等多重特征。

实用性:纪要内容紧贴公司实际运营,如"市场部负责人汇报了近期市场推广活动的成效,数据显示客户反馈积极,销售额稳步增长",这些信息直接反映了公司的市场状况和运营成果,对后续决策具有重要参考价值,体现了其实用性。

无歧义:纪要中的语言表达明确,无模糊之处。例如,"研发部负责人详细介绍了新产品的开发进度,并表示将按计划在下一季度推出",这句话中的"详细介绍"和"按计划推出"都表述清晰,不会引起误解,体现了无歧义的特点。

模式性:纪要基本遵循了会议纪要的格式,包括了会议时间、地点、参会人员、会议内容等要素,且内容安排合理,层次分明,基本符合会议纪要的一般模式。

概说性:纪要虽详细记录了会议内容,但并未陷入冗长的细节描述,而是对会议的主要讨论点和共识进行了高度概括。如"会议形成了以下共识",然后列出了三条共识,简洁明了地概括了会议的核心内容,体现了概说性。

2. 在 AI 上输入提示词指令:"'应用文书语言对事实的叙述,通常只抓住关键、要点进行概括述说',要求:举四个例子说明。"试搜索 2 到 3 次,阅读并比较 AI 各次生成的文字。

第二节 应用文书语言的主要表达方式

表达方式即古人所称的"笔法",今人称之为表达手法、表现方法。

人们写文章的表达方式通常有 5 种,即叙述、议论、说明、描写、抒情。由于受应用文书的文体特点和写作目的的制约,应用文书语言的表达方式主要为说明、议论和叙述。

一、说明

所谓说明,是用简明扼要的文字,对客观事物或事理的状态、性质、特点、功能、成因、关系、功用等属性,加以客观的解释和介绍的表达方式。

(一)说明的作用

以说明的方式介绍背景材料和环境,可以为叙述做铺垫。总结、简报、调查报告、工作报告,对某些基本情况的介绍,表彰、处分决定或通报,对有关人员或单位的介绍等,常用说明这种表达方式。条例、规定、制度等法规、规章和管理规章文书、介绍信、证明信等专用书信以及启事、经济合同、广告等,也常用说明的方式。

用说明方式来介绍背景,交代情况,可以为议论提供必要的依据。

(二)应用文书说明的特征

应用文书的说明常与议论、叙述结合使用,常常同时使用多种说明方法。

(三)应用文书常用的说明方法

1. 比较说明

比较说明即利用相同事物、事理之间的异同,或不同事物、事理之间的异同来突出说明对象的方法。例如:

世界上最深的淡水湖——贝加尔湖,由于污染,湖中的水生物种类至少比 50 年前减少了一半。

用于比较的事物之间一定要有可比性,且比较的标准要一致;否则,对客观事物的说明就会出现片面性乃至错误。

2. 举例说明

举例说明即列举具体的例子以说明事物特征的说明方法。通常有典型举例和列举性举例两种。前者能使被说明的事物更为具体、突出和独特,后者能使被说明事物的范围较清楚。

举例说明要求所选例子真实、具体,有代表性,否则达不到变抽象为具体、变复杂为简明的目的。

3. 数字说明

数字说明即用数据来说明事物、事理的方法。例如：

在经济快速增长的基础上，我市城镇居民生活水平显著提高。我市城镇居民家庭人均生活费收入由××××元提高至×××××元，扣除价格因素，年均实际增长×%。

4. 分类说明

分类说明即对事物或问题，按同一的标准，划分为不同的类别或不同的方面，逐一加以说明的方法。例如：

按屏的建造材料及其装饰的华丽程度，分为金屏、银屏、锦屏、画屏、石屏、木屏、竹屏等，因而在艺术上有雅俗之别，同时也显露了使用人不同的经济与文化水平。

5. 定义说明

定义说明即简要说明事物的概念或本质属性的方法，即讲明事物、事理"是什么"。例如：

《现代汉语词典》给"人"下的定义："人是能制造工具并使用工具进行劳动的高等动物。"

定义说明"是"的前面和后面的内容可以互换。

6. 图形说明

图形说明即用图形说明事物、事理的说明方法。

图形说明具有其他说明方法所没有的直观性。如图3-1"图形—背景交替图"，说明了人们在感知事物时存在"图形—背景交替"现象。当读者注意图的白色部分时，图形是一个高脚酒杯，黑色部分成了背景；而当读者注意图的黑色部分时，图形则是双人侧面像，白色部分成了背景。经历过如此直观的感知过程后，读者不仅能领会感知事物存在的"图形—背景交替"的现象，而且印象深刻。如果单用文字来说明，即使说得再详细，读者也不一定能很快理解或完全理解这一现象，更不用说能留下鲜明而深刻的印象了。

图3-1 图形—背景交替图

7. 引用说明

引用说明即引用一些有关的论述、文件资料来说明事物或问题的性状、特点、本质和规律的方法。

除了上述的说明方法，应用写作还偶尔使用比喻说明、描写说明等。

二、议论

所谓议论，是作者对某件事情或某个问题进行分析、推理、评论，表明自己的立场、观点、意见的一种表达方式，也就是讲道理的方式。

（一）议论的作用

应用文书对人或事作出自己的评价、判断，阐明处理某些公务活动或社会事务的立场观点、政策原则、决策主张，都离不开议论。议论在应用文书中是不可缺少的一种表达方式。

（二）应用文书议论的特征
以正面议论为主，旗帜鲜明地表明观点；多与其他表达方式结合使用，如夹叙夹议。

（三）议论的构成
完整的议论由论点、论据、论证三要素构成。

1. 论点
论点即作者提出的观点、看法、主张、见解、态度，通常以判断的形式表现出来，如"革命是解放生产力，改革也是解放生产力"。

2. 论据
论据即证明论点的材料，论据有事实论据和理论论据。

3. 论证
论证即运用论据证明论点的过程和方法。论证有两种方式：

一是立论，即用论据直接或间接证明论点的方式。二是驳论，即用论据反驳对方观点或驳斥对方论据的方式。在论证过程中，这两种方式常综合运用，共同完成对论点的证明。

上述议论三要素中，论点是核心，论据是基础，论证方式是联系论点和论据的桥梁。论点提出"被证明的是什么"，论据回答"用什么证明"，论证解决"怎样证明"。

（四）应用文书常用的论证方法

1. 例证法
例证法即用事例或统计数据作论据，举例直接证明论点的议论方法。例如：

米糠和麸皮含有大量维生素。这个问题，我国古代著名的医学家孙思邈早就注意到了，他曾经用米糠和麸皮治疗那些患有维生素缺乏症的病人。现代科学也证明了这一问题：经化学分析，米糠和麸皮中含有较高的维生素 B、C 和 E。

用作论据的事实，既要典型，又要适量。列举的事实过少显得单薄，过多又会淹没、冲淡论点。

2. 对比法
对比法即将性质相反或有差异的两种或几种事物进行比较，作出论断，证明论点的论证方法。有比较才有鉴别，这种方法可使论点更加鲜明突出，文章更有说服力。例如：

纵观人与自然的关系史，既有经验也有教训。哪个地方、哪个时候如果人与自然的关系比较好，人能敬畏自然，善待自然，恪守人应有的"生态位"，自然则会待人以清新的空气、洁净的河流、绿色的田野，生态较为和美。反之，如果人目中无自然，人类中心主义甚嚣尘上，对自然巧取豪夺，横征暴敛，无度地索取自然，就必将遭受自然的报复，生态失衡。

3. 引证法
引证法即引用经典作家的言论、党和政府的文件、科学的定义、公理、名人名言、格言、谚语来直接证明论点的论证方法。例如：

列宁曾经说过："忘记过去，就意味着背叛。"因此我们不能忘记先烈们为解放全中国的浴血奋战，不能忘记为探索社会主义建设规律所走过的曲折道路。

引用不能断章取义，更不能随意增删、妄加修改。若是引用原文，语句、标点都要绝对正确。

4. 因果法
因果法即分析事物的前因后果，并以此证明论点的方法。可由因及果，也可由果溯因。例如：

使用有机肥,是我国农业生产的优良传统,但近些年来,在农村出现了重化肥轻有机肥的倾向,不少地区农家肥的使用量减少。出现这种情况的主要原因:一是有机肥的重要性没有摆到应有的位置;二是积造有机肥料的劳动强度大。实践证明,长期单一使用化肥,不能满足农作物对多种养分的需要。

5. 喻证法

喻证法即通过打比方、讲道理来证明论点的方法。例如:

调查就像"十月怀胎",解决问题就如"一朝分娩"。

6. 归谬法

归谬法即将错误的观点进行合乎逻辑的推理,引出荒谬的结论,从而证明该观点错误的证明方法。例如:

如果流行的一定是被喜欢并接受的,那么流行性感冒也就成为最受欢迎的疾病了。

三、叙述

所谓叙述,是有次序地叙说、介绍人物的经历、言行或事物发展变化过程的表达方式。完整的叙述包括时间、地点、人物、事件、原因、结果六要素。

(一)叙述的作用

叙述是应用文书的基本表达方式。它是以叙说情况为主的情况报告、表彰或处分通报、市场调查报告等文种的主要表达方式。交代背景,介绍文章涉及的人、单位或事件的基本概况和事物发展变化过程以及相互关系,都离不开叙述。为议论提供事实依据,也要用到叙述。

(二)应用文书叙述的特征

(1)以顺叙为主,讲求平铺直叙,注重叙述事件的过程。

(2)一般采用概括叙述,极少是表现细节的、详细的叙述。

应用文书对叙述的要求是:概括准,粗线条。强调对事件的整体勾画,不要求细节的具体、内容的详尽。只叙述与表达主旨、说明问题有直接关联的部分,或者只是综合地、概括地叙述若干人或事的共同点。

(3)常与其他表达方式结合运用,如夹叙夹议、叙事论理、叙述说明。

(三)叙述的方法

1. 顺叙

顺叙是根据人物经历或事件发生、发展的自然时序进行的叙述。

2. 倒叙

倒叙是把事件的结局或事件中最突出的片段提到前面来叙述,然后再以顺叙的方式进行的叙述。

3. 插叙

插叙是在叙述主要事件的过程中,出于需要,暂时中断叙述主线,插入与中心事件有关的内容的叙述。

(四)叙述的人称

人称是指作者叙述的观察点、立足点。选用第一人称的叙述是主观性叙述,能给读者真实、亲切的感受。选用第三人称的叙述是客观性叙述,可不受时空和是否亲身经历的限制,因而叙述面较广、较自由。使用第二人称叙述,有直接对话的亲临感,让读者感到像与作者在面对面地交流。

应用文书写作对人称的使用有特定的要求。如撰写总结、拟订计划,必须采用第一人称,写市场调查报告则主要使用第三人称。而有些文种的写作,三种人称还必须同时使用,如涉及第三单位的来函、去函、情况通报,就常出现"我们""你们""他们"。

【拓展学习】

一、名词解释
1. 分类说明
2. 举例说明
3. 比较说明
4. 数字说明
5. 引用说明
6. 例证法
7. 引证法
8. 对比法
9. 因果法

二、填空题
1. 应用文书语言的主要表达方式为_____、_____和_____。
2. 应用文书常用的说明方法有_____、_____、_____、_____、_____、_____和_____7种。
3. 应用文书常用的论证方法有_____、_____、_____、_____、_____和_____6种。

三、简答题
1. 数字说明和比较说明结合运用有何好处?
2. 应用文书的概括叙述是一种怎样的叙述?

四、选择题
1. 连锁经营主要是指在零售业、餐饮服务业中若干同行店铺,以共同进货、分散销售、统一管理等方式连接起来,共享规模效益的一种流通组织形式和经营方式。

这句话采用的说明方法是(　　)。

A. 举例说明　　　　　　　　B. 分类说明
C. 引用说明　　　　　　　　D. 定义说明

2. 习近平总书记强调:"我们要坚持以人民为中心的发展思想,不断满足人民群众对美好生活的向往。这个理念不是空洞的口号,而是体现在我们各项工作的具体实践中。比如,在教育领域,我们致力于促进教育公平,提高教育质量,让每一个孩子都能享有公平而有质量的教育。这不仅仅是数字上的增长,更是对人民群众切身利益的关注和保障。"

这段文字的论证方法是(　　)。

A. 引证法　　　　　　　　　B. 例证法
C. 因果法　　　　　　　　　D. 对比法

3.2 即测即评

五、概括叙述练习

下面是发掘杭州雷峰塔地宫的一段报道。请将关于地宫打开过程的文字改为概括叙述。不必交代具体时间,不超过 40 个字。

上午 9 时整,考古队进入现场开始发掘。打开地宫并不容易,直到 9 时 45 分,考古人员才将压在地宫洞口的 750 kg 的巨石移开,露出长宽 93 cm、厚 13 cm 的大理石盖板。盖板上没有任何文字,但考古人员在紫红色的泥土中发现了 10 枚唐开元通宝铜钱。10 时 5 分盖板基本清理完毕。10 时 30 分盖板绘图完毕。11 时整盖板还没有打开,发掘现场发现越来越多的钱币。11 时 11 分,最激动人心的时刻到了,考古人员开始用撬棍撬开盖板。11 时 18 分,考古人员翻开大理石盖板,地宫口终于打开了!

六、AI 同行

在同一 AI 上先后输入同样的提示词指令:"对事物或事理,应用文书时常采用数字说明,列举运用数字说明的 3 个经典例子,分别阐述为什么要这样写。"辨析 AI 先后生成文字的异同。

第二篇 新媒体文案与大学生通用文书

第四章　新媒体文案

第一节　微信文案

一、例文借鉴

【例文1】

新农村扶贫农家梦产品热销——水晶红苹果

　　红彤彤,白嫩嫩,脆脆生,知道这是什么苹果吗?这就是扶贫农家梦健康生态新品种——"水晶红苹果"。

　　水晶红苹果,红艳艳正喜庆上市。

　　水晶红苹果未施用化学农药,葆有纯生态种植初心,良心培植食物品质。

　　水晶红苹果果体大浑圆,遍体通红,非常之红,非常之甜,果肉紧密甜美,非常之脆,咬一口,咔嚓一声,汁水四溢,口腔弥漫纯正甜美的苹果滋味,每一口都是自然的味道。

　　水晶红苹果营养丰富,生津润肺,健脾开胃,富含多种果糖、有机酸、果胶及微量元素,以及纤维素、维生素、矿物质等营养物质,易被肠壁吸收,宁神安眠,通便止泻。

　　水晶红苹果与多数苹果相比有更长的最佳食用日期,甚至无须冰箱保存,室温下可保鲜4个月。

　　苹果是"智慧果""记忆果"。"一日一苹果,疾病远离我。"

　　苹果吃法多种,苹果汁、苹果沙拉,样样好吃。多吃多好处喔!还有重要的,水晶红苹果,物美价廉。

　　朋友们,想拥有健康的身体吗?尝尝水晶红苹果的滋味吧!

　　水晶红苹果:37.9元/8斤/箱。欢迎朋友们网购!

　　如有品质问题,诚请退货。

　　地址:××省××市××县××乡××××村李××女士

　　电话:137×××××78(同微信)

　　请点击下方二维码链接。购买水晶红苹果,支持新农村建设!(二维码略)

【提示】

　　本微信营销推文,标题点出苹果产自扶贫区,有时代感和正能量。

产品品质显然是买方最关心的,本文恰能介绍苹果的色泽、口感、营养成分、保鲜时限等,对色泽、口感的描述,津津乐道,很有感染力,"智慧果""记忆果"和"一日一苹果,疾病远离我",可强化宣传力度,提升文案品质。

营销文案须写明卖方的通联方式和产品价格。"如有品质问题,诚请退货",表现了商户的诚信,力促买方下单。

【例文2】

有没有必要提前还房贷?

是否提前还房贷,主要是看你的资金情况以及投资理财收益率了。如果你投资理财收益率比房贷高得多,那么你就不用提前还房贷。但是,如果你投资收益率比较低,那么也可以把房贷还了,这样可以节省利息支出,能够无债一身轻,也是挺好的事情。

一、投资收益率高,不用提前还房贷

如果你是做生意的,你做生意的收益率比房贷利率高得多,那么你肯定是不需要提前归还房贷的。现在来说,房贷利率是比较低的,一般也就是5.88%左右,而且贷款年限还很长,最长可以贷款30年。这样的话,可以说很多做生意的人士都是特别喜欢采用房贷来买房子,然后用自己的钱做生意。

一般来说,做生意的投资收益率都会在20%左右,做得好的甚至投资收益率能够达到50%甚至更多。这样的话,可以看出来你的收益率比房贷利率高得多。那么,你不提前还房贷肯定是对你很有利。因此,如果投资收益率很高,你就不用提前还房贷。

二、如果理财收益率低,提前还房贷也是好选择

如果你只是理财,且理财收益率比银行房贷利率低,那么提前还贷也是不错的选择。现在比较稳妥的理财产品收益率低于5%,而房贷利率一般都在5.88%左右。

这样来看,一般比较稳妥的理财年化收益率都会低于房贷利率,因此,在这样的情况下,如果你有余钱,提前归还银行贷款就是比较好的选择了,这样能够让自己省下来不少的利息支出。而且提前把贷款还清,也能够让自己无债一身轻,即使是遭遇一些事情,也不用担心还房贷的事情了。

【提示】

这篇微信公众号文案受众准确,可谓抓准了已贷款的购房群体和欲贷款购房群体的心。

标题短小精悍,提炼出全文内容,以疑问句做标题很有悬念,吸引网民继续阅读。开头开门见山点明是否提前还贷要看两个关键点,尔后对两个关键点展开分析和说明,文字分析有数据、有例证,条分缕析,逻辑性较强,令人信服。

除能精准地抓住受众的心理,以理服人外,本文案交互性也强,一时成为微信热帖,自在情理之中。

【例文3】

绝种动物墓碑

杨文丰

将地球村变成动物公墓，人类就等于生活在公墓里了。

——手记

在北京的"世界灭绝动物墓地"，林立着无数小墓碑。这里集中了业已绝迹的地球村居民——动物们的"灵位"。墓碑上镌着该种动物"终种"的时间，字迹凝重、庄严。近年来，每到10月的最后一个黄昏，不管阴晴雨雪，都会有不同肤色的人默默来到墓地。苍茫暮色里，墓碑肃立，发人忧思。

科学界普遍认为：今天物种灭绝的速度，已大大超过物种在自然进化过程中死亡的速度。20世纪以来，科学技术的发展和应用，与人类的欲壑合谋，所展开的黑色双翼，遮天蔽日，极大地扇动和扩大了人类对自然的影响范围和能力，人类手不血刃的一个个伟大"创举"，加速了物种灭绝的速度。偌大的地球村，1600—1900年，才有75个动物种类灭绝，平均每4年灭绝1种。进入20世纪，平均每天有1种物种灭绝；而20世纪90年代以来，平均每天"断子绝孙"的物种竟就达140个。人类的伟大作为，已使物种灭绝速度超过自然灭绝速度的1 000倍……今天，地球村不少物种仍四面楚歌，煎熬在将"上西天"的日月。

物种被不断地灭绝，地球村的食物链，能不遭受破坏吗？生态环境能不被"夕阳"笼罩吗？煲发生态危机，岂是今天的人类所能估量得出的？

在每一个日子都伟大，都发生创造的科技世纪，地球村屋前屋后的陆地、湿地和海洋，仍一天天被自封为响当当的"最高级动物"们，改造的改造，改变的改变。沼泽寒潭，干涸龟裂，即便是败柳摇落、寒潭凄怆的风景，也难逃续遭踩蹦的命运。郁郁森林，离离草地，不是变成光山、荒漠，就多被"石屎森林"吞噬，成了城市和道路，"风吹草低见牛羊"的绿色风景，已成为过去时，唯能让人凄怆感喟，冷色哀叹。

我们能够让地球村里的"死亡区"，犹同瘟疫一般肆无忌惮地扩大、蔓延吗？我们有能力教偌大的地球村，不再一步步向"死亡村"旋转吗？为绝种动物竖立墓碑，或许很快将不是黑色时尚，会成为"最高级动物们"的家常便饭。

即便在晚秋，人类的许多墓园亦能绿草迷离，宁静安谧，甚至不太能让你读出恐怖。可当你进入的是茫茫无边的灭绝动物墓地时，你的感觉与踏入人的墓地将迥然不同——笼罩你的恐惧，当比漏夜独行坟山野岭更甚。

在潇潇难歇的秋雨中，北京濒临动物中心告示牌上的每一个汉字，都不啻是给"最高级动物"们敲响的一记丧钟：

> 当地球上最后一只老虎在林中孤独地寻找配偶，当最后一只雄鹰从天空坠向大地，当鳄鱼的最后一声哀鸣不再回荡在沼泽上空……人类，也就等于看到了自己的结局！

如果"最高级动物"们再不以行动保护生态环境，再不真心地给"有幸"生活在人间的动物们多付温情，那么，真不知写"人类"两个字的墓碑，该由苟活的谁来竖立？

【选自尹相如教授主编《写作教程》第 4 版,高等教育出版社,2022 年 9 月版。本文 2022 年荣获香港国际创意学会、粤港澳大湾区文学艺术联盟、生态文化杂志联合举办的首届国际华文生态文学奖,编入本书时篇幅作了删减。】

【提示】

本文为本教材作者撰写的生态散文。全文庄严、忧患,以数字说明动物危机之重,以反思的文字、诛心的诘问,发出严正警示,还以人的墓园反衬灭绝动物墓地之恐,告示牌上的汉字,是对每个人的警告,文末之问振聋发聩,令人沉思。

党中央已将生态文明建设提升至国家发展战略的高度,这在共和国发展史上、人类思想史上,均是史无前例的大事,也是地球上惠及人数最多、最广、空前的革命举措,我们要像呵护自己的眼睛一样,呵护生态环境,做"绿色卫士"。

二、必备知识

(一)微信的含义和用途

微信(Wechat)是一款为智能终端提供即时通信服务的免费应用程序,也是一种社交软件。微信提供公众平台、朋友圈、消息推送等功能,可快速免费传递及呈现文字、语音、图片画面、视频和链接,可供群聊,也可供私聊。微信可以弘扬积极向上的精神,也可以承载心灵鸡汤。玩微信已经成为互联网时代网民重要的生活方式之一。

新媒体文案基于互联网,利用网络媒体传播平台的交互性,以进行有创意的信息内容传输和互动。微信公众号是新媒体文案的主要代表。

微信公众号有效地促进了网上信息的传送和互动。微信公众号的内容运营、用户运营、活动运营,丰富了民众的物质需求和精神需求,已成为辅助企业和商家营销的实用文体。很多企业都使用微信公众平台,或辅助企业内部管理,或进行企业形象塑造、品牌推广和活动宣传,为用户提供有效的服务。

(二)微信文案的特点

1. 作者泛化性

传统的文章,作者一般都很明确,微信文案则不一定,因为,网络环境已赋予文案作者平等的话语权,人人都可参与信息的生产,人人都可以随意发帖,即便对同一物事,每位作者都可以站在自己的立场上即时发表意见。

2. 多媒体性

微信文案的多媒体性,是指文案既可以是纯文字的,也可以是图片、视频、音频等各自独立的形式,还可以是文字和图片、链接、视频、音频等的混合形式。

3. 互动性

与传统媒体相比,微信等新媒体文案传播不再是单向输出,而是互动的,每位网民都有机会与平台上其他网络用户对话交流,也可以借助微信平台,发布企业的品牌促销信息和提供产品售后服务,网民还可以直接和企业营销方即时沟通。

4. 低成本性

微信和微博等都属于免费的社交平台,与传统媒体相比,传播成本低廉。

越来越多的企业和用户,已通过微信文案进行信息传输、品牌促销。有统计表明近年来中国整体广告投入传统媒体的花销,已呈负增长。

5. 选择受众性

微信朋友圈以类聚群,网民总会选择关注点相同或相似的朋友圈。如职场人士一般关注的都是相关行业的微信订阅号和相关朋友圈,所以微信文案相应地就存在针对不同的受众类群而制作不同方案的特点,且会选择不同需求的群体进行写作及推送不同的文案。

（三）微信文案的类型

1. 聊天文案

聊天文案有两种:一种是一对一的个人社交对话,属私聊,私密性高;另一种是微信群里的群聊,可以一对一聊,也可以一对多或多对多聊。

2. 朋友圈文案

朋友圈文案是由用户发至朋友圈以求交流的微信文案。可以是文字式,也可以文图结合式、文音结合式或文字图片和视频混合式。朋友圈文案可以是原创的,也可以是转发的。

3. 微信公众号文案

微信公众号文案多数为热点问题解读、营销文案、说明文、心灵鸡汤和健身养生类文案,也有部分是散文随笔等,可长可短,内容繁杂,写法不拘一格。

微信公众号按性质分有订阅号、服务号和企业号。订阅号的运营主体为媒体和个人,每天只能发文一次;服务号的运营主体为政府、企业和组织,每个月可有四次图文推送;企业号的运营主体是企业,多在企业内部使用,用于员工管理、信息集合、事务通知,便于员工通信联络等。微信公众号文本可以纯文字式,也可以图文混合式,或文字、图片和视频混合式,供关注者分享,也可由关注者转发。

随着微信用户群体的急剧增大,已有越来越多人的生活受到微信公众号的影响。许多企业都非常重视微信公众号的内容运营、用户运营和活动运营。微信营销已迅速成为网络经济时代最主要也最受欢迎的营销方式。

本节以下内容,主要讲述微信公众号文案的写作。

三、微信文案的结构写法和写作模板

（一）微信文案的结构写法

微信公众号文案写作,以及包括微博在内的其他新媒体文案写作,均须体现基于互联网的如下写作思维:

第一,用户至上的思维。

网络环境里,我们并不知道每个用户的文化素质和社会角色如何,但我们制作的文案若想被关注、被分享,甚至被转发,取决于文案是否对用户有价值。对用户有价值的文案有四种:一是资讯价值,二是知识价值,三是情感价值,四是审美价值。因而,用户至上的思维,就要求我们在制作文案时,能够以用户为中心,适应和尊重用户的价值需求,使文案的内容和形式都能够做到以用户的体验和要求至上。

第二,求异创新思维。

即不仅能发现或认识到事物的本质及其内在联系,还能产生新颖的、富有创见的创造性思维成果的思维。求异创新思维注重联想,通过各个角度、各个层次而思考问题,是在比较中抉择富有创意的思维成果。在海量的文案中,唯有制作出与同类文案有鲜明的区分度、有创造性的文案,才能体现文案的亮点和价值,更引人瞩目。

第三,简约思维。

即删除繁杂,从小处着眼,突出核心亮点与特征的思维。简约意味着专注、明确、强调及放大亮点和特征,意味着凸显核心价值;简约也是抓住唯一,抓紧唯一,一则文案只表现一件物事,少即是多,用户喜欢你只需要一个理由。体现简约思维的文案,看起来简洁,用户获取信息更直接,成本更低。

第四,迭代思维。

"迭代"即更相代替、轮换。迭代思维是近年流行的一种互联网思维,是主要基于互联网特性,对新开发的产品进行快速上线、测试,发现缺点做出修改后继续上线测试,反复循环,以打造最佳产品为终极目标的思维。使用 AI 时,不断把新的提示词指令输入 AI,以对项目内容作出新的调整、修正、优化,即是迭代思维。

迭代思维或迭代法,已成为一种方法、理念和思维模式,其核心是通过不断校准方向、选择领域而优化,以求最有效地提升产品质量、开发效率和服务效果,增强针对性、规范性、科学性和创新性,这是一个不断用变量的旧值递推新值的过程,与迭代法相对的是直接法(一次解法),即一次性解决问题。

迭代思维应用于文案写作,要求能不断优化内容、领域和方向,持续在同一个领域不断地发表文案,以期在对主题持续辗转的迭代中进行深度挖掘,似"打井"似的持续掘进,不断完善文案的内容和思想,甚至长期坚持在每天的固定时间向受众推送文案,养成受众在同一时间的阅读期待习惯,形成良好的"品牌"口碑,筑就在特定领域的最大影响力。

以上写作思维,须注重融入微信文案的写作中。

1. 标题

有人对新媒体用户的阅读状况做过统计,发现读标题的人比读内文的人多 4 倍。一个好的标题具有吸引注意、筛选读者、传递信息和吸引阅读的功用。一个标题能否击中用户的痛点、痒点和兴奋点,与标题的内容和受众有无关系、对受众是否有用相关,更与写作思维的优劣相关。以下是值得借鉴的几种标题类型:

(1)营造唯美意境的标题。如"蓝地球""春风十里不如你,不负春光不负自己"。

(2)揭示核心信息的标题。如"诗坛扫地僧!外卖小哥击败北大硕士夺第三届中国诗词大会冠军"。

(3)制造悬念的标题。如"蝴蝶为什么这样美?""厉害的人是怎样分析问题的?"

(4)以数据引发关注的标题。如"高招结束!全省共计录取 57.91 万人"。

(5)直击兴趣点或痛点标题。如"巴山何以多夜雨?"

(6)满足好奇心的标题。如"为什么别人的文章点击 20 万+? 你的软文没人看?"

(7)建议式标题。如"关节疼痛要人命? 每天这样揉一揉,肿痛 10 年的膝盖、颈椎竟好了!""这 9 类食物,饿肚子时千万别吃!"

(8)制造新奇点的标题。如"震撼! 科学家最新发现,改变你对世界的认知!"

(9)体验化的标题。如"一段小小的视频,上百万人都看哭了!""这一位很厉害的强迫症人士,我一定要推荐给你!"

(10)模拟化的标题。如"【有人@你】快领! ××商城购书优惠券明天过期!""【微信红包】

恭喜发财,大吉大利！领取周末门票吧！"

2. 正文

（1）开头（导读）

要想吸引网民继续阅读,微信公众号文案还要有好的开头。微信公众号文案的开头主要有以下几种类型：

① 以名言开头。如××手机推文《当你老了,你会再拿起手机给自己拍一张相片吗？》这开头灵感来自叶芝《当你老了》中的诗句。

② 以热点开头。如"有毒无毒？全球野生食用蘑菇科学清单最新发布。"

③ 以故事开头。如"那年深秋,在青岛栈桥遇到她,改变了我的一生……"

④ 用铺垫场景开头。如"近日,一则视频刷屏网络。视频里的消防员救人时从5楼踩空,在坠楼瞬间,他把一个小女孩紧紧护在怀里,小女孩得救了,他却不幸牺牲。"

⑤ 以感受感觉开头。如"多年以后,回想这次火灾,你仍会肉跳心惊……"

⑥ 以利益开头。如"检测一下自己得老年痴呆的概率。"

⑦ 以提问开头。如"为什么生态文学会一天天红火起来？"

⑧ 以排比句开头。如"有些故事,往往在回望中更加清晰；有些精神,往往经过时间沉淀而愈显珍贵；有些信念,往往在生死考验中愈发坚定。"这是汶川地震10周年一篇祭文的开头。

⑨ 以分享结论开头。如："10多年以来,所有发达国家都逐步进入以雇员为主的社会。这种体系带来的最大好处,就是稳定的结构、有效的分工；组织更关注的是上下级关系、结构稳定性以及个体对组织目标实现的贡献；更关注服从、约束及标准的制定……"

⑩ 以评论开头。如"这是一场履职的培训,也是一次思想认识的提升之旅、理性思维的拓展之旅,更是一次精神的洗礼……"

（2）主体

微信公众号的主体展开,视文字需要可适当插入图片、表格、链接、视频等,以下是微信公众号主体撰写的常用技法。

① 以网民的视角展开主体。以网民的身份面对物事谈体验、谈感受,谈想法,作评价,设身处地地为网民写作,让网民在阅读时产生归属感,以引发共鸣。

② 从新闻的角度展开主体。这种写法突出物事之"新",在第一时间以第三方身份对产品或事件,作客观的叙述和评价。如是营销推文,如此写较易打消客户的排斥感。

③ 以真情实意展开主体。"感人心者,莫先乎情。"聚焦网民的情感需求,动之以情,以真情说事,容易收到预期的效果。

④ 以"蹭热点"话题展开主体。以"热点问题"做文章,或写动态,或写争议,即便是对这些话题的第二次挖掘,都可以吸引眼球。

⑤ 以专家权威的口吻展开主体。主体的展开,不妨适当地引用并展开权威专家、权威机构的看法、数据和结论,可以彰显可信度,提高网民的信任感,提升宣传效果。

（3）结尾（结语）

微信公众号文案的结尾（结语）常见如下类型。

① 总结全文式结尾。这种结尾可以加深读者对内容的领会,使阅读印象深刻。

② 神转折式结尾。即以违反常规逻辑、出人意表的语言结尾,让读者诧异震撼。

③ 金句式结尾。即以哲理名言警句结尾,引发警醒、思索。

④ 幽默式结尾。即以适当的诙谐幽默,让人忍俊不禁,产生快乐的阅读体验。

⑤ 启发互动式结尾。或抛出问题让读者思考、讨论,或引发读者留言、评介、点赞。

微信公众号的底部通常须附上作者方的二维码。

微信公众号文案的标题、正文和结尾如何写,采用何种技法,主要还是取决于表现内容的需要。而内容的"安置"呈现为结构,结构安排即为布局,常见的布局形式可归结为如下几种:

（1）总分式。先概括总述文案的主题,再分述,分层展开,分别叙述。

（2）并列式。各部分内容没有主次轻重之分,如同并峙的群峰,不分高低,也不分先后顺序,即以平行的、不同侧面的方式,多角度地叙述和说明物事。

（3）递进式。内容逐层深入,犹同打深井,不断地深化,前后逻辑严密,顺序不能随意颠倒,文案的重点内容在尾部。

（4）对比式。前后的内容意思相反,互相比衬,对比鲜明。

（5）欲扬先抑式。"扬"指褒扬、抬高。"抑"指按下、贬低。想褒扬某人或某物,却不马上以笔墨褒之,而是先按下,先贬抑之,给人不同的阅读体验。

（二）微信公众号文案的写作模板

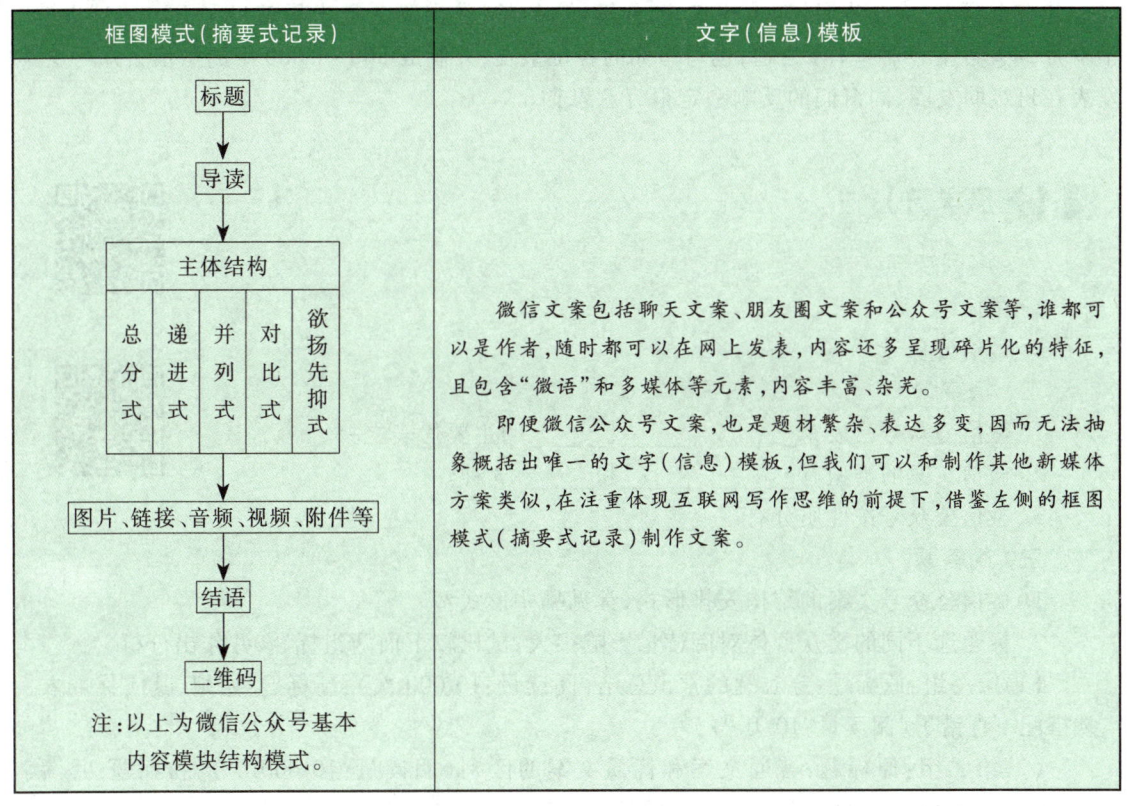

（三）注意事项

（1）内容定位要准确,要抓热点。无论是营销文案还是其他文案,受众群体不但要至上,而且须精准,关注网民心理,做到文案有"料",有干货,以提高可读性,扩大转发率。

（2）标题须吸引眼球是基本要求,网民是否点读帖子基本取决于标题能否吸引眼球。有研究者曾对 2015 年 2 月 15 日、2016 年 2 月 15 日和 2017 年 2 月 15 日 2 000 余篇访读量达 10 万+

的微信爆文进行分析,发现此三天这些微信爆文的标题字数平均分别为 18.02 字、19.29 字和 21.66 字,明显呈增长趋势,新媒体专家认为,这种"信息前置"现象,源于"与其把信息都折叠进内文里被动地等待用户打开,不如直接就把信息展示在入口处让人一看便知"。

有经验的文案作者,会尽可能每三五百字就设置一个小标题,以提示和强调后面的内容。数据和事实须真实,既是为写作主体建立良好的形象,也是为受众负责。关键词须尽可能嵌入标题中,为搜索引擎提供方便。

(3) 配置让人眼睛一亮的题图(封面图片)。内文适当配图,既可诠释文字,也能美化文案,更适宜阅读。读图时代,能用图片展示的内容就尽量用图片。

(4) 网络文案可以适度用些"微语"热词,以体现生动幽默,亲和自然,但内容的排列须合乎逻辑,便于受众的理解和接受。情绪和情感的流露须恰当。

(5) 微信公众号,尤其是公众号营销文案,底部一定要附销售方的微信二维码,便于顾客联系。

四、技能训练

曾有个题为《大学岁月、四人寝室、四种模样》的帖,发出不久点击量就过了万。请试以《大学岁月、×人寝室、×种模样》为题,也写写你的各位室友,并制成 800~1 000 字的微信公众号文案发表在班级朋友圈,同窗们的反响一定很有意思!

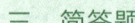【拓展学习】

一、名词解释
1. 微信
2. 微信公众号

二、填空题
1. 微信公众号已成为_____、_____、_____的主要代表之一。
2. 微信文案的类型有_____、_____和_____ 3 种。
3. 微信公众号按性质分有_____、_____、_____。

三、简答题
1. 微信公众号文案的结构安排形式,常见哪些形式?
2. 标题选不同的受众群体对阅读量影响很大,试比较下面两组标题,并作出分析。
(1)第一组:原标题:穿衣裳的常识总结(阅读量:10 000 次);新标题:姑娘,其实你的衣裳搭配一直错了(阅读量:10 万+)
(2)第二组:原标题:普通文案和优质文案的区别(阅读量:10 000 次);新标题:月薪 5 000 与 30 000 文案的区别(阅读量:10 万+)

四、技能训练
请根据你身边发生的校园文化活动、学习生活趣事或课堂动态等,制作一篇图文混合或插入视频的微信公众号文案,并发表在班级朋友圈。

拓展学习

4.1 即测即评

五、AI 同行

1. 输入提示词指令:"撰写微信公众号,容易出现哪些误区?"阅读 AI 生成的文字。

2. 在 AI 上输入提示词指令:"生成微信公众号文章:报道学校在湖边广场举行迎新生文艺晚会,涵盖:主办方、主持人和主要节目,要求:语言优美,热情向上,800 字内。"阅读 AI 生成的文字,分析文章内容是否完整?假如不完整该增加什么提示词指令?

第二节　微博文案

一、例文借鉴

【例文 1】

 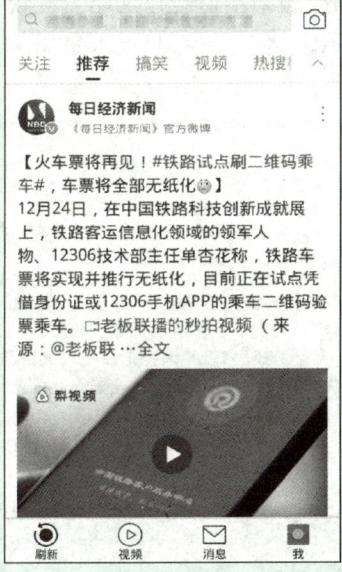 

图 4-1　微博截图(一)

【提示】

左边这条央视新闻的宣传微博(图 4-1),以"#""【】"标签主题内容,强调"最好听的语文"有声教材,是由老中青三代播音员和主持人联袂录制,音频教材内容涵盖教育部编教材的全部中小学语文课文。朗读者和中小学生在一起的图片,与博文相得益彰,照片上的文字"不一般的'有声语文教材,有多好听?'"是对核心信息的点睛。

或许,作者认为受众对朗读者的专业素养早已高度认同,所以没必要加朗读的音频、视频链接。

这条微博,图文制作精简、精美,值得学习借鉴!

中间这条预告"火车票将再见""车票将全部无纸化"的新闻微博,也值得学习借鉴。

140个字不到,就已将发生这一新闻事件的时、地、人及事的起因、经过和将来的结果等要素,表述得精准明白,此外,还以"#""【】"标签主题信息、@相关人士、相关视频的链接扩大信息容量。

右边这条关于室内设计的微博,却没有达到作者预期的广告效果。

作者以23个字搭配九张设计效果图,试图主要以设计图展示设计元素、设计水平和风格。

但细读博文,你会发现,作者强调的"美式轻奢"也好,"优雅与浓烈并重,感性与活力同存"也好,都未能充分阐释图片的设计风格,何况图片的设计效果也未必是"温柔世界",倒颇具"温馨气息"。可见,微博字数未必是越少越好;字数少,绝非制作者的根本追求。以不超出140个字为界,将须传达的信息精准而又充分地传达出来,有最好的阅读效应才是微博文案根本的追求。阐释自己的设计风格,这条微博未能多用文字,反是在浪费文字。

此外,对作者认为关键的文字,这条微博未想到要加"#""【】"类标签主题,如此该用不用,也是一种浪费。

还有,这条微博没有说明设计价格多少和设计材料是否环保,以及是否设计施工一条龙等问题,对这些受众关心的内容,如果不适合以文字直观说明,是可以制作成链接的。

以140个字为界的微博,不追求文字最少,只追求思想信息和表达手段的最丰富!

【例文2】

图4-2 微博截图(二)

【提示】

　　这是当时《人民日报》"正在直播"的微博截图(图4-2)：直击一场森林火灾的地点、时间、植被以及救灾措施等现场情况，文字报道简洁精短、直播视频、滚动字幕，转发评论以及实时统计数据，都给人以紧迫的现场感，页面显示当时观看的网民已达10余万人，微博拥有的多媒体传播功能和影响力之强大，可见一斑。

【例文3】

图4-3　微博截图(三)

【提示】

　　这是本教材作者惊悉袁隆平先生仙逝，即时发表的个人微博(图4-3)。

　　这条微博，不说袁隆平先生是"中国杂交水稻之父""共和国勋章"获得者、中国工程院院士、国家最高科学技术奖获得者这些众人熟知的头衔、荣誉，而着墨于一个人一生的使命已完成，他是怎样一个人，"从此每一季的稻穗都会向他垂首致敬"，因为这位伟人"已回归这片土地"，如此写，与袁先生自谦"我只是一个种了一辈子水稻的农民"可谓一脉相承，还得说一句的是，对袁先生的人品颂扬与稻田、土地融合起来写，也符合本文案作者属自然生态作家的文风。

　　微博所配的袁先生的几帧照片，尤其深蹲稻丛的工作照和青绿稻田照片，可恰切反映袁先生的事业和人格光辉，亦寄托了作者对袁先生的哀思和怀念。

　　这条微博的遗憾之处是没有以"#""【】"标签哀思和怀念的主题。

【例文4】

　　@花骨朵寶貝：😖严重声明：👣我的微博中毒了……✂✂关注的好友全不见了🚰🚰谁救救我……💡💡💡我给官方私信📧📄了也没人理我！💣💣🎯🎯

> 【提示】
> 微博可以是纯文字式、文字+表情式、文字+表情+符号式、文字+图式,也可以同时是文字+图片+链接+音频+视频等各种多媒体元素的混合式。
> 以上这条微博如有必要,还可以插入音频、视频和复杂的图片等,使用口语化的文字,尤其是插入一批强调情绪的表情符号、小图片等网络文案元素,让焦急、情急的情绪跃然纸上,夺人眼目。

二、必备知识

(一) 微博的含义和用途

微博是微型博客(MicroBlog)的简称,是博客的一种衍生产品,是通过关注机制分享简短实时信息的网络平台、社交媒体。

微博用户可通过电脑、手机等多种终端接入组建个人社区,以文字、图片、视频等多媒体形式,实现信息的即时分享、传播互动。

微博经常是重大新闻事件的首发源,辐射人群范围广,即时传播快速,内容简短,普通微博最多只能有140个字(包括标点符号),尤其适合网络时代人们的碎片化阅读。

微博虽只可发布不超140个字的文字内容,但可插入表情、图片、链接、音频、视频等,具有直播、点评、定时发送等功能。除了可迅疾发布动态信息,微博还带提醒(@)好友转发等功能,便于吸引粉丝,扩大传播。

一般企业都会注册自己的品牌官方微博,通过微博发送广告,开展网络营销。微博已成为集企业官方发言人、积累品牌客户及进行客户关系管理、进行有效的产品营销、充当客服、建立企业文化的有效平台。

与微信相比,微博的传播平台更大,受众更多。

(二) 微博文案的特点

1. 限字精短性

微博在页面上只能显示140个字。由于发表字数受到限制,撰写速度相对较快,也便于转发。因此,微博拥有快速反应、即时通信的优势。

2. 多媒体性

除文字外,一条微博还能上传图片、表情符号、视频、音频和附件等,呈现的多媒体文本式样丰富、生动。

3. "微语"性

随着用户的迅速增长和发布量的扩增,微博上迅速形成并流行起一批专用热词。"好滴(的)""童鞋(同学)""神马(什么)""沙发(头一个)""木(没)有",另外还有"呵呵(表无语)""吼吼(表兴奋)"等,这些词语,或为同音借词,或以词本意传达他意,或表情感,或是拟声词,或是缩减词……这类微博上流行的热词称为"微语"。

微博中特有的"微语",赋予了微博语言活力,文字显得风趣生动,情感色彩更加鲜明,有助于吸引网友眼球,可以拉近与网民的情感距离。

4. 快速互动性

与传统媒体相比，微信和微博都属于免费的社交平台。由于微博短小，更要求微博内容用极少的文字，鲜明、精确地表达主题，引发受众的即时互动。每一个微博用户都有机会与平台上其他微博用户对话交流，整个过程均可持续互动，乃至"留痕"。

（三）微博文案的类型

1. 政务微博

政务微博是各级政府为配合施政、交流公共事务信息，具有发布政令、回应社会诉求、报道民众关注的事件事实、澄清舆情并表明立场等功能的媒体平台。

2. 社交微博

社交微博是个体用户为追求精神交流，面向社会发表对物事的态度和意见，发布文学艺术作品（自创或转发），与其他个体或群体交流、交往的媒体平台。

3. 企业微博

企业微博是企业为宣传经营理念、提高品牌知名度、促进产品营销、管理客户关系，用于售前咨询、售后服务和发现市场需求的媒体平台。

三、微博文案的结构写法和写作模板

（一）微博文案的结构写法

微博的写作和微信写作一样，均须注重互联网写作思维。一般每一条微博都不得超过140个字，这就还须有类似给气球充气而以不爆裂为前提追求最大体积的思维，我们不妨将这种写作思维定义为"气球体积最大化思维"。

我们在微博写作中须强化的"气球体积最大化思维"，包括两方面的含义：

一是犹同"一粒沙里看世界，半瓣花上说人情"，须在微博中以最精简的文字表达最丰富的思想和情感世界，不仅须确保文字不生歧义，还须令文字能以一当十，甚至以一当百；二是要实现最大的信息"容纳度"，如需要，每一条微博文案都可以成为集文字、图片、音乐、链接、视频和音频的综合性展示平台。

微博文案的结构写法，须强化以上的写作思维。

1. 标题

好的微博标题可以吸引读者眼球，使其产生继续阅读微博内容的兴趣。

以下是较好的几种微博标题写法：

（1）概括主旨式（谁+什么情况+结论、结果或结局），如《精彩的她，美不止一面》。

（2）数据直观式（谁+数字+结论、结果或结局），如《python发送电子邮件，工作效率翻3倍》。

（3）涉情事件式（什么事件痛点），如《欢迎回家！美国向中国归还361件流失文物》《交16元领80万，竟有几十万人相信》。

（4）巧用热词式（热词+事件），如《北京至雄安新区将实现1小时通达》《流浪地球造句大赛》。

也有许多微博不写标题，究其原因，或是受微博字数严格控制所致，或是用户发微博只是想突出图片，或认为直入主题、直截了当表达思想内容就可以了。

2. 正文

（1）开头（微导语）

微博的"微导语"或提示下文、或设置悬念、或概括全文，用以激发网民继续阅读的兴趣。也有的微博不写微导语，直接进入话题。

（2）主体（微主体）

有研究者总结：微博字数最好控制在120~130字，只写"干货"，链接宜设置于离开头1/4的位置，链接的类别和内容可以是文章、图片、音频、视频或话题等，但链接的类别和内容需适度，过多未必会有好的传播效果。

主体140字内的文字需生动有趣，视需要可设置参与性内容，以悬念吸引网民，多用动词，少用形容词和名词，可适度使用"微语言"，多用"@""转发""请"等。

政务微博旨在为民施政、交流公共事务信息，有较强的新闻性，多以"#"或"【】"强调话题，主体内容为：一是告知民众政策、法规、官员动态、突发事件、热点追踪等公开信息，接受民众的监督；二是发布征求反馈类信息，听取民意，与民众互动交流，推进决策的民主化和科学化。政务微博以叙述为主，叙事需精简交代事件发生的时、地、人及事件的经过和因果等。忌照搬公文行文风格，适量选用"微语言"，可显得感性而具有亲和力。

社交微博是个体微博，多以"#"或"【】"强调话题。在不违背法律的前提下，不妨张扬个性自由撰写，可评论时政，可点评热点，可链接文艺作品，多选用"微语言"可增强感性和亲和力，力求幽默风趣，与网友多作精神交流。

好的社交微博，善于"聚焦"物事，努力建构个性风格，比如微博主若喜欢美食，则会专注交流美食方面的信息。

企业微博一般会设置企业主页背景图，背景图既可以表现企业的形象，也可以作产品的广告宣传，突出品牌信息，注重提醒（"@"）好友，巧用"微语言"，尽可能多圈粉，触动粉丝分享产品信息，提高转发率及互动性，促进销售。

下面是几类常见的企业微博的写法：

① 企业营销微博：开头以"#"或"【】"强调产品或营销主题，用精短而富具鼓动性的语言表达营销内容、活动理念、参与方式，有的还写入抽奖办法。可一一"@"针对性的用户。视需要还可配相关的图片、链接、视频、音频。营销措施须有可行性、可操作性，文字须严谨，以免造成歧义而引发争执或法律问题。

② 企业动态微博：开头以"#"或"【】"标示企业诸如产品畅销、获奖信息等动态信息，用精简的文字、数字，展示重要的事实或信息，突出亮点。关涉企业资讯发生的时间，须精准表达，视需要可配相关的图片、链接、视频、音频。

③ 企业关怀微博：这类微博类似社交平台，一般在对企业有特殊意义的日子或节日推出。开头通常以"#"或"【】"强调话题，而后说明推出微博的原因，接着或表示慰问，或展开话题，或提出问题……以展示对企业员工和用户的人文关怀，满足用户的社交需求，提升客户的满意度，树立企业的亲和形象。通常会配上相关的图片、链接、视频或音频。

（3）结尾（结语）

微博的核心内容，要求能够在开头和主体表达完，说完即止，专门写结语的并不多；非要写结语不可，则需峰回路转、出人意表，或幽默，或出哲理金句，或设问，或揭示真相。

（二）微博文案的写作模板

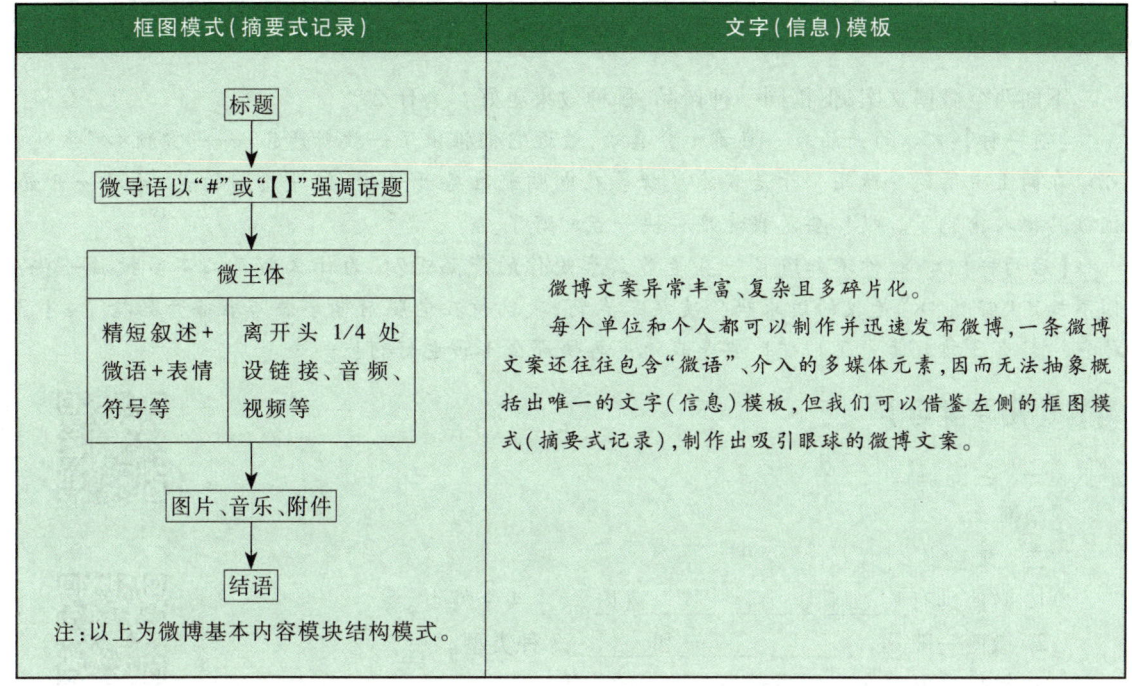

（三）注意事项

（1）注重微博与微信的区别。微信在人际关系上侧重一对一人、群内和朋友圈传播，传播与接收有相应的情感维系，存在较强的互动性，开放性较低，微信未被转发，其他人一般无法看到；微博则偏重于大众传播，属开放性传播，从理论上讲，凡是网民都可以看到，且可充当传播者，但微博的受众并不确定，却具有新闻性和公开性。在传播效应和对事件的定性上，官方微博对突发公共事件的报道具有权威性。

由于微博的传播面远比微信大，且受众更多，所以在重大活动的宣传中发挥着强大的作用；而微信关注的主要是扩大阅读面和朋友圈的转发，希求的是深度互动，微博则追求有更多泛泛的转发和更多的粉丝量。

一个人转发微博多数没有什么心理压力，但如果你转发微信，很可能会存在顾虑，会揣测转发后的效应。

（2）企业微博可树立企业的良好形象，促进产品销售；政务微博以施政为民，体现公仆精神为宗旨；社交微博宜"聚焦"个人兴趣，建构良好的个人形象，多与志同道合之人互动，力求形成个性风格。

（3）每一条微博只能写一个事件，只凸显一个亮点或提出一个争议点，吸引网友集中围观，形成聚焦式良性互动。

（4）微博须感情真诚，多用动词、数字，言简意赅，少用生僻词汇，尽量不用专业词汇，少用长句，须以关键词、亮点词让用户在一两秒钟内就能了解主题内容，同时巧用幽默、风趣和富有亲和力的"微语"热词，吸引眼球。

（5）微博还要善用"#""【】"等符号设置主题标签，重视在微博中插入图片、表情符号、视频、音频和附件传达信息，静态信息与动态信息相得益彰，让每一条微博都有最直观、最大的信息传播。对博友的评论或疑惑,能够及时回应。

四、技能训练

下面两个微博文案,促销同一种产品,哪种效果更好?为什么?

【前一种】:×××的产品我一直都十分喜欢,最近它们推出了一款新产品——"雪颜××"系列,可以在网上申请免费试用。于是我凌晨就等在电脑前准备开始抢,但没想到的是,活动一开始就被其他人抢完了。哎!要是我速度再快一点就好了。

【后两种】:×××,你不知道我一直是多么喜欢你的产品吗?!为什么新产品不多投放一些?你不知道"雪颜××"是我的追求吗!凌晨三点啊,我就待在电脑前摩拳擦掌准备开始抢了,才3秒啊!只有3秒就卖光了!哎!要是我速度再快那么1秒也好啊!……

【拓展学习】

一、名词解释

微博

二、填空题

1. 微博具有_____、_____、_____和_____ 4 个特点。
2. 微博一般具有_____、_____和_____ 3 种类型。
3. 链接最好放在离微博开头_____的位置。

三、简答题

1. 为什么许多微博喜欢写入"微语"?
2. 下面是××水杯广告的微博推文,为什么读后让人难以忘怀?

丈夫:"把你的××水杯换掉吧。"

妻子:"你又不是不知道我生气时爱摔东西!"

丈夫:"所以才要换啊,摔不烂,怎么泄愤!"

四、技能训练

某市一家鲜花连锁店,决定在元旦期间隆重推出优惠价新款花篮,请你以连锁店新媒体文案编辑的身份,为连锁店撰写一篇促销花篮的微博推文。

五、AI 同行

1. 输入提示词指令:"撰写微博,容易出现哪些误区?"阅读 AI 生成的文字。
2. 第四道"技能训练"的内容,可以提炼出下面两种提示词指令:

(1)"请撰写××××鲜花店元旦推出优惠新款花篮的微博广告,140 字";

(2)"请撰写××××鲜花店元旦推出优惠新款花篮的微博广告,要求:语言华丽,广告性强,吸引眼球,140 字内。"

在同一 AI 上分别输入以上提示词指令,比较 AI 分别生成文字的异同。

拓展学习

4.2 即测即评

第五章　竞聘词　社会实践报告

第一节　竞聘词

一、例文借鉴

教学视频：竞聘词

【例文】

竞选班长演讲词

同学们：

　　你们好！今天，我走上演讲台的唯一目的就是竞选"班级元首"——班长。我坚信，凭着我的勇气和才干，凭着我与大家同舟共济的深厚友情，这次竞选演讲给我带来的必定是下次的就职演说。

　　我从没有担任过班干部，缺少经验，这是劣势，但我有的是敢作敢为的闯劲儿。最重要的是，我有一颗热爱班集体的心。

　　班长应该是老师与同学之间的一座桥梁，是一个班级的领头羊，能向老师提出同学们的合理建议，向同学们传达老师的想法和苦衷。我保证做到在任何时候，任何情况下，都首先是"想同学们之所想，急同学们之所急"，积极为同学们谋求正当的权益。

　　班长应该具有统驭全局的大德大能。我相信自己竞选一班之长是够条件的。首先，在以情联谊的同时以"法"治班，最广泛地征求全体同学的意见，在此基础上制订出班委会工作的整体规划；然后严格按计划行事，推选代表对每个实施过程进行全程监督，责任到人。

　　我准备在任期内与全体班委一道为大家办6件好事：

　　1. 借助科学的编排方法，减轻个人劳动卫生值日的总长度和强度，提高效率。

　　2. 建立班级互助图书室，并强化管理，提高其利用率。

　　3. 组织双休日城乡同学"互访"，沟通情感，加深相互了解。

　　4. 在得到学校和班主任同意的前提下，组织旨在了解社区的参观考察活动。

　　5. 在班级报廊开辟"新视野"栏目，及时追踪国内改革动态和变幻的国际形势。

　　6. 利用班级微信群，及时沟通班务信息，营造好的班级氛围。

　　我会是一个最民主的班长，常规性的工作要由班委会集体讨论决定，而不是由我一个人说了算。班级的重大决策必须经由"全民"表决。如果同学们对我不信任，随时可以提出

"不信任案",对我进行弹劾。

同学们,请信任我,投我一票,给我一个舞台,我会为我们班的服务和发展尽一份责任!我会经得住考验的,相信在我们的共同努力下,充分发挥每个人的聪明才智,我们的班务工作一定会搞得十分出色,我们的班级一定能跻身先进班级的行列,步入新的辉煌!

谢谢大家!

(摘自《演讲与口才》,编入本书做了部分删改。)

【提示】

在这篇竞选班长的演讲稿中,竞聘者客观地分析了自己的优劣势所在,不回避问题,并机智地变劣势为优势。提出以情联谊的同时以"法"治班,民主制订班委会工作规划并责任到人,以及任期内将为大家办6件好事等一系列"施政方略",还提出了希望大家支持的请求。

本文对竞选的职位认识到位,见解独到,语言简洁,力求口语化,竞选态度鲜明,信心十足,对得到听众的认同并拉到选票有较好的感染力和说服力。

由于听众是同班同学,彼此熟悉,因而文章不必介绍自己的政治面貌、学历、职务等。

二、必备知识

(一)竞聘词的含义和用途

竞聘词也叫竞选词或竞聘演讲词,是竞聘者为了竞争某岗位或职位而向领导、评委和听众展示自己的优势条件,介绍自己受聘后将会执行的施政方略的演讲稿。

(二)竞聘词的特点

1. 自评自荐性

竞聘者在演讲中介绍自己参与竞聘的缘由,并对自己的经历、能力、性格和优势做出自我推介和评价。

2. 目标指向性

从主旨到材料,乃至心态,竞聘词的内容都要为实现成功受聘服务,表达志在被聘的意愿。

3. 希冀认同性

竞聘词要表达,假如竞聘成功,自己的施政方略和自己能得到听众的认同,得到大家的支持的希冀。

(三)竞聘词的类型

1. 技术岗位竞聘词

若竞聘的岗位技术含量高,竞聘词重在表述自己技术能力和推进技术工作的方略。

2. 行政职务岗位竞聘词

若竞聘的岗位属于行政岗位,竞聘词重在表述自己的行政能力和施政方略。

三、竞聘词的结构写法和写作模板

(一)竞聘词的结构写法

1. 标题

标题通常有两种写法:一种是文种式标题,如《竞聘学生工作部长的演讲》;另一种是文章式标题,如《实实在在做事——竞聘办公室主任的演讲词》。

2. 正文

正文主要围绕以下几方面展开。

(1) 引言。在评委或听众的称谓之后,开门见山地叙述自己竞聘的职务和竞聘的缘由。

(2) 主体。首先简介自己的年龄、政治面貌、学历、现任职务等情况,继而自评自荐自己优良的竞聘条件,如政治素质、业务水平、工作能力。最后提出自己任职后的施政目标、构想和措施。

在主体部分,竞聘者需表述对竞聘岗位的客观理解和独到的认识。

(3) 结尾。用简洁的话语表明自己竞聘的决心、信念和请求。

(二) 竞聘词的写作模板

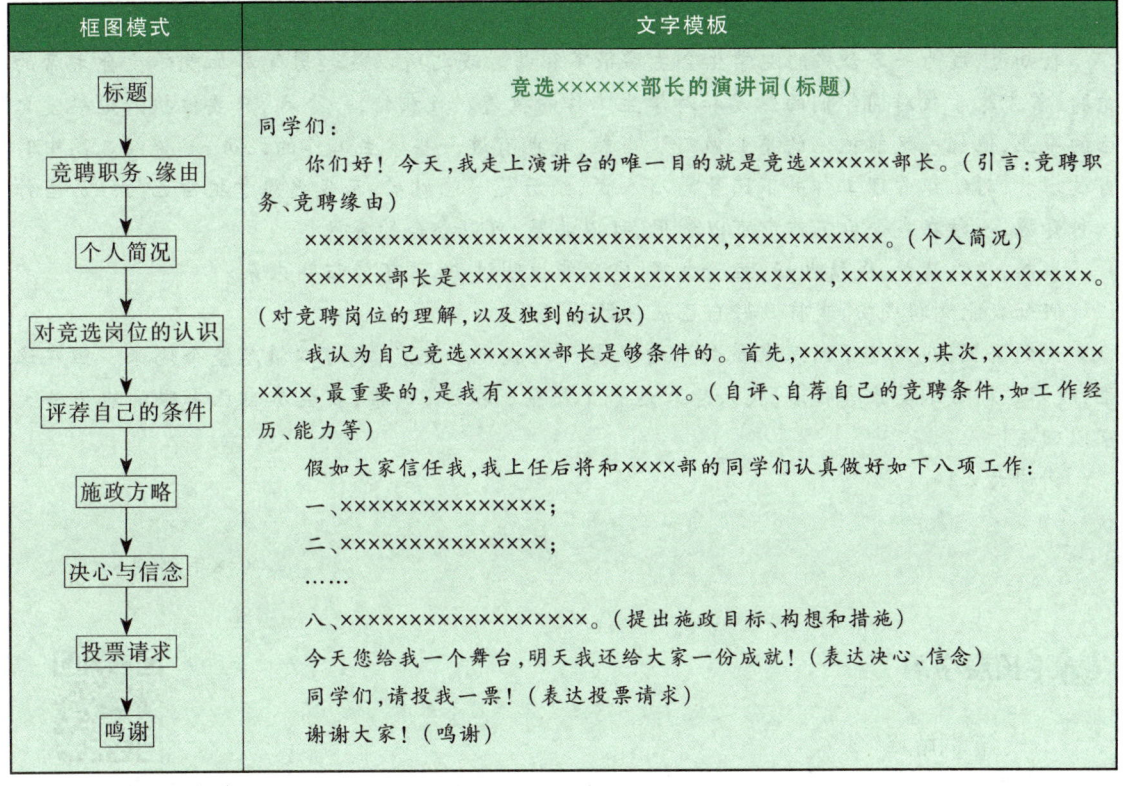

(三) 注意事项

(1) 介绍好个人简况。个人简况要真实、简要,与竞选职务无关的一般不介绍。

(2) 突出自己的优势。优势往往是"人无我有"或"人有我强"的特殊能力或个性特点,目的是更好地引起评委和听众的特别关注。

(3) 阐述对竞选岗位的认识。对竞选岗位的职能、职权、工作范围、权利义务等必须有客观、深入而且独到的认识。

(4) 陈述施政目标、构想和措施。切忌信口开河,必须切实可行,最大限度地获得听众的认同。

(5) 语言诚挚、朴实,力求口语化。

四、技能训练

试指出下面这篇竞选演讲稿的突出问题,并补写文章缺写的主要内容。

竞聘院学生会主席的演讲

各位老师,各位同学:

  大家好!

  参加竞聘之前,我一直在想:我应不应该参加这次竞聘?我靠什么来参加这次竞聘?思索再三,我想,我愿意把这次竞聘当成争取尽自己一份责任的机遇,更愿意把这个竞聘过程当作我向各位同学学习,接受各位评判的一个难得的机会。因为我是鼓着十二分的勇气来参加竞聘的。

  我知道,成为一名合格的院学生会主席很不容易。我之所以鼓起勇气参加院学生会主席的竞聘,首先缘于我对同学们的热爱和对学生工作的执着。我相信,一个人,只要他执着地热爱自己的事业,他就一定能把他的事业做好。当然,我也有过一些学生工作的经历,我曾经在高中时当过班长,对组织管理工作并不陌生。有人说,经历是一笔财富,而我更愿意把自己的经历当作一种资源,一种在我今后工作中可以利用、可以共享、可以整合的资源。

  当然,我更清楚,成绩也好,经验也罢,它只能说明过去,并不能证明未来。

  假如我能竞聘成功,我将做好自己应该做的工作。

  说到这里,我想起了阿基米德的一句名言:"给我一个支点,我可以撬起整个地球。"但在这里,我不敢高喊这类豪言壮语,我只想表达一个愿望,请投我一票,我会尽自己有限的能力给大家以回报!

  谢谢大家!

×××
××××年××月××日

【拓展学习】

一、名词解释

竞聘词

二、填空题

1. 竞聘词具有_____、_____和_____3个特点。
2. 重在表述自己的行政能力和施政方略的竞聘词为_____。

三、判断题

1. 竞聘词只要介绍好自己的优势和工作能力即可,不必再提出自己任职后的施政目标、构想和措施。(　　)
2. 不必在竞聘词中表述对竞聘岗位的理解和认识,因为听众都知道竞聘者所竞聘的是什么岗位。(　　)

5.1　即测即评

四、AI 同行

1. 输入提示词指令:"撰写竞聘词,容易出现哪些误区?"阅读 AI 生成的文字。

2. 在 AI 上输入提示词指令:"生成竞选院学生会宣传部部长的演讲稿,涵盖:喜欢文学,曾任文学社长,任期目标,工作方式,要求:有幽默的竞选口号,字数:10 分钟演讲完。"阅读 AI 生成的文字。

第二节 社会实践报告

一、例文借鉴

教学视频:
社会实践报告

【例文】

暑假社会实践报告

大学生参加社会实践,一方面可以锻炼自己,使自己在实践的过程中学会怎样独立地去生活,怎样独立地去面对生活中的困难与挫折;另一方面也可以锻炼分工协作能力。古今中外的成功人士,无一是单枪匹马而达到目标的。在这个信息瞬息万变、知识日新月异的时代,我们更需要合作精神。

出于对广告行业的憧憬,在日常生活中我也常感受到广告创意的魅力,于是我很早就产生了想去更深地了解它、接触它的愿望。

当 7 月 16 日学校召开以"青春励志奉献,共建和谐社会"为主题的社会实践动员大会,学校领导宣布社会实践活动正式启动时,我就和另外两位同学一起到××广告有限公司进行了为期二十多天的社会实践活动。

前期准备工作

由于我们三人是自由组队,所以所有的事情都得靠自己解决,当然很多的麻烦是不可避免的了。又由于时处期末,我们每天都处于紧张的复习之中,但我还是抽出了时间在放假前先去联系实践单位。出于偶然的原因,当时我就联系到了××广告有限公司。我前几次前往该公司联系都未果,也许是我的真诚感动了他们,最后一次我终于见到了沈总经理,向他表达了想来公司进行社会实践的强烈愿望,希望我们的社会实践活动能得到公司的支持。跟沈总经理谈了十几分钟后,我的热情和渴望终于感动了他。沈总经理同意给我们一次实践的机会,条件是得听从公司的安排,并答应我暑假一放假就可去公司报到。

开展实践的情况

7 月 17 日,我们一行三人(另两人是经济管理学院的宫×和人文学院的吴××)穿着统一的服装来到了××广告有限公司,公司负责人蔡××给我们开了一个小会,讲了具体计划及这 20 多天的工作及要求。我和吴××被分配到了媒介部实践。宫×到设计部实践。第一天,我们熟悉了公司的有关情况。

7月18—22日,我们学习并使用Coreldraw、Adobe等软件制图。(略)

7月23—30日,我们负责调研××产品的市场。调研目的是了解××产品的代理商有无恶意竞争。我们在调研中第一步是对所有的代理商进行电话采访,第二步是扮成顾客去销售中心进行咨询。调查对象涉及市区的11家经销商,共22款办公设备。

调查结果表明,有些公司存在着严重的恶意竞争现象。一些公司为了提高销售额,不惜加大折扣,以骗取总公司高额的回扣。

7月31日—8月5日,我们去市场访问收银系统,并对办公设备、计算机和餐厅音响、灯光系统及其价位进行市场调研。调研目的是了解市场价格,与各家代理公司所报价格进行对比,查看是否谎报价格。

调查结果表明谎报价格现象十分严重,有些产品的价格虚报达1倍。

收获和体会

社会实践的帷幕落下了。通过这次社会实践,我最大的感受就是自己得到了锻炼,也成熟了许多。(略)

这20多天的社会实践,虽然时间不算长,但使我确确实实地又学到了很多在学校及书本上不曾见过的东西。尽管我以前也有过实践经历,但这次社会实践的感觉与前几次却有很大的不同(以前都是一个人去做促销或者家教),感觉比以前的收获更多。比如,在人际交往方面,书本上只是很简单地告诉你要如何做,而社会上的人际交往其实非常复杂,这是在学校里不能感受到的。社会上有各种人群,每一个人都有自己的思想和自己的个性,要跟他(她)们处好关系还真需要许多技巧,而这种技巧是来自社会阅历与社会实践的。在社会生活中,有关心你的人,有对你无所谓的人,有看不惯你的人,这就看你自己如何把握了。实际的社会生活或实际的交际,要求你学着去适应它,如果不适应,那就得改变一下自己的某些做法再去适应。

这20多天来的社会实践,还锻炼了我不管遇到什么困难都不被它吓倒、不轻言放弃的品格。人要想实现自身的价值,一定要有顽强的意志和坚强的品格,勤奋工作的品质和严谨的生活作风,需要有一个积极向上的心态。只有这样,你才可以做到不管遇到什么挫折、什么困难,即使遇到失败,都不怕,你都可以吸收经验教训,再次站起来向前。

(摘自第壹文秘网:"大学生社会实践报告优秀范文",作者:佚名,编入本书时做了部分修改)

【提示】

这份网上的"大学生社会实践报告优秀范文",其实是优缺点并存的文章。

文章的开头写了社会实践的目的,以及公司的基本情况、实践的基本形式和内容。不足之处是开头部分缺少作者简况介绍,后面缺少社会实践单位的评价;关于前期准备工作可以放入前言简写,如果对实习单位有建议也可以写在报告里。

文章中的有些词句还有待修改。比如,"所有的事情都得靠自己解决"中的"事情"应改为"困难",而"当然很多的麻烦是不可避免的了"却成了赘语;"出于偶然的原因,当时我

> 就联系了××广告有限公司"应改为"一个偶然的机缘,我去了××广告有限公司"。文章中还存在一些过于口语化的字句,如"答应我暑假一放假就可去公司报到"中的"答应"应改为"同意"。

二、必备知识

(一)社会实践报告的含义和用途

社会实践报告是大学生在参与社会实践活动之后,对社会实践进行分析总结,对实践单位(地点)或实践事项作出基本评价、汇报收获、提出有关意见和建议的书面报告。

通过大学生提交的社会实践报告,学校可以了解大学生对社会或有关事物的认识水准,以及学生的素质和技能水平。

(二)社会实践报告的特点

1. 实践性

社会实践报告以大学生亲身深入参与社会生活的实践为基础。

2. 调研性

社会实践报告还需依托深入细致的调查研究,并将调研情况真实地诉诸文字。

3. 评价性

社会实践报告必须反映有关问题和矛盾,并且力求向实践基地提供可资借鉴的经验和参考性的工作建议。

4. 体现个人素质性

社会实践报告非专业实习报告,也非大学生毕业实习报告,相对来说,专业性较弱或者说专业性较为宽泛,但也需体现社会实践对个人素质的提高等实践成效。

(三)社会实践报告的类型

社会实践报告的类型,可按作者是个体还是多人合作撰写划分,也可按大学生开展社会实践活动的类型划分。

社会实践报告按大学生开展社会实践活动的类型,可分为大学生深入社区、街道、农村开展"真情进万家"的志愿服务活动的公益类;赴企业进行实习实践,开展"感恩社会"系列调研活动和社会调查的调查走访类等。

三、社会实践报告的结构写法和写作模板

(一)社会实践报告的结构写法

1. 标题

社会实践报告的标题一般有两种写法。

(1)由实习地点和文种构成,如《赴××××××开展社会实践报告》。

(2)由正副标题构成,正标题概括社会实践的主题,副标题标明社会实践单位的名称和文种。如《质量为本,服务社会——×××××集团社会实践报告》。

2. 正文

一般来说,尽管因大学生深入社会实践的单位或社会实践的内容不同,社会实践报告的正

文写法有差异,但基本内容结构和写法一般都包括以下几个方面。

（1）前言。一般写社会实践的缘由、目的、实践单位（地点）情况或实践事项、时间、背景。介绍实习生本人的学籍情况。

（2）主体。主体包括如下几方面内容。

① 介绍社会实践的形式和具体的实践内容等。

② 对实践单位（地点）或实践事项的基本认识和基本评价。

如果有必要,社会实践报告还可对进行社会实践的单位提出富于专业性、建设性的工作意见或参考性的工作建议。

③ 介绍实习生参加社会实践的收获,包括个人在思想、人生体验、个人素质乃至专业技能上的提高。

假如社会实践的内容与专业结合得比较紧,实习生也可以根据社会实践的情况,对学校的专业教学提出建议。

（二）社会实践报告的写作模板

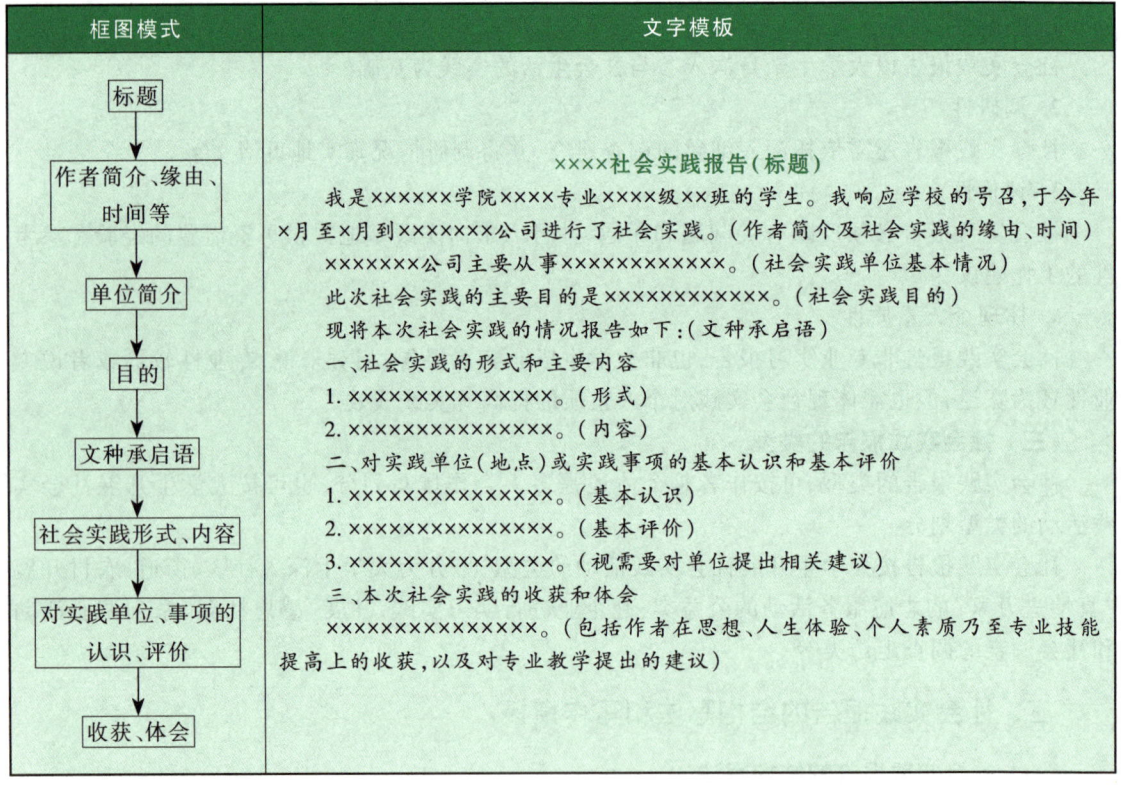

（三）注意事项

（1）明确实习报告与社会实践报告的异同。实习报告与社会实践报告都要对实习（实践）的内容进行介绍,都注重实践。不同点是实习报告专业性强,对实习生的专业学习质量具有检视性,而社会实践报告专业性相对比较弱,但注重调研性,注重对社会实践地点进行评价,注重体现实习生人文素质的提高而非专业技能的提高。在具体的写法上,实习报告需表述实习生的专业知识与技能是否能适应实习的内容,而社会实践报告一般不涉及对专业能力的评价,却需写对社会实践地点的评介,乃至提出建设性的建议等。

(2) 在实践过程中注重调查研究,注重收集有关撰写资料,比如注意收集社会实践地点的基本情况,尤其是工作规程、效益、前景和存在的问题以及员工的评价。

(3) 社会实践报告是写实性文书,对社会实践的形式、内容、收获以及评价和建议,须言之有据,忌凭空杜撰。

四、技能训练

下面是一则病文,试指出其主要毛病。

我在××木业有限公司实践的报告

我于×月×日到了××市××木业有限公司进行了暑期社会实践。

公司宏伟的发展目标、先进的管理、一流的生产设备都给我留下了深刻的印象。

××市××木业有限公司是一家从事板材出口的民营企业,公司坐落于××东城工业园内。该工业园基础设施比较完备,距市中心不足 10 min 车程,地处××××出口处,西距大运河××港 3 公里,距×××机场 1 h 的车程,与××港相距只有百里。

公司占地 200 亩,拥有 4 个标准厂房,总面积 $5.5×10^5$ m^2,职工 830 人,固定资产 600 万元,板材加工生产线 2 条,高档板材加工线 3 条。公司是××取得出口资格的企业之一。

公司前身是一家专门从事板材加工的小企业,始创于 1995 年,从木材的长途贩运到粗加工,半成品的加工,直到现在的板材的出口,公司的资产从开始的几万元发展到现在已达数百万元。

公司虽然是民营企业,但并非家族式管理,而是采用法人治理结构。公司的日常事务由总经理负责,下设人事、财务、生产、采购四个机构。各车间设有专门负责人,对总经理负责,同时设有副总经理,协调各车间与上级部门的关系。公司发展目标明确,是"争创国际品牌"。

公司同样有着和谐的企业文化。在公司里,不管是管理层还是普通工人,都统一着装,佩戴胸卡,显示出了积极的工作状态和良好的精神面貌。这些,都给我留下了深刻的印象。

公司成就不小,但我也发现了公司的一些不足之处,仅个人意见而已。

首先,公司虽然是一家有出口资格的企业。(略)

而且我发现公司缺乏国际贸易专业人才。(略)

其次,公司产品结构比较单一。(略)

最后,该公司的出口板材全部是由海运完成的,近期由于中东地区局势持续动荡,引起了企业物流成本的上升,一定程度上增加了企业的竞争成本。

当然,我也看到了企业面临的机遇。

首先,从国家到地方的扶持政策力度进一步加大,××市把板材产业发展作为全市支柱产业之一,在税收方面给予了一定的优惠。

其次,公司发展机遇难得,国际市场对板材的需求进一步扩大,特别是周边国家的需求增长很快,可以看出公司产品前景看好,特别是公司引进的具有国际先进水平的高档板材生产线,使公司的产品在同行业竞争中优势明显。

最后,公司的区位优势将更有利于公司降低成本。(略)

另外,高校云集的××,其人才高地早已形成,这给企业挑选优秀的外贸人才提供了机会。

我认为公司已有一个非常正确的竞争战略——品牌化战略。公司早已将自己的核心品牌同时在几个国家注册,这为企业走国际化战略铺平了道路,也有力地保护了自己的利益,同时也是自主知识产权保护意识加强的有力见证,公司已经迈出了走向国际化的第一步,也是坚实的一步。

正如世界上在汽车制造业有日本丰田、德国大众,快餐业有美国的肯德基、麦当劳,我相信经过努力,世界板材业将会有一个中国品牌,我希望是××。

通过这次进厂进行社会实践,我深刻体会到了知识在企业发展中的力量,激发了我学习的热情,更加明确了学习的目标。作为一名国际贸易专业的大学生,还要有坚实的英语功底,过硬的专业知识,才能在将来的工作中纵横驰骋。

(摘自公文易网,作者:佚名)

【拓展学习】

5.2 即测即评

一、名词解释

社会实践报告

二、填空题

社会实践报告具有_____、_____、_____和_____4个特点。

三、判断题

1. 调研对社会实践报告有时是不一定需要的。(　　)
2. 社会实践报告不必对实践地点作出基本评价。(　　)
3. 社会实践报告主要写自己的实习内容、专业知识与技能应用情况及收获。(　　)

四、简答题

试述实习报告与社会实践报告的异同。

五、AI同行

1. 输入提示词指令:"撰写社会实践报告,容易出现哪些误区?"阅读AI生成的文字。
2. 将××××填为自己攻读的专业,在AI上输入提示词指令:"生成一份××××专业学生暑假社会实践报告,涵盖:实践的形式、调研的内容、对实践的认识及评价、收获、存在的不足,要求:言之有物,适当介绍事实,语言简洁。2 500字内。"阅读AI的回复。

六、写作训练

试根据自己的社会实践,撰写一份社会实践报告。

第六章 实习报告 毕业设计报告 毕业论文

第一节 实习报告

一、例文借鉴

教学视频：
实习报告

【例文】

会计电算化专业实习报告

一、引言

实习是每一个学生必须拥有的一段经历，它使我们在实践中了解社会，让我们学到了很多在课堂上学不到的知识，也打开了视野，增长了见识，为我们以后走向社会打下了坚实的基础。做好会计工作不仅要学好书本里的各种会计知识，而且也要认真积极地参与各种会计实习，让理论和实践有机地结合在一起，只有这样才能成为一名高水准的会计专业人才。为此，根据学习计划安排，我于今年12月份专门到一家已实施了会计电算化的单位——××××实业有限公司进行了为期一个月的实习。

××××实业有限公司主要从事电线电缆的生产和销售业务，公司的规模较大，关于财务的分工也比较细。在此次实习中，我的指导老师是一位姓赵的师傅，实习岗位是财务会计，实习期间，我除了……有些时候还会做些杂务，比如打扫卫生和撕贴纸，这些杂务并没有谁要求我去做，而是必须自觉地去做，而且要尽自己的努力做到最好。

此次实习的主要目的是初步掌握会计的各项基本工作，尝试把学校里学习的会计电算化专业的相关理论运用到实习过程中，熟悉会计工作的方法和程序步骤，培养人际交往与社交能力，为成为财务会计作准备。

二、实习内容

（一）根据经济业务填制原始凭证和记账凭证

1. 原始凭证

原始凭证是指直接记录经济业务、明确经济责任、具有法律效力并作为记账原始依据的证明文件，其主要作用是证明经济业务的发生和完成的情况。填写原始凭证的内容为：原始凭证的名称、填制凭证的日期、编号、经济业务的基本内容、填制单位及有关人员的签章。

2. 记账凭证

记账凭证是登记账簿的直接依据,在实行计算机处理账务后,电子账簿的准确性和完整性完全依赖于记账凭证,操作中根据无误的原始凭证填制记账凭证。填制记账凭证的内容:凭证类别、凭证编号、制单日期、科目内容等。

(二)根据会计凭证登记日记账

日记账一般分为现金日记账和银行存款日记账,它们都由凭证文件生成。在计算机账务处理中,日记账由计算机自动登记,日记账的主要作用是输出现金与银行存款,日记账供出纳员核对现金收支和结存使用。要输出现金日记账和银行存款日记账,要求系统初始化时,现金会计科目和银行存款会计科目必须选择"日记账"标记,即表明该科目要登记日记账。

(三)根据记账凭证及所附的原始凭证登记明细账

明细分类账簿亦称为明细账,它是根据明细分类账户开设账页进行明细分类登记的一种账簿,输入记账凭证后操作计算机则自动登记明细账。

(四)根据记账凭证编制科目汇总表

科目汇总表也由凭证文件生成,其编制方法为用户输入需汇总的起止日期后,计算机自动生成相应时间段的科目汇总表。

(五)根据科目汇总表登记总账

根据得出的科目汇总表操作计算机,计算机生成对应的总账。

(六)对账(编制试算平衡表)

对账是对账簿数据进行核对,以检查记账是否正确,以及账簿是否平衡。它主要是通过核对总账与明细账、总账与辅助账数据来完成账账核对。一般来说,计算机记账后,只要记账凭证录入正确,计算机自动记账后各种账簿应该是正确的、平衡的,但非法操作、感染计算机病毒或其他原因有可能会造成某些数据被破坏,引起账账不符。为了保证账账相符,每月应进行至少一次的对账,一般在月末结账前进行。

三、实习结果

此次实习,不仅提升了我的实际动手能力,增加了实际的操作经验,缩短了抽象的课本知识与实际工作的距离,对实际的财务工作有了一个新的开始,同时也让我认识到了传统手工会计和会计电算化的异同。

(一)共同点

(1)无论是传统手工会计还是电算化会计,其最终目标仍是为了加强经营管理,提供会计信息,参与经济决策,提高经济效益。

(2)传统手工会计和电算化会计都要遵守会计法规,会计法规是会计工作的重要依据。

(3)传统手工会计和电算化会计都遵循基本的会计理论与会计方法及会计准则。

(4)传统手工会计和电算化会计基本功能相同。基本功能为:信息的采集与记录、信息的存储、信息的加工处理、信息的传输、信息的输出。

(5)保存会计档案。

(6)编制会计报表。

（二）不同点

1. 运算工具不同

传统手工会计运算工具是算盘或电子计算器等，计算过程每运算一次要重复一次。由于不能存储运算结果，人要边计算边记录，工作量大，速度慢。电算化会计的运算工具是电子计算机，数据处理由计算机完成，能自动及时地存储运算结果，人只要输入原始数据便能得到所希望的信息。

2. 信息载体不同

（略）

3. 账簿规则不同

（略）

4. 账务的处理程序（会计核算形式）不同

（略）

5. 会计工作组织体制不同

传统手工会计的会计组织工作以会计事务的不同性质作为制定的主要依据，电算化会计组织体制以数据的不同形态作为制定的主要依据。

6. 人员结构不同

传统手工会计中的人员均是会计专业人员，其中的权威应是会计师；电算化会计中的人员由会计专业人员、电子计算机软件、硬件及操作人员组成，其中权威应为掌握电算化会计的中级会计师。

7. 内部控制不同

（略）

以上种种区别，集于一点，就是由于电算化会计数据处理方式的改变，引起了传统手工会计各个方面的变化，这一变化将使系统功能更为加强，系统结构更为合理，系统管理更为完善。

四、实习体会

以前，我总以为自己的会计理论知识较扎实，正如所有工作一样，掌握了规律，照葫芦画瓢准没错，那么，当一名出色的会计人员，应该也没问题。现在才发现，会计工作其实更讲究的是实际操作和实践。离开操作和实践，其他一切都为零！

另外，就是会计的连通性、逻辑性和规范性。每一笔业务的发生，都要根据其原始凭证，一一登记入记账凭证、明细账、日记账、三栏式账、多栏式账、总账等可能连通起来的账户。这为其一。会计的每一笔账务都有依有据，而且是逐一按时间顺序登记下来的，极具逻辑性。这为其二。在会计的实践中，漏账、错账的更正，都不允许随意添改，不容弄虚作假。每一个程序、步骤都得以会计制度为前提、为基础，体现了会计的规范性。这为其三。

会计本来就是烦琐的工作。在实习期间，我曾因整天要对着那枯燥无味的账目和数字而心生烦闷、厌倦，以致登账登得错漏百出。愈错愈烦，愈烦愈错，这只会导致"雪上加霜"。反之，只要你用心地做，反而会左右逢源，越做越有乐趣，越做越起劲。梁启超说过：凡职业都具有趣味的，只要你肯干下去，趣味自然会发生。因此，做账切忌粗心大意，马虎了事，心浮气躁。做任何事都一样，需要有恒心、细心和毅力，那才会到达成功的彼岸！

在这次会计实习中,我可谓受益匪浅。仅仅一个月的实习,我将受益终身。

(资料来源:大学生实习报告在线,有部分删改。)

【提示】

这是一篇专业实习报告。介绍实习目的、实习内容条理清楚,能根据实习情况对所学专业的知识和技能进行总结和思考,正视自己的不足,提出努力方向。由于实习内容比较充实、具体,因而文中的实习收获与体会能够令人信服,文章还能体现实习报告的专业性和检视性特点,是一份写得比较好的实习报告。

需要指出的是,引言(前言)部分,"实习是每一个学生必须拥有的一段经历……只有这样才能成为一名高水准的会计专业人才。为此……"和"有些时候还会做些杂务,比如……做到最好"这些文字可删去。如果实习报告在封面中未介绍实习生个人情况,则应在引言部分作出简介。"实习结果"应改为"实习收获"。

二、必备知识

(一)实习报告的含义和用途

实习报告是学生接受专业教育后,到实习单位进行实践锻炼,对专业实习情况、收获体会和有关专业问题进行分析总结而向学校提交的专业文书。

通过撰写实习报告,学生得以理性地检视自己专业学习的水准;学校则可以通过实习报告了解专业设置和建设的相关情况。

(二)实习报告的特点

1. 专业性

实习报告可反映学生所学专业领域实习的实际情况。

2. 检视性

实习报告体现出学生对所学过的专业知识和技能的掌握及运用情况,是对自己真实的实习情况的总结检视,既梳理收获,又找出不足。

(三)实习报告的类型

按照内容划分,实习报告可分为生产实习报告、课程实习报告和毕业实习报告等。

三、实习报告的结构写法和写作模板

(一)实习报告的结构写法

1. 标题

实习报告的标题一般有3种写法。

(1)由实习地点和文种构成,如《花园宾馆实习报告》。

(2)由实习类别和文种构成,如《毕业实习报告》。

(3)由正副标题构成,正标题概括实习报告的主题,副标题标明实习的单位和文种。如《质量是企业的生命——××集团股份有限公司实习报告》。

2. 正文

一般来说,尽管因实习的内容和过程的不同,实习报告的正文写法会有些差异,但基本内容结构和写法都包括以下几个方面。

（1）前言。一般写实习的缘由、实习单位和时间、背景，交代实习目的，也可顺便介绍实习生本人的情况。

（2）主体。主体内容包括以下几个方面。

一是实习内容、实习过程。实习内容要求写得具体而明确，因为这部分内容既是整个实习报告的重要组成部分，也是产生实习收获和体会的基础。对实习过程作简要交代即可。

二是实习收获。具体内容包括完成了哪些实习任务、实习结果如何、取得了什么成绩、专业知识与技能是否能与实习的内容相结合，抑或是否适应实习等。

三是实习体会。包括自己的专业技能存在什么问题，今后的努力方向，对所学专业有何思考和认识，对专业课程设计和知识结构方面的建议等。

（3）结尾。一般是对实习指导教师和实习单位的鸣谢。

（二）**实习报告的写作模板**

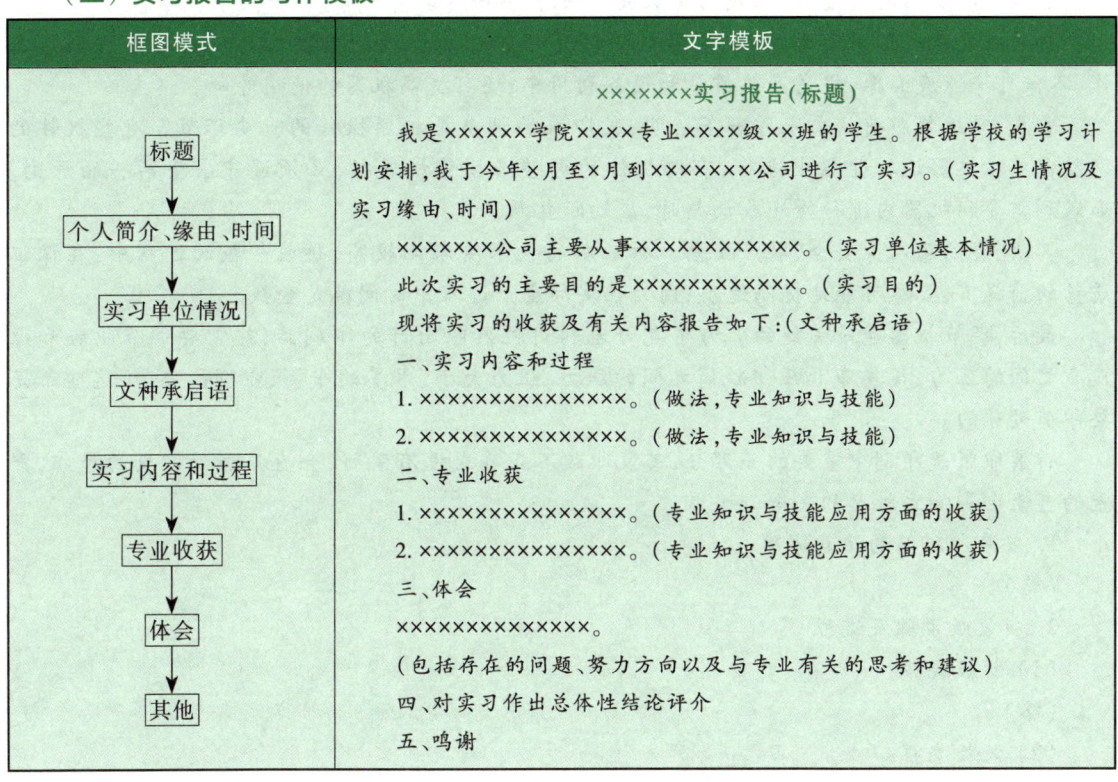

（三）**注意事项**

（1）写作实习报告，必须在实习过程中注重收集有关的资料，比如收集实习地点的基本情况、专业或行业的基本情况。

（2）注重专业知识和技能在实习中的运用情况。

（3）实习报告是写实性文书，要注重对材料的概括总结，体现综合性和真实性，文章内容必须依托自己的实习经历，切忌凭空杜撰。

四、技能训练

下面是一则病文，试指出其主要毛病。

拆装版实习报告

为了进一步了解印刷业,将所学理论与实践相结合,同时认识印刷机的结构及印刷机的品牌,了解印刷生产的具体步骤和印刷机开启、印刷、关闭的一些过程及印刷过程中的注意事项,印版的卸与装、保养等,作为印刷专业的大学生,我们于今年 9 月在本校工厂参加了为期一个月的实习。

一、实习单位及岗位介绍

(略)

二、实习内容及过程

我们的实习任务是要控制和掌握印刷机,完成印品的精美印刷。然而,印刷最基础的部分也就是拆装印版、橡皮布和保养等,这也是印刷人必须做好的工作。因为印版、橡皮布装的好坏直接影响着印刷品的质量,所以我们要从最基础的部分做起。

拆装版也是我们实习的关键,机器的清洁是维护保养机器的重要工作。做好清洁保养工作,不仅可降低废品率,提高产品质量和设备利用率,还可提高机器的使用寿命。

首先,对拆装版前的要求作一下说明,胶印机的调整是机器操作的重要环节。有些机件的调整需要在机器运转过程中进行,有些机件的调整必须停机进行,必须遵守安全第一的原则。如遇到需要到机器内进行检修或调整时,应切断电源。

其次,要注意人身安全、财产安全。拆装版的技术要求比较高,拆装印版的过程中,在保证质量的前提下,要尽可能地提高速度,因为在实际生产过程中时间就是金钱。

最后,调节机器也是关键的。为了更好地利用机器印出好的印刷品,就需要调节印版和橡皮布之间的压力、橡皮布和压印辊筒之间的压力,压力大小、水墨的平衡、印刷色序等,这些都是要印前处理的。

拆装印版是印刷中重要的一部分,若装印版不正确或没有装好,会直接影响印刷的套印,严重的甚至会影响到机器的安全。

1. 安装印版时的注意事项

(略)

2. 拆装版步骤及流程

(1) 拆版流程:

(略)

(2) 装版流程:

① 为了避免装印版时发生糊版,装印前要检查着墨辊、着水辊等。

② 然后转动机器使其印版转到空白处。

③ 装版前,要手动压印开关到合压位置。

④ 首先,要把印版咬口位置仔细插入与印版滚筒相应的位置,直至印版两定位孔完全卡住印版。

⑤—⑪(略)

3. 机器保养及其清洁

机器清洁工作是维护保养机器的重要方面。做好清洁保养工作,不仅可降低废品率,提高产品质量和设备利用率,而且能及时发现事故隐患,保证机器正常运转,提高机器使用寿命。

胶印工人务必养成干净利落的操作习惯和认真细致的工作态度，在进行清洁保养工作时，应注意下列事项。

（略）

此外，还应保持机器四周及工作环境的整洁，每天下班前，应该打扫干净。如果机器长期停止运转，应用机罩罩好，以防灰沙落入机内，加速机器的磨损。

三、实习总结及体会

通过实习，我了解到了印刷的基本流程和在印刷过程中应注意的事项，从中体会到，理论仅仅是基础，而实践才是理论的练武场。作为印刷人，必须学好扎实的基础课，并及时地把所学专业知识应用到实践中去。

在实习过程中，我认为印刷的难点是控制水墨平衡、压力调节、多色印刷的套印、拆装印版及调节等工作，难点涉及技术含量和印刷人的经验。而这些，都是一个高技术的印刷人才必须具备的。

实习是不可缺少的一部分。实习可以把学到的印刷知识应用到实际当中，并在实践中提高发现问题、分析问题、解决问题的能力。只有理论与实践结合，才能够更好地体会理论的精髓所在，使理论与实践真正融会贯通，从而提高自己的能力。

（摘自读书人网，本书作了删节。）

【拓展学习】

一、名词解释

实习报告

二、填空题

实习报告具有_____和_____两个特点。

三、判断题

1. 实习报告与社会实践活动报告是同一种文书。（   ）
2. 实习报告不必对所学的专业提出有关建议。（   ）
3. 实习报告是主要写专业实习情况的专业文书。（   ）

四、AI 同行

1. 输入提示词指令："撰写实习报告，容易出现哪些误区？"阅读 AI 生成的文字。
2. 将××××填为自己攻读的专业，在 AI 上输入提示词指令："生成一份××××专业学生毕业实习报告，涵盖：实习内容和过程、专业收获、体会、存在的问题、专业思考和建议，要求：言之有物，具有事实及细节，语言简洁。2 500 字内。"阅读 AI 生成的文字。

五、写作训练

假如你参加过相关课程的实习或专业实习，请根据自己的实习经历，依照实习报告的结构写法和写作模式撰写一份实习报告。

第二节　工科类专业毕业设计报告

一、例文借鉴

教学视频：工科毕业设计报告

【例文】

回转型蓄热式换热器的设计

化工机械专业××级：刘××

指导教师：吴×

一、概述

回转型蓄热式换热器是××××厂为了综合利用能源，从生产实际中提出的课题。以本换热器做该厂加热炉空气预热器，回收400℃烟道气中的余热，预热进入加热炉供燃烧用的空气至350℃以上。经试用，每年可节约天然气80万标准立方米，价值17.6万元。总投资可在两年半内收回。

二、设计原理

回转型蓄热式换热器是用内置蓄热体的转子在低温和高温气体通道中连续旋转，使蓄热体在高温气体通道内吸收高温气体的热量，而在低温气体通道内再把热量放出，传给低温气体，从而达到换热的目的。如图1(从略。编者)

三、工作性能和使用范围

本换热器具有热回收率高、结构紧凑、处理气量大等优点，可以满足防堵塞、防腐蚀的生产使用要求。虽然换热气体过程中存在交错污染，但是对于加热炉空气预热而言，可以允许空气烟气之间有一定的交错污染，而且通过密封结构的完善和改进，可以把交错污染控制在10%以下。

以本换热器作为各种加热炉的空气预热器是可行的、有效的和经济的。

四、主要设计要求（从略。编者）

五、结构设计主要参数（从略。编者）

六、主要计算公式

由于本换热器的传热原理不同于传统换热设备，采用NTU法，与转子的蓄热能力匹配，并计入修正系数来进行传热计算。由于因素复杂，需要调整的数据多，可用计算机寻求最优化数据。（以下略去原文附有的七个公式。）

七、本换热器采用卧式设计

本设计从实用的角度出发，借鉴吸取了国内同类设备行之有效的结构，如前后墙板的烟道接头，端板及支承梁的"三合一"结构，转子轴端的迷宫封等。此外，针对本换热器操作温度高、温度效率高、流道较长等特点，将有关部件做了如下改进。

（一）改进后的蓄热体类型和几何尺寸对换热器的性能有决定性影响

本设计先对"强化型""引进日本型""波带型""开孔波带型"4种蓄热体进行传热及充

填面积的计算,在计算的基础上提出"改进强化型"作为本设计的蓄热体方案。改进后的蓄热体具有传热量大、引力小、不易积灰、有较好的防腐防堵性能的特点。

为了保证蓄热体各传热板的装填质量,把蓄热板的散装改为框装,在转子外筒上用螺钉固紧,以防径向、周向移动。这种框式结构构造简单,可靠,便于安装检修。

(二)完善的三向密封结构

密封结构对换热器的交错污染起控制性作用。本设计蓄热体流道长,气体流动阻力势必增加,烟气侧与空气侧的压力差就会增大,而泄漏量与压力差的平方根成正比。有鉴于此,本设计采用完善的三向密封结构,以减少泄漏。

轴向密封。(内容及3个图从略。编者)

径向密封。(内容从略。编者)

周向密封。(内容及2个图从略。编者)

(三)冷端抽屉门的改进。(内容从略。编者)

(四)设置隔热减阻板。(内容从略。编者)

(五)合并吹灰管与清洗管。(内容从略。编者)

(六)传动系统的改进。(内容从略。编者)

八、结束语

本设计从计算公式、数据选取、结构设计都以可靠性为首要原则。本换热器在技术上完全安全可靠。

由于资料收集尚不完整,加上毕业设计时间有限,所以改进设计的效果有待实践验证。

(摘自李振辉主编:《应用文写作》,清华大学出版社,摘录时有删改。)

【提示】

这是一篇工科类专业毕业设计报告。标题由设计项目名称和"设计"构成,标题下写设计者和指导教师姓名。正文由八个部分组成。第一部分概述为前言,说明设计项目的来源、目的和作用。第二至第七部分为主体。分别对设计原理、工作性能和使用范围、主要设计要求、结构设计主要参数、主要计算公式及本项目所采用的设计形式等内容进行具体的解释和说明。第八部分即结束语,强调本设计项目所遵循的原则——可靠,重申其安全性。而后,补充说明本设计项目的效果有待实际验证,表现出严谨的科学态度。

本毕业设计报告各部分以小标题的方式展开内容,利用图文结合的方式进行解释和说明,重点突出,条理清楚,语言准确、简洁,是一篇写得较好的工科类专业毕业生的科技论文。

二、必备知识

(一)工科类专业毕业设计报告的含义和用途

工科类专业毕业设计报告又叫工科类专业毕业设计说明书,是工科类专业大学生综合运用所学知识对其工程设计进行解释和说明的科技文书。

工科类专业毕业设计报告是工科大学生毕业前的总结性教学作业,主要检验学生是否具有工程设计的初步能力。

工科类专业毕业设计报告在本质上是工科类专业毕业生的科技论文。

（二）工科类专业毕业设计报告的特点

1. 应用科技性

工科类专业毕业设计报告是工科大学生融会贯通所学过的科技知识，进行工程设计或解决工程难题的成果，具有明显的应用科技性。

2. 解释说明性

工科类专业毕业设计成果的原理、应用范围、技术参数、工作流程等，只有通过文字和必要的图纸进行解释、说明，才容易被人了解，乃至认同。对设计成果的解释和说明，是工科类专业毕业设计的有机组成部分。

3. 体现设计者的设计能力及综合素质

工科院校毕业生对基本理论、专业知识和技能的掌握和运用情况，以及思维能力、创新能力乃至文字表述水平，在工科类专业毕业设计报告中将得到综合的体现。

（三）工科类专业毕业设计报告的类型

工科专业类型多，相应工科类专业毕业设计报告的类型也多。比较常见的类型有下列两种。

1. 发明型毕业设计报告

即毕业设计的产品或成果乃现实生活中的首创。

2. 改革（造）型毕业设计报告

即毕业设计产品的类型或成果的类型在现实中已经存在。

三、工科类专业毕业设计报告的结构写法和写作模板

（一）结构写法

由于工科类专业毕业设计报告类型多，与其他文种相比，较难有比较统一的结构和写作模式。以下是多数工科类专业毕业设计报告涉及的写作内容。

1. 标题

标题通常由设计项目加"设计"或"毕业设计说明书"构成，如《回转型蓄热式换热器的设计》《××商业大厦空调系统毕业设计说明书》。标题下一行写毕业设计学生的专业、班别和姓名，再下一行写指导教师及其姓名。

2. 前言（导言）

前言主要涉及以下四个方面的内容。

（1）本设计项目的性质。一般需写明毕业设计是专业学习中的一门最重要的课程，是将所学专业理论和技能应用于实际项目设计的实践，是对自己专业能力的一项实际考核。

（2）本设计项目的目的、效益。即简述本毕业设计解决哪些实际问题，具有什么作用。

（3）本设计项目的原理。简述本设计项目运用了哪些设计原理。

（4）设计过程。简述本设计项目经历的时间，以及遇到什么重大困难等。也有的毕业设计在前言中写及设计缘由。

前言属于概括叙述或简要说明部分，不要求详细展开。

3. 主体

主体内容主要涉及以下五个方面。

（1）设计原理与设计方案的论证。表述利用什么原理进行工程或产品设计，或者所设计的工程或产品遵循什么样的工作原理。同时，具体的设计方案是怎样的，是否可行。具体表述时，常采用图文结合的方式。

（2）主要技术参数。表述选择了何种技术参数及有关技术参数的计算公式与结果。如大厦空调系统设计便要表述年均气温、相对湿度、太阳辐射负荷强度等技术参数及其计算数据。在具体表述时，常用公式、表格和文字解释方式。质量标准参数属于技术参数之一。

（3）工作流程及技术性能。工作流程即工作过程。技术性能包括设计的工程或产品的型号、容量、生产率、动力等。这部分内容多用图纸说明、模型展示或实验结果的验证加以说明。图纸是产品制造的蓝图。

（4）适用范围。一般以文字作出说明。若涉及安装等问题时，则需以图文结合的方式说明。

（5）资金预算。即实施本毕业设计项目所需的资金数额。

需着重说明的是，对于以上五个方面的内容，不同专业、不同类型的工科类专业毕业设计报告将有所取舍，或各有侧重，内容结构顺序也不尽相同。有的工科类专业毕业设计报告还采用分章式结构。

4. 结尾

结尾通常综述上述设计报告的内容，或对有关技术问题作出补充。有些前言内容较完备的工科类专业毕业设计报告，可不写结尾。

5. 致谢

即对指导和帮助过自己的教师和有关单位及个人表示感谢。

6. 注释及参考文献

列出主要的参考资料、文献及作者和出版社、出版年度等。

（二）写作模板

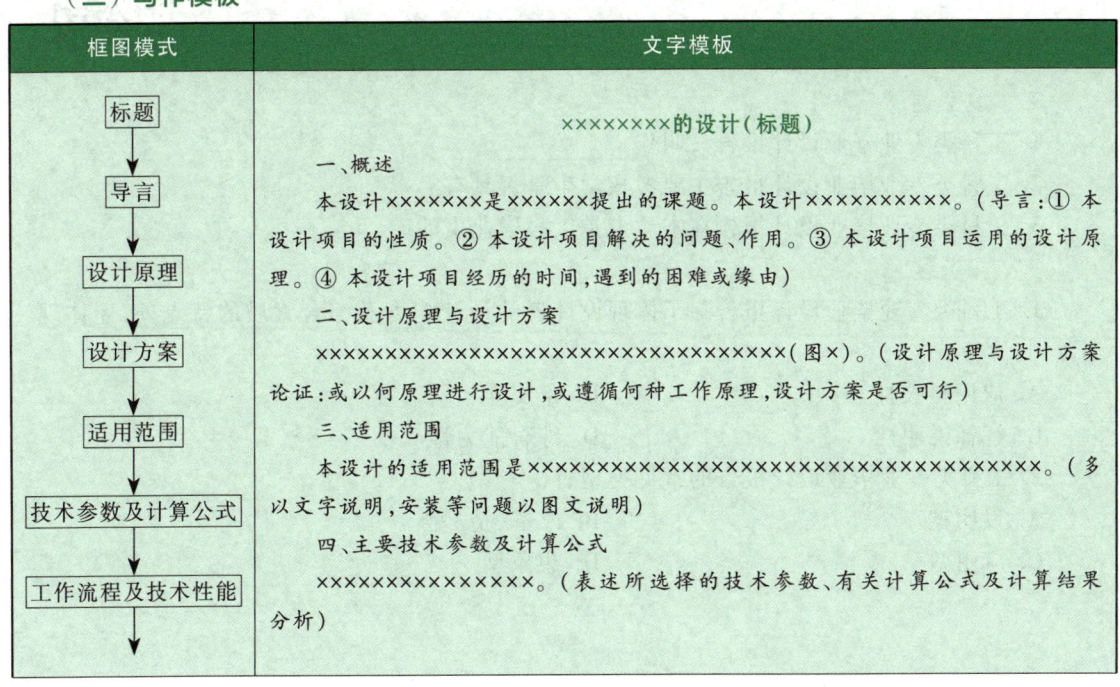

续表

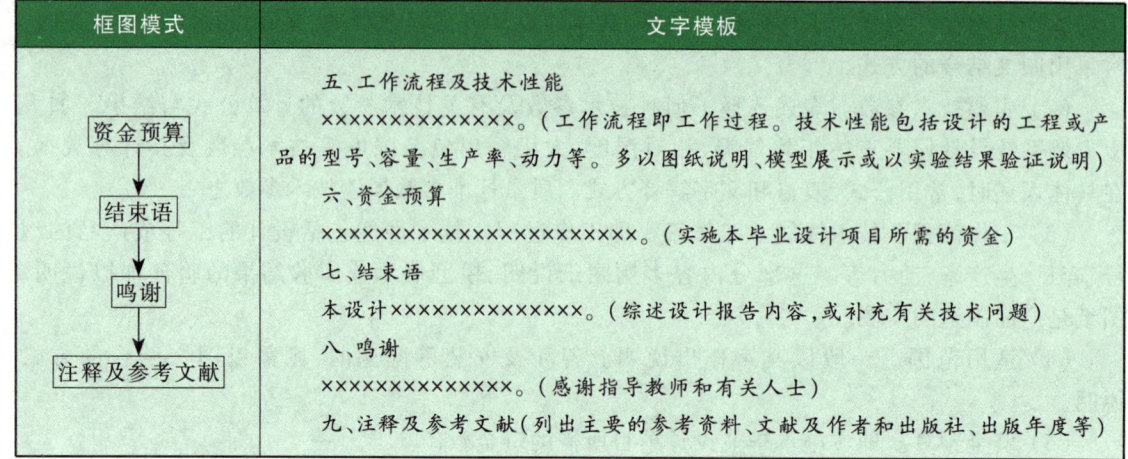

框图模式	文字模板
（资金预算→结束语→鸣谢→注释及参考文献）	五、工作流程及技术性能 ××××××××××××。（工作流程即工作过程。技术性能包括设计的工程或产品的型号、容量、生产率、动力等。多以图纸说明、模型展示或以实验结果验证说明） 六、资金预算 ××××××××××××××××。（实施本毕业设计项目所需的资金） 七、结束语 本设计××××××××××××。（综述设计报告内容，或补充有关技术问题） 八、鸣谢 ××××××××××××。（感谢指导教师和有关人士） 九、注释及参考文献（列出主要的参考资料、文献及作者和出版社、出版年度等）

（三）注意事项

（1）写作重点应放在技术性强的部分或设计的关键部分，切忌平铺直叙。
（2）注重解释、说明的技巧。充分利用图文结合式的说明方法。
（3）工科类专业毕业设计报告应加上封面，装订成册。注意装帧设计的质量。

四、技能训练

从网上或报刊上选择一短篇工科类专业毕业设计报告，写一篇短评，并在学习小组里交流。

【拓展学习】

一、名词解释
工科类专业毕业设计报告

二、填空题
1. 工科类专业毕业设计报告又叫作_____。
2. 工科类专业毕业设计报告主要考核学生是否具有_____。
3. 工科类专业毕业设计报告在本质上是工科毕业生的_____。

三、多选题
1. 工科类专业毕业设计报告除了体现设计者的设计能力及综合素质的特点外，还体现了（　　）特点。
　A. 应用科技性　　　　　　B. 论文性
　C. 解释说明性　　　　　　D. 综合能力性
2. 工科类专业毕业设计报告的常见类型有（　　）。
　A. 发明型　　　　　　　　B. 改革（造）型
　C. 应用型　　　　　　　　D. 想象型

6.2　即测即评

四、简答题

1. 工科类专业毕业设计报告的标题如何写？
2. 工科类专业毕业设计报告的前言一般有哪些写作内容？
3. 工科类专业毕业设计报告的主体一般写哪些内容？
4. 工科类专业毕业设计报告的结尾一般写哪些内容？
5. 工科类专业毕业设计报告的写作有哪些注意问题？

五、AI 同行

1. 输入提示词指令："撰写工科类专业毕业设计报告，容易出现哪些误区？"阅读 AI 生成的文字。
2. 如果你攻读工科××××专业，试在 AI 上输入提示词指令："提供一份××××专业的毕业设计报告，涵盖：概述、设计原理与设计方案、适用范围、主要技术参数、工作流程及技术性能、资金预算和结束语，要求：5 000 字内。"阅读 AI 生成的文字。

六、写作训练

请根据你的毕业设计项目（课题），在项目（课题）完成后写出一篇毕业设计报告。

第三节 文科类专业毕业论文 学术论文

教学视频：文科毕业/学术论文

一、例文借鉴

【例文 1】

浅论企业核心竞争力

吴×× 杨××

【提要】 企业核心竞争力是企业经营的根本依托，是企业竞争优势的决定性力量。同时，核心竞争力又是一个复杂和多元的系统。企业核心竞争力的形成和培育必是一个长期的战略过程。

【关键词】 企业核心竞争力；学习型组织；企业文化

随着市场经济的发展，企业核心竞争力已经成为企业竞争优势的决定性力量。从短期看，企业产品质量、性能和服务质量决定了企业的竞争能力。从长期看，以企业资源为基础的核心能力则是企业保持竞争优势的决定性源泉。在本文中，笔者仅就企业核心竞争力谈一点浅见。

一、企业核心竞争力的含义

早在 1991 年，普拉汉拉德和哈默在《哈佛商业评论》上发表"The Core Competence of the Corporation"一文，标志着企业核心竞争力理论的正式提出，他们认为，核心竞争力是企业组织中的集合性知识（collective learning），特别是如何协调多样化生产经营技术和有机结合多种技术流的知识。随着产品生命周期的日益缩短和企业经营的日益国际化，一个企业的差异化竞争优势，来源于企业管理层如何比竞争对手既快速又低成本地将遍布于企业内的各种技术和生产技巧有机结合起来形成核心竞争力的能力。企业核心竞争力是指以企业开发独特产品、发展独特技术能力为基础，通过企业战略决策、生产制造、市场营销、内部组织协调管理的交互作用而获得使企业保持持续竞争优势的能力，是企业在其发展过程中建立与发展起来的一种资产与知识的互补体系。同时，企业核心竞争力的强弱在很大程度上受企业所面临的产业技术与市场动态性的影响。

通俗地讲，企业核心竞争力就是企业在那些关系到自身生存和发展的关键环节上所独有的，比竞争对手更强且更持久的某种优势、能力或知识体系。"企业文化"是企业生存和发展的"元气"，是企业核心竞争力的活力和动力之源。"创新"是一个企业生存、发展的内在要求和基本形式，也是一个企业不断地适应环境、实现自我超越的必然过程。"人才"是企业的核心战略资源。企业之间的较量，归根结底是人才及其综合素质的较量。"能力"作为企业核心竞争力的转换要素，特指企业动员、协调和开发企业内外资源的生产力，这种组合提供了企业潜在的竞争优势。一般来说，核心能力存在于企业中人的身上，而不是存在于企业资产负债本身，核心能力深深地根植于技巧、知识和人的能力之中。

二、核心竞争力的构成

核心竞争力是一个复杂和多元的系统，包含多个层面。归纳起来主要包括以下几个方面。

（一）创新力

一个企业要保持发展和竞争优势，就必须善于总结和提高，永远追求卓越，不断地超越自我，不断地进取和创新。所谓创新就是根据市场和社会的不断变化，在原基础上重新整合人才、资本等资源，进行新产品开发和更有效地组织生产，不断地创造和适应市场，实现企业的更大发展，它包括技术创新、产品和工艺创新、管理创新。在以技术快速更新和产品周期不断地缩短为主要特征的现代企业竞争中，创新是保持长久竞争优势的动力源泉。创新能力是一个企业具有核心能力和旺盛生命力的体现。

（二）形象力

这是通过塑造和传播优秀企业形象而形成的一种对企业内外公众的凝聚力、吸引力、感召力和竞争力，是隐含在企业生产经营活动背后的一种巨大的潜在力，是企业新的生产力资源，它包括产品形象、服务形象、品牌形象和管理形象。我们知道，塑造企业形象不是一朝一夕的事，形象力资源要求企业从长远发展角度来审视和制订企业的战略规划，它从企业的发展趋势和运行的前景着眼，能对企业的发展产生长远的、战略性的推动力，带有战略性思考与制度安排的特征。

（三）服务增值力

现代市场发展的一个重要趋势，就是服务竞争在现代市场竞争中的地位和作用越来越突出。质量概念，不仅包括产品质量，也包括服务质量。国外企业文化研究中首先使用的"服务增值"的概念，值得重视。因为同样质量的产品，可以因服务好而"增值"，也可以因服务差而"减值"。企业形象从根本上说表现为产品质量和服务质量。服务的永恒主题是企业与客户、用户、消费者的关系问题。这里包括如何使抱怨用户转变成满意用户、忠诚用户进而成为传代用户，包括如何开发忠诚的顾客群，包括不丢失一个老客户而不断地开发新客户的问题，包括如何使营销服务成为情感式劳动，真正让用户、顾客引导决策，进而引导产品开发的问题。

（四）管理力

据统计，生产中有50%的效益来自管理，技术管理中的80%来自管理，可见管理能力的重要性。企业的管理也是生产力，它涉及企业结构组合、信息传递、沟通协调、激励奖惩以及各种生产要素的优化组合，通过高效优势的运作，保障技术优势的发挥，也保障了将生产优势转化为市场优势。

三、核心能力的培育

企业核心竞争力的形成不是一种短期行为，而在于要把企业建设成为一种善于创新的学习型组织，在不断地学习和积累中形成特有的竞争力，并通过机制来保障这种竞争力的持续性发展。因此，形成并保持企业核心竞争力是一项长期的根本性战略。为此，必须做好以下工作。

（一）建立系统的学习型组织

企业核心竞争力的出现是系统整合的结果，尤其是面对日益复杂多变的环境，企业需要比以往任何时候应更重视持续地、快速地获取信息和知识。而且这种学习必须是全体的、主动的、积极的和创造性的。彼得·圣吉认为，企业是一个系统，可以通过不断的学习来提高发展的能力，《第五项修炼》即在组织中实行共同愿景、自我超越、团队学习、改善心智模式和系统思考，在企业中建立一个相互关照、彼此通融的"学习型组织"。使组织形成"学习—持续改进—建立持续性竞争优势"的良性循环。

（二）建立良好的企业文化

从企业文化力的功能来说，它有五个方面。

第一，凝聚力。企业文化搞好了是一种"黏合剂"。可以把上下左右、广大员工紧紧地黏合、团结在一起，这是一种凝聚功能和向心功能。

第二，导向力。包括价值导向与行为导向。在企业行为中该怎么想？怎么做？企业价值观与企业精神发挥着无形的导向功能。

第三，激励力。企业文化所形成的文化氛围和价值导向是一种精神激励，能够调动与激发职工的积极性、主动性和创造性，把人们的潜在智慧诱发出来。

第四，约束力。在企业行为中哪些不该做、不能做，企业文化、企业精神常常发挥着一种"软"约束的作用，是一种免疫功能。

第五，纽带力。企业，特别是大企业集团，维系发展要有两种纽带：一个是产权、物质利益的纽带；另一个是文化、精神道德的纽带。这两种纽带相辅相成，缺一不可。

（三）建立良好的管理队伍

企业核心竞争力是企业综合实力的表现，是人的主观能动性得以发挥的成果。要产生这样的效果，必须使企业有良好的领导者和良好的运行体系。拿破仑说过："世界上没有无用的士兵，只有无用的将军。"没有良好的领导者和运行体系，就难以建立起人力资源的集群,而没有知识结构合理、能力结构互补、规模相当、人才队伍稳定的集群,是很难发挥出主观能动性的,也很难保持持久的核心竞争力的优势。

（四）坚持技术创新与技术领先

技术能力是企业赖以生存的关键。邓小平同志说,科学技术是第一生产力。产品与服务的领先其支柱是科技。像诺基亚不断地推出新功能手机的能力,微软不断地推出新的计算机软件的能力等都是保持领先、形成垄断的基础能力。

综上所述,企业核心竞争力是企业综合实力的象征,是决定企业生死存亡的关键。企业应把核心能力的管理放到战略的高度来考虑,在企业的发展过程中逐渐积累、培育领先于对手的核心能力。

【提示】

这是一篇文科专业的学术论文。论文导言直陈企业核心竞争力的重要性,作为选题的缘由、背景,提出论文是对企业核心竞争力"谈一点浅见"。

本论分三个部分。

第一部分阐述何谓企业核心竞争力。在探究"企业核心竞争力"之说的渊源和他人对其含义的界定后,文章对企业核心竞争力的含义做出了自己的界定,继而阐述企业核心竞争力与企业文化、人才等因素的关系。

第二部分进而提出企业核心竞争力是一个复杂而多元的系统,它包括创新能力、形象力、服务增值能力和管理能力这"四力",并分别对"四力"的作用和内涵进行了论述。

第三部分提出企业核心竞争力的培育不是一种短期行为,其培育需依靠机制保障,做好建立学习型组织、建立良好的企业文化、建立良好的管理队伍和坚持做好技术创新与技术领先等方面的工作。论文的末段对本论中的论点进行了综述,并对企业应注重核心竞争力的培育做了强调。

本论文语言简洁、明晰、流畅。从全文布局来看,文章以递进法安排三个部分的结构,环环相扣,层层深入。而文中的第二、第三部分则均采用并列法,以展开段旨句的方式发展段落,显得思路清晰,行文有序。

如果论文在论证过程中能适当地注意运用比较法和例证法,做到更有理（讲道理）、更有据（摆事实）,会使论点得到更有力的支撑,使文章显得更厚实。此外需指出的是,文章论证的是"企业核心竞争力",但多处出现"核心竞争力""核心能力"的提法,前后不统一。

【例文2】

秘书工作艺术谈

作者:詹×× 　　专业:文秘与办公自动化 　　学号:×××××××

秘书工作的艺术表现在技能与技巧的运用上。要想做一名好秘书,不仅要精确认识自己在工作中所处的位置,找准自己的坐标,具备广博的知识,还要懂得工作艺术,而秘书主要有哪些工作艺术呢？

一、尊重而不奉承吹捧

如何理顺与领导的关系,是秘书需时时注意、需处处谨慎的问题,也是体现一个秘书工作艺术之处,总的原则是以事业为重,从工作出发,从领导与被领导的定位出发,对正职和副职领导的工作、地位、人格等,要做到同等尊重、支持、配合、协助。

对于某项工作,如果正职(或常委会)决定由某一副职负责去抓,秘书在配合进行这项工作时就应以这位负责这项工作的副职领导为轴心进行运转。有关这项工作的请示、汇报,就应直接对这位副职,不能越过他而向正职或其他副职请示、汇报。向正职请示、汇报,或与其他副职沟通情况,那是负责这项工作的副职的责任。秘书如果搞多头请示、多头汇报,不仅显得多余,还将把事情弄乱,也让自己陷入工作被动。

现实证明,领导们各有各的个性特点。要根据领导者的性格类型而相处,逆着来往往会出问题。性格内向的领导,喜欢独自思考问题与办理事务;性格外向的领导,善于人际交往,喜欢同别人一起商量工作。对待前者,秘书最好是在事前当参谋,事后做助手。当领导在独立思考的时候,就不当参谋了,否则会干扰他的思考。对待后者,要及时协助他组织相关人员共同商量工作,秘书可以有分寸地参与其中,发挥参谋和助手的作用。与多位领导相处时,一定要以事业为重,从工作出发,尽力维护领导班子的团结和威信。不能从感情出发、看人行事;不能表现出靠近谁、疏远谁,或听从谁、不听从谁的言行;更不能当着甲领导面吹捧乙领导,当着乙领导的面吹捧丙领导。须始终与多位领导保持经得起考验的同志式的纯洁关系,具有真诚的友谊。

二、主动而不越位脱轨

秘书工作是以领导工作为轴心的。要紧紧围绕这一轴心,进行上下、左右、前后同步运行的辅助性工作。辅助性决定了秘书工作具有被动性。怎样变被动为主动,就要看秘书的工作艺术,它主要包括四个方面的内容:一是争取同领导一样了解和掌握全局性工作;二是争取同领导一样了解和掌握一个时期的中心工作,能够分清工作的轻重缓急,主动排除干扰中心工作的事项;三是研究领导工作的思路,分析领导的意图,深入理解,并尽力去完善和落实;四是积累和储存相关工作资料,该要记住的就记熟,该保存的就保存好。有了这四个方面的基础,工作中才能与领导有一致的认识,才会产生一致的情感和语言,在商量工作时,你的补充建议和修正意见,才能提到点子上。

在日常工作中,秘书要善于将领导的决策内容、实施方案和一个时期的中心工作进行分解、立项,明确先做什么、后做什么和有怎样的措施,并按计划列出个明细的运行图。

三、服从而不盲从附和

秘书工作是上情下达、下情上报的枢纽,具有调度、协调、综合加工的作用。秘书人员处在这样一个重要位置,就得和领导拉一套马车,按领导者的意图前进。但是服从并不等于盲从,更不能不加分析地附和。"分析"有两层意思:一是通过分析加深理解领导的意图,增强执行的信心;二是通过分析中拾遗补阙,起到进一步完善的作用。按领导者的意见办事,也只能是执行正确的意见,假如其中存在不正确的,甚至违法违纪、以权谋私的点子或行为,秘书不仅不能办,还要设法坚决地抵制和反对。

四、补台而不挖脚拆台

秘书怎样在多位领导之间当参谋、搞协调？首先，心里要有一杆平衡秤，要一视同仁，不论哪位领导安排的工作，都要做好，不能有的去做，有的不去做，或三心二意去做。这与我们日常交朋友多从感情和兴趣出发不一样。在多位领导者面前，不论是在思想感情上，还是在行为活动上，都不能产生倾斜度。其次，领导之间产生分歧时，只能被动地双向劝慰、弥合、消除，不能主动地、单向地瞎掰扯或乱搅和，而且得从工作上支持、关系上爱护、感情上为友谊去做，这比什么都重要。不能站在一边，冷落一边，更不能为某一边提供反对另一边的材料、信息，更不能对某领导挖脚、拆台，这些做法只会扩大分歧，加深矛盾。

五、沟通而不封闭堵塞

秘书工作起着上下达情、左右疏通的作用。上下达情也有艺术性，即调换角度的艺术。在下达的时候，要站在上级角度，把上情不漏地传达得清清楚楚；在上报的时候，要站在下级角度，把下情全面地汇报得明明白白。

在现实工作中，上下级领导不论是在看问题的观点和方法上，还是在解决问题的战略战术上面，都会存在程度不同的差异。这些差异的存在是客观的，也是可以理解的。但能不能缩小差异、找出差异的结合点，与秘书日常的及时沟通、协调存在密切关系。秘书与两级领导都不存在差异，才能去做协调上下级存在差异的工作，缩小或化解差异，取得认识的一致。

六、挡驾而不阻拦干涉

挡驾的对象是找上门来的同志，其层次存在差别，事项的轻重也不一样。秘书对来者要有正确的认识和态度，应认识到这是秘书协助领导理顺工作、帮助下级或群众解决问题的机会，也是提高协调和社交能力的机会。秘书人员须讲究工作艺术，对来者都要热情接待，给予关照协助。来者是来办事的，不是走亲访友。因此，挡驾的重点也要放在办事上。办事需以理、以法为准，将来者想要办的事情弄清楚，然后进行分析归类，属于哪个部门管的就归哪个部门去办。一般来说有三种情况：一是属于审批和需要急办的事项，要立即协助来者找主管领导办理。如果领导不在而一时又联系不上，可将事项留下，抽空再找领导办理，有了结果及时转告。二是属于职能部门管理的事项，则应协助来者找职能部门办理。三是涉及多方面事项，若要以开会形式解决为好的，就建议领导主持开会，召集有关方面人员参加，统一研究、做好安排布置，妥善处理。

挡驾工作是代表领导机关进行的，应该注意机关的良好形象，克服那种"门难进、脸难看、话难听、事难办"的作风。对来者的态度要冷静、谦和、诚挚，要有好风度、好品德。对一些缠身棘手的事项也要有耐力，不能以烦对火、以火对暴，把事情弄僵。挡驾过程中，应注意语言艺术和应变能力，应变能力要通过语言艺术表达出来。对平级或下级的同志，其语言的基调是谦虚磋商、供参考的口气，但又不能离开大原则。对上级的语言基调则多用请示报告、探询的口气，不可不懂装懂。

七、分工而不分家自立

办公室有多个科室、多个秘书，但办公室的工作是一个整体。科室之间、秘书之间一般都有分工，这对加强责任心、防止扯皮和无人负责现象是非常必要的。但在实际的工作中也可能存在"各吹各的号、各唱各的调"的现象,不利于办公室发挥合力作用。因此,必须明确分工虽是各有侧重,但不是分家而自立。有人认为办公室是个"不管部",但许多交不到具体部门承办的事情,都要由办公室去办。秘书碰上这类事情就不能说不管,管了之后还要沟通、协调、解决。

【提示】

这是一篇写得较好的毕业论文。作者巧妙地将秘书工作艺术分解为七个小标题呈现的分论点分别论述,论点之间呈现并列关系,各分论点的内容相对完整。

这篇毕业论文突出了议论性,也具有一定的学术价值,学术价值与工作经验互融,技能性和操作性兼备,看得出作者作为文秘专业的毕业生,专业知识掌握得比较扎实,专业技能也比较娴熟。

一篇毕业论文,如果离开了平时扎实的专业学习,离开了作者的抽象概括、工作体会和实践感悟,是无法写出来的。

这篇论文如果能够适当写入一些案例,有些例证比较,论证会显得更有力。另需指出的是,本文缺少内容提要、关键词和参考文献等。

【例文3】

"写作思维场"论

杨文丰

当今的写作思维研究,将人类复杂整体联系的写作思维分解为单个的或部分的写作思维来认识。这是敲碎圆镜的方法。笔者认为,客观的研究,应该把写作思维视作一个完整的圆镜系统,从场论的视角进行考察。

一

确立写作思维场的依据是什么?"场"原是物理学概念,是指相互作用的客观存在。我们"可以把思维确定为:人脑对现实的概括、间接的反映;这种反映借助词而实现,并以已有的知识为中介;这种反映是和人对世界的感性认识及其实践活动密切联系着的。"写作是写作主体按照写作思维进行的系统活动,是写作主体各种思维相互作用及其定向运动的活动。我国知名的思维学学者陶同教授指出:"主体大脑贮存的种种信息是通过生理的物质和能围绕统一的思维线索相互作用而形成的。脑中任何一思维的闪现都是思维场中种种因素共时性相互作用的整体功能和结果。"具体来说,写作思维活动中主要存在四种相互作用:一是思维与知识、经验等之间的相互作用。写作是创造性活动,写作思维必然会涉及主体所掌握的知识及写作经验,也得考虑与当时已有的写作经验和理论有什么关系,用什么手法和途径去实现等。二是写作思维与思维之间存在着相互作用。写作活动是多种创造性思维活动的结果,其间,有两种以上思维会发生相互作用。三是新信息进入思维领域之后,即使不是和所有思维起相互作用,也会与至少一种思维产生相互作用,如对其接纳或拒绝,限制或交流,左右或利用等。四是任何写作新思维都产生于或离不开各种相互依存的思维群整体,因为,正如格式塔心理学指出的:"任何一种行为都产生于各种相互依存事实的整体,以及这些相互依存的事实具有一种动力场的特征,这就是场论的基本主张。"

写作思维场的确立,也可从电磁场、引力场等"物理场"的特征得到印证。物理场的基本特征有:(1)存在于空间区域;(2)场内因素之间具有相互作用;(3)场本身具有能量、动量和质量,且在一定条件下可以和实物相互转化。写作思维场也有这些基本特征。首先,写作思维场存在于大脑这一空间区域;其次,写作思维场内各思维之间,思维与知识、经验之间也确实存在着互相影响、互相制约、互相排斥和交融等作用;最后,写作思维场也存在着能量、动量和质量,写成的文字是它们转化为实物的标志。写作思维场的能量,在一定程度上可通过写作主体的表现得到形象的昭示,如,诗人写诗时的迷狂、激动、速度及顺畅程度等,便是写作思维场能量大小的表现。物理场中的动量与速度有关,其方向就与速度的方向相同。写作思维场是具有思维流向和思维速度的场。写作思维场的流向,即是思维的指向,思维的速度则表现为写作思维的效率。写作思维场的质量,可看作是写作思维场效应的质量,它也可外化为写作的质量。

确立写作思维场,并不否认个体思维对写作活动的影响,而是将写作活动中的各种思维置于一个客观上存在相互作用的综合环境,即场之系统中去考察。在写作思维场这个系统中,若没有个体思维的作用,也就没有各个体思维之间的相互作用,因而也就没有了超个体的整体写作思维场了。

二

写作思维场,是各种思维、信息以写作为目标指向,共时空性地产生相互作用、整合,从而产生出整体效应的动态功能系统。写作思维场以场的形态存在,是由基础与信息场、发散思维场和收敛思维场三个子场构成的复合场。各子场由本身的构成因素相互作用而形成。各子场的内涵及与写作思维场的关系如下:

基础与信息场主要由写作主体的资质禀赋、观察力、兴趣、情绪、意志、气质、生活经历以及知识等要素构成。知识隶属于信息。其中知识又是一个由经验、理论和方法构成的综合化、整体化、系统化的体系。师承关系等也归入这一体系。写作主体的知识结构,作为中介,对写作思维场起着极大的制约作用。苏联心理学家捷普洛夫指出:一个空洞的头脑是不能进行思维的。缺乏与写作指向有关的知识,等于缺乏思维的原材料,"巧妇难为无米之炊",难以使思维继续进行;反之,知识越丰富,思路就越灵活,判断也就越准确。可见,知识又是使写作思维场有序性进行的基础和保证。情绪则可以通过智力因素间接地影响写作。"情绪是人对客观事物的态度的内心体验,是由客观事物引起的。"能够引起强烈情绪反应的事物,容易记住。情绪愈丰富,写作思维场中的想象就愈活跃。基础与信息场基于本身各构成因素的变化和相互作用,呈现动态变化性。写作主体在时间序列中因受时代氛围、教育等的影响,会推动基础与信息场的重塑。基础与信息场和写作思维场及其他子场之间,亦产生相互作用和影响,产生动态变化,在动态变化中影响着写作主体的写作活动。

基础与信息场对写作思维场的贡献主要是基础作用,而要使写作思维灵活,新思想层出不穷,则不得不依赖于发散思维场。发散思维又名辐射型思维,它围绕某个问题沿多个方向想开去,以求寻找尽量多的解决问题的新思路或新方案。发散思维的基本方法包括逆向思维、侧向思维、想象、联想、灵感、直觉、假说等,它们是发散思维场的构成因素,互相作用、影响、交融。一个写作题材进入写作思维场,写作主体为了确定是否值得写,它既可产生直觉判断,也可产生假说或想象活动;假说之中又同时有想象和直觉在相互作用。正是这些发散思维方法的相互作用、影响和交融,构成了发散思维场。发散思维场根据各构成因素的动态变化和运动,构成了自身的内部运动。发散思维场的能量、动量和质量,皆体现在所产生的思路上。发散思维场最大的特点和功能在于善于冲破思维定式,能积极、主动地开拓出新思路。

收敛思维场由各收敛思维的相互作用、相互影响和相互交融产生。常见的收敛思维有分析与综合、比较与类比、抽象与概括、归纳与演绎、定性与定量等。收敛思维是纯理性思维,它的产生必须以发散思维为前提。有了发散思维提出的诸多新思想、思路,收敛思维场才可进行扬弃、评价、选择、提炼、组织和确认。

复合型的写作思维场中的三个子场,既相对独立,又互相联系、互相制约、互相配合、互相影响。其相互关系可由下图表示:

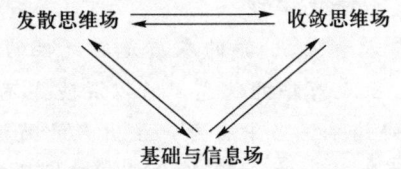

基础与信息场既为发散思维场提供基础信息,也为收敛思维场的决策预备了信息等水准和条件,起着基础场的作用;发散思维场既是收敛思维场的前提,也对其他两子场起到影响、促进等作用。发散思维场起着"思维发生器"的作用;收敛思维场既是写作思维场的"决策机关",也对其他两个子场起到影响、促进等作用。三个子场相互联系、影响和作用,不仅构成了写作思维场,也促进着写作思维场的演化,并产生出场效应。

三

写作主体进行写作活动,写作思维场的场效应就产生了。写作思维场的场效应主要表现在以下几个方面:

(一) 立意为文。"为文"是指写作思维场以成文为根本指向、目标或结果,还需考虑不同文体的规范体式。"立意"即确立为文的中心思想或基本意向,以及选字、组句、构段、结篇的指导思想。文意的隐显、朦胧、深刻、肤浅等,皆由写作思维场的立意倾向决定。意是写作的前提,通过字句而得以表现。同时,立意也对写作思维场运行起到一定的引发导向作用。朱光潜先生就曾在《作文与运思》一文说道:"写成的字句往往可以成为思想的刺激剂。我有时把一段话预先想好,可是把它写下来时,新的意思常源源而来。"

(二) 整体性。写作思维场效应的整体性,主要体现在三个方面:一是写作思维场中的任何一个行为,均是整体效应的结果,而整体效应得靠各子系统或各思维因素的共同作用才能产生。任何单一思维方式(比如想象),都是受思维场中其他思维的作用才能产生。当然,其间有的作用可能转化了,有的也可能中途消失了。二是写作思维场的所有作用均发生在同一相关的空间区域,即因而富有空间整体性,这是必然的。三是写作思维场中的各种相互联系和作用,"具有时间整体性,即在系统整体的演化发展过程中,发展的每一步都具有继承性和延续性。"(湛敏:《试论系统科学思维方式的特点》,人大复印资料《科学技术哲学》,1997(5))。

(三)能动性。写作思维场效应的能动性,是指促使写作主体进行写作的思维、写作以及对生理反应产生影响的能力和作用。能动性产生的原因,一方面是写作思维场内部各因素、各子场之间,存在着不断的运动和相互作用,促使着写作思维场的演化和发展;另一方面是写作思维场与外界环境之间存在着不断的物质、能量与信息的交换,这些外因通过内因也对写作思维场产生作用,共同构成了写作思维场的能动性。写作思维场的能动性主要体现在三个方面:一是使写作具有明确的目的性和计划性。目的性与立意为文相关,它使主体对所写的作品具有总体构想和实施步骤。二是使写作呈现主动创造性。写作主体面对的写作题材、词语很多,主动地根据最有利于表达写作的中心和文体的需求,做出主动的选择、改造和创造。三是使写作对写作主体的生理活动产生影响。科学事实已经证明,人的心理,一方面依赖人体的生理过程,另一方面又积极地作用于人体的生理过程。对于写作主体来说,"脑越用越灵"是合乎规律的。

(四)混沌性。在混沌学者看来,世界的本质是非线性的,三体相互作用就会进入混沌。"混沌状态,即宏观混乱、微观有序的状态。所以混沌亦不是一片混乱,而是有序和无序的统一,是乱中有治,是决定论系统当中自身产生出来的随机性。"(潘柄至、杨辉:《论混沌思维》,人大复印资料《科学技术哲学》,1997(9))。对混沌的描述,学界尚未统一,常见的涉及有序与无序、稳定与非稳定、完全性与非完全性、确定性与非确定性等方面。有的学者已发现了非线性系统由有序向混沌转化的常数为 4.669 201 609 0。(参见[美]詹姆斯·格莱克:《混沌学》(中译本),序(二)、序言,北京,社会科学文献出版社,1991)。写作思维场作为系统,也同样存在着混沌性,对写作思维场来说,混沌的主要表现有:整个写作思维场中各子场皆有许多因素、规律在其中起作用,它们相互联系、交互作用、纵横交错,造成了整体无规律或失向性状态;写作思维场中此部分状态有序,另一部分却无序,有序与无序共存互扰,又倾向妥协。对一篇文章的整体如何写有基本倾向,而对文章的局部如何写尚未明晰,或局部如何写明晰,整体如何写尚不明晰等。混沌状态有一个最显著的特征,这就是"蝴蝶效应":意思是说,今天一只蝴蝶在北京拍动一下空气,就足使下个月纽约的一场暴风雨为之改观。写作思维场效应中确实是存在蝴蝶效应的:一篇散文作品,开篇首句文字高雅或粗犷,影响所致,可使整篇文字风格皆高雅或粗犷。

(五)跃迁性。跃迁性是指写作思维场从常态不经过逻辑推理直接跳跃到高级态或极态状态的特征。写作思维场的跃迁性表现为直觉和灵感。在写作中,直觉是写作主体的写作思维场在一瞬间便判断、理解、把握和领悟出并非刻意追求过的事物的"主要矛盾",并做出主观结论的场效应。当写作对象与写作主体的内在信息"碰撞"时,便可跳过逻辑推理,立即产生"共鸣"和"理解",使写作思维场直接跃迁到直觉状态。而灵感的出现,同样没有经过正常的逻辑推理。灵感是写作主体的意识和潜意识高度清晰、敏锐而异常积极地涌现,并与相关的信息实现最佳妙的融合,指向性创造能力突然跃迁到高级态或超常态时的心理状态。(杨文丰、钟定华编著:《创造的艺术》,144—145页,广州,暨南大学出版社,1992)。

灵感是写作思维场中各因素之协同性突然跃迁，创造能力瞬间达到超常发挥，可一气呵成作品或克服创作难关时的场效应。直觉和灵感，绝非个别思维因素的行为，而是整个写作思维场非逻辑性的总体效应。直觉和灵感作为写作思维场的跃迁性效应，说明写作思维场作为非线性系统，在发生演化的继承性和延续性渐变的同时，同样存在着突变。这是写作思维场演化过程中的一种思维跳跃和间断。

（原载中文核心期刊《学术研究》杂志 1998 年第 6 期，选入本教材时删除了内容提要、关键词和参考文献等。）

【提示】

这篇例文是本教材编著者所撰的写作学科论文。论文导论开门见山，提出应该引入场论的视角，将写作思维视作一个完整的系统进行研究。论文正论分为三个部分，第一部分从多个方面，论证写作思维场成立的依据、理由。第二部分首先对写作思维场做出理论界定，接着论证作为复合场的写作思维场的三个子场的构成、特点，各子场的相互作用及其对写作思维场的影响、作用。第三部分分别论证了写作思维场的五个场效应，其间，从场的角度对写作思维的有关主要问题，如对直觉、灵感，提出了新的理论认识和界定。论文融合了心理学、创造学、物理学和写作学等学科的知识，立论新颖、有据，论证适当、合理，语言简洁，结构严谨，层次分明，有较强的逻辑力量。

二、必备知识

（一）学术论文、毕业论文的含义

学术论文是对自然科学和社会科学某一专业领域中具有学术价值或亟待解决的问题进行探讨和研究，并提出有独创性见解，表述科技成果的一种议论文。

毕业论文是高等院校学生毕业前，根据所学专业，有选择地进行学术研究，所写的一种学术性论文。打个比方，如果说高水平的学术论文是论文的"高级阶段"，那么，一般来说，除了高水平的学位论文，本、专科毕业论文大抵可视作学术论文的"初级阶段"。

（二）学术论文的特点

1. 学术性

学术性其实就是科学性，是指学术论文所体现的专门的、系统的学问，是建立在深厚的学理和实践的基础上的理论。学术论文的学术性，要求作者必须从客观实际出发，对客体进行认真、仔细、周密的观察、分析，以获取大量的材料作为立论的依据，从中找出规律，揭示其本质或得出符合客观实际的结论。学术论文的学术性，还要求凡论证都必须具有严密的逻辑性，既不违背常理，又不违反科学，且能经受得住实践的检验。

2. 独创性

独创性是衡量学术论文学术价值的基本尺度，是学术论文的存在价值所在。所谓独创性，简言之，就是作者的论文能够提出新理论、新见解或新假说。

3. 体现作者的专业水平及综合素质

一篇学术论文，不但能反映作者的专业水平，还综合反映了作者的思维能力、创造能力、研究作风、研究方法和文字表达水平。总之，学术论文是一个作者专业水平和综合素质的体现。

毕业论文同样具有以上的特点,只是毕业论文的独创性、学术性,多数还达不到狭义的学术论文的程度。

(三)学术论文的类型

学术论文涉及的范畴很广,按照不同的标准,可分为不同的类型。从作者的身份看,学术论文可以分为两种类型。

1. 专业论文

专业论文是各专业领域里的从事专业科研的人员所撰写的学术论文。这类论文多数在学术刊物上发表,或在学术会议上宣读。

2. 学业论文

学业论文是高等学校在校学生撰写的学术论文。学年论文、学位论文和毕业论文等都属于学业论文。

三、学术论文写作的结构写法和写作模板

(一)学术论文的结构写法

1. 标题

标题要求以最恰当、最简明概括的词语反映论文的内容,如《论企业的核心竞争力》《"写作思维场"论》等。

2. 内容提要

内容提要即精当提示论文的基本观点、成果及意义等内容的文字,一般不超过300字。

3. 关键词

关键词即提示论文主题和内容的词汇或术语。一般一篇论文需标示3~8个关键词。

4. 绪论

绪论又称为前言、引言、引论等,是论文的开头部分,写作内容一般包括提出问题,说明选题的缘由、意义,研究方法或论证方法等。

5. 本论

本论是论文的主体部分,是对问题展开分析,对中心论点或观点加以证明,全面、详尽、集中地表述研究成果的部分。或使用小标题,或使用数字标示层次段落。本论展开的结构形式通常有以下3种。

(1)并列式。并列式亦称为横式结构。即围绕总论点并列排出几个分论点,从不同的角度、不同的侧面对总论点进行阐释、论证。

(2)递进式。递进式亦称为纵式结构。即由浅入深,一层一层地对总论点进行阐释、论证,后一个层次是前一个层次的深化,后一部分是前一部分的发展。

(3)混合式。混合式亦称为纵横式或综合式,即并列式与递进式同时使用。或者大层次为并列式,而一些层次中又采用递进式;或者大层次为递进式,而一些层次中又采用并列式;或者并列式和递进式分散出现在本论的不同部分。

作为议论文的学术论文,不管采用何种结构形式,都是为了展开论证过程,即运用论据以说明观点、证明观点,通俗地说,就是摆事实、讲道理。

学术论文的论证需要讲究方法,一般来说,须首先设立几个足以支撑中心论点的分论点,且每个分论点都须立得住;其次是各个分论点都必须有典型、充足的论据予以证实。论点只有经

过论据证实,方会被认可。论据可分为道理论据、事实论据和权威论据等。论据也不是越多越好,而是贵在典型、有力;再其次是论证过程须组织得严密,逐步有序地展开。学术论文的论证方法通常有下列几种。

(1) 例证法,又叫举例法,即运用归纳推理进行论证的一种方法,就是用典型的事例作论据来证明论点的方法。

(2) 引证法,又叫引用法,即用一些权威性的理论作论据来证明论点的方法。

(3) 比较法,是通过事物之间的比较来证明论点的方法。

(4) 比喻法,即用容易理解的浅显的、具体的事物、事例做比喻,来说明不易理解的、深奥的抽象事物或道理的方法。

(5) 因果法,即通过分析,揭示论点和论据之间的因果关系以证明论点正确的方法。

(6) 归谬法,就是先假定对方的论点是正确的,接着就以此为前提进行推理,却只能引出荒谬的结论,从而证明对方论点错误的方法。

6. 结论

结论又叫结尾。结论一般需对本论中的观点作一个归纳,表明总的看法和意见,或者强调某些要点等。结论应写得简明扼要。并非每篇论文都需要写结论。

7. 致谢

致谢即对帮助过自己的有关单位和个人表示感谢。也有的学术论文不写"致谢"内容。

8. 注释或参考文献

即在文后列出引文出处和有关的参考文献。

(二) **学术论文的写作模板**

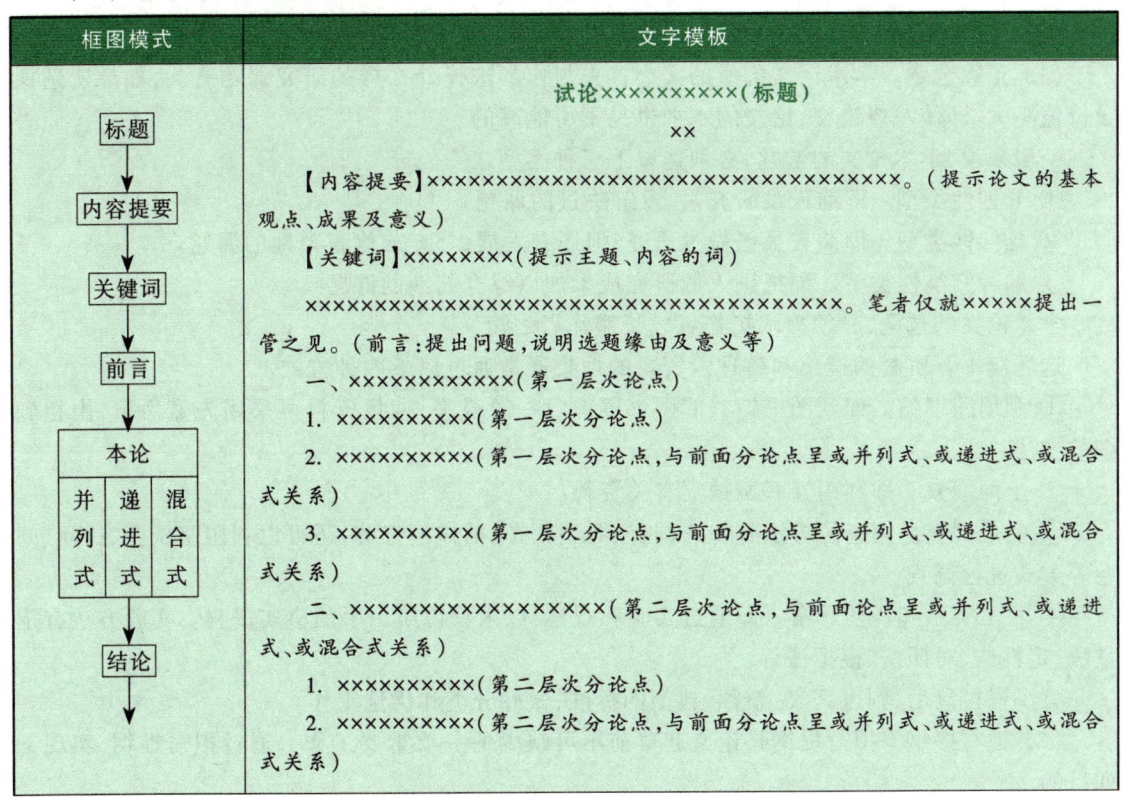

续表

框图模式	文字模板
注释 ↓ 主要参考文献 注：以上为学术论文基本内容模块结构模式	3. ×××××××××（第二层次分论点，与前面分论点呈或并列式、或递进式、或混合式关系） 三、×××××××××××（第三层次论点，与前面分论点呈或并列式、或递进式、或混合式关系） 四、×××××××××××（第四层次论点，与前面论点呈或并列式、或递进式、或混合式关系） …… （以上为充分"摆事实，讲道理"的本论部分：对问题深入展开分析，对观点加以严密证明，论证方法有例证法、引证法、比较法和因果法等） 综上所述，×××××××××××××××××××××××××××××。（结论：通常是对本论中的观点作出归纳，或者强调某些要点等） 五、注释 1. ×××××××××× 2. ×××××××××× 六、主要参考文献 1. ×××××××××× 2. ×××××××××× 3. ××××××××××

（三）注意事项

（1）正确选题。学术论文价值的大小首先与作者选择什么样的研究课题有关，如果所选课题价值不大，即使写成论文，论文的水平也是不可能高的。

一般来说，学术论文的选题，必须选以下三种类型之一。

① 开创性类型。即前人没研究过、没解决过的课题。

② 延伸性类型。即前人虽已做过研究，但还有发展、补充或修正余地的课题。

③ 综合归纳性类型。即把别人的研究成果加以综合归纳的课题。

学术论文的选题，必须力求扬作者之长避作者之短。

选题离不开资料的搜集和整理。资料的搜集通常通过以下四种方式。

① 利用图书馆。即到图书馆查阅图书资料。一般说来，搜集资料可采用先宽后窄、由粗到细的方法。

② 上网搜索。即利用互联网搜集有关资料。

③ 实地调查。调查的方法有普遍调查、典型调查、抽样调查等，还可以利用座谈会、访问、问卷等方式进行调查。

④ 科学实验和科学观察。即通过实验和观察，以求获得第一手的事实资料。实验方法有定量法、定性法、对照法、模拟法等。

有了资料以后，则以真实、新颖、典型的标准，做好分类和优选工作。

（2）拟写提纲。拟写提纲是论文起草前不可缺少的一项重要工作。通过拟写提纲，实现下列目的。

① 初步确定论文的标题。
② 确定论文的中心思想，写出主题句子。
③ 确定论文的总体框架，安排有关论点的次序。
④ 确定大的层次段落，确定每个段落的段旨句。
⑤ 确定每段选用的材料，标示材料名称、页码、顺序。

拟写提纲一般可用标题法、句子法。

① 标题法。即以标题形式把论文所要阐述的内容概括出来。用标题法写出的提纲简洁、扼要，但它只是一个粗略的提纲。

② 句子法。即以句子形式概括各部分的内容。一个句子概括一个部分的内容。句子法具体、明确，能够勾勒出论文的大体结构。

（3）充分占有论文选题范围内的资料，做好材料的分类、鉴别和扬弃工作。

（4）语言必须体现科学语体的特征。所谓科学语体，是科学文献使用的有别于文学语体和生活语体的语言。学术论文对科学语体的要求可归纳成以下几点：

① 概括、严密。学术论文是以说理为主的文章，是以逻辑思维表达思想内容的，不能像文学作品那样以形象思维来表达感情。因此，学术论文的语言具有逻辑性，其逻辑性集中体现为语言表达的概括、严密。

概括，是从大量同类事物中抽象出共同的东西，而不能似文学作品那样着重对物事展开抒写、描绘。

严密，不单体现在遣词造句上，更主要是体现在思考的周密上，辩证地看待事物上，而不是片面地、绝对化地看问题。既然要体现严密，则要求概念要准确，判断要恰当，推理须合乎逻辑规则。

② 精准。科学研究就是要精准反映事物的真实面貌和本质。精准的内容必须用精准的语言才能反映出来。精准包含有几层意思：一是确切，同一种意思，可以用不同的词句来表达，必须从中挑选最恰如其分地表达原意的词句。二是简练，即以最少的话表达最丰富的内容。三是有条理，即说话是经过组织的，能按照思路和事物发展的顺序，有秩序地理性地把意思表达出来，而不是颠三倒四的。

③ 平易。即平实自然、通俗易懂。科学研究本是诚实、实在的工作，须实事求是，忌装腔作势、故弄玄虚。学术论文难免会涉及许多专门知识，也常会用到一些专门术语，但为了更好地解决实际问题，还须追求通俗易懂。

④ 庄重。科学研究是一件严肃的事，表达学术成果的论文写作须以严肃的态度对待，语言须庄重得体，以规范化的书面语言、恰当的专用语和专业用语，如实地表达真实的思想和观点，不能将生活中那些土语、歇后语、自创语，以及不符合语法规范的"新潮"网络语言随便地塞进文中。

（5）拟写好提纲后，要趁热打铁，集中精力和时间投入写作，初稿尽可能一气呵成。初稿不要求精美。

（6）初稿写成后马上查查有无遗漏什么材料，趁记忆尚清晰，马上修改或重写一遍。在修改时，主要斟酌论点新不新，论证是否合乎逻辑，结构是否需要调整。同时，对文字和标点符号进行仔细的推敲。每一篇定稿论文，一般都要经过多次认真修改。

四、技能训练

从网上搜索一篇本专业的毕业论文,结合所学的知识,分析其结构和写法是否存在问题。

> 【拓展学习】

一、名词解释
1. 学术论文
2. 毕业论文

二、填空题
1. 毕业论文实际上也属于_____。
2. 学术论文具有_____、_____和体现作者的专业水平及综合素质的特点。
3. 学术论文可分为_____和_____两类。

三、判断题
1. 一般来说,毕业论文是学术论文的"初级阶段"。( )
2. 独创性是学术论文的生命。( )
3. 学年论文、学位论文和毕业论文都属于学业论文。( )

四、简答题
1. 学术论文选题通常应选择哪些类型?
2. 选题时通常通过哪些方式搜集资料?
3. 编制写作提纲的目的是什么?
4. 拟写提纲通常采用什么方法?
5. 规范的学术论文一般由哪些结构项目构成?
6. 学术论文通常采用哪些结构形式?
7. 学术论文常用哪些论证方法?
8. 撰写学术论文有哪些事项值得注意?

五、AI 同行
1. 以手机扫二维码,研读可供 AI 生成相关论文材料的提示词指令。
2. 输入提示词指令:"撰写大学毕业论文,容易出现哪些误区?"阅读 AI 生成的文字。
3. 在 AI 上输入提示词指令:"撰写大学毕业论文,通常会遇到哪些困难?涵盖:选题、论点、论证方法,提出针对性强、操作性强的建议。"认真阅读 AI 生成的回复。

文献综述
提示词指令

六、写作训练

试结合所学专业,确定一个自己感兴趣的论题,在网上搜索一批与所选论题相同或类似的毕业论文,认真阅读借鉴,按照毕业论文的结构和写法,撰写一篇毕业论文。

第七章 求职文书

第一节 求职函

一、例文借鉴

教学视频：求职信

【例文1】

求 职 信

尊敬的××公司总经理先生：

　　首先，为我的冒昧打扰向您表示真诚的歉意。在即将毕业之际，我怀着对贵公司的无比信任与仰慕，斗胆投石问路，希望能成为贵公司的一员，为贵公司服务。

　　我是××职业技术学院计算机软件专业19级学生，将于今年7月毕业。在大学学习期间，我努力学习各门基础课及专业课，并取得了良好的成绩（见附表），英语已通过国家英语六级考试（见附件）。我不仅能熟练掌握学校所教课程的有关知识（AutoCAD、FrontPage、FoxPro、C语言等），还自学了Photoshop、Visual FoxPro等，专业能力强，曾获学校计算机软件设计比赛一等奖。

　　作为互联网时代的大学生，我非常注意各方面能力的培养，积极参加社会实践，曾在××保险做过业务员，在××餐饮店做过星级训练员，还在××信息有限公司做过网络技师，爱好广泛，有责任感，能吃苦耐劳。

　　我期盼能成为贵公司的一员，从事网络营销类计算机服务等工作。诚然我尚缺乏丰富的工作经验，如果贵公司能给我机会，我会用我的热情、勤奋来弥补，用我的知识、能力来回报贵公司的赏识。

　　盼望您能给我一次面试的机会。随信附上简历、英语等级证书、获奖证书等。

　　（附表、附件略）

　　此致

敬礼！

××敬上
××××年×月×日

联系地址:××职业技术学院计算机系软件专业××级1班(邮编:××××××)

电话:××××××××

【提示】

这是一封求职信。正文导言谦恭有礼,说明"投石问路"的缘由。主体分为三部分:第一部分介绍自己的学业情况,重点介绍了自己的学习成绩和自学能力;第二部分突出写自己注重参加社会实践,特别提及了自己爱好广泛、责任感强、吃苦耐劳;第三部分用恳切的言辞表达了自己的求职愿望和决心。附件为信函提供了旁证。

全文情辞恳切,谦恭得体,不卑不亢,可供借鉴。

【例文2】

求 职 信

尊敬的领导:

您好!我叫××,是一名刚刚从××大学毕业的学生,我的专业是计算机科学与技术。我写这封信的目的是应聘贵公司的市场部业务员。

首先,我想说明的是我为什么想要加入贵公司。

前一段时间,我参加了贵公司的校园招聘推介会,正像贵公司宣讲人员所说的一样,当我们选择职业和公司时,首先要考虑的是这个企业的价值观是否与自己的价值观相吻合。我很尊重和赞同贵公司的企业文化,我认为善良、真诚、诚信是一个人最应该珍视的品质,也是一个企业所应尊重的道德底线。我有志加入其中并为这样的企业的发展努力贡献自己的力量。

其次,我想说明为什么我是加入贵公司的合适人选。

我想申请加入贵公司的市场部,虽然我的专业与所应聘的职位可以说是完全不对口,但是我认为我的学习能力很强,只要给我一个机会,我会利用这个机会迅速成长并成熟起来。

大学期间,我曾做过多份兼职工作,包括网站编辑、笔译人员、英语培训班的助教和老师等。无论是哪一份工作,我都很认真地投入进去并且取得了不错的工作成果,这些工作本身的意义并不是很大,但是通过这些工作,我认识到了自己的长处和不足:我有很好的口才和感染力——这是作为市场部人员所应具备的最基本的素质;我有激情,做事积极主动——这是我能够做出业绩的最重要的保证;我不怕吃苦,肯脚踏实地地工作——这是我对企业和个人负责的表现;我能很快地融入工作,利用尽可能短的时间熟悉、了解工作内容并迅速展开工作——这是我能够为企业创造收入的关键。

当然我也存在不足和弱点,比如有人说我比较容易多愁善感,但是这一点的另一个好处就是让我有较强的"同理心";我做事可能有时候会冲动一些,但在工作中我会尽量克制。

作为一名刚踏入社会的大学生,我多多少少也会感觉到迷茫,但是我觉得选择贵公司会让我的潜力得到最好的发挥。我是一个自信、积极而且有同理心、有勇气的女孩,我有团队合作的意识,并且会努力认真工作。希望您能够给我一个机会把这些证明给您看,我一定不会让您失望的。

期盼您的答复!随函奉上我的成绩单及个人简历,敬请收阅。

此致

敬礼!

自荐人:××
××××年×月×日

【提示】

这封求职信言辞恳切,条理清晰,开头作自我介绍并说明目的,简练清晰。根据对公司招聘信息的了解,强调自己的价值观和公司合拍的地方,应聘动机符合对方要求。从看似对自己不利的条件入手,打消对方的疑虑,化弱势为优势。根据应聘职位的需求,具体阐述自己的相关经历及从中获得的经验,针对性较强,此外,坦诚说明自己的弱点,并作出客观理性的分析,反而能够给人勇于完善自己的良好印象。

【例文3】

应 聘 函

尊敬的××商场×××总经理:

我从×月×日《××日报》上看到了贵商场招聘员工的启事。我有意应聘其中的财务会计一职。

我叫张小兰,女,今年24岁,本市人,于××××年毕业于××××学院会计电算化专业。在校学习期间各科成绩优良。毕业后在××××厂做电商销售员,由于专业不对口,所学特长无法发挥,很苦闷,很羡慕那些专业对口具有用武之地的人。知悉贵商场需要财务会计专业人员一事,令我非常高兴,觉得终于盼来了施展自己特长的好机会。

希望贵商场能给我一次面试的机会。经考核,如蒙录用,我将会竭尽全力搞好本职工作,做一个合格的××商场的"理财人"。

附件:1. ××大学毕业证

2. 会计人员上岗证

此致

敬礼!

求职人:张小兰谨上
××××年×月×日

联系地址:本市××路××号　邮政编码:××××××

手机和微信号:×××××××

【提示】

这是一封根据招聘启事而写的应聘函。第一段引据报上的招聘启事,作为写应聘函之缘起，接着直接提出应聘财务会计一职的要求。第二段写自己的学历、经历和应聘的客观原因以及心态。第三段即结尾部分，表达希望能经面试被录用以及搞好工作的愿望。文章能紧扣该商场提出的应聘条件和要求，理由充分，态度诚恳，语言得体。提供的附件利于证明自己的应聘优势。

二、必备知识

（一）求职函的含义和用途

求职函是指求职者向自己欲谋求职业的单位介绍自己的基本情况，提出供职请求的书信。

（二）求职函的特点

1. 针对性

求职函的针对性体现在三个方面：一是针对用人单位的实际情况，二是针对用人单位领导的心理，三是针对和基于求职者的实际情况。

2. 自荐性

不论求职者与用人单位的人员是否认识，求职者在信中都必须毛遂自荐，恰当地介绍自己。

3. 竞争性

择人与择业的双向选择机制决定了求职行为本身就是一种竞争。自用人单位收到求职者的求职函起，可以说竞争就展开了。

（三）求职函的类型

常见的求职函有以下两种。

1. 应聘式求职函

应聘式求职函即求职人根据用人单位招聘人员的条件向用人单位进行自我介绍而谋职的书信。

2. 非应聘式求职函

非应聘式求职函是不知晓对方单位是否有用人需求而径自投递过去的求职信。

三、求职函的结构写法和写作模板

（一）求职函的结构写法

1. 称谓

求职函若是写给国有企事业单位，通常称谓写单位名称或单位的人事处（组织人事部）。若是写给民营、私营或合资独资企业，称谓则一般写公司董事长或人事部负责人。

2. 导言

导言主要写求职、应聘的缘由。也有求职信不写导言。

3. 主体

主体是求职函的重点部分。写作内容通常包括以下几方面。

（1）个人的学历、年龄、专长、经历、业绩。

（2）个人的志向、兴趣、性格。

（3）应聘的工种、职位。

（4）待遇要求（也可不写）。

（5）通信地址、电话、电子邮箱等。

4. 结尾

结尾以诚恳的态度表达自己希望被录用的愿望，如"希望领导给我一次面试的机会""盼望答复""静候佳音"。结尾可与主体衔接在一起写，也可另起一段。最后写上附件名称。附件一般是证书和有关材料的复印件等。

注意按信函的格式写"此致""敬礼"一类的敬语。

5. 落款

按信函的格式写上个人姓名、日期。

（二）求职函的写作模板

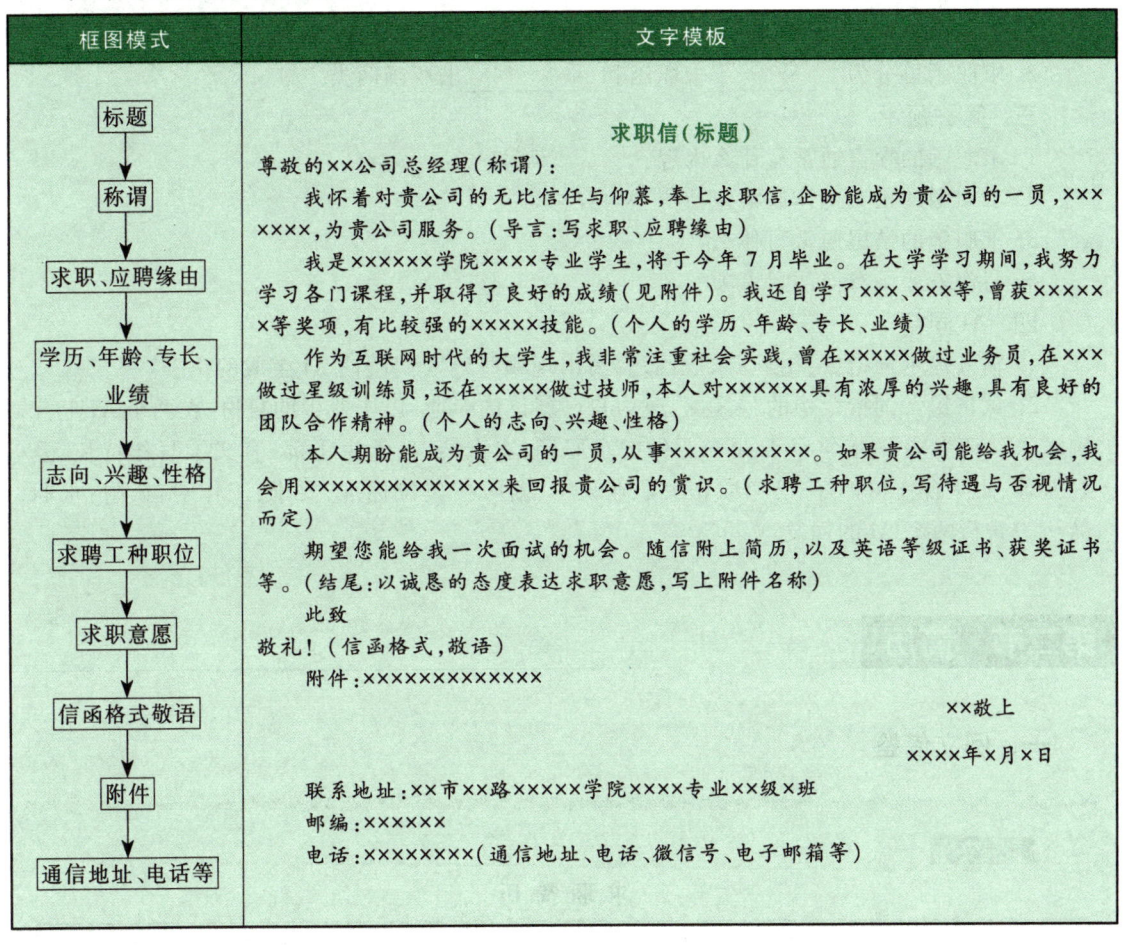

（三）注意事项

（1）写足自己的优势，展示自己的业绩和能力。

（2）可适当说明自己求职注重的是某个职位更适合发挥个人的才能，为单位的发展做出贡献，而不只是考虑经济收入。

（3）如果是应聘式求职函，则应严格依据招聘条件，有针对性地逐条如实表述。

（4）态度自信、恳切，尊重对方，礼貌，不卑不亢。

四、技能训练

给认为适合自己事业发展的某公司的人事部写一封求职信。

要求：格式规范，内容齐备，语言得体。事先并不知道该公司对聘用人员有何要求。

【拓展学习】

7.1 即测即评

一、名词解释

求职函

二、填空题

1. 求职函具有_____、_____和_____三个特点。
2. 求职函可分为_____求职函和_____求职函两类。

三、简答题

1. 求职函的导言通常写什么内容？
2. 求职函的正文主体通常包括哪些内容？
3. 求职函的结尾通常写什么？
4. 写作求职函有何注意事项？

四、AI 同行

1. 输入提示词指令："撰写求职函，容易出现哪些误区？"阅读 AI 生成的文字。
2. 试将提示词指令中的"××××"改为自己就读的专业，以毕业生的身份，在两个 AI 上分别输入："请生成一份××××专业毕业生的求职函，本人情况：学生干部、有文学写作特长、爱好篮球、团队合作精神好、已考取相关职业证书，薪酬按单位标准，要求：工作对口，附：求职简历。"辨析两个 AI 的回复。

第二节 简历

一、例文借鉴

【例文】

求 职 简 历

个人信息	姓名	张三	性别	男	出生年月	××××年9月	相片
	民族	汉	户籍	广东××	目前所在地	广东××	
	政治面貌	中共党员	学历	大学专科	所学专业	法律事务	
	毕业院校和专业	××××××学院××××专业					

续表

联系方式	手机、微信	×××××××××/×××××××	E-mail	××××××@××.com
	通信地址	×××××××××× ×××××××	邮政编码	××××××

教育简历	××××年9月—××××年7月　就读于××市×××××中学
	××××年9月—××××年7月　就读于××××××学院××××专业

个人能力	能力证明	全国计算机一级、英语四级、办公自动化高级等级证书,通晓普通话、粤语、潮汕方言
	其他特长	① 有较强的组织沟通与协调能力 ② 具备较强的责任心和集体主义感
	求职意向	行政助理、人事文员、网站编辑

社会实践经验	××××年9月—××××年7月　任班团支部书记
	××××年9月—××××年7月　任××系学生会副主席、普法协会副会长
	××××年9月—××××年7月　任××系学生党支部支委会委员
	××××年3月—××××年6月　任××市金海岸中学初二4班法制助理班主任,从事法治宣传
	××××年7月—××××年8月　在×××市博大电子有限公司实习,从事办公室实务工作
	××××年3月—××××年6月　在××市××区司法局顶岗实习,从事司法行政工作实务

获奖情况	××××年5月　　××区广益街道××××年度"优秀青年志愿者"
	××××年7月　　××市××××—××××学年度"优秀学生干部"
	××××年5月　　被评为"优秀社团会员""优秀法制助理班主任"
	××××年11月　 校奖学金"精神文明奖"、校"十佳团支书"称号
	××××年5月　　校诗歌征文比赛二等奖、校"团支部风采大赛"团体第二名
	××××年7月　　校"优秀共产党员"荣誉称号

自我鉴定	本人性格开朗、稳重、有活力,待人热情、真诚。对工作认真负责,积极主动,吃苦耐劳,有较强的组织能力、实际动手能力和团队协作精神,能迅速适应各种环境并融入其中。曾多次组织策划学院学生会、社团的各类活动,具备相应的组织领导能力;积极参加社会实践活动,先后于××××有限公司、××××中学、××区司法局等单位进行实习,锻炼自己不怕苦、不怕累的精神;注重自身道德的修养,热心公益事业,多次参加无偿献血、义务劳动及捐款活动,主动向党组织靠拢,在大学期间终于成为一名共产党员,并获得学校"优秀共产党员"的光荣称号。 　　座右铭:常怀感激之心,一生快乐无穷。

【提示】

　　这份大学生表格式求职简历,介绍了求职者的联系方式、教育简历,在校期间的学习、获奖以及自我鉴定等个人基本情况,不尚空谈而注重以事实说话。结构清晰,信息具体。

　　这份简历还有不足之处,因整份简历皆属于个人信息,表格首栏设"个人信息"栏便在逻辑上不合理,应删除。如果一定要设栏,则以设"基本信息"为宜。"求职意向"应独立成栏并置于栏尾。"社会实践经验"应改为"实践经历"并独立成栏。此外,为了使聘用单位更好地了解求职者的知识技能,最好补充"主要学习课程"栏内容。"个人能力"栏中的"其他特长"内容与"自我鉴定"栏的内容存在冲突。属于特长的"有较强的组织沟通与协调能力",如果在"自我鉴定"中有相关表述,则不适合再设"其他特长"栏目,何况"具备较强的责任心和集体主义感"属于个人思想品格,并非特长,不适合写入"其他特长"栏中。"自我鉴定"最后两句的内容可不写入。"自我鉴定"改为"个性评价"更好。

二、必备知识

(一)简历的含义和用途

简历是求职者客观简要地介绍自己的学习经历、实践或工作经历、能力、个性、业绩等个人基本情况,突出个人特长或特点,以达到求职或应聘目的的文书。简而言之,简历是一份为求职或应聘而准备的个人情况简介。

大学生求职简历通常含"个人基本情况""教育经历""能力和特长""求职意向""联系方式"等基本要素。

(二)简历的特点

1. 真实性

简历必须客观真实地叙述个人学习经历、实践或工作经历等情况,任何编造都可能给求职或应聘造成难以预料的后果。

2. 自评性

简历需对个人的专业特长等作出自评,突出个人特点,讲求毛遂自荐,让他人了解自己,以达到求职或应聘目的。

3. 简要性

顾名思义,简历就是简要地介绍个人的学习经历等相关情况。

(三)简历的类型

按呈现方式分,简历可分为表格式简历、文字式简历和文字表格综合式简历。

大学生求职通常会选用表格式简历。

三、简历的结构写法和写作模板

(一)简历的结构写法

1. 标题

简历标题一般有"个人简历""简历""求职简历"和"×××(姓名)简历"等写法。

2. 正文

(1)基本信息。包括姓名、年龄或出生年月、性别、出生地、民族、政治面貌、专业、学历、毕业院校和毕业时间等。

(2)教育履历。包括个人从高中阶段至所获最高学历阶段之间的就读学校及专业,需注意前后年月排列的逻辑顺序。

(3)主要学习课程。主要包括大学阶段学习的专业课程及成绩。

（4）实践、社会工作经历。突出大学阶段所担任的社会工作,在各种实习中担当的工作。如果担任了职务也应具体写上。

（5）获奖、获取职业技能证书情况。各种获奖项目、等级或名次。相关职业技能证书可作为附件。

（6）能力、特长及个性评价。介绍要恰如其分,尽可能使本人的专长、兴趣、性格与本人所谋求的职业特点、要求相吻合。

事实上,"教育履历""实践、社会工作经历"已隐含了个人的能力、性格等,因而必须前后相互照应。

（7）求职意向。简短清晰,表明本人对哪些岗位、行业感兴趣及相关的适当要求。

（8）通信方式与备注。即写明电话号码、E-mail、微信、详细通信地址、邮政编码等。

简历通常有一个封面。封面的通信方式必须和内文的一致。

（二）简历的写作模板

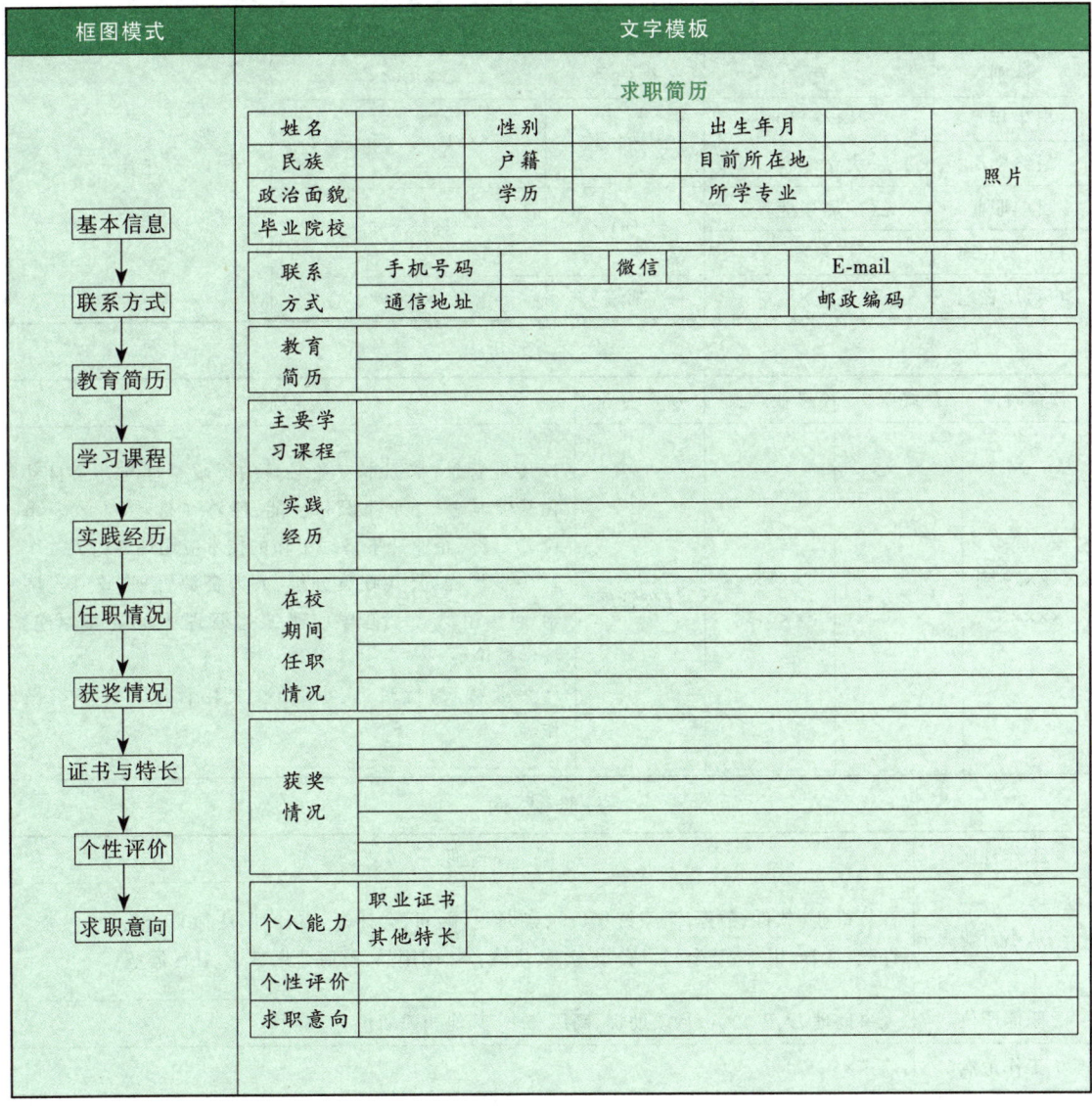

（三）注意事项

（1）实事求是，切忌凭空杜撰。

（2）突出亮点。多表述自己的优点和长处，并注重适当的自我评价。

（3）针对性强。注意介绍与自己谋求的职位相关的学习课程、专业知识和个人特长。可以在简历前置一封求职函。

（4）注意装帧。图文美观，各证书应附复印件，并附上表现自己的免冠近照。

四、技能训练

下面是一则内容不够完整的简历，试指出主要毛病。

个 人 简 历

基 本 信 息

姓名	江××	联系电话	158××××115	
性别	女	微信号	××××××	
出生年月	××××.10	E-mail	×××@××.com.cn	相片
最终学历	大学专科			
目前职业	无(应届毕业生)	QQ	18×××77	
目前所在地	广东××			
户口所在地	广东××	邮编	××××××	

教 育 经 历

教育时间	最终学历	毕业学校	所学专业	专业描述
××××.9 到 ××××.7	大学专科	××××× ××学院	行政管理	1. 专业背景：掌握本专业必备的行政管理与办公自动化基础理论、专业知识和技能，能够在行政、企事业单位、"三资"企业从事管理工作的技术应用性专门人才 2. 专业课程：公共政策分析、人力资源管理、政府经济学、行为组织学、管理学原理、行政管理学、政治学原理、法学概论等 3. 专业特长：行政、人事管理、文秘管理和计算机操作等

求 职 意 向

工作性质	全职
从事行业	计算机业（软件、数据库、系统集成）、咨询业（顾问、会计师、审计师、法律）、金融业（投资、保险、证券、银行、基金）、办公设备、文化体育休闲用品、政府公用事业、社区服务
职能职位	人事助理、人事文员、行政助理、高级秘书、其他相关职位
工作地点	广东××

所 获 证 书

获证时间	证书类别	获证成绩
××××.1	全国计算机等级一级证书	合格
××××.5	全国高级办公自动化证书	良好
××××.12	高等学校英语应用能力 B 级证书	合格

【拓展学习】

一、填空题

1. 简历是＿＿＿＿＿＿＿＿＿＿的文书。
2. 简历具有＿＿＿＿、＿＿＿＿和＿＿＿＿3个特点。

二、判断题

1. 简历必须客观全面地介绍自己的学习经历等情况。（　　）
2. 简历如果对自己的情况能够客观如实地介绍,则不必再专门作自我评价。（　　）

三、AI 同行

1. 输入提示词指令:"撰写简历,容易出现哪些误区?"阅读 AI 生成的文字。
2. 试将××××填写为自己攻读的专业,在 AI 上输入提示词指令:"请生成一份××××专业毕业生的求职简历,本人情况:主要学习课程、实践经历、团队合作精神、个人特长、已考取相关职业证书、自我鉴定、求职意向,薪酬按单位标准,要求:表格式简历。"选两个 AI,分别输入以上指令,辨析 AI 回复的文字质量。

四、写作训练

试为自己求职或应聘撰写一份简历。

第三节　劳动合同

教学视频:
劳动合同

一、例文借鉴

【例文】

××省职工劳动合同
使用说明

一、在签订本合同前,双方应认真阅读本合同书。本合同一经签订,即具有法律效力,双方必须严格履行。

二、本合同必须由用人单位(甲方)的法定代表人(或者委托代理人)和职工(乙方)亲自签章,并加盖用人单位公章(或者劳动合同专用章)方为有效。

　　三、本合同中的空栏,由双方协商确定后填写,并不得违反法律、法规和相关规定;不需填写的空栏,画上"/"。

　　四、工时制度分为标准工时、不定时、综合计算工时3种。实行不定时、综合计算工时工作制的,应经劳动保障部门批准。

　　五、本合同的未尽事宜,可另行签订补充协议,作为本合同的附件,与本合同一并履行。

　　六、本合同必须认真填写,字迹清楚,文字简练、准确,并不得擅自涂改。

　　七、本合同(含附件)签订后,甲乙双方各保管一份备查。

　　甲方(用人单位):　　　　　　　　　乙方(职工):
　　名称:　　　　　　　　　　　　　　　姓名:
　　法定代表人:　　　　　　　　　　　　身份证号码:
　　地址:　　　　　　　　　　　　　　　现住址:
　　经济类型:
　　联系电话:　　　　　　　　　　　　　联系电话:

　　根据《中华人民共和国民法典》(以下简称《民法典》)和国家及省的有关规定,甲乙双方按照平等自愿、协商一致的原则订立本合同。

　　一、合同期限
　　(一)合同期限
　　双方同意按以下第　　　种方式确定本合同期限:
　　1. 有固定期限:从　　年　　月　　日起至　　年　　月　　日止。
　　2. 无固定期限:从　　年　　月　　日起至本合同约定的终止条件出现时止(不得将法定解除条件约定为终止条件)。
　　3. 以完成一定的工作为期限:从　　年　　月　　日起至　　　　工作任务完成时止。
　　(二)试用期限
　　双方同意按以下第　　　种方式确定试用期期限(试用期包括在合同期内):
　　1. 无试用期。
　　2. 试用期从　　年　　月　　日起至　　年　　月　　日止。
　　(试用期最长不超过6个月。其中合同期限在6个月以下的,试用期不得超过15日;合同期限在6个月以上1年以下的,试用期不得超过30日;合同期限在1年以上2年以下的,试用期不得超过60日。)

　　二、工作内容
　　(一)乙方的工作岗位(工作地点、部门、工种或职务)为:
　　(二)乙方的工作任务或职责是:
　　(三)甲方因生产经营需要调整乙方的工作岗位,按变更本合同办理,双方签章确认的协议或通知书作为本合同的附件。
　　(四)如甲方派乙方到外单位工作,应签订补充协议。

三、工作时间

（一）甲乙双方同意按以下第　　种方式确定乙方的工作时间：

1. 标准工时制,即每日工作　　小时,每周工作　　天,每周至少休息一天。

2. 不定时工作制,即经劳动保障部门审批,乙方所在岗位实行不定时工作制。

3. 综合计算工时工作制,即经劳动保障部门审批,乙方所在岗位实行以　　为周期,总工时　　小时的综合计算工时工作制。

（二）甲方因生产（工作）需要,经与工会和乙方协商后可以延长工作时间。除《中华人民共和国劳动法》第四十二条规定的情形外,一般每日不得超过1小时,因特殊原因最长每日不得超过3小时,每月不得超过36小时。

四、工资待遇

（一）乙方正常工作时间的工资按下列第　　种形式执行,不得低于当地最低工资标准。

1. 乙方试用期工资　　元/月;试用期满工资　　元/月（元/日）。

2. 其他形式。

（二）工资必须以法定货币支付,不得以实物及有价证券替代货币支付。

（三）甲方根据企业的经营状况和依法制定的工资分配办法调整乙方工资,乙方在60日内未提出异议的视为同意。

（四）甲方每月　　日发放工资。如遇节假日或休息日,则提前到最近的工作日支付。

（五）甲方依法安排乙方延长工作时间的,应按《中华人民共和国劳动法》第四十四条的规定支付延长工作时间的工资报酬。

五、劳动保护和劳动条件

（一）甲方按国家和省有关劳动保护规定提供符合国家劳动卫生标准的劳动作业场所,切实保护乙方在生产工作中的安全和健康。如乙方工作过程中可能产生职业病危害,甲方应按《中华人民共和国职业病防治法》的规定保护乙方的健康及其相关权益。

（二）甲方根据乙方从事的工作岗位,按国家有关规定,发给乙方必要的劳动保护用品,并按劳动保护规定每（年/季/月）免费安排乙方进行体检。

（三）乙方有权拒绝甲方的违章指挥、强令冒险作业,对甲方及其管理人员漠视乙方安全和健康的行为,乙方有权要求甲方改正并向有关部门检举、控告。

六、社会保险和福利待遇

（一）合同期内,甲方应依法为乙方办理参加养老、医疗、失业、工伤、生育等社会保险的手续,社会保险费按规定的比例,由甲乙双方负责。

（二）乙方患病或非因工负伤,甲方应按国家和地方的规定给予医疗期和医疗待遇,按医疗保险及其相关规定报销医疗费用,并在规定的医疗期内支付病假工资或疾病救济费。

（三）乙方患职业病、因工负伤或者因工死亡的,甲方应按《工伤保险条例》的规定办理。

（四）甲方按规定给予乙方享受节日假、年休假、婚假、丧假、探亲假、产假、看护假等带薪假期,并按本合同约定的工资标准支付工资。

七、劳动纪律

（一）甲方根据国家和省的有关法律、法规通过民主程序制定的各项规章制度，应向乙方公示；乙方应自觉遵守国家和省规定的有关劳动纪律、法规和企业依法制定的各项规章制度，严格遵守安全操作规程，服从管理，按时完成工作任务。

（二）甲方有权对乙方履行制度的情况进行检查、督促、考核和奖惩。

（三）如乙方掌握甲方的商业秘密，乙方有义务为甲方保守商业秘密，并作如下约定：_____。

八、本合同的变更

（一）任何一方要求变更本合同的有关内容，都应以书面形式通知对方。

（二）甲乙双方经协商一致，可以变更本合同，并办理变更本合同的手续。

九、本合同的解除

（一）经甲乙双方协商一致，本合同可以解除。由甲方解除本合同的，应按规定支付经济补偿金。

（二）属下列情形之一的，甲方可以单方解除本合同：

1. 试用期内证明乙方不符合录用条件的。
2. 乙方严重违反劳动纪律或甲方规章制度的。
3. 乙方严重失职、营私舞弊，对甲方利益造成重大损害的。
4. 乙方被依法追究刑事责任的。
5. 甲方歇业、停业、濒临破产处于法定整顿期间或者生产经营状况发生严重困难的。
6. 乙方患病或非因工负伤，医疗期满后不能从事本合同约定的工作，也不能从事由甲方另行安排的工作的。
7. 乙方不能胜任工作，经过培训或者调整工作岗位，仍不能胜任工作的。
8. 本合同订立时所依据的客观情况发生重大变化，致使本合同无法履行，经当事人协商不能就变更本合同达成协议的。
9. 本合同约定的解除条件出现的。

甲方按照第 5、6、7、8、9 项规定解除本合同的，需提前 30 日书面通知乙方，并按规定向乙方支付经济补偿金，其中按第 6 项解除本合同并符合有关规定的还需支付乙方医疗补助费。

（三）乙方解除本合同，应当提前 30 日以书面形式通知甲方。但属下列情形之一的，乙方可以随时解除本合同：

1. 在试用期内的。
2. 甲方以暴力、威胁或者非法限制人身自由的手段强迫劳动的。
3. 甲方不按本合同规定支付劳动报酬，克扣或无故拖欠工资的。
4. 经国家有关部门确认，甲方劳动安全卫生条件恶劣，严重危害乙方身体健康的。

（四）有下列情形之一的，甲方不得解除本合同：

1. 乙方患病或非因工负伤，在规定的医疗期内的。
2. 乙方患有职业病或因工负伤，并经劳动能力鉴定委员会确认，丧失或部分丧失劳动能力的。

3. 女职工在孕期、产期、哺乳期内的。

4. 法律、法规规定的其他情形。

(五)解除本合同后,甲乙双方在7日内办理解除劳动合同有关手续。

十、本合同的终止

本合同期满或甲乙双方约定的本合同终止条件出现,本合同即行终止。

本合同期满前1个月,甲方应向乙方提出终止或续订劳动合同的书面意向,并及时办理有关手续。

十一、违约情形及责任

(一)甲方的违约情形及违约责任:

1.

2.

(二)乙方的违约情形及违约责任:

1.

2.

十二、调解及仲裁

双方履行本合同如发生争议,可先协商解决;不愿协商或协商不成的,可以向本单位劳动争议调解委员会申请调解;调解无效,可在争议发生之日起60日内向当地劳动争议仲裁委员会申请仲裁;也可以直接向劳动争议仲裁委员会申请仲裁。对仲裁裁决不服的,可在15日内向人民法院提起诉讼。

十三、其他

(一)本合同未尽事宜,按国家和地方有关政策规定办理。在合同期内,如本合同条款与国家、省有关劳动管理新规定相抵触的,按新规定执行。

(二)下列文件规定为本合同附件,与本合同具有同等效力:

1.

2.

(三)双方约定(内容不得违反法律及相关规定,可另加双方签名或盖章的附页):

甲方:(盖章)   乙方:(签名或盖章)

法定代表人

(或委托代理人):

   年 月 日   年 月 日

鉴证机构(盖章):

鉴证人:

鉴证日期: 年 月 日

(摘自:中国劳动人事网。)

【提示】

这是××省职工劳动合同的固定格式,按劳动合同涉及的内容分项设计,供用人单位(甲方)和职工(乙方)根据达成的协议直接填写。

　　这份固定格式的劳动合同,引言部分表明了订立本合同的原则,依据明确。主体内容包括了劳动合同不可或缺的合同期限、工作内容、工作时间、工资待遇、劳保和劳动条件、社会保险和福利待遇、劳动纪律、合同的变更解除和终止、违约情形及责任、调解及仲裁等条款。结尾对合同的未尽事宜该如何处理,以及对合同附件等也做了相应的必要说明。

　　本劳动合同符合国家的法律法规,能兼顾双方的职责和权利。内容合理周密,条款明确具体,格式规范完整。学习这篇劳动合同,对大学生即将面临的求职就业,其意义不言而喻。

二、必备知识

(一)劳动合同的含义和用途

劳动合同是用人单位(甲方)的法定代表人(或者委托代理人)和职工(乙方)为了明确相互的权利义务关系而订立的契约文书。

劳动合同具有法律约束力,保护合同当事人的合法权益。

(二)劳动合同的特点

1. 限定性

即签署劳动合同者必须是用人单位(甲方)的法定代表人(或者委托代理人)与职工(求职者)。

2. 规范性

劳动合同中的条款内容必须符合《中华人民共和国民法典》中关于合同法的有关规定,合同中的未尽事宜,可按照平等自愿、协商一致的原则签订补充协议,作为本合同的附件,以规定规范双方的义务和权利。

3. 约束性

劳动合同签署后,劳动合同中的各项条款对于用人单位的法定代表人(或者委托代理人)与职工(求职者)就产生了法律约束力。

(三)劳动合同的类型

按格式分,劳动合同分为两种类型。

1. 固定式合同

即国家有关劳动部门把劳动合同中必不可少的相关内容分项设计、印制成一种固定格式的劳动合同。签署劳动合同者,只需把达成的协议逐项填写到表格或文字空当处即可。

2. 非固定式合同

即签署劳动合同者根据《中华人民共和国民法典》中关于合同法的有关规定,将各方协商一致的条款逐条记载下来的合同。

如果按写作形式分类,劳动合同可以分为条款式劳动合同、表格式劳动合同和条款表格结合式劳动合同。

三、劳动合同的结构写法和写作模板

（一）劳动合同的结构写法

1. 标题

标题一般由劳动合同的性质或内容加文种两部分组成，如《实习大学生劳动合同》《××××公司职工劳动合同》，也有的只写《劳动合同》。

2. 订立合同人

即订立劳动合同的当事人名称或者姓名。要准确写出用人单位的全称、全名。通常用人单位的法定代表人（或者委托代理人）为甲方，职工（或求职者）为乙方。

3. 引言

引言即劳动合同的开头，主要写明甲、乙双方根据《中华人民共和国民法典》和国家及省的有关规定，按照平等自愿、协商一致的原则订立本合同。

4. 主体

劳动合同的主体包括如下11个方面的内容。

（1）合同期限。可分为固定期限、非固定期限和试用期限等类型。

（2）工作内容。写乙方的工作岗位、工作任务或职责。

（3）工作时间。写甲、乙双方商定的工作时间。

（4）工资待遇。写工资的执行形式和标准，其中需标明试用期与试用期满的工资标准。

（5）劳动保护和劳动条件。写甲方提供的工作场所，以及按有关规定保障、保护乙方的健康及相关权益的措施。

（6）社会保险和福利待遇。写在合同期内，甲方应依法为乙方办理及提供的相关社会保险和福利待遇。

（7）劳动纪律。写甲、乙双方就有关规章制度的制定、遵守、履行、考核和奖惩等方面的约定。

（8）合同的变更、解除和终止。写甲、乙双方约定的合同的变更、解除和终止的具体条件。

（9）违约情形及责任。写甲、乙双方约定的具体的违约情形及违约责任。

（10）调解及仲裁。写甲、乙双方在履行本合同时假如发生争议，将以协商解决、申请调解、申请仲裁、向人民法院提起诉讼等类型中的何种方式进行调解或仲裁，以及在时间和程序方面的约定。

（11）结尾。

① 补充性说明。如本劳动合同的未尽事宜，将按国家和地方的有关政策规定办理；在合同期内，如劳动合同条款与国家、省有关劳动管理新规定相冲突的，按新规定执行；劳动合同的份数、保管及有效期；劳动合同所附的表格、图纸、实物等附件。

② 落款。写甲、乙双方单位全称和法定代表人或委托代理人姓名，并签名盖章。还应写上劳动合同当事人的有效地址、邮政编码、电子邮箱、电话以及开户银行、账号等。

（二）劳动合同的写作模板

框图模式	文字模板
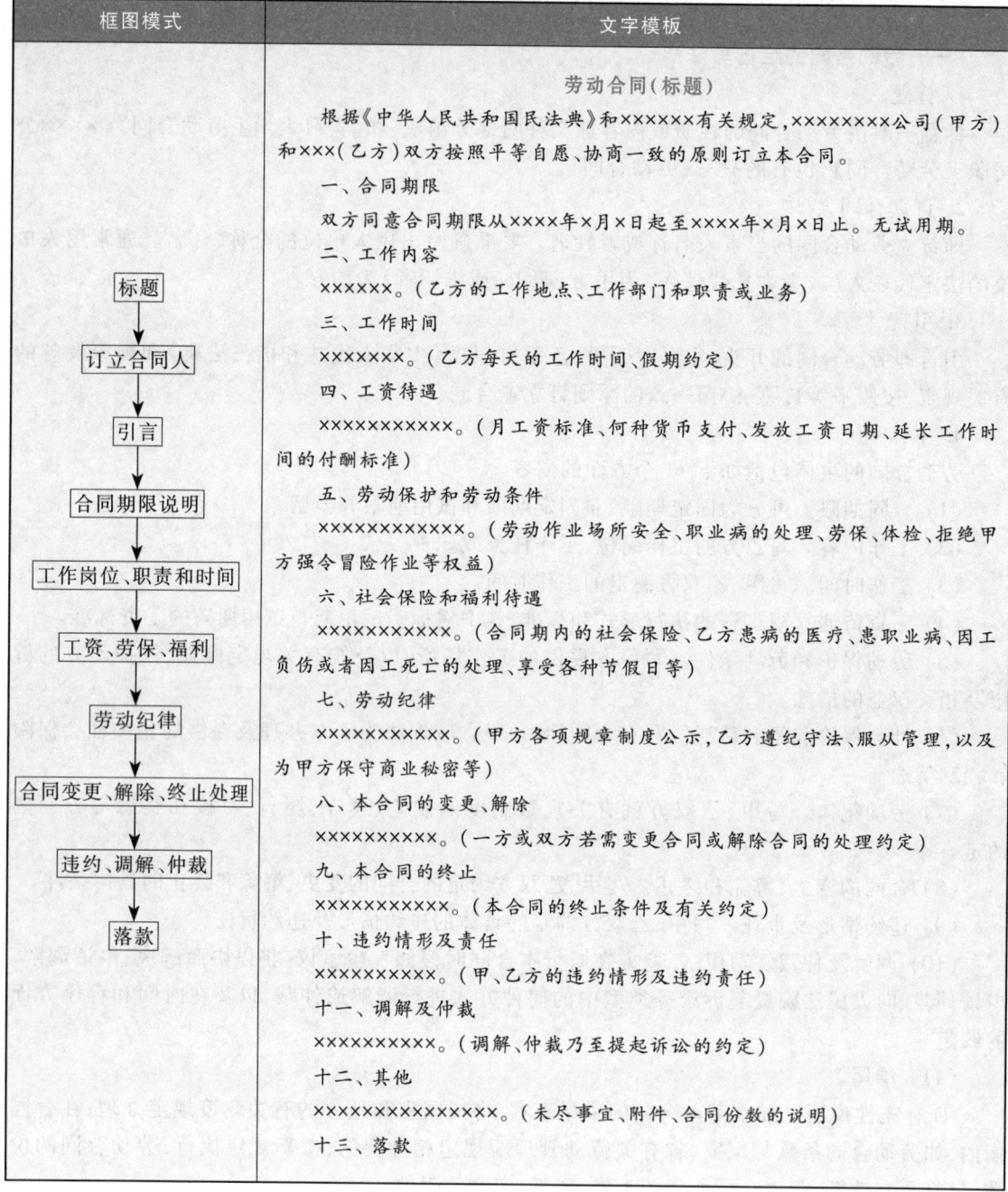	劳动合同（标题） 根据《中华人民共和国民法典》和××××××有关规定，××××××××公司（甲方）和×××（乙方）双方按照平等自愿、协商一致的原则订立本合同。 一、合同期限 双方同意合同期限从××××年×月×日起至××××年×月×日止。无试用期。 二、工作内容 ××××××。（乙方的工作地点、工作部门和职责或业务） 三、工作时间 ×××××××。（乙方每天的工作时间、假期约定） 四、工资待遇 ××××××××××。（月工资标准、何种货币支付、发放工资日期、延长工作时间的付酬标准） 五、劳动保护和劳动条件 ××××××××××××。（劳动作业场所安全、职业病的处理、劳保、体检、拒绝甲方强令冒险作业等权益） 六、社会保险和福利待遇 ××××××××××××。（合同期内的社会保险、乙方患病的医疗、患职业病、因工负伤或者因工死亡的处理、享受各种节假日等） 七、劳动纪律 ××××××××××××。（甲方各项规章制度公示，乙方遵纪守法、服从管理，以及为甲方保守商业秘密等） 八、本合同的变更、解除 ××××××××××。（一方或双方若需变更合同或解除合同的处理约定） 九、本合同的终止 ××××××××××。（本合同的终止条件及有关约定） 十、违约情形及责任 ××××××××××。（甲、乙方的违约情形及违约责任） 十一、调解及仲裁 ××××××××××。（调解、仲裁乃至提起诉讼的约定） 十二、其他 ××××××××××××。（未尽事宜、附件、合同份数的说明） 十三、落款

（三）注意事项

（1）与用人单位（甲方）签订劳动合同前，乙方必须充分了解对方的资信、相关规章制度、发展前景和履行合同能力。同时，也得注重用人单位是否能够为自己（乙方）提供较好的发展平台。

（2）劳动合同内容必须合法、合理，而且对于关系到自己（乙方）的报酬、福利和劳保等的关键条款不能遗漏。

（3）条款内容表述清晰,简明周密,具体准确。必须使用规范汉字,不使用"基本上""可能""大概"一类模糊词语。薪酬等数字必须大写。

四、技能训练

以下为××市实习学生劳动协议书的格式,试指出其漏写的条款内容。

××市实习学生劳动协议书

第一条　协议期限

本协议自_____年____月____日起至_____年____月____日止。

第二条　实习报酬或实习补助

甲方应与乙方学校协商确定乙方实习期间的报酬或实习补贴。具体支付办法和标准约定如下:_____。

第三条　工作时间及休息休假

(一)甲方实行每日工作不超过8小时,平均每周不超过40小时的工作时间。

(二)甲方保证乙方按国家和本市有关规定享受各种休息、休假。

(三)甲乙双方的具体约定:_____。

第四条　保险福利待遇

(一)乙方在实习中发生人身伤害,由甲方负责。

(二)其他保险福利待遇约定如下:_____。

第五条　劳动纪律

(一)甲方有权按照国家及本市的有关规定及企业的规章制度对乙方实行管理。

(二)乙方应遵守甲方依法制定的各项规章制度和劳动纪律,保守甲方的商业秘密。

第六条　本协议的解除、变更、终止

(一)经甲乙双方协商同意,本协议可以变更或解除。

(二)双方就本协议的解除条件约定如下:_____。

(三)本协议到期即终止,不得续订。

第七条　违反本协议的责任及其双方约定的其他事项:_____。

第八条　甲乙双方履行本协议发生争议,先经企业调解委员会或实习学生所在学校进行调解,调解未成按《中华人民共和国民事诉讼法》程序办理。

甲方(盖章):　　　　　　　　　　　乙方(签字):

法定代表人或委托代理人(签字或盖章):

　　　　年　月　日　　　　　　　　　　　年　月　日

【拓展学习】

7.3 即测即评

一、名词解释

劳动合同

二、填空题

1. 劳动合同具有_____、_____和_____3个特点。

2. 按格式分,劳动合同可分为_____和_____两种类型。

三、判断题

1. 劳动合同中的用人单位或法定代表人(或者委托代理人)通常为甲方,职工或求职者为乙方。(   )

2. 劳动合同中的当事人名称或者姓名可用简称或习惯称谓。(   )

3. 劳动合同的开头,也可以不写明甲、乙双方根据《中华人民共和国民法典》和政府的有关规定,按照平等自愿、协商一致的原则订立本合同一类的引言。(   )

四、简答题

劳动合同中何以要写明在履行合同过程中假如发生争议的解决方式?

五、AI同行

1. 输入提示词指令:"撰写劳动合同,容易出现哪些误区?"阅读 AI 生成的文字。

2. 在 AI 上输入提示词指令:"请一条条列出大学毕业生与用人单位签订劳动合同容易漏写的条款、容易产生争执的条款、容易产生纠纷的条款,要求:分别说明原因。"阅读 AI 生成的回复。

3. 在 AI 上输入提示词指令:"请生成一份大学生毕业实习与实习单位的签订的通用合同,涵盖:实习时间、实习内容、实习目标、实习报酬、指导老师、实习考核、休假、劳动保护,要求:条文表格式。"重复输入指令,阅读 AI 多次生成的回复。

六、写作训练

试依照劳动合同的结构写法和写作模板,评析一份网上的用人单位提供的"劳动合同"。如果该用人单位提供的"劳动合同"条款内容存在问题,请写出自己的修改稿。

第三篇 公 文

第八章 公文写作知识概述

第一节 公文正文基本内容模块及结构模式[①]

《党政机关公文处理工作条例》:"党政机关公文是党政机关实施领导、履行职能、处理公务的具有特定效力和规范体式的文书,是传达贯彻党和国家的方针政策,公布法规和规章,指导、布置和商洽工作,请示和答复问题,报告、通报和交流情况等的重要工具。"

国际劳工组织研究开发出一种模块式技能培训法,其基本思想是:每个职业都可看成是由可分解的若干个被称为"模块"的工作任务构成。通过培训,逐个掌握各个模块所包含的知识内容之后,职工就能够上岗从事这一职业。这种模块式技能培训法,与《党政机关公文处理工作条例》规定的现行党政机关公文(以下简称公文)的写作存在着一定的关系。之所以如此说,是因为公文本身就具有显著的规范化体式的特点。因此,公文必然存在内层结构上与之相对应的深层结构成分;每一个基本成分必然包含相对固定的构成内容,而这种包含相对固定内容的基本成分即可视作模块。

本节以公文的基本构成模块为基础,探讨公文正文内容的一般结构模式。

一、公文正文基本内容模块及其界定

公文正文存在哪些基本内容模块?对公文正文基本内容构成模块的认识,同样得遵循马克思关于"一般规律只有在对偶然性进行大量概括的基础上才能看到的思想"而进行。[②] 唯有通过分析、研究大量的公文实例,方可概括、提炼出公文正文基本内容的构成模块。

下面是能充分说明公文正文基本内容模块的典型示例。

关于表彰袁汉辉同学和华南师大附中等单位的决定

各市、县、自治县人民政府,省府直属单位:

袁汉辉同学在第 34 届国际数学奥林匹克竞赛中获得金牌,为广东省争了光。[1]为表彰袁汉辉同学及华南师大附中等单位的突出成绩,为促进我省的数学奥林匹克竞赛活动,培养青少年热爱科学、勇于进取的精神,[2]省人民政府决定:[3]

---

① 本节内容的编写基于本书作者杨文丰的两篇论文:《公文结构模块模式之建立及其教学》(《写作》1997 年第 2 期)和《公文正文内容显性和隐性结构模式及教学意义》(《秘书》2002 年第 2 期),后一篇论文获中国公文写作研究会优秀学术论文评选一等奖,这两篇论文被专家誉为杨文丰教授创立公文模块及结构模式写作流派的支撑性理论。本教材全书均贯穿着模块化便捷写作的理论。

② 参见《马克思恩格斯全集》第 25 卷,人民出版社 1974 年版,第 936 页。

（一）给予袁汉辉同学颁发奖状和奖金一万元；
（二）给予华南师大附中和中山市教委颁发奖状和奖金各五千元；[4]
（三）给予省数学学会和广东省数学奥林匹克业余学校颁发奖状和奖金各五千元。
希望袁汉辉同学和受表彰的单位，戒骄戒躁，再接再厉，争取更大成绩。[5]

广东省人民政府
××××年八月十五日①

（注：例文中的括号数字为本书作者所加。）

公文正文的基本内容模块一般来说有5个，即"依据""目的""文种承启语""事项""要求"。在上例文中，[1]所标的内容为依据；[2]所标的内容为目的；[3]所标的内容为文种承启语；[4]所标的内容为事项；[5]所标的内容为要求。

以下，我们依托例文阐发公文正文基本内容模块的内涵。

一般来说，所谓"依据"，属于公文制作的缘由、现实根据或法律根据，以及有关事件的情况交代等公文制作的出发点。每一篇公文的制作皆有依据。在上例文中，袁汉辉同学获奖是发文的依据。

"目的"，即制发公文的目的。目的有时表现为惯用语"目的句"（或称为"主旨句"）。目的句常以带"为""为了"等介词的提示语句表达。每一篇公文皆有发文目的。目的，其实也包括了发文的意义。目的句的作用，主要是开宗明义，提示发文的目的、意义或动机，以提起、集中受文者的注意力。

"文种承启语"为一种承上启下、启示事项的过渡句。之所以叫文种承启语，是由于这个句子包含着对所发公文属于何种文种的提示。如上例文为"决定"，所以文种承启语便是"省人民政府决定"。

"事项"是一篇公文的重点，是公文制作者围绕或根据主旨而展开的内容、叙述的情况、分析的问题、提出的做法和措施或执行的方案等一类内容。事项集中体现了行政机关对某项工作具体的政务行为和态度措施。以上例文中，事项表现为受表彰的对象、奖状和奖金。

"要求"，是文末针对或围绕事项而提出（或补充）的希望、号召倾向，强调的问题以及面向全局而作的指示等。在例文中，要求表现为对袁汉辉同学和受表彰单位的希望。

须指出的是，上述例文中的事项序号"（一）""（二）""（三）"有误，应改为"一""二""三"。

二、公文正文基本内容模块的排序及正文基本内容显性结构模式

公文正文基本内容模块能够构成一篇公文，必定存在特定的、内在的逻辑关系，这种逻辑关系的外在形式表现为一定的排列顺序。

"依据"既然是写一篇公文的理由、根据，是公文制作的出发点，那么，按逻辑关系，应排首位。"目的"提示在特定的背景之下制作公文的考虑，表明动机，得以依据为前提，自然与依据紧

---

① 现行的《党政机关公文格式》国家标准规定成文日期中的数字用阿拉伯数字将年、月、日标全。

邻，且必须在依据之后。为提示达到目的应采取那些具体措施、方法和意见的"文种承启语"，必然位于目的之后，事项之前。"事项"之后需要进一步强调、提示，或为落实具体的做法而发出希望及号召等，这些针对事项而发的意见性"要求"，只能排在事项之后的文末。例文所呈现的便是这种排序。

根据以上的分析，可构成图8-1。

图8-1表现的是完全式或标准式公文正文基本内容模块的排列格式，属于最规范的格式。凡是规范的格式强化到极致，都可成为模式。模式，可以是来自对客观规律的发现，也可以是带有一定的人为性、理想化的规定。由于上述模式显示了构成公文正文内容基本的模块及其排序，因而，可将之定义为"公文正文基本内容显性结构模式"。

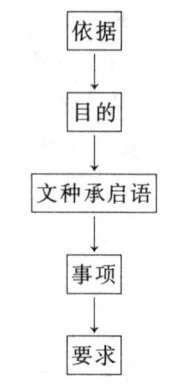

图8-1 公文正文基本内容显性结构模式

三、公文正文基本内容隐性结构模式

在现行公文中，公文正文基本内容显性结构模式是一种完全式模式。实际流通的公文，常常可省略部分结构模块。被省略的结构模块，类似于高等数学中的隐函数，是一种隐性模块。隐去了部分结构模块的公文结构模式，可以定义为"公文正文基本内容隐性结构模式"。

公文正文基本内容结构模块能否隐去，得遵循4个原则：一是利于突出主旨的原则，二是适应文种特点的原则，三是服从内容表达需要的原则，四是简明精练的原则。

在公文5个基本内容模块之中，事项是核心，因而绝对不能省略，也无法省略。

单一模块模式，即只有唯一不能省略的模块——事项，此种类型的公文极为罕见，下面是一例：

中共中央、全国人大常委会、国务院
关于宋庆龄副委员长病情的公告

（第一号）

宋庆龄副委员长患冠心病及慢性淋巴性白血病，经多方治疗，未见好转。曾多次出现发热、呼吸困难、心跳加快等症状。二月十四日晚，突发寒战高热，热度达摄氏四十点二度，有严重心力衰竭。目前病情危急，正在积极抢救治疗。

一九八一年五月十五日

一般来说，公文正文基本内容隐性结构模式有单一模块模式、二模块模式、三模块模式和四模块模式四种类型。由于该内容超出了教材编写大纲的范围，这里不做赘述。

四、认识公文正文基本内容显性、隐性结构模式的意义

（一）利于循格阅读，强化对公文内容结构的认识

认识和掌握公文正文基本内容显性和隐性结构模式，尤其是在明确了结构模式图后，由于图形直观、形象、具体，在一定的程度上，能较强烈地刺激人的视觉，强化记忆，因而利于记牢。在未引入公文正文基本内容结构模块之前，阅读公文不易体现格式化的思想；引入其之后，再阅读公文，就容易将公文正文基本内容结构模块与所阅读的公文内容结构进行比照，找出对应处

和相异处,在阅读和评析现行公文的结构时,亦易于对之作出是显性或是隐性结构模式的判断,从而将本来较被动和较混沌的学习,变成有格可循、较能发挥主观能动性的学习。

(二)利于规范撰稿思路,循格快速写作

公文正文基本内容显性和隐性结构模式的引入,可以促进写作训练两个方面的改进。

一是能够将整篇公文的写作训练,改成类似于"模块式技能培训"的写作训练方式,即将整篇公文的写作训练分为两步,第一步进行各单项模块的写作训练,第二步进行组合式整体公文写作训练。各单项模块写作训练,有很强的对口性。

二是将比较无序的谋篇布局思路变成规范性较强的撰稿思路,甚至可以在下笔前对显性结构模式的 5 个模块进行全面的考虑,然后,对符合隐性原则能够隐去的模块,都做出隐性处理。实践证明,利用这种做法能较快地循格写出公文。

【拓展学习】

一、简答题

1. 试画出"公文正文基本内容显性结构模式图"。
2. 认识公文正文基本内容显性、隐性结构模式有何意义?

二、试上网查找一篇包含"公文正文五个基本内容模块"的公文。

三、AI 同行

在 AI 上输入提示词指令:"试对杨文丰教授创立的公文正文基本结构模块及结构模式作出评价,涵盖:创新性、写作思维、写作过程、写作效率、模板套写,要求:举例说明,分条列项。"阅读 AI 的回复。

8.1 即测即评

第二节 公文的特点、作用及用语要求

一、公文的特点

(一)作者的资格性,读者的特定性

作者的资格性是指公文的作者是能以自己的名义行使职权和承担义务的机关、团体、企事业单位。公文起草者只是组织的代笔人。公文读者的特定性是指有些公文的读者是特指的受文机关,而有些公文读者则可以是社会的全体成员等。

(二)明确的工具性

公文是各级各类机关、团体、单位等组织行使管理职能和业务职能的重要工具,是为国家政务、社会公务和公众事务服务的工具。党政机关公文是党政机关实施领导、履行职能、处理公务的具有特定效力和规范体式的文书,是传达贯彻党和国家的方针政策,公布法规和规章,指导、布置和商洽工作,请示和答复问题,报告、通报和交流情况等的重要工具。公文是机关、团体、单位领导意图、意志的载体。

(三)直接的实用性

公文的内容总是有特定的指向,直接针对着某一具体、现实的公务活动,并对处理这一事务

有直接的实用价值。

有些公文在特定的时间、空间范围内,对受文对象的行为能产生不同程度的强制性影响。公文的这种强制性,来源于发文机关的法定权威性,来源于公文本身的公务性和规定性。

(四) 内容的真实性

公文涉及的事实以及所引用的材料和数据,必须真实可靠,不得有任何虚假和错漏。内容真实、准确,是公文写作的基本要求。

(五) 体式的规范性

公文的体式,必须符合《党政机关公文处理工作条例》和《党政机关公文格式》国家标准的规定。

(六) 制作的程序性

公文从准备撰写到制作成文,有严格的程序;若不履行法定的程序,就无法制成公文,即便写出文章,也不可能生效。

二、公文的作用

(一) 指挥管理作用

下级机关在工作中遇到问题,自己无法解决或无权解决时,需向上级机关请求指示或请求批准,还必须定期或不定期地向上级机关汇报工作、反映情况、提出意见或建议。上级机关的意图则通过下行文下达。

大到国家机器的运转,小到一个企事业单位内部工作有秩序地开展,都跟公文的指挥管理作用密切相关,离开了公文的指挥管理,各方面的工作很可能陷入混乱状态。而且,公文的起草、定稿过程,本身就是管理思想的体现和管理工作的实施过程。

(二) 交流协调作用

公文中的公告、通告、公报、通知、通报、报告、请示和函,以及常用文书中的总结、调查报告、简报等,都有交流信息的基本功能。交流信息,一方面是上情下达或下情上达,另一方面是友邻单位互通情报。而且,有很多工作仅靠一个单位很难顺利完成,往往需要地区与地区、单位与单位、团体与团体之间互相协商,互相帮助,这些都可以通过公文运行而实现沟通协调。

(三) 宣传教育作用

传达贯彻党和国家的方针政策是公文所肩负的重要任务。在一般情况下,公文在传达某一方针政策,规定人们应该怎么做的同时,还要说明为什么要这样做,这无疑就发挥了宣传和教育作用。此外,针对现实生活中普遍存在的某些问题或认识偏差,摆事实,讲道理,进行启发诱导,倡导应该确立什么立场,应该坚持什么原则,应该做什么、怎样做,也同样在发挥宣传和教育作用。

(四) 依据凭证作用

作为反映制发机关意图的文字凭证,公文具有行政效力。下行文,是下级机关开展工作的依据;上行文,是上级决策的依据。一个机关制作的公文,是自己履行职能、开展工作的真实记录和凭证。在日常工作中常会遇到这样的情况:当对一个具体的事务该如何处理没有把握时,就查找相关的公文,看上级或有关职能部门在这方面有哪些规定,然后依之行事。要了解某次会议的有关情况,可查找那次会议的纪要。这些都是公文依据和凭证作用的具体表现。

三、对公文用语的要求

公文语言具有明晰、准确、简练、庄重的特点,为了体现公文语言的这些特点,行用语必须符合下列要求。

(一)使用书面语,一般不使用口语

文学作品,为了追求特定的表达效果,常用口语(包括方言、歇后语等),而公文一般不能使用口语,只能使用合乎规范的书面词语,以免破坏公文的语体风格。

(二)适当使用文言词语和文言句式

公文应当适当使用诸如"业经""悉""兹""兹有""特""拟""者""为荷""于""为""依""逾""其""亦""以""尚""之""该""予""此""凡……者"。例如,"鉴于目前出版物在涉及数字(如时间、长度、重量、面积、容积和其他量值)时,使用汉字和阿拉伯数字没有统一的体例,情况比较混乱,根据有关方面的建议,我们会同部分新闻出版单位,经过多次讨论、修订,制定了《出版物上数字用法的规定》,现予公布,要求新闻出版有关单位试行。"这段文字中,"鉴于""予"等便是文言词语。公文适当使用文言词语和文言句式,利于增强公文的庄重性。

(三)恰当使用公文特定专用语

在长期的公务实践中,由于行文和处理程序的需要,公文已逐渐形成了一套常用的专用语,即公文特定专用语。

公文特定专用语,含义确定,使用频率高。或在结构上引起开端,导向过渡,收束全文;或在语意上表示郑重、强调;或在意向上提出请示,表示盼望。在准确、严谨地表述公文内容及体现格式的同时,它还能有效地增强简明、庄重的语体风格。请参见本书"附录三 公文常用特定用语简表"。

(四)用好介词结构

为了能准确地说明事件的时间、地点、方向、条件、对象、范围、原因、目的、方式、依据等,公文经常使用含介词结构的句式。例如,公文标题中一般都会出现介词"关于"与其宾语组成的介词结构,用以提示和限定公文涉及的内容范围;公文正文使用介词结构的频率也很高。

(五)适当使用模糊词语,以使公文内容得到恰当的表达

公文用语讲求准确精当,恰切无误,但在某些特定的语境中,却需要使用模糊词语。只要运用得当,反能使公文的语言表达周密严谨,简练得体,达到恰当表意的效果。

模糊语言是指外延不确定、作者有意不做详细交代或内涵不确定的弹性语言。模糊语言是适应特定语境的产物。例如,"按有关文件规定",这句话中的"有关文件"本是存在的,但或限于文章篇幅,或有意不写,因而,"有关文件"便有了模糊性。"以上意见,要认真贯彻执行",要贯彻执行,是明确的,但在如何贯彻上,"认真"两字又是模糊的。由于如何贯彻执行,往往还得结合本单位的具体情况,而各单位的具体情况往往有所差别,不可能限定具体的贯彻办法,因此从这一点来说,用"要认真贯彻执行"一语的表述,反而是严密的。

模糊词语在公文中常被用来表示时间、方位、数量、程度、范围等。例如:

1. 表时间

近来、最近、当今、当前、过去、往日、原先、前不久、不日、不时、将来、届时、今年以来、今冬明春、长期、最初阶段、晚期、临时、有时、及时、一贯、一度、一段时间、偶尔、许久、限期、如期、一朝一夕等。

2. 表方位

附近、周围、远方、前方、后方、南方、北方、上边、下边、前面、后面、外地、本地、这里、那里、所在、就地、处处等。

3. 表数量

多数、少数、一些、许多、不少、不乏、一系列、一伙、多次、屡次、一再、再三、三令五申、三番五次、个别、绝大多数等。

4. 表程度

稍、较、很、最、极、重大、巨大、特大、莫大、一定、显著、稍微、普遍、差不多、基本上、大抵、大体上、充分、足够、较为、极端、丝毫、十分等。

5. 表范围

广大、广泛、所有、有的、有些、有关、左右、以上、以下、以内、以外等。

在公文写作中,模糊语言要用得恰当得体,该用才用,如果随意滥用,将有损公文的明晰性和严肃性。

【拓展学习】

一、填空题

1. 公文具有_____作用、_____作用、_____作用和_____作用。
2. 公文语言具有_____、_____、_____和_____4个特点。

二、简答题

公文用语通常有哪些方面的要求?

三、改写题

按公文用语要求,改写下列句子中带下划线的词语。

1. <u>如果</u>贵公司同意。
2. 切望<u>出力相助</u>。
3. <u>出于</u>以上原因。
4. 此事<u>确定</u>由子公司办理。
5.《××条例》<u>已由</u>国务院第四次会议通过,现公布实行。
6. <u>得到</u>贵局大力支援,特表谢意。
7. 你厅×政〔20××〕161号请示<u>已收到</u>。
8. <u>现在</u>报告如下。
9. <u>特此拟函作复</u>。
10. 请你公司将严某20××年拘留情况<u>用函告诉</u>我处。
11. <u>由于</u>该案追究时效已过,故不予上报。
12. 我们<u>打算</u>今年5月开课。
13. 该人<u>切实</u>为精神病患者。

14. 你局是否收到,请速调查后答复。

15. 现在就关于集团公司财经制度改革等问题,提出以下几点意见。

16. 此次火灾,确实是坏人纵火造成。

四、熟读、领会本教材"附录三　公文常用特定用语简表"。

五、AI 同行

在 AI 上输入提示词指令:"分析文学作品的语言与公文用语的区别,试以写同一种事为例(比如公司成立 30 周年庆祝晚会),说明文学作品的语言与公文用语的异同,要求:说明准确、具体。"重复输入指令,辨析 AI 多次生成的回复。

第九章 公文写作

第一节 决定

教学视频：
决定

一、例文借鉴

【例文1】

关于表彰××公司电子设备外销"一带一路"额度创新高的决定

××公司是我集团旗下的子公司，多年来响应国家"一带一路"倡议，团结全体员工，致力于电子设备产品的海外推广与销售，凭借敏锐的市场洞察力、卓越的产品质量和高效的客户服务，成功打开了一批"一带一路"共建国家的市场，特别是在东南亚、中东及非洲等地区××公司的电子设备以高性价比和定制化服务赢得了广泛好评，去年的外销额比前年增长××%，实现了历史性突破，创下了集团历史的新高，是时，为集团赢得了良好的国际声誉。

××公司在市场开拓、品牌建设、技术创新和客户服务等方面的成功经验，练好真功，知难而上，积极进取的精神，对于集团其他子公司拓展海外市场、提升国际竞争力，具有重要的借鉴意义。

为表彰先进，树立典型，根据《××集团公司表彰奖励管理办法》相关规定，经集团高层研究决定，特对××公司以予表彰：

一、授予××公司"'一带一路'外销先锋"荣誉称号。

二、颁发奖金人民币××万元，以资鼓励。

本集团公司号召全体员工，以××公司为榜样，掌握市场走向，勇于创新，敢于突破，不断提升本集团产品在全球市场竞争中的优势，希望××公司能够再接再厉，为集团的国际化事业作出新的贡献。

××集团公司
2024年×月××日

【提示】

这份表彰决定，正文先写被表彰对象的身份及其具体事迹，以事实说明××公司在"一带一路"电子设备外销中的卓越表现，值得指出的是文中所用的数据说明，极具说服力；继而写对被表彰者成绩的评价,突出其在市场开拓能力和客户服务等方面的经验对本集团公司发展的意义,为后续的表彰决定提供依据;在主旨句之后,以文种承启语引出写表彰决定事项部分,分条列项,一荣誉称号,二奖金额度,具体明确;最后,对集团全体员工发出号召,提出希望和要求。

表彰决定的写作,关键得写好表彰的缘由或依据。本文写依据颇有特点:第一段可视为直接依据,第二段可视为间接依据,如果说直接依据是实写,是基础,那么间接依据则属虚写,是理性扩展,也是精神升华。此外,本文叙述清楚,结构合理,文字还较适当地表现出与表彰决定相契合的热情。这是一份公文正文基本内容五个模块齐全,写得较好的表彰决定。

【例文2】

关于撤销××公司"绿色科技企业"的称号的决定

××公司曾因其在环保领域的卓越表现,被授予"绿色科技企业"的称号,但该公司获得称号以来,放松了对自身环保管理的要求,导致出现了严重的环境问题。

据查,××公司在生产过程中,未经许可擅自将未经严格处理的工业废水排入河流,此行为违反了《中华人民共和国环境保护法》等相关法律法规,污染了河流流域的生态环境,并对沿岸居民的生产和生活构成不良影响。

根据《中华人民共和国环境保护法》及《绿色科技企业评定标准》等相关规定,绿色科技企业应严格遵守国家环保法律法规,积极履行环保责任,确保生产过程中的环境安全,而××公司的行为已与这些法规相悖,鉴此,决定从本决定发布之日起,撤销其"绿色科技企业"的称号,并责令其立即整改,采取严格有效的措施消除污染,同时,相关环境保护部门须将加强对该公司的监管,确保其今后能够严格遵守国家的环保法律法规,切实履行环保责任。

希望通过此撤销决定,引起广大企业的高度重视,在追求经济效益的同时,须切实履行环保责任,共同保护好生态环境。

××市生态环境局　××市科技局
2024年××月××日

【提示】

本文是一项处理事项性决定。首先概述了××公司因环保成就曾获"绿色科技企业"称号,随后指出其由于放松环保管理而出现的违规违法行为和产生的环境问题,这是发文的原由、依据,继而援用相关法律法规及评定标准,作为理据推出撤销决定的事项,最后对××公司和广大企业提出了希望和要求。全文结构合理,条理清晰,语言简明果决。

二、必备知识

(一)决定的含义和用途

决定适用于对重要事项作出决策和部署、奖惩有关单位和人员、变更或者撤销下级机关不适当的决定事项。

所谓"重要事项"是指事项本身带有全局意义,或具有深远影响;"有关单位及人员"是指贡献突出或错误性质严重、影响恶劣的单位或人员;"不适当的决定事项"是指下级机关违反党的方针政策、国家法律,有着不良影响的决定。

任何机关、单位和团体都可以使用决定。决定属于下行文。

(二)决定的特点

1. 强制性

在公文中,决定的强制性仅次于命令,一旦成文下达,任何单位和部门都必须无条件执行,不得违抗。有些决定还具有法规作用,如违反会受到处罚。

2. 稳定性

决定的稳定性是指其传达的上级安排及有关决策事项,在相当长的时期内生效或要求在相当长的时期内贯彻执行。

(三)决定的类型

1. 指挥部署性决定

这类决定用于领导机关对重要事项作出规定,对重大行动作出安排,要求下级有关单位、有关人员贯彻执行。这类决定体现了领导机关的意图,发挥了领导机关的宏观调控与具体指导作用。

2. 奖惩性决定

这类决定用于奖励有功人员,处理犯错误人员,以树立先进典型,惩戒不良行为。

3. 事项性决定

这类决定的适用范围比较广泛,内容比较具体,如批准有关文件,设置或撤销机构,变更或者撤销下级机关不适当的决定事项,安排处理人事问题,决定召开重要会议,处理某项具体工作。

三、决定的结构写法和写作模板

(一)决定的结构写法

1. 标题

决定的标题由制发机关、事由、文种三部分组成。

2. 正文

决定的正文一般由决定缘由、决定事项和结语三部分组成。不同类型的决定,其正文结构和写法有所不同。

(1)指挥部署性决定。正文开头简写决定缘由,重点写决定事项。多数采取总分条文结构,也有的采用分项式结构。结尾一般写对贯彻落实决定的希望、要求。

这类决定涉及的内容往往政策性和指挥性较强。决定事项既要态度鲜明,高度概括,又要明确具体,切实可行。

(2)奖惩性决定。奖惩性决定实际上分为表彰决定和惩戒决定两种。

表彰决定的正文,主要写被表彰者的身份、事迹,对被表彰者或事迹的评价、决定的事项、希望与号召。

惩戒决定的正文,针对人和事,先说明错误事实,接着分析其性质、根源、责任及后果,而后交代被处理人对所犯错误有无认识和悔改表现,然后写处理决定,最后总结教训、提出希望。

奖惩性决定的正文内容比较多,写作时要注意逻辑排列,并避免内容的错漏。

(3)事项性决定。正文依次写决定的缘由、依据和决定事项。

这类决定处理的事项比较具体,涉及的事项有些只需知照。如果所处理的是变更或撤销性的事项,则必须明确说明所依据的有关法律、法规,相关的政策规定或不变更、不撤销会产生怎样的严重后果等。

3. 落款

落款包括发文单位和成文时间。如果标题中已有发文单位名称,落款处一般不再写。有的决定将成文时间写在标题下的括号内。

如果是会议通过的决定,则需在标题下的括号内写明在什么时间、哪次会议通过。

(二)决定的写作模板

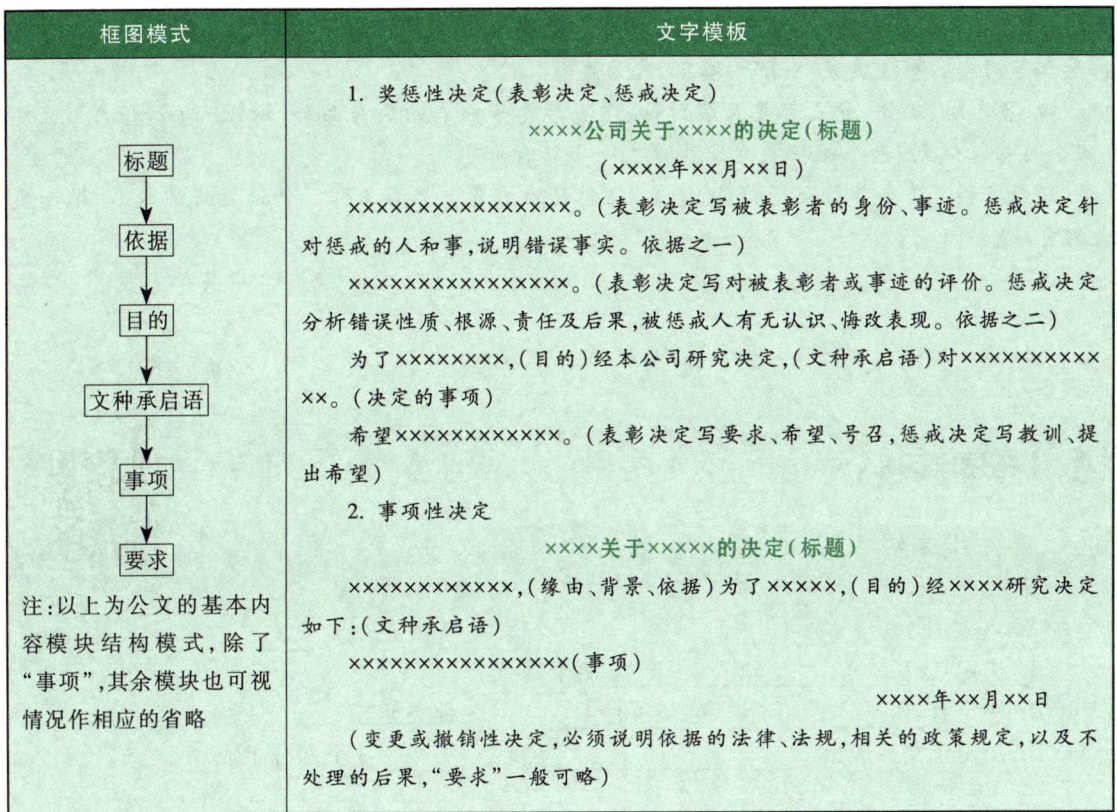

(三)注意事项

(1)决定的内容必须符合党和国家的方针、政策,有理有据,同时能结合实际。

(2)决定事项要具体明确,利于贯彻落实。

(3)态度要鲜明,语言要决断。在作出决定、提出要求时,注重使用"必须""要""不准"一类词语。

(4)结构严谨,层次条文排列合乎逻辑。

四、技能训练

下面是一篇病文,请指出其问题并写出修改稿。

关于开展向李春芳同志学习的决定

各车间,班组,各党支部:

我厂装配车间职工李春芳在我市七月二十日特大洪水灾害中,抢救国家财产不幸身亡。厂党委和厂管委会决定在全厂开展向她学习的活动。

一、学习李春芳同志公而忘私、奋勇保护国家财产的高尚品德,爱祖国爱人民,敢于牺牲的精神。

二、李春芳同志平日忠于职守、努力工作、团结同志、积极向上,根据她生前的表现和愿望,追认李春芳同志为中共党员。

三、在全厂广泛宣传李春芳同志的先进事迹,运用这一典型对全厂党员职工进行一次努力奉献、敢于进取的革命精神,以及勇于献身的革命英雄主义精神的学习教育。宣传科和工会要把李春芳同志的事迹编成小册子、墙报,广为发放。

四、各车间、班组、党支部要开展讨论,学习李春芳同志的优秀品质,增强"四个意识"、坚定"四个自信"、做到"两个维护",争取生产上一个新台阶。

厂党委和厂委会号召全厂党员、职工,化悲痛为力量。努力工作。创造更好的成绩,做出更大的贡献。

中共××厂党委
××厂管委员
××××年××月××日

【拓展学习】

9.1 即测即评

一、名词解释

决定

二、填空题

1. 决定具有_____和_____两个特点。
2. 决定有_____、_____和_____3 种类型。
3. 决定正文一般由_____、_____和_____3 个部分组成。

三、简答题

1. 表彰决定正文一般写什么内容?
2. 惩戒决定正文一般写什么内容?
3. 事项性决定一般写什么内容?
4. 如果处理决定涉及变更或撤销的事项,要注意什么?

四、AI 同行

1. 输入提示词指令:"撰写决定容易出现哪些误区?"阅读 AI 生成的文字。
2. 在不同的 AI 上输入提示词指令:"假设张三同学在期末应用写作课程考试中作弊,被监考老师发现并受到批评、禁止,当时张三同学认识态度并不好,试以学院(系)的名义拟写一份处理决定。张三同学平时学习不认真。要求：包含公文正文内容模块依据、目的、文种承启语、事项和要求的内容。"阅读不同AI生成的文字，若存在毛病，则在AI上输入可以修正毛病的提示词指令，分析AI回复的修改稿。

第二节 纪要

教学视频：
纪要

一、例文借鉴

【例文1】

×××企业集团办公纪要
（××××年1月21日）

××××年1月21日下午，陈×总裁在总部主持召开了新年第一次总裁办公会议，确立今年企业集团的工作思路，布置了工作任务。参加会议的有各部门负责人。会议议定事项如下。

一、会议确定企业集团今年的工作思路是："扶持和培育10~15家骨干企业，稳定30家左右中等企业，撤、并、停、转、重组一批小企业和困难企业。减少企业集团下属子企业数量，促进有潜力的企业快速发展。"会议要求集团总部各部门依据工作思路制订出今年的工作计划。

二、会议认为今年的工作重点是建立"三库"，即建立企业资产财务信息库、人力资源库和企业基本情况数据库。

三、会议强调今年要加强集团内部管理，强化服务意识，理顺工作程序，严格考勤考核工作，增强执行制度和各项规定的自觉性，树立企业集团的良好形象。

四、会议议定年初出台新的企业考核体系。对不同性质的企业出台不同的考核办法。

【提示】

这是一篇综述式纪要。导言部分介绍了会议主题，会议时间、地点、主持人和出席人员。文种承启语后，分条列项地写了会议议定的四个方面的事项。文章指导思想明确，层次分明，语言明晰。

【例文2】

××公司第一次总经理办公会议纪要
（20××年4月25日）

20××年4月22日下午，公司召开第一次总经理办公会议，会议研究讨论了公司经济合同管理办法，以及公司20××年3月至5月岗位工资发放等相关事宜。本次会议由张小求总

经理主持,公司领导、总经办、党群办及相关部门负责人参加了本次会议。现将会议决定事项纪要如下:

一、关于公司经济合同管理办法

会议讨论了总经办提交的公司经济合同管理办法,认为实施船舶修理、物料配件和办公用品采购对外经济合同管理,有利于加强和规范企业管理。

会议通过了《××公司经济合同管理办法》。

会议要求总经办根据会议决定进一步修改和完善经济合同的相关条例并发文执行。

二、关于职工工资由银行代发问题

会议听取了计财处提交的关于职工岗位工资和船员伙食费由银行代发的汇报,会议认为银行代发工资是社会发展的必然趋势,既方便船舶和船员领取,又有利于规避存放大额现金的风险。但需要2个月左右的宣传过渡期,让职工充分了解和接受。会议要求计财处认真做好实施前的准备工作,人力资源部配合,计划下半年实施。

三、关于调整公司机关岗位工资发放标准的问题

会议听取了人力资源部关于调整公司机关岗位工资发放标准的建议。会议决定从6月起对已经下文明确的机关干部执行新的岗位工资标准,没有下文明确的干部暂维持不变。待3个月考核明确岗位后,一律按新岗位标准发放。

会议最后强调,公司机关要加强与运行船舶的沟通,建立公司领导每周上岗接船制度,完善机关管理员工随船工作制度,增强工作的针对性和有效性。

××公司总经理办公室

【提示】

这是一篇分项决议性办公会议纪要。开头介绍了会议时间、地点、议题以及会议主持人、与会人员等基本情况。主体部分则采用并列式,对会议讨论决定的三个事项进行了阐述。纪要条理清晰,语言简洁,有利于相关部门学习并执行会议精神。

【例文3】

××××学院学生思想状况分析视频座谈会纪要

时间:××××年××月××日下午

地点:本院小会议室和分校视频会议室

主持人:主管政治思想教育工作的副院长××

出席者:各系党总支书记、辅导员、班主任、各系各班党支部书记、学生会委员

现将本次视频座谈会情况纪要如下:

一、××副院长传达了省教育厅领导关于要认真加强学生思想政治工作,注重分析当前学生的思想状况的讲话精神,其后,××副院长对学生思想状况做了分析,认为当前学生的思想状况总体上是健康的,向上的,但也存在一些较突出的问题,如……(略)

二、人文系党总支书记×××同志说:当前青年学生思想比较活跃,愿意思考问题,这确是

学生的主流,但当前在部分学生中也存在比较严重的拜金主义、重技能轻理论、重实用轻人文的倾向。

三、××班党支部书记在汇报学生思想状况时,指出有些同学在思想上没有处理好学习与兼职的关系,有些学生陷于网络游戏、沉迷玩手机,严重影响了学习成绩。

四、经贸系辅导员×××同志谈到个别学生存在怕露贫而不愿意申请经济困难补助的心理。

（略）

【提示】

这是一则摘要式纪要,摘录了与会者符合会议主题的发言要点。

这种写法最大的特点是把具有典型性、代表性的言论加以提要整理,按一定的排列关系排列成文。这种写法能较真实地反映会议的讨论情况和与会人员的意见,适用写座谈会、讨论会和研究性纪要。这种纪要的观点出自个人,具体而真实,具有较强的资料价值。

二、必备知识

（一）纪要的含义和用途

纪要适用于记载会议主要情况和议定事项。纪要也常称为会议纪要。

纪要是根据会议记录、会议文件和会议的其他有关资料整理而成的,既可以上行也可以下达。

纪要的作用,主要表现为沟通情况,交流经验,统一认识,指导工作。有些纪要可经上级领导机关或主管部门批转。

（二）纪要的特点

1. 内容的纪实性

纪要是在会议后期或者会后根据会议记录和各种会议材料整理而成的,真实、准确地体现了会议情况和会议精神。

2. 表述的纪要性

纪要不像会议记录那样对会议发言和会议内容逐一记载,它只是对会议结果的择要归纳。

3. 作用的受限性

纪要只对与会单位、与会人员有一定的约束力,要求他们对会议议定的事项共同遵守、信守承诺。若希望纪要扩大读者范围和影响力,则需由上级机关将之作为"通知"的附件下发。

（三）纪要的类型

按照会议内容的不同,纪要可以划分为以下几种类型。

1. 决议性纪要

决议性纪要主要记载和反映领导层制定的决策事项,作为传达和部署工作的依据,对今后的工作具有指导作用。常用于领导办公会议。

2. 研讨性纪要

研讨性纪要主要记载和反映经验交流会议、专业会议或学术性会议的研讨情况,旨在阐明各方的主要观点、意见或情况。主要用于职能部门和学术研究机构召开的专业会议或学术研讨会议。

3. 协议性纪要

协议性纪要主要记载双边或多边会议达成的协议情况,以便作为会后各方执行公务和履行职责的依据,对协调各方今后的工作具有约束作用。常用于领导机关主持召开的多部门协调会或不同单位的联席办公会。

根据写法的不同,纪要则可分为分项式纪要、综述式纪要和摘要式纪要3种类型。

三、纪要的结构写法和写作模板

(一)纪要的结构写法

1. 标题

纪要的标题有以下2种写法。

(1)由会议名称和文种"纪要"组成。

(2)由说明会议意义或内容的正标题和说明会议名称与文种的副标题构成。

2. 正文

纪要的正文由导言、主体和结尾三部分组成。

(1)导言,即会议组成情况。通常采用简述式写法,简述会议时间、地点、出席人员、中心议题和议程等。

(2)主体,即会议的主要精神。

下面分别介绍综述式纪要、分项式纪要和摘要式纪要主体的写法。

① 综述式纪要。即对会议的内容或议定事项进行综合概括,按性质分成若干部分,然后依据一定的逻辑顺序排列写出。议题比较重大、涉及面较广的纪要多属于此类。

② 分项式纪要。即把会议的内容或议定事项分条列项地写出。许多办公纪要或讨论解决较具体、较专门问题的纪要属于这一类。

③ 摘要式纪要。即将与会者的发言按中心议题的要求择其要点摘录出来,按内容性质归类后写出。对发言者要写出真实姓名和职务、职称。这种写法能客观地反映与会者的观点和主张,还能较大限度地保留谈话风格。

(3)结尾。一般写对与会者的希望和要求,也有的纪要不写专门的结尾。

(二)纪要的写作模板

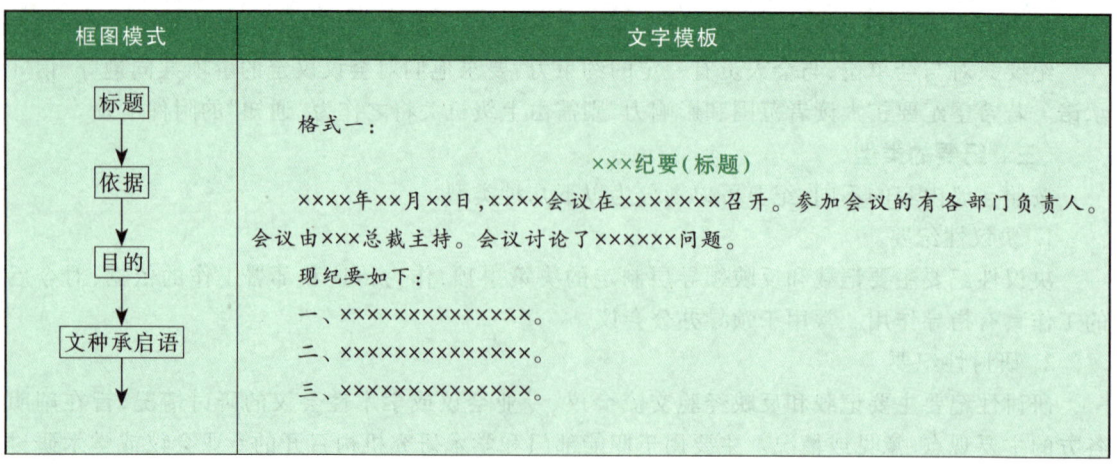

续表

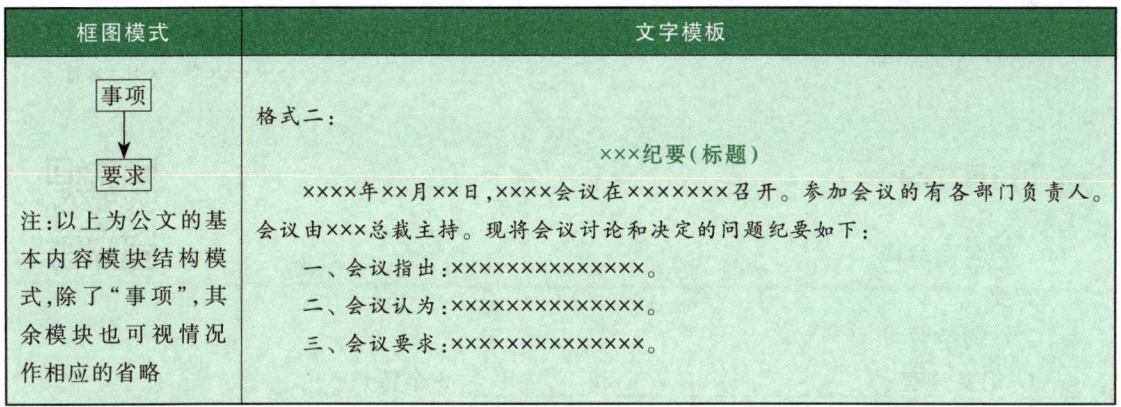

（三）注意事项

（1）纪要是对会议全部材料的概括、综合和提炼，因此，必须广泛搜集会议材料，全面掌握会议情况；按照会议精神，对材料进行分类和筛选。

（2）抓住要点，突出会议主题。把会议的主要情况简明、真实、准确、扼要地反映出来，把会议议定的事项一一叙述清楚。

（3）在语言表达上，以叙述为主。语言要精练、通俗，篇幅一般不宜太长。

（4）根据会议的内容及规模，选用恰当的写作结构。结构安排要合乎逻辑，条理清楚。

（5）使用纪要的习惯用语。

纪要常常以"会议"为第三人称来记述会议内容。因而，主体部分应注重使用"会议认为""会议提出""与会者一致认为""会议决定""会议要求""会议希望""会议号召"等作为层次或段落的开头语。

四、技能训练

请阅读下文，分析其中的毛病，并写出修改稿。

（××××学会纪要）

时间：××××年××月××日

参加人员：常务副会长×××，副会长×××、×××、×××，办公室主任×××、副主任×××，活动中心主任××。

会议内容：

一、确定了学会的办公地点。根据××××年××月××日会议决定，×××、×××同志对学会办公地点进行了考察，经过比较，认为××大学现代办公条件优越，适合做学会的办公地点。会议决定，自即日起××××学会迁到××大学，挂牌办公。通信地址：××市××区×××路××号。联系电话：××××××××。

二、学会与××大学商定，由××大学给学会提供办公室、办公桌椅、网络、电话和必要的办公费用。利用××大学的教学资源，双方共同组织举办秘书培训班等。

三、增补了学会副会长。为了便于开展工作，建议增补××为学会副会长，负责学会的后勤保障和日常管理，先开展工作，以后提请××月份常务理事会确认。

四、制订了今年的活动计划。（略）

××××学会
××××年××月××日

【拓展学习】

一、名词解释

纪要

二、填空题

1. 纪要具有_____、_____和_____3个特点。

2. 根据写法的不同，纪要可分为_____纪要、_____纪要和_____纪要3种类型。

三、以手机扫"会议记录的写法"二维码，掌握会议记录的结构写法，对比纪要与会议记录的区别。

四、AI同行

1. 输入提示词指令："撰写纪要，容易出现哪些误区？"阅读AI生成的文字。

2. 在AI上输入提示词指令："生成一份××专业××班赴城南湿地公园开展观鸟活动的筹备会议纪要，涵盖：往返时间、携带物资、经费、现场烧烤、交通，邀请相关老师，要求：除公文正文内容模块之事项不能隐性处理外，其他模块依据、目的、文种承启语和要求可以隐性处理。"阅读AI两次生成的文字，若存在毛病，则在AI上输入可以修正毛病的提示词指令，分析AI回复的修改稿。

五、写作训练

试以所在班为单位，召开近期组织全班郊游活动的模拟筹备会，并根据会议情况撰写一份分项式纪要。

9.2 即测即评

文档：会议纪要

第三节　通告

教学视频：通告

一、例文借鉴

【例文1】

加强××区住宅小区消防安全工作的通告

为深刻吸取近期高层住宅小区亡人火灾事故教训，进一步加强××区住宅小区消防安全管理工作，压实工作责任，保障人民群众生命财产安全，根据《中华人民共和国消防法》《高

层民用建筑消防安全管理规定》等有关法律、法规和政策规定,现就加强××区住宅小区消防安全工作通告如下:

一、严禁任何单位和个人在居民住宅小区建筑内的共用走道、楼梯间、安全出口等公共区域违规停放电动自行车。

二、严禁住宅楼内私拉乱接电气线路,杜绝违规用火用电用油用气。居民做到"清厨房、清阳台、清楼道",人离家"关燃气、关电源、关门窗"。无人看守时请勿焚香、烧纸。

三、严禁占用、堵塞、封闭安全出口和疏散通道、疏散楼梯。常闭式防火门须功能完好并处于关闭状态。严禁在管道井、电缆井内堆放杂物。

四、严禁损坏、挪用或擅自拆除、停用消防设施、器材,不得埋压、圈占、遮挡消火栓或者占用防火间距。

五、严禁在消防车通道及出入口停放车辆、堆放杂物、设置固定隔离桩等阻碍快速撤离的设施。严禁在救援场地上空设置妨碍登高消防车作业的建筑物、构筑物及其他设施设备。

六、居民在住宅装修时应严控易燃可燃装修装饰材料的使用。外窗、阳台不宜设置金属栅栏,若必须设置,则须开设易于从内部开启的逃生窗口。鼓励居民安装独立式感烟火灾探测报警器,购置灭火器、过滤式自救呼吸器、逃生绳、强光手电筒等器材,提高居民住宅火灾预警逃生能力。

七、居民住宅小区须明确消防安全管理机构或者委托物业服务企业所负责的消防安全管理工作,无物业服务企业的小区由所属社区、村(居)委会负责管理。

八、各社区、村(居)委会、物业服务企业等管理单位须落实消防安全管理责任,提供消防安全防范服务。防火检查巡查工作须常态化,确保消防设施、器材完好有效,落实消防控制室双人持证值班制度,保障消防车道、疏散通道畅通。对检查发现的消防隐患问题,及时劝阻、制止。

九、各社区、村(居)委会、物业服务企业等管理单位须加大消防安全宣传力度,利用宣传公告栏、电子屏、业主微信群等道,普及消防法律法规和消防安全知识,宣扬居民自救逃生正确要点;定期组织开展消防应急演练,细化预案流程,明确责任分工,提高安全意识,增强安全防范和提高自救能力。

十、在居民住宅小区探索建立由楼长牵头的群众性消防安全志愿组织,在居民群众中确定消防管理员和消防宣传员,实行"多户联防、区域联防",积极开展消防安全群防群治工作,落实老弱病残等特殊人群的消防安全监护。

十一、对违反本通告,引起火灾,造成严重后果,构成犯罪的,依法追究刑事责任。

特此通告。

××区消防安全委员会办公室
2022年11月29日

【提示】

这份禁管性通告,以"事由+文种"作标题,正文先写行文的目的、依据,文种承启语后,分条列项，通告了住宅小区消防安全的具体事项和禁管规定，对辖区内居民和管理单位明示了消防安全管理的要求和责任内容，并强调若违反本通告，将承担怎样的后果。"特此通告"作结语，以示强调。

全文语言严肃、庄重，文字精准、明晰，富有警示性。

【例文2】

××公司××××有限责任公司
关于兼并经营的联合通告

为了适应网络时代的市场经济，促进经营的合理化，经双方认真论证和商定，并报请有关主管部门批准，双方同意兼并，并以××公司为存续公司、××××有限责任公司为解散公司。现将有关事项通告如下。

一、兹定于××××年××月××日为兼并日。

二、自兼并之日起，××××有限责任公司的一切权利、义务和债务，悉由××公司（存续公司）承担。

三、依公司法规定，凡××××有限责任公司的债权债务人，如有异议，请在本通告自发布之日起3个月内提出，逾期提出视为无效异议。

特此通告。

××公司
××××有限责任公司
××××年××月××日

【提示】

这是一篇企业告晓性通告。文章以主旨句直陈行文目的，并对有关行文背景作了交代，然后以文种承启语导出3项通告事项。文章以通告惯用语"特此通告"作结。

全文文字精练，庄重明了，事项排列合乎逻辑，是短小精悍的优秀通告。

【例文3】

××市交警局关于办理机动车年审等业务问题的通告

根据公安部的统一要求，机动车必须将交通违法处理完毕后方可办理车辆年审等业务。针对目前广大车主在办理机动车年审等业务中遇到交通违法已经处理完毕但仍然无法办理业务的情况，为了方便群众，保障广大车主的权益，现通告如下：

车主在确认机动车没有未处理交通违法或交通违法已处理完毕后，可按规定流程办理年审等业务。如果车辆仍无法正常办理年审等业务，一般是由于车辆状态没有及时刷新导致，车主可到××交警局车管处或各交警大队业务窗口先办理机动车状态刷新业务，也可在各机动车检测站交由工作人员上报车管所监管中心或上车管所监管中心网实时进行状态刷新。待机动车车辆状态刷新后即可正常办理年审等业务。

特此通告。

××市交警局

××××年4月11日

【提示】

这是一则办理性通告,具有强制性。正文先写制发本通告的依据,其后写具体事项和规定,以"特此通告"作结语,有加重强调、引起注意的效果。

二、必备知识

(一)通告的含义和用途

通告适用于一定的范围内公布应当遵守或者周知的事项。

通告内容广泛,使用普遍。它适合国家机关、社会团体和企事业单位在所辖范围内公布有关事项。通告是泛行文。

(二)通告的特点

1. 内容的业务性

通告发布的内容多是局部性、业务性的,针对性强。

2. 行文对象的有限性

通告告知事项的对象是辖区内的单位和群众。

3. 发文单位的广泛性

通告的使用范围很广,党政机关、企业事业单位、人民团体都可发布通告。

(三)通告的类型

1. 告晓性通告

告晓性通告即公布需要有关单位和个人周知某些事项的通告。如通告停电、停水、电话升位。

2. 办理性通告

办理性通告即公布要求有关单位和人员需要办理事项的通告。要求办理的事项多为注册、登记、年检等。

3. 禁管性通告

禁管性通告即公布一些令行禁止类事项的通告。令行禁止的事项一般为交通管制、查禁违禁物品一类事项。

三、通告的结构写法和写作模板

(一)通告的结构写法

1. 标题

标题的写法有以下4种。

(1)发文机关+事由+文种。如《××集团公司关于实行夏季统一作息时间的通告》。禁管性通告或一些重要的告晓性通告通常使用这种完全式标题。

(2) 发文机关+文种。如《中国农业银行××分行、××信用社通告》。

(3) 事由+文种。如《关于开展第三十四届上海市健康教育周的通告》。

(4) 只写文种。

2. 正文

通告的正文通常由缘由、事项、结语组成。

(1) 缘由，即发此通告的原因、根据。

(2) 事项，即通告的具体事项或规定。内容比较简单、单一，可不分条写。如果内容比较多，则应分条列项地写。

(3) 结语，即通告在结尾提出希望或要求。有的通告以"特此通告"作结语，以示强调，提起注意。有的通告事项写完即结束全文，不再写结语。

通告面对的是公众，不必写抬头。

3. 落款

标题中若已写发文机关，并在标题下标注了日期的，不必再写落款。如果标题中没有发文机关，也没有日期，则落款处必须署上发文机关名称和日期。

（二）通告的写作模板

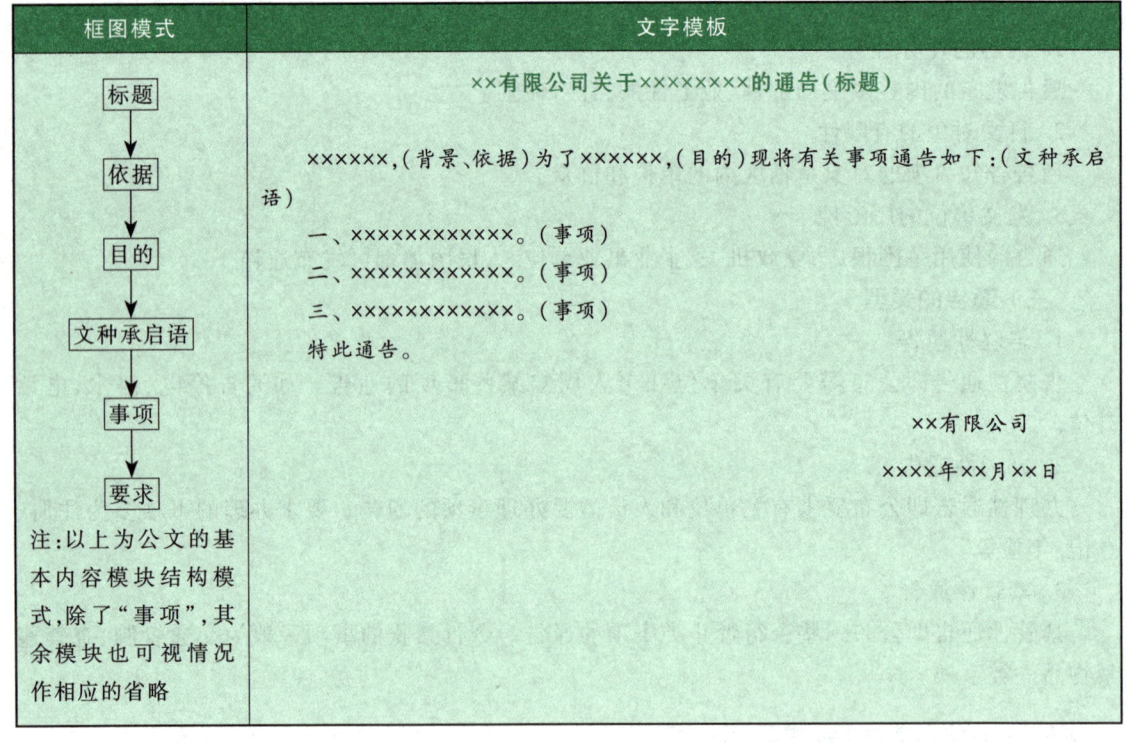

（三）注意事项

(1) 不要把"通告"写成"通知"。通告与通知的特点、作用和行文对象不同，常被混用。例如：

回 迁 通 知

原住××区××街的动迁户，于明年6月底前回迁。请所有回迁户持动迁证、动迁协议书以及交款单据,于明年5月底前,到我公司办理回迁手续。

具体办理时间:上午8:00—12:00,下午2:30—5:30

特此通知。

×××房地产开发公司
××××年××月××日

此文不但用错了文种,在语言表述等方面也存在毛病。告知回迁户办理回迁手续一事,属于社会有关方面或人士应周知和遵守的事项,应用办理性通告行文。

（2）注意通告与公告的区别。

① 发文内容不同。公告适用于向国内外宣布重要事项或者法定事项;通告则适用于在一定的范围内公布应当遵守或者周知的事项,业务性较强。

② 发布范围不同。公告是发向国内外的公文,发布范围最广泛;通告只是在国内一定的区域或业务范围内发布。

③ 重要程度不同。公告所涉及的都是特别重大的事项;通告所涉及的是较为一般的事项。

④ 作用性能不同。公告以宣布重大事项为主要目的,一般对告知对象没有直接的强制力或约束力;而有些通告,如禁管性通告,不仅告知事项,而且还有强制力和约束力。

⑤ 制发单位级别不同。公告的发文机关一般是国家一级机关。通告的发文机关级别较低,一般来说,禁管性通告多由政府机关发布,告晓性通告和办理性通告则行政机关、团体、单位均可发布。党务机关一般较少发布公告、通告。

⑥ 发布方式不同。公告多用登报、广播的方式发布;通告可用文件形式印发,也可登报、广播或张贴。

（3）通告内容必须符合党和国家的方针、政策、法律法规。

（4）语言要求通俗易懂、规范简洁,利于大众阅读理解。

四、技能训练

商住大厦防火措施通告

近日天气干燥,容易发生火警。本物业处促请各住户小心防火,并留意下列各点:

1. 当阁下外出时,应关掉所有不需使用的电器。
2. 不要让小孩接触火柴及打火机并单独留在屋内。
3. 暖炉等用具,必须远离窗帘、沙发、被褥等易燃物品。
4. 确保防烟门关闭。
5. 切勿将任何物件弃置于梯间或走廊,以免阻塞走火通道。

特此通告,多谢合作!

××物业公司
20××年12月1日

以上是一篇病文,请指出其毛病,并写出修改稿。

【拓展学习】

9.3 即测即评

一、名词解释
通告

二、填空题
1. 通告具有＿＿＿＿、＿＿＿＿和＿＿＿＿3个特点。
2. 通告有＿＿＿＿、＿＿＿＿和＿＿＿＿3种类型。
3. 通告面对的是公众，一般不必写＿＿＿＿。

三、判断题
1. 通告的标题中若已写发文机关，并在标题下标注了日期，则可不再写落款。（　　）
2. 一般来说，禁管性通告多由政府机关发布。（　　）
3. 告晓性通告不是任何机关都可以发布。（　　）
4. 通告没有行政强制力。（　　）
5. 学校处分违纪学生可用公告。（　　）
6. 商店告知顾客事项可用通告。（　　）
7. ××市税务局通告。（　　）
8. ××集团总公司通告。（　　）

四、判断并拟题
判断下列情况应用哪种公文行文，确定文种后请拟出标题。
1. ××航运局告知在某水域捕鱼的船只避让科学考察船队。
2. ××××总公司向员工通报本季度业务情况。
3. ××公司认为必须迅速告诉员工要节约用水。
4. ××县公安局准备就近期查禁赌博一事发文。

五、病文析评
试指出下文的主要毛病。

关于加强交通管理的通告

为了整顿我市治安秩序，加强交通管理，经市政府批准，对市区车辆行驶实行统一管理，特通告如下：
1. 除公交车及小轿车外，其他机动车辆白天一律不得驶入市区。
2. 轻骑、摩托车行驶一律要有安全措施，严禁自行车带人。
3. 非残疾人不得骑乘残疾车。
4. 凡在市区行驶的车辆一定要按交通部门规定的时速行驶，严禁酒后驾车或无证驾驶。
5. 严禁在道路两侧摆摊设点，不得在道路上晒谷扬场，不准设置路障。
6. 车辆停放一定要在指定地点，途中临时停车不得超过5分钟。
7. 服从交通值勤人员管理。

以上通告望遵照执行,对违反上述通告者由公安、交通部门依照有关规定进行处理。

××市公安局(公章)

××交通局(公章)

××××年××月××日

六、AI 同行

1. 输入提示词指令:"撰写通告,容易出现哪些误区?"阅读 AI 生成的文字。

2. 在 AI 上输入提示词指令:"生成一份××大学校园南区学生宿舍楼停水的通告,涵盖:管道检修、停水时段、提醒储水、致歉,要求:包含公文正文内容模块之依据、目的、文种承启语、事项和要求,500 字内。"阅读 AI 多次生成的文字,若存在毛病,则在 AI 上输入可以修正毛病的提示词指令,分析 AI 回复的修改稿。

第四节　通知

教学视频:
通知

一、例文借鉴

【例文 1】

关于举办全省 2021 年疫苗和冷链管理技术培训班的通知

×疾控免疫发〔2021〕409 号

各市(州)疾病预防控制中心、各县(市、区)疾病预防控制中心:

《中华人民共和国疫苗管理法》已经实施,为进一步提高全省各级免疫规划工作人员疫苗管理意识,提高疫苗管理的规范性,确保我省疫苗管理更加合法化、规范化、系统化、信息化,我中心定于 2021 年 8 月举办全省疫苗和冷链管理技术培训班,现将有关事项通知如下:

一、培训内容

1.《中华人民共和国疫苗管理法》解读。

2. 全省疫苗信息化及接种率数据分析。

3.《××省预防接种单位等级评审考核办法(试行)》解读。

4. 2021 年全省免疫规划工作进展及下一步工作部署。

5. 免疫规划信息化平台操作讲解。

二、培训时间及地点

培训时间:2021 年 8 月 25—28 日(25 日报到,26—27 日培训,28 日上午离会)。

培训地点:××酒店(××市××区××路 529 号)。

三、参加人员

1. 各市(州)疾控中心主任或分管主任、免疫规划科(所)负责人各 1 名。

2. 各县(市、区)疾控中心主任或分管主任、免疫规划科负责人各 1 名。

四、注意事项

1. 培训班负责学员培训期间的食宿,交通费用自理。

2. 请将参加培训班人员回执(见附件)于8月20日之前发至××省疾控中心免疫规划科邮箱,以便安排食宿。

3. 本培训为"省级继续医学教育项目",项目编号为2021—×××××,学员考试合格后可获得省级继续医学教育学分3分。

4. 联系人及联系方式:

联系人:省疾控中心免疫规划科××   联系电话:×××××××

邮箱:×××××××   传真:×××××××

附件:培训班回执(略)

××省疾病预防控制中心
2021年8月18日

【提示】

这是一份培训通知,既可下行,也可平行。文种承启语后,写了培训的时间、地点、内容、对参加人员身份的要求,以及相关注意事项。对参加培训人员身份的要求和培训后的"待遇"在文中先交代清楚,是本通知的重要"笔墨"。

【例文2】

中共中央办公厅　国务院办公厅
关于印发《党政机关公文处理工作条例》的通知

各省、自治区、直辖市党委和人民政府,中央和国家机关各部委,解放军各总部、各大单位,各人民团体:

《党政机关公文处理工作条例》已经党中央、国务院同意,现印发给你们,请遵照执行。

中共中央办公厅
国务院办公厅
2012年4月16日

【提示】

这是发布现行《党政机关公文处理工作条例》的通知。标题事由鲜明,格式规范。受文机关按类别排序。正文只有一句话,直陈印发文件的名称和印发依据,并提出执行要求。文章省略了无必要赘述的发布文件的背景,目的句和文种承启语,直陈事项,简洁明快,庄重有力。

【例文3】

关于做好办公楼装修和搬迁工作的通知

各部门：

总部计划于×月×日到我公司进行考察。为了展示我公司的良好形象，进一步改善和优化办公环境，提升整体办公效率，经研究公司决定于近期开展装修与办公室搬迁工作，该工作由行政部负责总指挥和筹划协调。现就有关事项通知如下：

一、装修时间

20××年3月23—29日。

二、装修前搬迁工作安排

1. 3月22日，公司安排搬家公司统一进行装修前的搬迁工作。

2. 各部门负责人负责统筹协调本部门的搬迁工作，并派人于3月20日前至行政部领取打包材料（如纸箱、胶带、标签贴等）。

3. 3月21日前，各部门务必完成本部门所属办公用品及个人物品的打包工作，并贴上标签贴，注明部门、房间号、联系方式等信息。所有办公家具由搬家公司进行统一安排拆卸和搬运。

4. 各部门提前处理不要的物品，对一些重要文件资料要事先做好整理及归档，所有与公司有关的纸质、电子资料一律不允许丢弃，对于需要销毁的需做好登记并及时销毁。

5. 各部门按照平面分布图到新办公地点进行实地考察，并由部门负责人与装修队负责人交流装修方案。

三、装修期间的工作安排

1. 装修期间，各部门暂时在指定地点办公（详见装修方案）。

2. 装修期间，注意用电、防火、高空坠物等安全事项。

四、装修结束后的搬迁工作安排

1. 3月30日，公司安排搬家公司统一进行装修后的搬迁工作。

2. 3月29日止，各部门完成打包工作，具体要求同前。

搬迁工作时间紧、任务重，为了公司的全局利益，请各部门、每位员工高度重视，保证有序、按时完成搬迁工作。

行政部
20××年3月11日

【提示】

这是一篇工作通知，第一自然段指出行文的缘由和事情的紧迫性。文种承启语后，引出采用分条列项式写的通知事项。末段是对开展工作的补充要求。全文条理清晰，规定具体，用语明确，是一篇规范的公文。

【例文4】

××移动通信有限公司关于成立客户服务中心的通知

公司各科室：

　　为了增进与客户的联络，进一步做好客户服务工作，适应公司日益发展的新形势，经公司研究决定，在原客户联络室的基础上成立客户服务中心，主任由×××同志兼任。

××××年5月16日

【提示】

　　这是一篇知照性通知。通知正文篇段合一，依次写了目的、依据和事项，文字简练，明白晓畅。

【例文5】

××××电子有限公司关于召开代理商工作会议的通知

各地区代理商，本公司各部门：

　　为了保证××电子显示屏在中国的领先地位，建立一个和谐顺畅而稳定坚固的销售渠道，给厂商、代理商和消费者带来更多的利益，本公司决定在××召开××电子××××年度电子显示屏代理商工作会议。现将有关事项通知如下：

一、会议议题

1. 总结各地区代理销售情况。
2. 讨论并解决各地区存在的销售矛盾。
3. 商讨如何建立一个和谐顺畅而稳定坚固的销售渠道。

二、参加会议人员

各地区代理商及本公司各部门负责人。

三、会议时间

5月10日至5月12日。

四、报到时间和地点

5月9日在××百乐园度假村酒店大堂报到。

五、会议地点

××百乐园度假村二楼圆形会议厅。

六、其他事项

1. 大会将为各与会人员免费提供食宿。
2. 参加会议的代理商请按要求填写本通知所附的会议报名表，于4月20日前电邮回会务组。需接车、接机及购买回程机票、车票的人员，务请在会议报名表中注明。
3. 请华东、华北及华南各代理商报到时向我公司提交一份销售情况报表。

会务联系：××市××路××号××电子有限公司代理商工作会议会务组

邮编：××××××

联系人：李秘书
联系电话：××××××××
微信号：×××××
电子邮箱：×××××@××.com
附件：××××电子有限公司代理商工作会议报名表

××××电子有限公司
××××年4月18日

【提示】
这是一篇会议通知。正文开头写会议目的和会议名称。文种承启语后，写了会议的议题、时间、地点、与会人员及有关注意事项。文章层次分明，语言简洁、清晰。此外，为与会人员赴会考虑得比较周到，也是本文的一大特点，值得借鉴。

【例文6】

关于纪××等同志职务任免的通知

××建筑分公司：

你公司上报的选举过程和结果已收悉。经董事会会议研究决定：

任命纪××为经理，主持全面工作；

任命吴××为副经理，主持施工工作；

免去蒋××的经理职务和刘××的副经理职务，由公司安排其他工作。

特此通知。

××集团公司董事会
××××年××月××日

【提示】
任免通知的正文，第一部分一般说明任免的依据，多用"根据××××""经××××研究决定"一类用语领起第二部分，即任免事项。每个事项单独为一个段落，以达到醒目的效果。本文简明扼要，直陈其事，符合一般任免通知的写法。

二、必备知识

（一）通知的含义和用途

通知适用于发布、传达要求下级机关执行和有关单位周知或者执行的事项，批转、转发公文。

通知被誉为公文中的"老黄牛"，是各级党政机关、人民团体、企事业单位使用最多的公文。

（二）通知的特点

1. 使用范围的广泛性

通知不受发文单位级别、性质的限制。无论国家大事还是单位内部的具体事务，都可以通知的形式发布。无论是国家最高领导机关还是基层行政单位,都可使用通知。

2. 行文方向与功用的双重性

通知既可作下行文,也可作平行文。作下行文时,通知对受文对象一般会提出需要知晓、执行或办理的事项,具有指挥、指导作用。作平行文时,由于受文单位不是下级单位,而是平级单位或不相隶属单位,通知的内容不带指挥、指导性,只能表述告知性或周知性的内容。

3. 明显的时效性

通知事项一般要求立即办理、执行或知晓,不容拖延。有的通知如会议通知,只在特定的一段时间里有效。

(三) 通知的类型

1. 处理文件的通知

这类通知通常含批转、转发有关文件和发布行政规章、管理规章的通知。其中,上级机关转发下级的文件,用批转性通知;下级机关转发上级文件、同级或不相隶属的机关之间的文件,用转发性通知。

发布行政法规、规章、办法的通知属于发布性通知。根据不同情况,可分为颁发、发布、印发(公布)3 种。一般说来,对比较重要的行政法规、规章、办法用颁发、发布,而对一般性的、暂行或试行的行政规章、管理规章用印发。

2. 布置性通知

布置性通知即工作通知。这是上级机关就某些事项、某项工作,提出工作的具体原则、要求和安排,以让受文单位贯彻执行的通知。这种通知的内容,多数不宜以命令或意见行文。

3. 知照性通知

知照性通知即告知有关单位或个人某些事项的通知,如设立或撤销机构、迁移办公地点、启用或更换印章、调整办公时间。

4. 会议通知

会议通知即告知有关单位或人员参加会议的通知。

5. 任免通知

任免通知即告知有关单位或个人人事任免的通知。

三、通知的结构写法和写作模板

(一) 通知的结构写法

1. 标题

通知的标题因类型不同,写法也不同。

(1) 处理文件通知的标题。一般有以下 2 种写法。

① 完全式。由"发文机关+发布(批转或转发)+被发布(转发或批转)的文件标题+文种"构成。

被发布、批转、转发的公文若是法规、规章或重要的公文时,一般应加上书名号。有时由于被发布、批转、转发的公文标题中已有多个"关于"和"的通知",或者被发布、批转、转发的公文标题已较长,这时,再拟通知标题时,一般可保留末次发布(批转或转发)文件机关和始发文件机关,只保留一个"关于"和一个"的通知"字样。如:"××县人民政府关于转发《××市人民政府关于转发〈××省人民政府关于转发人事部×××同志恢复名誉后享受××级待遇的通知〉的通知》"。

这个标题有4个层次,用了3个"关于转发"、2个"的通知",很不顺口。可把这个标题简化为《×××县人民政府转发人事部关于×××同志恢复名誉后享受××级待遇的通知》,至于省、地区等曾转发过等情况,可在正文中交代清楚。

② 省略发文机关式。如《关于印发〈××××××〉的通知》。

（2）其他种类通知的标题,写法有3种。

① 完全式。

② 省略发文机关式。如《关于举办班际象棋邀请赛的通知》。

③ 省略发文机关和事由,只写文种"通知"。这种写法只有在通知范围比较小,内容比较简单时才运用。

2. 主送机关

主送机关即受文对象,根据实际情况,可以是一个或几个甚至所有的有关单位。普发性通知可省去主送单位。

3. 正文

不同类型的通知,其正文写法有所不同。

（1）处理文件性通知。正文包括两个部分:第一个部分是批语,第二个部分是写批转、转发或印发的规章或文件的名称。批语内容比较简单,只要说明批转、转发或印发的文件名称和有关要求就可以了。如:"现将《关于……的规定》印发(或批转、转发)给你们,请……"对有些比较复杂的文件,则需在结尾处对如何实施作具体说明,或者阐述该文件的意义所在等。

（2）布置性通知(工作通知)。正文通常包括三部分:先写引言,说明缘由、背景。引言要简明扼要、抓住要害。再写目的句,其后以文种承启语引出事项,即通知的具体内容,如果内容比较复杂,则要分条列项陈述。重要的内容详细写,放在前面。次要的内容,应尽量简化,放在后面。结尾多提出贯彻执行的要求,如"请遵照执行""请认真贯彻执行"。也有的通知不写结尾。

工作通知的写作,一定要开门见山,直接叙述,切忌拐弯抹角。为了使下级机关明白上级机关的意图,有时也可以做一些简要的分析、说理。

总的说来,布置性通知(工作通知)的目的在于布置工作任务,要求下级遵照执行,因此,在撰写时,既要说明"办什么事""为什么办这些事",又要说明"怎样办这些事",以便受文单位更易理解、更方便执行。

（3）知照性通知。这种通知行文的目的是让受文对象了解有关事项,因此正文把事项叙述清楚即可。

（4）会议通知。由文件传递渠道发出的会议通知,正文一般包括会议名称、召开会议的原因与目的、会议议题、会议时间与地点、报到时间与地点、与会人员、与会者需准备的材料、差旅费、发票、联系单位、联系人与联系方式等,有的通知还附上会议日程安排和与会的有关证件。当然,并非所有的会议通知都包含这些事项。

会议通知通常采用分条列项式写法。

供机关、单位内部张贴或广播的会议通知,可不写受文对象,只需在正文中说明会议时间、地点、内容、准备材料及出席人员等。

（5）任免通知。任免通知的写法比较简单,一般在写完任免决定的依据之后,写上任免人员的姓名及职务即可。

4. 落款

如果发文机关在标题中已标明，落款处可以省略。

（二）通知的写作模板

框图模式	文字模板
背景、缘由、依据 ↓ 目的 ↓ 文种承启语 ↓ 事项 ↓ 要求 注：以上为公文的基本内容模块结构模式，除了"事项"，其余模块也可视情况作相应的省略。	1. 工作通知 　　　　××××关于××××××××××的通知 ××××××××××。（背景、缘由、依据） 为了××××××××××,（目的）现就有关问题通知如下：（文种承启语） 一、××××××××××。（事项） 二、××××××××××。（事项） 三、××××××××××。（事项） ××××××××××。（要求、希望） 　　　　　　　　　　　　　　　　×××× 　　　　　　　　　　　　　××××年××月××日 2. 会议通知 　　　　××××集团公司关于××××××会议的通知 各××××,公司各部门： 　　××××××××××（背景、缘由）。为了××××××××××,本公司决定召开××××××××××工作会议（目的）。现将有关事项通知如下：（文种承启语） 一、会议内容 ××××××××××。 二、与会人员 ×××　×××　×××　×××。 三、会议时间 ××月××日至××月××日。 四、报到时间和地点 ××月××日 9∶00—18∶00,在××××××××××酒店大堂报到。 五、会议地点 ××××××××××。 六、其他事项 1. ××××××××××。 2. ××××××××××。 3. 会务联系：××市××路××号××××××××××工作会议会务组。邮编：××××××。联系人：李秘书。联系电话：×××××××。电子邮箱：×××××@××.com。 附件：会议报名回执表 　　　　　　　　　　　　　　　　××××集团公司 　　　　　　　　　　　　　××××年××月××日

（三）注意事项

1. 依职能行文

通知类型比较多，使用也比较频繁，但无论是使用什么类型的通知，都必须符合机关的职能，也就是说要弄清楚本机关是否具有发文资格。比如，只有上级机关才能对下级发指示性通知，只有具有批准权力的机关才可以使用批转性通知。

2. 明确具体

在通知的类型中，除了指示性通知和批示性通知会讲些原则意见而有些"虚"，其他各类通知的内容都要求尽量"实"。在通知中，做什么、怎样做和有什么要求，都必须具体明确，条理清晰。比如事项性通知，尤其要具体明确写清楚完成相关事项的要求、完成的时间、必要的程序，以便受文单位能够更好地完成该项工作。至于知照性通知、会议通知和任免通知，则必须明确具体地写清楚行文的依据或原因以及相关内容，不能含糊其词、模棱两可。

3. 重点突出

通知多具指导性，普遍须写要求下级办理、执行的内容，同时又有较强的时效性，因而要求我们在撰写通知时必须分清通知事项的主次，按轻重缓急，突出重点，层层展开，尤其必须把主要事项讲清说透，以利于受文单位和相关人员更好地理解、掌握和执行。

四、技能训练

1. 试指出下面这篇会议通知存在的毛病。

关于石化总公司召开
开展创新增产、劳动竞赛会议的通知

各分公司、分厂、各车间党支部、总公司各直属部门：

为了贯彻上级精神，提高总公司的工作效率和经济效益，培养广大职工的主人翁精神，经总公司董事会研究决定，在全公司范围内广泛开展创新增产、劳动竞赛活动。现将会议有关问题通知如下：

一、会议时间：10月4日至8日。

二、会议地点：总公司招待所。

三、与会人员：各分公司、分厂、总公司各直属部门主管生产的负责同志、工会主席等。

四、请各单位准备好本单位开展劳动竞赛活动的经验材料，限5 000字，报到时交给会务组。并请与会人员于10月4日前来报到。

××××石化总公司
××××年6月8日

2. 下面这篇工作通知是病文，试写出其修改稿。

机关游泳池办证的通知

机关各直属单位：

机关游泳池定于6月1日正式开放，6月10日开始办理游泳证。请你们接此通知后，按下列规定，于1月30日前到机关俱乐部办理游泳手续。

一、办证对象：仅限你单位干部或职工身体健康者。

二、办证方法：由你单位统一登记名单、加盖印章到俱乐部办理，交一张免冠照片。

三、每个游泳证收费伍角。

四、凭证入池游泳，主动示证，遵守纪律，听从管理人员指挥。不得将此证转让他人使用，违者没收作废。

五、家属游泳一律凭家属证，临时购买另票，在规定的开放时间内入池。

×××俱乐部

××××年××月××日

【拓展学习】

一、名词解释

通知

二、填空题

1. 通知具有_____、_____和_____3个特点。
2. 通知的常见类型有_____、_____、_____、_____和_____5种。

三、判断题

1. 两个以上单位发通知，标题部分一般可以省略发文单位。（   ）
2. 除批转法规性文件外，通知的标题中一般不含书名号。（   ）
3. 发布、批转性通知的正文由批语部分和批转件部分组成。（   ）
4. 转发下级机关的公文，应用"批转"。（   ）
5. 转发上级机关或不相隶属机关的公文，用"转发"。（   ）
6. 总公司拟用通知颁发一项内部管理办法。（   ）
7. ××市水电局将召开全市清查水库隐患工作会议，以通知行文通知各县、区水电部门提前做好工作准备。（   ）

四、简答题

1. 如何理解通知"行文方向与功用的双重性"特点？
2. 如果被转发的公文标题中已有多个"关于"和"的通知"字样，你再拟转发通知时，对标题应作出怎样的处理？

五、AI同行

1. 输入提示词指令："撰写通知，容易出现哪些误区？"阅读AI生成的文字。
2. 在AI上输入提示词指令："生成××××学院关于举办学生公文写作大赛的通知，涵盖：时间、报名方式、赞助单位、比赛形式、奖项设置，要求：可操作性强、语言庄重、分条列项。"阅读AI多次生成的文字，若存在毛病，在AI上输入修改目标、范围和要求等提示词指令，分析AI回复的修改稿。
3. 院学生会近期将换届，试运用AI生成一份召开院学生会换届筹备会议的通知。提示词指令自行拟定，辨析AI生成的文字，若存在毛病，则输入修正毛病的提示词指令，分析AI回复的修改稿。

第五节 通报

一、例文借鉴

教学视频：
通报

【例文1】

××省化工总公司党委关于
授予张××同志"优秀共产党员"荣誉称号的通报

各分公司党委、总公司党委各部门、各直属机构：

张××同志是××分公司所属××化工厂管道维修技师，共产党员。××××年8月12日上午8时30分，该厂成品车间后处理工段油气管道突然爆炸起火。正在利用公休日清理夜间施工现场的张××被爆炸气浪猛烈推倒，头部、右臂和大腿等多处受伤，鲜血直流，鞋子也被甩出很远。在这危急关头，张××强忍剧痛，迅速爬起来，顾不得穿鞋和查看伤势，一边用手机打电话向保卫科报告，一边踩着玻璃碎片，冲入烈火之中，迅速关闭了喷胶阀门、油气分层罐手阀、蒸汽总阀。接着先后用了十余个干粉灭火器扑救颗粒泵、混胶罐等处的大火，在随后赶来的保安人员的援助下，共同英勇奋战十余分钟，最终将大火全部扑灭，避免了火势的蔓延。

张××同志在身体多处受伤、火势凶猛并随时可能发生更大爆炸的万分危急关头，将个人生死置之度外，及时报告险情，果断处理突发事件，为遏制火势蔓延，防止事故扩大，减少国家财产损失，做出了突出的贡献。他的行为体现了为保护国家财产和人民利益而置个人生死安危于不顾的崇高精神品质，谱写了一曲弘扬共产党人先进性的正气之歌。

为了表彰张××的英雄行为和崇高的革命精神，经总公司党委研究决定：授予张××同志"优秀共产党员"荣誉称号，将张××奋力灭火的英勇事迹通报全公司，晋升二级工资，并颁发灭火奖励10 000元，以资鼓励。

希望各分公司党委、各直属机构组织广大共产党员和干部职工以张××为榜样，落实安全生产责任，努力做好本职工作，为化工行业的改革与发展作出更大的贡献。

××省化工总公司党委（印）
××××年8月20日

【提示】

这是一份表彰性通报。正文叙述张××的先进事迹，对该同志的行为作了细致且恰当的分析、评议，目的句之后写决定事项，最后提出发文单位的希望号召。全文结构合理，格式规范。注重将英勇行为上升到恰当的境界予以分析、评议。语言通俗流畅。美中不足的是对事件过程的叙述还可以再简明一些。

【例文2】

××市食品酿造公司关于
××食品厂司机×××私自开车到北戴河游玩的通报

公司所属各单位：

××××年8月8日晚，××食品厂司机×××以磨合汽车为借口，擅自驾驶"630"食品防尘车并带上五人从××分厂去北戴河游玩。10日8点抵达北戴河，至12日夜间12点才返回公司。行程600多公里。

×××的行为，违反组织纪律，错误实属严重。车队负责人在问题发生后未及时向公司汇报，这种做法也是错误的。为了严肃纪律，维护公司利益，同时教育×××本人，经公司研究决定：对司机×××予以通报批评，扣发3个月奖金，并责令其上交全程所用汽油费。

望各单位接此通报后，组织员工们及时学习、讨论，从中吸取教训，把各项工作提高到一个新水平。

××市食品酿造公司
××××年8月18日

【提示】

这是一篇批评性通报。正文第一自然段写当事人的错误事实和经过，交代了具体时间和地点。第二自然段对当事人的错误进行了分析评价，同时作出了处理。第三自然段对各单位提出了希望要求。

全文层次分明，语言明晰，分析评价到位，行文思路清晰。标题中的"私自"改为"擅自"较好。

【例文3】

关于生产安全事故处理情况的通报

各分支机构：

20××年10月×日，工程部承担的××项目在塔吊安装过程中发生一起严重的生产安全事故，事故造成塔吊租赁单位3名塔吊安装工人死亡，2人重伤。事故发生后，集团公司迅速启动应急预案，成立了事故调查组，专门召开视频会议，认真分析事故原因，总结事故教训。同时，积极配合政府有关部门开展调查工作，着力进行整改。

11月×日，××市住房和城乡建设委员会向集团公司下达了《行政处罚决定书》，决定给予集团公司暂扣安全生产许可证的行政处罚，并责令10日内改正违法行为。同时，给予该项目项目经理吊销注册建造师职业资格，5年内不予注册的行政处罚。由于集团公司认真进行整改，12月×日，市住房和城乡建设委员会根据复验合格的结果，已发还集团公司的安全生产许可证。

根据《行政处罚决定书》的处理意见以及集团公司管理体系规定，总裁办公会会议决定，对事故责任部门和责任人处理如下：

1. 对本起事故责任部门处罚款人民币××万元,本罚款由集团公司财务处直接从该部门应收工程款中直接扣除。
2. 解除与该项目部生产经理的劳动合同关系。
3. 永久取消该项目项目经理在集团公司内的建造师职业资格,工作另行安排。
4. 永久取消该项目安全员钱××在集团公司内的安全员职业资格,工作另行安排。

这次的生产安全事故是一起责任部门及责任人员未真正执行集团公司管理体系规定引发的严重的责任事故,本起事故对集团公司、责任部门、责任人、受害者本人及家庭都造成了巨大的损失,而且有的损失是无法弥补的。同时,在很长一段时期内,本起事故将对集团公司的发展产生十分不利的影响。

本起事故的教训是深刻的,政府部门的处罚是严厉的,集团公司的责任追究是毫不手软的,希望集团公司各部门特别是主要负责同志务必引以为鉴,对照自查,认真改进工作,严格执行国家、地方法律法规和行政规章,严格执行集团公司管理体系的各项要求,切实加强管理,杜绝事故的再次发生。

××集团公司
20××年 12 月×日

(摘自中国建筑技术集团有限公司官网,编入教材时有改动。)

【提示】

这是一份情况通报,通报本集团公司在建筑过程中发生并处理严重生产安全事故的情况。

正文首先概述事故的基本情况,接着陈述上级部门的处罚决定,以说明事故的严重性。然后根据公司实际,明确提出处理办法。最后再次强调安全的重要性,有针对性地对今后的工作提出了意见和要求。文章结构完整,语言明晰,层次分明。

二、必备知识

(一)通报的含义和用途

通报适用于表彰先进、批评错误、传达重要精神和告知重要情况。

通报是宣传教育、通报信息的文种,属于下行文。

表扬一般性质的好人好事,批评一般性质的错误,发内部简报就可以了。假如先进事迹比较典型,错误性质比较严重,就需要以通报行文,进行嘉奖或告诫。告知下级机关某信息或执行某事项,一般用通知。如果是要较大范围地"传达重要精神或者情况"则应发通报。

通报除起到嘉奖和告诫作用外,还有交流作用。

(二)通报的特点

1. 内容的真实性

真实是通报的生命,是制发通报的重要前提。先进典型、错误典型、重要精神或重要情况,都必须是真实的。

2. 作用的双重性

通报不直接要求受文对象做什么和怎样做,不具有指导性。但通报具有两个作用。一是教育作用。通报对先进的表彰和对错误的批评，目的在于树立学习榜样或者提供反面典型以资借鉴，使读者能够总结经验，吸取教训，思想上得到教益。二是交流作用。凡传达重要精神和知照重要情况的通报，其目的在于上情下达，加强上下级、部门之间的相互交流，信息共享，促进工作。

3. 行文的时效性

通报所涉及的事实比较具体，有特定的发生时间、地点等，而且，这些典型事件与当时的情况或普遍存在的问题和现象必然有着密切的联系。先进事迹、典型经验、重要情况，只有及时通报才能更好地推广、更好地发挥其作用；坏人坏事、反面典型，只有及时通报，才能更好地起到警示作用，以杜绝类似事件的发生。因此，通报必须及时制发，注重时效性，才能达到行文目的。

（三）通报的类型

1. 表彰性通报

表彰性通报即表彰具有典型意义的先进事迹或好人好事的通报。

2. 批评性通报

批评性通报即批评能普遍产生鉴戒作用的单位或个人的通报。

3. 情况通报

情况通报即传达重要精神或重要情况，通过交流情况，沟通信息，以促进工作的通报。

三、通报的结构写法和写作模板

（一）通报的结构写法

1. 标题

通报的标题通常由发文机关、事由和文种三个要素构成。也有的通报省略发文机关和事由，只写"通报"二字。

2. 正文

不同的通报类型，其正文的写作内容各不相同。

（1）表彰性通报

正文内容包括以下几方面。

① 叙述先进事迹，包括时间、地点、人物、事迹、经过及其结果。

② 对先进事迹进行分析、评议，指出其典型意义，或概括主要经验。

③ 提出表彰决定。

④ 提出希望和发出学习号召。

（2）批评性通报

正文内容包括以下几方面。

① 叙述事故或错误事实的经过情况、时间、地点及其后果等。

② 对事故进行分析评议，分析事故发生的原因，指出事故的性质及其危害。

③ 提出处分决定。

④ 引申出应当汲取的经验教训，有的放矢地提出希望和要求。

（3）情况通报

正文内容包括以下几方面。

① 概括叙述情况。

② 分析情况。

③ 针对情况提出希望和要求。

3. 落款

写上发文机关和发文时间。如果标题中已有发文机关,且时间已标注在发文机关下面,则不再落款。

此外,普发性通报可不写抬头。非普发性通报要写抬头,相应的发文机关和时间则在落款处写。

(二) 通报的写作模板

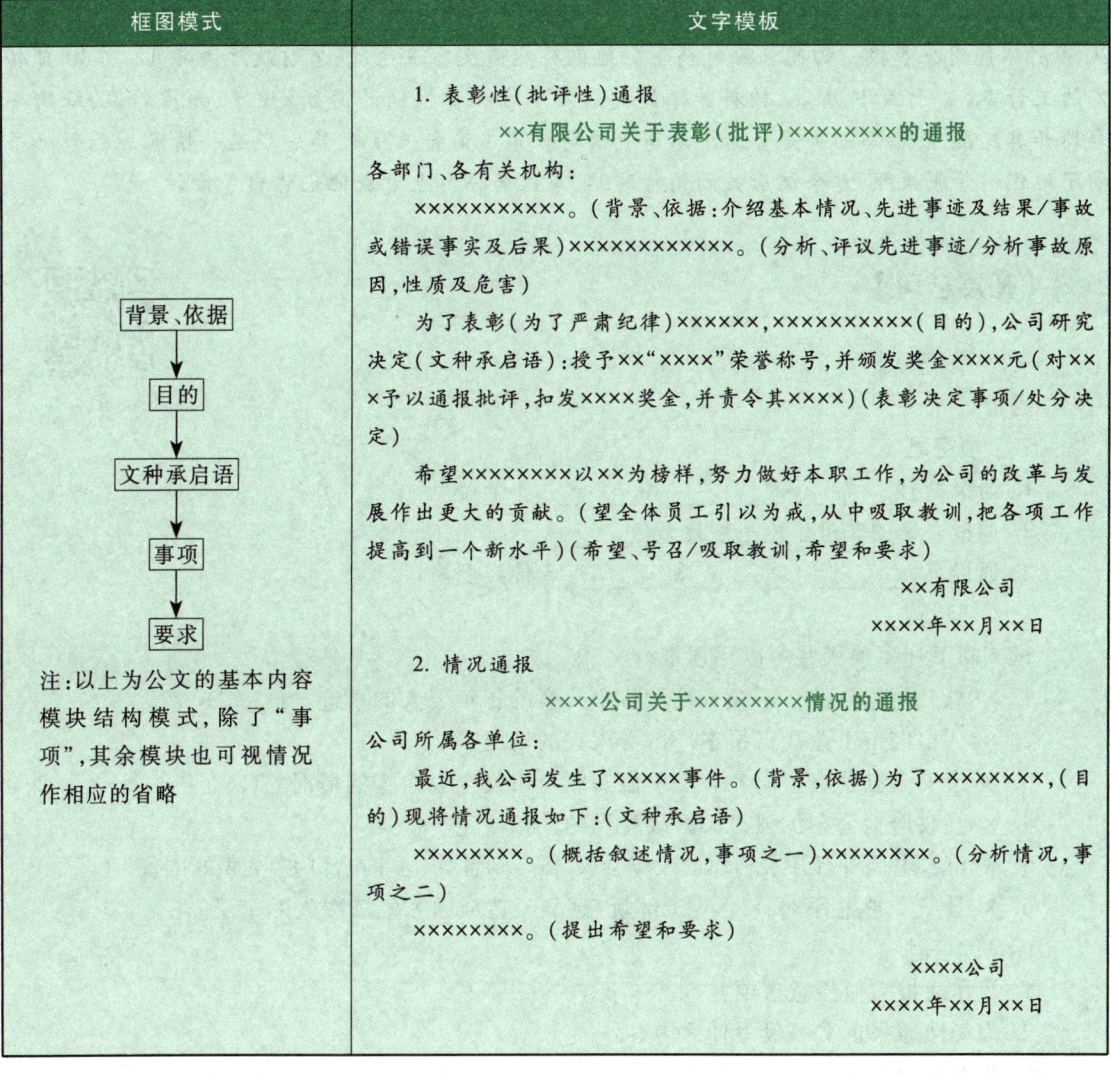

(三) 注意事项

(1) 撰写通报前一定要做好调查研究,包括文字涉及的事件的来龙去脉必须反复核实,实事求是,以免发文后造成被动、失信的局面。

(2) 叙述典型事实要准确、平实、简明。

(3) 讲究时效性,及时行文。

(4) 事项的"分析""评议"部分,最能体现通报作者思想水平和写作水平,写作时一定要注意将人和事上升到较高的层面来认识，切忌就事论事。

（5）通报的决定事项不能与事实、政策相抵触。

四、技能训练

请根据下列材料，以××市医药总公司的名义拟一份批评性通报，下发所属各分公司和各县医药公司。

1月上旬以来，××市××医药总店每天派出两名职工推着流动售货车，佩戴××市工商行政管理局最近发给该店的零售营业执照，在市郊人口稠密处销售人参蜂乳精、阿胶、参类、龟苓膏等20多种不能用公费报销的高档滋补药物。他们公然违反省卫生厅、省财政厅去年12月30日转发的卫计委《关于滋补、营养、饮料等保健类药品不准公费报销的通知》规定，弄虚作假，给购买者均开具发票，上面写的却是普通中草药或西药。市工商行政管理局发现这一情况后已暂时吊销了他们的营业执照，责令该店关闭销售网站，市医药公司也责成他们作出了检讨。

【拓展学习】

9.5 即测即评

一、名词解释

通报

二、填空题

1. 通报具有＿＿＿＿、＿＿＿＿和＿＿＿＿3个特点。
2. 通报表彰的先进事迹一般比较＿＿＿＿。
3. 通报有＿＿＿＿、＿＿＿＿和＿＿＿＿3种类型。

三、判断题

试判断下列事项哪些可以用通报行文。

1. ××总公司拟宣传奋不顾身抢救落水儿童的青年工人的事迹。（　　）
2. ××厂拟向市工业局汇报本厂遭受火灾的情况。（　　）
3. ××市安全办公室拟向各有关单位知照全市安全大检查的情况。（　　）
4. ××县政府拟公布加强机关廉政建设的几条规定。（　　）
5. ××市水电局将召开水利建设工作会议，需告知各县、区水电部门事先做好准备。（　　）
6. ××县纪委拟批评×局×××等干部玩忽职守、造成国家经济损失的错误。（　　）

四、简答题

1. 写作通报有何注意事项？
2. 表彰性通报正文一般写什么内容？
3. 批评性通报正文一般写什么内容？
4. 情况通报正文一般写什么内容？

五、AI同行

1. 输入提示词指令："撰写通报，容易出现哪些误区？"阅读AI生成的文字。
2. 在AI上分别输入以下两条内容存在差异的提示词指令：

(1)"生成一份表彰通报,内容:××××专业学生王花花,跳入河中,救起一名溺水女孩。"

(2)"生成一份表彰通报,内容:××××专业一年级女学生王花花,今年暑假参加义务环保宣传活动时,跳入河中救起一名溺水女孩。涵盖:概括叙述施救过程、情况紧急,拒受感谢重金,评议事迹,表彰决定,发出学习号召。"

阅读分析对同一物(事),当你输入描述物(事)的提示词指令详略程度不同时,AI的回复是否表现出相应的差异。

第六节 报告

教学视频:
报告

一、例文借鉴

【例文1】

关于冷库建设及使用情况的报告

商贸集团总公司:

我公司在接到总公司关于冷库建设的批复和建筑经费后,当即成立了冷库建设工作组,会同当地有关部门协商冷库建设事宜,完善冷库建设方案,选择公司附近的三余屯地区作为新建冷库的地点。目前,新建冷库已如期完工并投入使用。现将冷库建设及使用情况报告如下:

一、采取股份制方式筹集资金。我公司严格按照国家政策进行筹款,采取股份制方式共筹集资金100万元,加上总公司所拨建筑款500万元,确保经费按期到位。

二、运用招标方式选择施工队伍。为确保工程质量,我公司严格按照招标程序,选择有信誉、有资质的施工队伍,最终确定由本省建筑工程公司第三建筑队负责施工。

三、加强工程管理,确保工程质量。我公司选派有经验、有能力、责任心强的王明副经理负责冷库建设工作,加强工程质量管理。冷库于××××年9月动工,××××年5月竣工。经验收,工程质量完全达标。

四、完善冷库设施,按期投入使用。工程竣工后,我公司经过20多天的布置、安装、设备调试,又自筹资金购置了一套冷冻设备,冷库于××××年6月1日正式投入使用。冷库占地面积为4 000 m^2(80 m×50 m),上下两层,分四个区域,分别储存肉类、蛋品和海鲜,储存量达200 t。新建冷库由于规模扩大、交通运输便利、冷冻设备效果显著,投入使用2个月来,我公司营业收入就比去年同期增长了20%,极大地鼓舞了员工的士气,促进了公司的发展。

特此报告。

商贸集团第五分公司
××××年7月31日

【提示】

　　这篇专题性工作报告,发文机关在完成了一项专门工作或解决某项问题之后,立即向上级部门报告有关工作的开展情况。开头写明报告的背景、缘由:在接到总公司同意新建冷库的批复和建筑经费后,分公司开始了冷库建设工作,目前冷库已如期完工并投入使用。然后用文种承启语"现将冷库建设及使用情况报告如下"过渡到下文。正文部分用几个段旨句(观点句)分别报告冷库的建设和使用情况,层次清晰,用语简明扼要。

【例文2】

××学院行政管理系
关于首届行政管理专业学生毕业论文指导工作的报告

张副院长:

　　按照教学计划的规定和我校《学生毕业论文工作管理办法》的要求,××××年2月至6月,我系积极稳妥地开展了首届行政管理专业(以下简称行管专业)学生毕业论文指导工作。在院领导的关心支持下,在同志们的共同努力下,现在此项工作已经结束。总的来看,工作完成得比较顺利,取得了一定的成绩,结果较为圆满。根据学院的要求,现将毕业论文指导工作报告如下。

　　一、主要工作情况

　　由于首次组织行管专业毕业论文指导工作,我们缺乏经验,因此,本着早做准备、精心组织、边实践边摸索的原则开展工作。全部工作主要包括以下步骤。

　　1. 印发论文参考选题。(略)

　　2. 安排论文讲座。(略)

　　3. 落实指导教师。(略)

　　4. 开展个别指导。(略)

　　5. 组织成绩评定。(略)

　　在指导学生撰写论文的过程中,老师们既要完成日常教学任务,又要付出大量时间和精力来指导学生阅读资料、推敲提纲或观点并反复修改论文,但是毫无怨言。在4个月的时间里,老师们不仅指导学生研究问题,更以严谨负责、一丝不苟的科学态度感染和教育学生。有的老师家住得很远,为了当面指导学生(系里规定可以通过电话、电子邮件、微信答疑),多次专门赶到学校。有的老师为了等待学生下课谈论文,经常很晚才回家。老师们积极工作和认真负责的精神及对学生的满腔热情和细心指导,给同学们留下了深刻印象,是整个论文指导工作得以圆满完成的基本保障。

　　二、主要成绩与效果评价

　　回顾毕业论文指导工作,我们认为成绩是主要的,应当给予充分肯定。

　　1. 首次组织毕业论文指导工作,是在摸索过程中完成的。(略)

　　2. 撰写毕业论文,不仅进一步培养了学生们的科学精神,而且对强化写作训练、增强分

析、研究和解决问题的能力,发挥了重要作用。(略)

3. 首届论文指导工作,是在我系师资力量比较紧张的情况下完成的。部分教师首次承担这样的工作,为了确保质量,大家共同研讨,向有经验的同志请教,整个指导过程完成得比较顺利。(略)

4. 指导教师的工作,得到了学生们的充分肯定。在谈到毕业论文写作收获时,同学们有以下共识。

第一,在老师的指导下,初步学到了收集资料和研究、论述问题的方法。

第二,在老师的指导下,对选题进行了认真的研究,并且对所研究的问题有了一定的发言权。有的同学表示,毕业后还要继续研究毕业论文所涉及的问题,争取正式发表论文。

第三,从指导老师身上学到了一丝不苟、严谨治学的精神。这种精神将使学生受益终身。同学们的切身感受,是对指导老师工作效果的真实评价,也是对老师们辛勤工作的充分肯定。

总之,首次毕业论文指导工作是一次有益的尝试,成绩是主要的。它既保证了行管专业教学计划的完整执行,提高了毕业论文的质量,也使教师得到了锻炼,为继续开展这项工作积累了经验。

三、存在的问题及改进意见

我们认为毕业论文指导工作尚有值得改进之处。

1. 在印发论文参考选题之后近半年的时间里,忽略了对学生在选题和收集资料方面的指导和督促,失去了提前下发参考题目的意义。今后这个环节的工作需要抓紧。

2. 对毕业论文写作方法的总体指导还不够。在学生写作论文之前,系里组织过一次专题讲座,但由于时间紧,有些问题无法展开,致使部分同学在开始写作时无从下手。今后,要加强论文写作的集体指导。

3. 收尾阶段工作不够扎实,答辩工作比较仓促。主要原因是安排不太合理。今后应适当调整课程安排,抓紧前期工作,以便节省时间,切实搞好论文成绩评定,有成效地开展论文交流、答辩工作,以便学生相互借鉴,取长补短,并且更加科学准确地评定毕业论文的成绩。

我们要继续发展成绩,不断改进工作,汲取第一次毕业论文指导工作的经验教训,把以后各届学生的毕业论文指导工作做得更好。

特此报告,请审阅。

行政管理系
××××年7月12日

【提示】

这是一份工作报告。正文围绕主旨,首先介绍了工作背景和对工作的总体肯定性评价。文种承启语后引出报告的事项,即"主要工作情况""主要成绩与效果评价"和"存在的问题及改进意见",文章最后以"特此报告,请审阅"的习惯用语作结。文章采用分条列项法展开内容,内容排列具有逻辑关系。可看出作者对毕业论文指导工作的认识和概括是经过认真仔细的分析的,这是写好本文的前提。本文语言流畅,明晰,个别句子还可以简洁一些。抬头不能写个人,应将"张副院长"改为"学院"。

【例文3】

关于××××年5月产品质量事故的报告

公司董事会：

第三分厂××××年5月份生产的销往上海的300吨产品中，发现混有硝块、钢丝、鱼骨等杂物，给公司造成了很坏的影响。本周我厂组织三四车间各个包装班组逐一开会，分析讨论，同时对他们进行了质量意识与工作责任心教育。

经过分析讨论，大家认为：产品中的硝块本来是在干燥管壁上的，由于振动筛筛网与二次过筛损坏而进入产品中；钢丝是二次筛网损坏留下的；鱼骨是离心岗位、干燥岗位或者包装岗位人员吃饭时不小心掉到产品中的。

造成这次质量事故的原因，主要是由于员工的质量意识较差、工作责任心不强以及管理不到位。为了杜绝类似事故的再次发生，我厂已经做了以下几方面的工作。

1. 针对此次事故，对全体干部员工进行质量意识与工作责任心的教育，使他们认识到产品质量就是企业的生命，没有质量企业就不能生存，每个员工的经济收益就要受到损害。

2. 层层把好质量关，对各个工序进行严格控制：对振动筛定期检查，二次过筛随坏随换，包口及时扎实，调度员、工段长、包装班长、化验员随时监督。

3. 在加强过程控制的同时，加大查处力度，对个别不负责任人员予以严肃处理。

这次质量事故是我们第三分厂全体干部员工的耻辱，我们要接受教训，质量警钟长鸣，尽力挽回造成的经济损失与不良影响，在此我们愿意接受公司给予的任何处分。

特此报告，请审阅。

广州××股份有限公司第三分厂
××××年6月21日

【提示】

这是一篇反映产品质量事故的情况报告。全文分为五个层次。

第一，概述了事故的基本情况，以及事故发生后查找原因的做法。第二，分析说明了事故发生的直接原因。第三，说明了事故发生的根本原因。第四，说明了以后为避免事故发生所要采取的各种措施。第五，表达了对事故教训的深刻反省以及愿意接受处分的诚恳态度。

这篇报告重点突出，实事求是，解决问题的措施针对性强，表态诚恳，令人信服。

【例文4】

关于张××同志职称评定问题的答复报告

××市人民政府办公室：

接市办××××年5月20日查询我单位张××同志有关职称评定情况的通知后，我们立即进行了调查。现将有关情况报告如下。

张××同志是我集团公司二分厂工程师。该同志××××年起曾在××工学院受过4年教育，学习了有关课程。因缺乏学历证明,在今年上半年职称评定时,根据上级有关文件精神,我单位职称评委会决定暂缓向上一级职称评委会推荐评定他的高级工程师职称,待取得学历证明后补办。该同志认为这是刁难,因而向市政府提出了申诉。

接到市政府办公厅查询通知后,我们通过网络与××工学院教务部门取得联系,查核有关材料,得到××工学院的支持,正式出具了该同志的学历证明。现在,我集团公司职称评委会已为张××同志专门补办了有关评定高级工程师的推荐手续,并向该同志说明了情况。对此,他本人已表示满意。

特此报告。

××集团公司
××××年5月30日

【提示】

这是一篇写得较好的答复报告。正文开门见山写接到市办查询通知及已进行了调查,这是行文的背景。接着以文种承启语导出主体。主体写张××一事的缘由、调查和处理的情况,有理有据。报告处理结果,尤其是张××本人对处理结果的态度,这是上级最关心也是本文的关键一笔,简洁明了,可令上级满意。

二、必备知识

(一)报告的含义和用途

报告适用于向上级机关汇报工作,反映情况,答复上级机关的询问。

报告是机关、单位经常使用的重要的上行文。用好报告,能帮助上级及时了解情况,掌握下情,为领导作出决策提供依据。同时,有利于下级机关、单位接受上级的监督和指导。

(二)报告的特点

1. 反映实践性

报告汇报的工作,是对本单位的工作的回顾或总结。所反映的情况,只能是本单位在工作实践中所碰到的情况或问题。答复上级机关的询问,也只能依据本单位的实践情况。报告的内容必须真实,不能弄虚作假。

2. 概括陈述性

报告的表达方式是陈述性的,即以叙述和说明为主。然而,它的叙述和说明必须是概括性的,只要求作粗线条的勾勒,而不能详述事件或工作的过程,更不要求铺排大量的细节。即便运用议论,也多限于夹叙夹议。

(三)报告的类型

1. 工作报告

工作报告即向上级机关汇报工作的报告。

多数工作报告只向上级机关汇报某一阶段工作的进展、成绩、经验、存在的问题及打算,汇报上级机关交办事项的结果,汇报对某一指示传达贯彻的情况,以及向上级机关报送物件或材料等,并不向上级提出工作建议。工作报告也可以提出工作建议。有的工作报告提出的工作建议只要求上级机关认可(即呈报类建议报告),有的则在提出工作建议的同时,还要求上级机关批准转发(批转)给下级机关执行(即呈转型建议报告)。

2. 情况报告

情况报告即向上级机关汇报出现的新情况、新问题,特别是突发事件、特殊情况、意外事故及处理情况的报告。

3. 答复报告

答复报告即下级机关对上级机关所询问的问题作出答复的报告。

三、报告的结构写法和写作模板

(一)报告的结构写法

1. 标题

一般采用完整式公文标题的写法。如果标题中省略了发文机关,则落款时必须写发文机关名称。

2. 主送机关

一般是发文机关的直属上级机关。如有必要报送其他上级机关,可采用抄报形式。

3. 正文

(1)工作报告。正文围绕主旨展开陈述,内容一般包括基本情况、主要成绩、经验教训、对今后工作的设想或提出有关建议等几个部分。不同类型的工作报告,汇报的侧重点会有所不同。如果内容较多,则应分条列项写,或分若干部分写,但各条项、各部分之间要有逻辑关系,避免无序交叉。

(2)情况报告。正文围绕主旨,实事求是地概括叙述事件发生的原因、经过、性质,同时,要写出处理意见、处理措施或处理建议。

(3)答复报告。正文包括答复依据和答复事项两部分内容。答复依据即上级要求回答的问题。

一般报告的结尾都有习惯用语。根据报告的不同内容使用不同的习惯用语。提出建议,要求上级机关批转给下级机关的工作报告,常以"如无不妥,请批转有关单位执行"等请求式用语作结,其他各类报告常以"特此报告""专此报告""以上报告,请审示"等用语作结。

(二)报告的写作模板

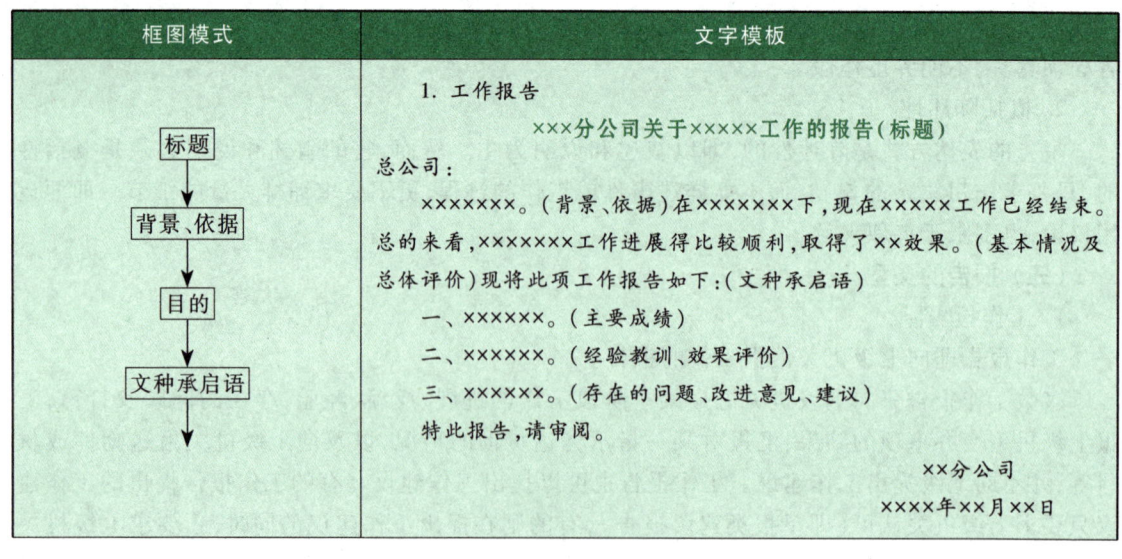

续表

框图模式	文字模板
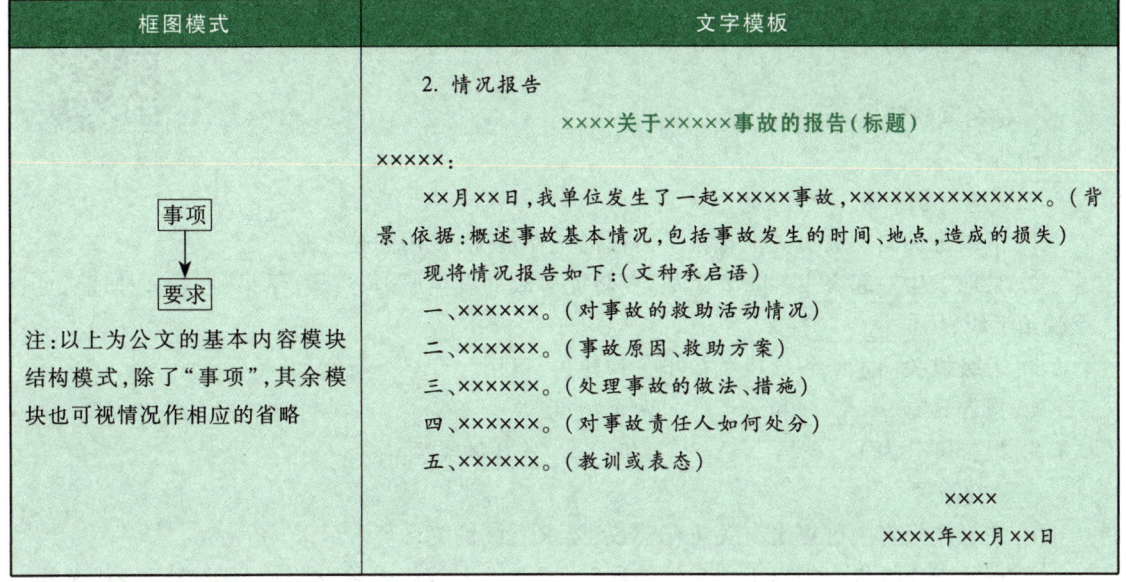注：以上为公文的基本内容模块结构模式，除了"事项"，其余模块也可视情况作相应的省略	2. 情况报告 ××××关于×××××事故的报告（标题） ×××××： 　　××月××日，我单位发生了一起×××××事故，××××××××××××。（背景、依据：概述事故基本情况，包括事故发生的时间、地点、造成的损失） 现将情况报告如下：（文种承启语） 一、××××××。（对事故的救助活动情况） 二、××××××。（事故原因、救助方案） 三、××××××。（处理事故的做法、措施） 四、××××××。（对事故责任人如何处分） 五、××××××。（教训或表态） 　　　　　　　　　　　　　　　　×××× 　　　　　　　　　　　　　　××××年××月××日

（三）**注意事项**

（1）注意工作报告和情况报告的区别。工作报告反映的是常规性的工作，内容相对稳定，写法也相对固定，有的工作报告还向上级提出工作建议。而情况报告汇报的是偶发和突发的特殊情况，内容多不确定，写法相对灵活。

（2）经验体会是工作报告写作的难点。经验体会必须是从实际工作中概括出的能指导今后工作的规律性的东西，而不是简单做法的罗列、拼凑。

（3）写情况报告要及时，以便及时让上级机关掌握情况。

（4）写答复报告要紧紧围绕上级机关提出的问题而回答，不能答非所问、节外生枝。

（5）报告中不能夹带请示事项。

四、技能训练

请合理扩充下面提供的材料，以××分公司的名义向总公司起草一份不超过500字的情况报告。

1. ××××年6月4日凌晨2时40分，××分公司江南百货大楼发生火灾事故。

2. 事故后果：未造成人员伤亡，但该大楼二楼商品被全部烧毁，造成直接经济损失350万元。

3. 事故原因：二楼某个体裁缝经二楼经理同意从总闸自接线路安装空调插座，导致电线起火。

4. 施救情况：事故发生后，分公司领导马上拨打火警，市消防队出动了8辆消防车，至清晨6点，火灾才被扑灭。

5. 善后工作：分公司经理、副经理多次到现场调查，并对事故进行了认真处理。

【拓展学习】

一、名词解释

报告

二、填空题

1. 下级机关向上级机关汇报某一阶段的工作情况,使用的公文是_____。

2. 某地发生一起突发性重要事故,要将此事故的发生原因、过程、结果、性质和处理意见反映给上级,用_____行文。

3. 下级机关向上级领导机关提出工作建议,可用_____行文。

4. 报告具有_____和_____两个特点。

5. 报告可分为_____、_____和_____3种类型。

三、判断题

1. 在工作报告中可提出有关工作建议,要求上级机关认可。(　　)

2. 有的工作报告在提出工作建议的同时,还要求上级机关将此报告批转给下级机关执行,这种报告的结尾通常用"如无不妥,请批转有关部门执行"。(　　)

3. 报告的行文方式主要以概括叙述和说明为主。(　　)

4. 工作报告可以写本单位进行到一半的工作。(　　)

5. 情况报告只需要写出事件的发生原因和经过。(　　)

四、多项选择题

1. 适用于报告写作的事项有(　　)。

A. 向上级汇报工作,反映情况

B. 向下级或有关方面介绍工作情况

C. 向上级提出工作建议

D. 答复群众的查询、提问

E. 答复上级机关的查询、提问

2. 工作报告的内容包括(　　)。

A. 经常性的工作情况

B. 偶发性的特殊情况

C. 向上级汇报今后工作的打算

D. 对上级机关的查问做出答复

E. 向上级汇报工作经验

3. 适合作报告结尾的习惯用语有(　　)。

A. "特此报告"

B. "以上报告,请批复"

C. "以上报告,请审示"

D. "请批准"

E."如无不妥,请批准"

五、AI同行

1. 输入提示词指令:"撰写报告,容易出现哪些误区?"阅读AI生成的文字。

2. 在AI上输入提示词指令:"××××学院(系)社团部年度工作报告,涵盖:基本情况、主要成绩、经验教训,今后工作设想、建议,要求:分条列项,思路清晰,内容充实,不超过4 000字",阅读AI生成的文字,再输入AI包含请求充实和补充的内容、修改的范围及要求等提示词指令,阅读AI生成的修改稿。

3. 自选属于班级情况报告的内容,如班级参加校运会的人数、项目、获奖等情况,在AI上输入自撰的详略不同的提示词指令各一条,辨析AI生成的两份情况报告。

第七节 请示

教学视频:
请示

一、例文借鉴

【例文1】

关于丹霞山风景名胜区列为国家重点风景名胜区的请示

国务院:

丹霞山风景名胜区位于我省韶关市仁化、曲江两县境内,面积180平方公里,分丹霞山、韶石山、大石山三个景区,距韶关市区最近处10公里,最远处50公里,柏油公路直达主峰区,观光旅游的交通十分方便。

据地质考证,6 500年前丹霞山所在地是一个大湖泊,由于造山运动,形成红岩峭壁和嶙峋洞穴,构成奇异自然风景。在全世界同类地形中,以丹霞山为最典型,"丹霞地貌"已成为国际地质学名词。现丹霞山景区已开发接待游人的范围为12平方公里,主要景点有87处,山、江、湖兼备,绿化良好,兼之摩崖石刻、寺庵、亭台楼阁点缀其间,自然及人文景观丰富。靠丹霞山南侧的韶石山景区,滂于浈水,是历史上舜帝南巡奏乐之处,内有"三十六石"的奇景;丹霞山西侧的大石山景区,类似丹霞山的奇山异峰,有丹寨幽洞、岩柱等自然景观。

在丹霞山风景名胜区附近,有"金鸡岭""九龙十八滩""古佛岩""南华寺""马坝人遗址"等风景区及名胜古迹,总面积约400平方公里。目前,粤北地区以丹霞山风景名胜区为中心形成了我省一条重要的旅游线。

根据国务院《风景名胜区管理暂行条例》,我们对丹霞山风景名胜区进行了资源调查、评价,编制了总体规划。现申请把丹霞山风景名胜区列为国家重点风景名胜区,请审批。

广东省人民政府
一九八八年二月十一日

【提示】

　　这是一则请示,教材专门选这篇"老文"作例文,是因为其不但写"美丽中国"之自然景点,而且写法亦颇具借鉴价值。

　　正文第一段写丹霞山的地理位置和有关情况,第二段、第三段写丹霞山的风景名胜价值和旅游价值。作为本请示的背景、缘由、依据,这三段写得具体、实在,突出了重点、抓住了特点。最后一段写为申请将丹霞山列为国家重点风景名胜区广东省已做好了有关准备工作。结尾以请求语作结。

　　本文思路明晰,结构周密,语言简洁。一般来说,公文文字追求明确、准确、简洁、庄重,不太讲求文采,但这篇请示用有文采的文字展露着祖国的河山之美,以这样的笔墨写名胜丹霞山自然景观和人文景观,反倒与请示的内容很是匹配,显得和谐,而且能激发读者热爱祖国的大好河山之情。

【例文2】

关于申请对外承包劳务经营权资格的请示

××建工集团:

　　我公司是经国家建设部核定的工业与民用建筑工程施工一级资质企业,成立于××××年×月。公司注册资本××××万元,现有职工××××人,其中高级职称××人,中级职称×××人,机械设备1 000多台,总功率2.2万千瓦。公司在区内外设有土建、设计、装饰、机械施工、设备水电安装、房地产、建筑工程监理、计算机软件开发等十多个分公司。在几内亚、冈比亚等国家设有经理部和全合资企业。21世纪以来,公司生产经营实现跨越式发展,目前主要经济技术指标位居××省内同行业前列,被评为我省最大经营规模建筑企业十强第一名、中国500家最大规模和最佳经济效益施工企业,连续9年被评为"省重合同守信用企业",荣获"全国先进建筑施工企业""全国施工技术进步先进企业""全国工程质量管理先进单位""全国建设系统精神文明建设先进单位"等称号,两次荣获中国建筑工程质量最高奖"鲁班奖"。公司现年施工能力可完成工作量××亿元,竣工面积××万平方米。

　　前年,我公司通过了××××国际质量体系认证,在工作质量方面,取得了走向国内外市场的通行证,企业管理已与国际接轨。为了拓展经营渠道,搞活国有企业,提高国有资产增值率,我公司现申请对外承包劳务经营权资格,申请对外经营范围为:

　　1. 承包境外工业与民用建筑工程及境内国际招标工程。

　　2. 建筑材料(产品)、设备出口。

　　3. 对外派遣实施境外工程需要的劳务人员。

　　特此请示,请批复。

××建工集团第×建筑工程有限责任公司
××××年10月25日

【提示】

　　这是一份请求批准的请示。正文第一段和第二段第一句通过陈述公司的历史、设施设备以及获得的各种荣誉,以表明实力,作为申请事项的依据、缘由。目的句之后提出申请的事项,即对外承包劳务经营权资格及对外经营范围。结语以请示习惯用语提出请求。

　　本文主旨鲜明,将公司的实力作为行文重点,思路清晰,结构合理。语言明晰、简洁。

【例文3】

关于改向日本伊丹市赠建风景亭的请示

省人民政府:

　　去年,我市政府曾以佛府〔××××〕40号文上报《关于向日本伊丹市赠送一座风景塔的请示》,并获得省人民政府办公厅粤办函〔××××〕245号《关于向日本伊丹市赠建风景塔、赠送花岗岩石问题的复函》同意。在我市与伊丹市就建塔的具体事宜商谈时,伊丹市提出,由于日本是个多地震的国家,在建筑上受建筑标准法等法律的制约,经做可行性调查后认为,建造风景塔是不可能的,因此,向我市提出希望能改为赠建一座风景亭。考虑到建风景亭比风景塔工程量小,所需建筑材料少,耗资相对也少,经我市研究,决定同意伊丹市的要求,把原赠建的风景塔改为赠建风景亭。当否,请批示。

　　附件:1.《关于向日本伊丹市赠送一座风景塔的请示》(佛府〔××××〕40号)

　　2.《关于向日本伊丹市赠建风景塔、赠送花岗岩石问题的复函》(粤办函〔××××〕245号)

　　3.伊丹佛山两市友好交流第八次会谈备忘录

佛山市人民政府
××××年××月××日

【提示】

　　这份请示虽然是一份"老文",却极具借鉴价值。正文以四句话说完请示的内容。第一句交代事件的缘由:佛山市给伊丹市赠建一座风景塔,去年已获批准。第二句陈述伊丹市要求改赠风景亭的理由:建塔受建筑标准法制约。第三句说明佛山市同意伊丹市要求的理由。第四句使用了请示的惯用结语。

　　最值得注意的是文章附了三份文件,说明拟稿人拟文注重技巧,因为附件可以有效地节省正文的篇幅,而且方便上级机关查阅相关文件。

　　全文陈述有据,文字简洁清楚。不足之处是首句中两个文件的文号均应加圆括号并移至各文件书名号之后。另,"当否,请批示"该另起一段。

【例文4】

关于购置网络设备的请示

集团公司:

　　近期,因用于网络连接的路由器和网络交换机频繁出现故障,造成我公司与上级部门网络联系经常中断,严重影响了日常工作。经过反复试验分析,并与网络营运商铁通公司沟通,查出其原因主要是网络设备即主路由器和主交换机均已使用5年以上,再加上没有备用设备交替使用和机房条件等因素的影响,导致设备老化,稳定性能降低,因而经常出现网络不通或整体网络中断等情况。

　　为了保障网络畅通,避免因设备故障造成网络中断,影响生产及信息传递,特申请购置主路由器及主交换机各一台,约需资金13 000元人民币。

　　妥否,请批示。

××集团公司××分公司
××××年4月27日

【提示】

　　这是一份请求批准的请示。标题由请示事由和文种两部分组成。正文部分首先说明了请示的缘由,用事实说话,客观、具体、合理、充分,在阐述缘由的基础上,表述请示目的,提出请示事项即购置设备的数量和金额,内容具体简明。结尾部分用请示惯用语向上级提出期复性要求。

　　全文事实与理由兼备,文字简明,思路清晰。

【例文5】

关于交通肇事是否给予被害者家属抚恤问题的请示

最高人民法院:

　　据我省××县人民法院报告,他们对交通肇事致被害人死亡,是否给予被害者家属抚恤的问题,有不同意见。一种意见认为,被害者若是有劳动能力的人,并遗有家属要抚养的,就给予抚恤;被害者若是没有劳动能力的老人或儿童,就不给予抚恤。另一种意见认为,只要不是由被害者自己的过失所引起的死亡事故,不管被害者有无劳动能力,都应酌情给予抚恤。我们同意后一种意见。几年来实践经验证明,这样做有利于安抚死者家属。是否妥当,请批复。

××省高级人民法院
××××年×月×日

【提示】

　　这是一则请求指示的请示,这类请示多涉及政策、认识上的问题,请求上级明示。正文开门见山,提出对交通肇事是否给予被害者家属抚恤有不同意见,继而申明作者单位同意的意见及同意的理由,最后提出要求,请求上级明确批复。全文观点鲜明,语言简洁。不足之处为"是否妥当,请批复。"应另起一段。

二、必备知识

（一）请示的含义和用途

请示适用于向上级机关请求指示、批准。请示是常用的上行文。

具体而言，请示的适用范围主要有如下几个方面：

（1）属于超出本机关的工作职权范围必须经请示批准才能办理。

（2）对国家的有关方针政策或上级机关的有关规定、决定等不甚了解或有不同理解，需请上级机关解释或重新审定。

（3）工作中出现了新情况、新问题，必须处理却又无章可循，无法可依，有待上级机关批示。

（4）遇到本机关职权范围内很难克服或无力克服的困难，需请上级机关支持、帮助。

（5）属于涉及全局性或普遍性的而本机关无法独立解决的工作困难和问题，必须请示上级机关以求得到上级机关的协调和帮助。

（二）请示的特点

1. 事前行文性

请示一定要在工作开始前行文，得到上级机关批准后才能付诸实施，不可"先斩后奏"或"边斩边奏"。

2. 请求批复性

请示行文的目的非常明确，即要求上级机关对请示的事项作出明确的批复。

3. 一文一事性

即一份请示只能请求指示、批准一件事或解决一个问题。

（三）请示的类型

1. 请求指示的请示

这类请示所涉及的是下级机关对政策、方针在认识上不明确、不理解，或对新问题、新情况不知如何处理的问题。

2. 请求批准的请示

这类请示所涉及的是下级机关限于自己的职权，无权自己办理或决定的事项。

3. 请求支持、帮助的请示

这类请示所涉及的是下级机关遇到仅依靠自己的力量，很难克服或无法克服的困难。

三、请示的结构写法和写作模板

（一）请示的结构写法

1. 标题

由发文机关、事由和文种构成。标题中的事由要明确，语言要简明。由于"请示"本身就含有请求、申请的意思，所以标题中应尽量不再出现"申请""请求"一类的词语。

2. 主送机关

请示只能有一个主送机关。受双重领导的单位写请示时，应根据行文的内容确定一个主送机关，抄送另一个上级机关，不能多头主送。

3. 正文

请示的正文由请示的缘由、事项和结语三部分组成。

（1）缘由。即请示的理由或根据。这部分内容既要实事求是,有理有据,说明充分,又要条理清楚,开门见山。缘由是写作请示的关键,直接关系到请示事项能否成立,关系到上级机关的审批态度。如果缘由比较复杂,还必须写明必要的事实和数据,不能为追求简要而作简单化处理,而要让领导知晓批准或不批准这个请示,将分别出现什么情况。

（2）事项。即请求上级机关给予或指示或批准或支持和帮助的具体内容。事项要具体,所提的要求要有可行性和可操作性。如果内容比较复杂,则分条列项写。用语要明确,不能含糊其词。语气要得体。

（3）结语。请示用结语表达要求,通常使用"妥否,请批复""特此请示,请予批准""请批准""请审批""请指示"等惯用语。这些是请示结尾必不可少的惯用语。

4. 落款

标明发文机关和发文日期,加盖公章。

（二）请示的写作模板

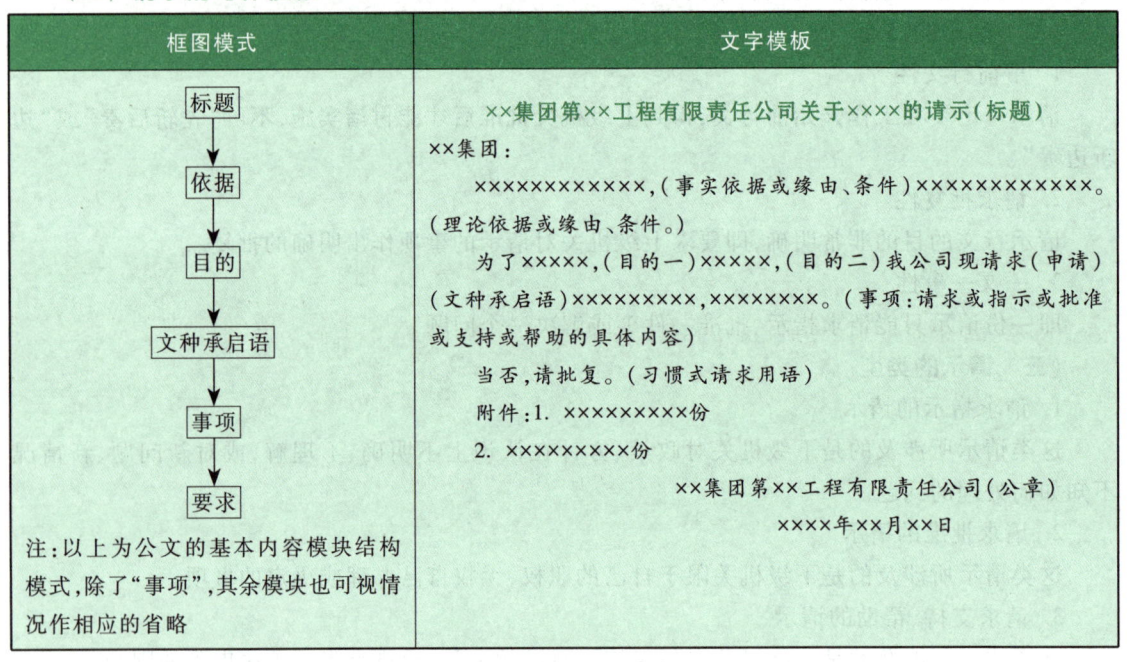

（三）注意事项

1. 注意报告与请示的区别

报告与请示的区别主要表现在以下六个方面。

（1）行文时间。请示必须在事前行文,而报告在事前、事后及事中皆可行文。

（2）行文的目的、作用。请示旨在请求上级批准、指示、支持和帮助,需要上级批复,重在呈请。报告旨在向上级汇报工作、反映情况、提出建议、答复上级询问,不需要上级答复,重在呈报。

（3）主送机关数量。请示只写一个主送机关。在遇到灾情、疫情等紧急情况需要多级领导机关尽快知道时,报告可写多个主送机关。

（4）写法。报告的内容较杂,容量可大可小,侧重于概括陈述情况,总结经验教训,形式多样,表述灵活,体现报告性。请示则内容单一,一文一事,侧重于讲明原因,陈述理由,表述事项,要求体现请求性,篇幅较小。

（5）结尾用语。报告的结束语一般写"特此报告""以上报告,请审阅",或者省略结束惯用语。请示则不能省略结束惯用语,一定要写"以上请示,请批复"一类的惯用语。

（6）受文机关处理方式。请示属于办件,受文机关必须及时批复。报告多数是阅件,除需批转建议报告外,上级机关对其余各类报告不必行文。

报告和请示最大的相同之处是均属于上行文。

2. 请示的注意事项

请示只送给直接的上级机关,不越级请示;不能一文多事;不得抄送下级机关;语言得体,不能使用指示性语言;不滥用请示,凡在自己职权范围内经过努力能够处理和解决的问题和困难,都应尽力自行解决,不能动辄请示,将矛盾上交。

四、技能训练

请阅读下文,指出其毛病,并写出修改稿。

××公司关于××制衣厂翻建房屋的请示报告

总公司：

我公司下属××制衣厂于××××年10月开始翻建汽车库,且已经拆除了司机、装卸工宿舍,武装部办公室,基建科办公室等共计 510 m^2。因为以上办公用房的拆除,以致汽车无处停放,有关职工无处办公,严重影响正常工作。为了缓和厂区占地紧张状况及结合全厂长远规划,故决定一层为汽车库,二层为办公用房。

为了解决当前办公用房之急需,决定把已拆除的 510 m^2 面积加在汽车库顶层,资金由本公司自行解决。

妥否,请批示。

××公司（公章）

××××年10月30日

【拓展学习】

一、名词解释

请示

二、填空题

1. 请示具有 _____ 、_____ 和 _____ 3个特点。
2. 请示可分为 _____ 、_____ 和 _____ 3种类型。

三、判断题

1. 缘由是否有理有据是请示事项能否得到上级机关批准的关键。（　　）
2. 凡必须得到上级机关批准和指示后才能办理的公务,都可用"请示"行文。（　　）
3. 请示一般只写一个主送机关和领导。（　　）
4. 请示如需有关上级单位知道,可用抄送形式。（　　）

5. 受双重领导的机关向上级机关请示,应当写明两个主送机关。(   )
6. 请示不得下发给下级机关。(   )
7. 为了提高办事效率,同一份请示可请求指示或批准若干事项。(   )
8. 情况紧急可以越级请示。(   )
9. 报告和请示都是陈述性公文。(   )

四、多项选择题

1. 适合请示的事项有(   )。
   A. 向上级汇报工作情况,请求上级指导
   B. 下级无权解决的问题,请求上级机关作出指示
   C. 下级无力解决的问题,请求上级机关帮助解决
   D. 按规定不能自行处理,应经上级批准的事项
   E. 工作中出现的一些涉及面广而下级无法独立解决必须请求上级机关协调和帮助的问题

2. 下列事项中,应该用请示行文的有(   )。
   A. ××县教育局拟行文请求上级拨款修复台风刮毁的学校
   B. ××县政府拟行文向上级汇报本县灾情
   C. ××集团公司拟行文请求上级批准引进肉食品加工自动化生产线
   D. ××海关拟行文请求上级明确车辆养路费缴纳标准
   E. ××市政府拟行文向上级反映农民负担增加的情况

3. "请示"应当(   )。
   A. 一文一事
   B. 抄送下级机关
   C. 一般只写一个主送机关
   D. 不考虑上级机关的审批权限和承受能力

4. 下列标题中正确的有(   )。
   A. ××分公司关于请求批准开发手机配件新产品的报告
   B. ××县人民政府关于解决我县高寒山区贫困户移民搬迁经费的请示
   C. ××县人民政府关于请求将××风景区列为省级自然保护区的请示报告
   D. ××公司关于解决生产用地的请示
   E. ××省移民办公室关于对移民区域作适当调整的请示

5. 请示的下列结语中,正确的有(   )。
   A. 特此请求,请批复
   B. 当否?请批准
   C. 可否,请批复
   D. 请审批

五、简答题

1. 试述请示的正文由哪些部分组成。

2. 试述请示和报告的区别。

六、AI 同行

1. 输入提示词指令:"撰写请示,容易出现哪些误区?"阅读 AI 生成的文字。

2. 在 AI 上输入提示词指令:"生成一份文体中心向总公司提交筹办中秋晚会的请示,涵盖:节目、经费预算、添购摄影及音响设备、邀请嘉宾,要求:缘由充分",阅读 AI 生成的文字,继而在 AI 上输入对语言作出精简和润色修改的提示词指令,比较 AI 两次回复文稿的差异。

3. 自选班级请示事项,撰写指示词指令,请 AI 生成一份提交学院的请示,再请 AI 按新增的内容和新要求,对文稿作出不少于 3 次修改,直至你满意为止。

第八节 函

教学视频:函

一、例文借鉴

【例文1】

关于商洽委托代培网络秘书人员的函

××大学人文学院:

本集团公司新近上岗的秘书人员缺乏专门的网络秘书知识,业务素质亟待提高。据报载,贵院将于今年 9 月开办网络秘书培训班,系统讲授网络秘书业务、公关礼仪、实用文书写作等课程。这个培训项目为我集团公司新上岗的网络秘书人员提供了一个难得的在职进修机会。为了能尽快提高本集团公司网络秘书人员的从业素质,我们拟选派 8 名在岗秘书人员随该班进修学习,委托贵院代培。有关代培费用及其他相关经费,将按时如数拨付。

如蒙慨允,恳请函复为盼。

××集团公司(印章)
××××年 7 月 20 日

【提示】

这是一份商洽函。正文分六个层次。

第一,写本单位在岗秘书的业务素质亟待提高,这是行文的缘由、背景。

第二,写知悉对方开办秘书培训业务。

第三,认为对方的培训是我方秘书难得的在职进修机会。

第四,以"目的句"写行文的目的。

第五,商洽的事项。

第六,请求对方答复。

文章思路清晰,环环相扣,逻辑性强。"贵院""恳请函复为盼"一类具有谦敬意味的词句,体现了商洽函的语体特征。值得指出的是,"秘书人员"应简写为"秘书";"随该班进修学习"与"委托贵院代培"应位置对调;"如蒙慨允,恳请函复为盼",会导致对方不同意便不复函。所以,"如蒙"应改为"是否",以求对方复函。

【例文2】

关于给××超市总公司商租商场一事的复函

上海××超市总公司:

贵公司《关于商租××商厦五楼开设无人超市的函》(沪×超函[××××]20号)收悉,经研究,现答复如下:

贵公司欲租我商厦五楼闲置的楼面开设无人超市,既满足了网络时代顾客的购买需求,又有利于盘活我商厦的闲置资源,扩大我商厦的经营规模与商品种类,本商厦欢迎贵公司来我商厦五楼开设无人超市。具体租金请贵公司来人面洽。

特此复函。

上海××商厦
××××年4月1日

【提示】

这是答复对方商洽事项的函。正文开头引述对方来函标题及发文字号,以作复函缘由,继而用"经研究,现答复如下"一语过渡到主体部分。

主体部分先概括对方来函所商洽的事项及意义,既是对来函的回应,又表达了自己的态度。紧接着做出"欢迎"合作的表态,并提出面谈要求。

文章针对性强,态度诚恳,表述严谨,行文规范。

【例文3】

关于月野FC16SA大卡车
存在严重质量问题要求赔偿损失的函

广东省汽车贸易中心:

我公司于××××年6月6日向贵公司原业务一科购买附有商检合格证的月野FC16SA型6吨卡车15辆,发票两张,号码为0671012,0671022,于××××年6月23日交货,9月中旬正式投入营运使用。该批车使用后,陆续发现前、后轮内侧胎不规则锯齿形磨损,以内侧内边缘为甚。经有关技术专家及广州市公安局第七检测站检验,认定此批车存在严重质量问题,与原供货资料标准不符。我公司已于11月初暂停使用。为此,特向贵单位请求:

一、于本月30日前,派员前来检验质量鉴证等问题。

二、重新按质论价,赔偿经济损失,或退货。

希贵公司讲求信用,按国家有关法律、规定与我公司共同协商解决上述商品的质量问题。

附件：1. 购车发票两张
   2. 广州市公安局检测站检验书
联系人：×××、×××
电话：×××××××
联系地址：广州市××路××号

广东省××公司汽车队
××××年 11 月 12 日

【提示】
  这是一则商洽索赔的函。正文简要交代了行文的原委、发现的情况、检验认定、采取的措施等，这也是行文的背景，而且是提出索赔要求的有力证据。要求写得有礼有节，要求合理，并提出希望。最后附上证明材料，写上联系方法，以便联系。此函行文得体，表意明确，证据具体，思路周密。

二、必备知识

（一）函的含义和用途

函适用于不相隶属机关之间商洽工作，询问和答复问题，请求批准和答复审批事项。

函的使用范围极广，使用频率极高，可谓公文中的"轻武器"。具体来说，函的用途主要包括以下 4 个方面。

（1）平级机关或不相隶属机关单位之间的公务联系、往来。

（2）向无隶属关系的业务主管部门请求批准有关事项。

（3）业务主管部门答复审批无上下级隶属关系的机关请求批准的事项。

（4）机关单位对个人的事务联系，回复群众来信等。

（二）函的特点

1. 使用广泛性

函的使用不受级别高低、单位大小的限制，收发函件的单位均以比较平等的身份进行联系。上至国务院，下至基层组织、企事业单位、社会团体都广泛地使用函。

2. 行文多向性

函可以上行、下行，但大多数函作为平行文使用。

3. 用语谦敬性

不论什么类型的函，用语皆需注重谦恭有礼，尊重对方，力求得到对方更多的理解和支持。函是最注重使用文言词汇的公文，也是公文中最富有文学性的文种。

（三）函的类型

1. 商洽函

商洽函即不相隶属机关之间商洽工作、联系有关事宜的函。如人员商调、联系参观学习等。

2. 询答函

询答函即不相隶属机关之间相互询问和答复有关具体问题的函。询答函实际上又可分出"询问函"和"答复函"。有些不明确的问题向有关机关和部门询问，用询问函。对机关和部门所询问的问题作出解释答复,用答复函。询答函多数涉及的是问题而不是具体的工作。

3. 请批函

请批函即不相隶属机关之间请求批准和答复审批事项的函。请批函实际上还包括审批函。请批函用于向不相隶属的主管部门请求审批事项,而审批函则用于主管部门答复不相隶属机关单位的请批事项。

4. 告知函

告知函即告知不相隶属机关有关事项的函。

以上是按内容和用途对函所作的分类。若按照文面格式分类,函可以分为公函和便函。若按照行文方向分类,函又可以分为去函和复函。

三、函的结构写法和写作模板

(一)函的结构写法

1. 标题

函的标题一般由发文机关、事由和文种构成,有时也可以只由事由和文种构成。

2. 主送机关

函的主送机关是受文办理来函事项的机关。

3. 正文

(1)开头。写行文的缘由、背景和依据。

一般来说,去函的开头或说明根据上级的有关指示精神,或简要叙述本地区、本单位的实际需要、疑惑和困难。

复函的开头引用对方来文的标题及发文字号,有的复函还简述来函的主题,这与批复的写法基本相同。继而,有的复函以"现将有关问题复函如下"一类的文种承启语引出主体事项,即答复意见。

(2)主体。写需要商洽、询问、答复、联系、请求批准或答复审批及告知的事项。

函的事项一般都较单一,可与行文缘由合为一段。如果事项比较复杂,则分条列项书写。

(3)结语。不同类型的函结语有别。如果行文只是告知对方事项而不必对方回复,则结语常用"特此函告""特此函达"。若是要求对方复函的,则用"盼复""望函复""请即复函"等语。请批函多以"请批准""请大力协助为盼""望能同意""望准予××是荷"等习惯用语收束。复函的结语常用"特此复函""特此回复""此复"等惯用语。也有的函不写结语。

4. 落款

函的落款同其他的公文基本一致,一般在正文之后标明发函机关、成文日期、公章三项内容。

(二)函的写作模板

框图模式	文字模板
	1. 去函 ××××(发文方)关于函洽(函请,函知)××××××(事由)的函 ××××: 　　××××××××××。(依据、缘由、背景) 　　为了××××××××××,(行文目的)现函商(现函请,现函洽,现函告)如下:(文种承启语)

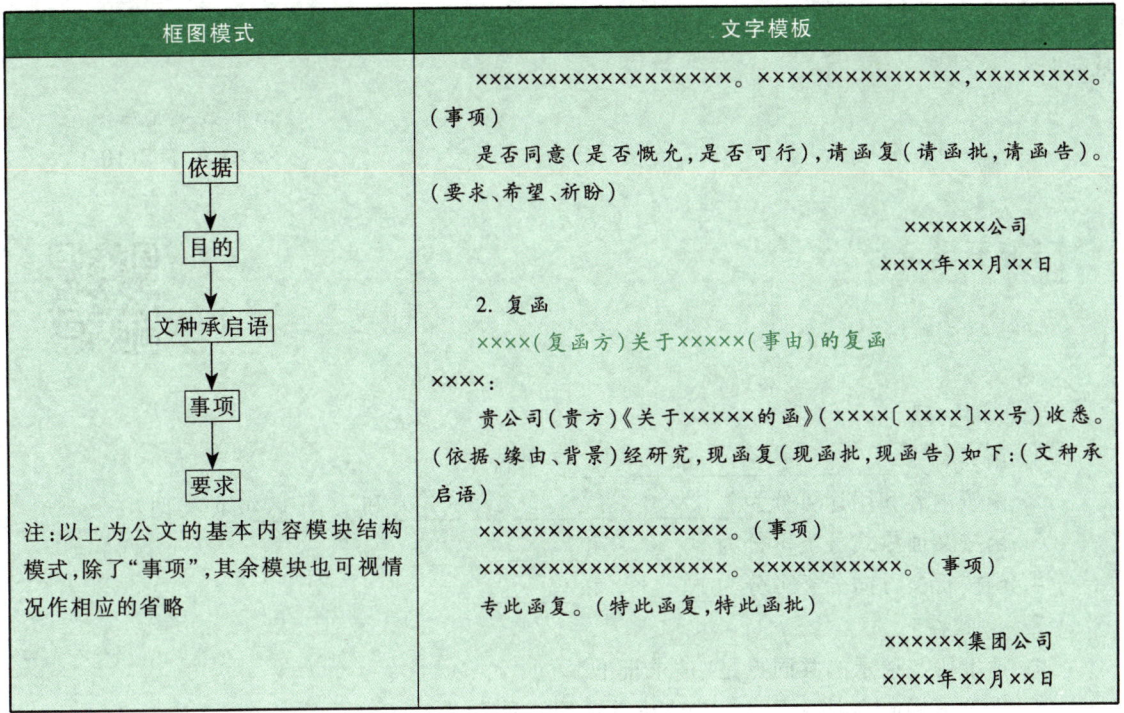

（三）注意事项

（1）注意请批函与请示的区别。向有隶属关系的上级机关请求指示、批准事项用请示，而向没有隶属关系的业务主管机关请求批准有关事项，则用请批函。主管机关答复请求审批事项，用审批函。

（2）开门见山，直奔主题。无论是去函还是复函，都不要拐弯抹角，切忌空话、套话和发空泛的议论。

（3）一文一函，简洁明了。

（4）语言要规范得体，并体现函的用语特色。发函要使用平和、礼貌、诚恳的语言，对主管机关要尊重、谦敬，对级别低的单位要平和，对平行单位和不相隶属的单位要友善。切忌使用生硬、命令性的语言。复函，则态度要明朗，语言要准确，避免含糊笼统、犹豫不定。

四、技能训练

下面是一则病文，试指出其毛病，并写出修改稿。

××市第七变压器厂
抓紧归还劳动服务公司借款的函

市第七变压器厂：

你厂于去年1月，从我厂借去资金80万元，作为你厂劳动服务公司开办费，当时双方讲好年内一定偿还。目前我厂正在编制去年的财务决算，为使我们能及时搞好各类款项的清理结算，要求你厂务必将所借之款于20日前归还我厂，切不要一拖再拖，给我厂财务工作的顺利进行带来不应有的困难。

　　此致

敬礼！

××市第一变压器厂

××××年1月10日

【拓展学习】

一、名词解释

函

二、填空题

1. 函具有_____、_____和_____3个特点。
2. 函按内容和用途可分为_____、_____、_____和_____4种类型。
3. 函按文面格式分类可分为_____和_____。
4. 函按行文方向分类可分为_____和_____。

三、判断题

1. 请批函与请示的共同点是"请求批准"。（　　）
2. 县教育局向县财政局要求拨建校款项用请示行文。（　　）
3. 便函不是函。（　　）
4. 函追求短小精悍，因而复函不必引用对方来函的标题及发文字号。（　　）

四、简答题

对业务主管机关请求审批事项，何以不能用请示而要用请批函？

五、病文修改

下面是一则病文，请写出格式规范、具有函的语体特征的修改稿。

关于要求报价的函

×××茶厂经理：

　　我们对你厂生产的绿茶很有兴趣，十分想网购一批君山毛尖茶。我公司要求不高，只要求该茶叶品质一级，规格为100 g一包，望你厂能告诉单价报价和交货日期、结算方式等给我公司。

　　如果价钱合理，且能给予最好的折扣，我们将做到大批量订货。

　　致

礼！

××××副食品公司

××××年××月××日

六、AI同行

1. 输入提示词指令："撰写函，容易出现哪些误区？"阅读AI生成的文字。

2. 在 AI 上输入提示词指令:"生成公文函常用的文言敬谦词汇,要求:谦恭,礼仪,尊重,附上使用敬谦词汇的例句。"阅读 AI 多次生成的文字。

3. 在 AI 上先输入提示词指令:"请修改下面的病文,要求:格式规范,语言精简,谦敬客气,符合礼仪。"再输入从百度下载的一篇病函。假如 AI 的修改稿仍存在毛病,则再输入相关的提示词指令,直到 AI 的回复稿让你满意为止。

第四篇 常用工作文书

第十章 规章文书

第一节 规章制度概说

一、规章制度的含义和用途

规章制度是国家行政机关、社会团体、企事业单位为实施管理的需要,依照国家法律、法令和政策,在自己的权限范围内制定的具有法规性、指导性与约束力的应用文书。规章制度也称为规章文书。

各种规章制度在内容上对某方面工作、某项工作或某一事项作出规定和要求,对有关方面、有关人员的行为具有规范和制约作用。

2001年11月16日,国务院令颁布的《行政法规制定程序条例》和《规章制定程序条例》为我国规章制度的制定提供了科学规范。这两部行政法规均于2017年作了首次修改,修改后自2018年5月1日起施行至今。

二、规章制度的类别

规章制度可分为法规类、指导类、章程类、制度类和公约类五种,具体文种有条例、规定、办法、细则、章程、制度、规则、守则、规程和公约等。

规章制度各文种写法类似。本章只学习企业常用的章程、规定和制度的写法。

三、规章制度的特点

(一)约束性

规章制度是出于规范人们的行为目的而制定的。规章制度一经公布,就对有关单位或个人的言行举止具有约束性乃至强制力,必须遵守执行,违反则要受到相应的处罚。

(二)周密性

在内容上,规章制度要求能面面俱到,对所涉及的各个方面,都必须作出相应的规定:该怎样做,不该怎样做,哪些情况该奖、罚等,应细致而周到,不能有遗漏和疏忽,不能有歧义,不能含混不清、似是而非,或自相矛盾。力求具有逻辑的严谨性,做到无懈可击。

(三)条款性

为了便于表述、援引和记忆,在表达上,规章制度采用条理分明的章断条连式结构或条文并列式结构。章断条连式的正文分为总则、分则和附则三个部分。内容复杂、条文较多的规章制度多采用这种结构。条文并列式的正文从头到尾皆用条文组织内容。内容简单、条文较少的规章制度多用条文并列式。这部分内容在第二章"思路与结构"的第二节"应用文书的结构"中已做介绍。

(四) 依附性

规章制度可以直接颁发,但这种情形较少,一般作为"令"或"通知"的附件发布,具有依附性。

(五) 广泛性

规章制度涉及的对象非常广泛,与国家机关、社会团体、企事业单位、集体和个人都有关。在使用范围上可至国家最高领导机关、管理部门,下可至基层单位、科室和车间班组等。

【拓展学习】

一、名词解释

规章制度

二、填空题

1. 规章制度也称为_____。
2. 规章制度的类别可分为_____、_____、_____、_____和_____5种。
3. 章断条连式的正文分为_____、_____和_____3个部分。
4. 规章制度具有_____、_____、_____、_____和_____5个特点。

三、判断题

1. 条文并列式的正文从头到尾皆用条文组织内容。(   )
2. 内容简单、条文较少的规章制度多采用条文并列式。(   )
3. 规章制度不可以直接颁发。(   )

四、简答题

试述你对规章制度周密性特点的理解。

五、AI同行

1. 在AI上输入提示词指令:"规章文书写作容易出现的毛病有哪些?要求:举病例说明",阅读AI生成的回复。
2. 办法文种也是较常用的规章文书之一。在AI上输入提示词指令:"办法的写作,涵盖:办法的含义和用途、特点、类型、写法、写作的注意事项,要求:详细、严谨、周密、规范",阅读AI的回复。
3. 在两个AI上分别输入提示词指令:"生成某动漫设计公司质量管理办法(试行),要求:条文严谨、周密、规范",阅读辨析AI的回复。

10.1 即测即评

第二节　章程

教学视频：
章程

一、例文借鉴

【例文1】

广东××公司章程（草案）

第一章　总　　则

第一条　为了适应新的经济形势，贯彻广东省商业储运公司关于"储运、贸易、维修稳步增长"的经营方针，活跃市场，方便人民生活，特成立广东××公司。

第二条　广东××公司（以下简称公司）是广东省商业储运公司直接领导下的独立核算全民所有制企业，科级编制。地址在广州市××路××号，法人代表是×××。

第三条　公司是负责商品流通服务，方便网上网下购销、方便群众生活的经营机构。

第四条　公司的宗旨是：客户至上、信誉第一、优质服务、严格管理，不断地提高经济效益和社会效益。

第二章　组织体制

第五条　公司直接对外进行经营业务活动。在经济活动中具有法人地位，经理是法人代表。

第六条　本公司干部、职工的来源是省商业储运公司，经营的资金由广东省商业储运公司拨款，注册资金为××××万元。

第七条　公司实行经理负责制，经理是行政负责人，由省商业储运公司经理聘任，接受委托负责本公司的经营管理。

第八条　公司内部设置饮料部、开发部、家电部、储运部、电子商务部。

第九条　选出代表参加上级公司职工代表大会，树立职工主人翁责任感，保障职工当家做主的权利。

第三章　经营范围

第十条　本公司主营：批发、零售、五金交电、家用电器、照相器材、饮料制品、工艺品、日用百货、纺织品、日杂用品、农副产品。兼营：批发、零售、塑料制品、装饰材料、代购代销、建筑材料、商品装卸、包装整理。横向业务联系。

第十一条　生产经营方式：批发、零售、服务、网上网下代购代销。

第四章　经营管理

第十二条　本公司在上级公司指导下进行经营业务活动并遵守国家政策法令，制定各项规章制度，并严格执行。

第十三条　各项营业收费按国家物价部门规定标准执行，不得乱收费。

第十四条　在业务活动中以与对方单位签订合同的形式来明确各自的责任，如发生违约，按照《中华人民共和国民法典》有关规定处理。

第十五条 公司各部门之间坚持团结协作、平等互利、利益均衡的原则。凡涉及某一部门的利益情况,必须及时协商,妥善解决,不允许任何一方的利益受损害。

第五章 财务结算和收支分配

第十六条 收入、费用、付款结算按人民银行制度规定办理。

第十七条 本公司会计核算按照《中华人民共和国会计法》和《成本管理条例》以及上级规定的财务、会计制度进行账务处理,按国家规定照章纳税,做好审计工作。

第十八条 本公司实行经营承包责任制,由上级公司下达承包任务,所创超额利润由省商业储运公司定出留成比例,其余上缴国家财政。

第十九条 本公司对职工的劳动报酬实行"各尽所能,按劳分配"。

第六章 附 则

第二十条 加强对干部职工思想政治教育和业务培训,提高服务质量和业务水平。

第二十一条 公司领导必须关心职工生活福利,在力所能及的范围内解决职工实际困难。

第二十二条 定期对干部、职工进行考核,奖励和惩罚按《企业职工奖惩条例》和上级公司《人事管理制度》执行。

第二十三条 本章程未规定的事宜及在实践中不完善之处,其修订、补充权归本公司主管单位。

【提示】

这是一则组建公司的章程。

标题加了"草案"两个字,是由于公司尚在筹建,章程未经全体职工代表大会通过。本文随同《企业法人申请开业登记注册书》一起报工商行政管理部门批准注册并经职工代表大会通过后才可去掉"草案"字样,同时在标题下的括号内写上年月日。

正文依据公司所决定的经营方略,分章列条地写"总则""分则""附则"。总则4条,分别说明公司的性质、宗旨、名称、编制、地址和法人代表。分则4章共15条,分别规定了公司的组织体制、经营范围、经营管理和财务结算、收支分配等事项。末章附则4条,说明职工政治教育、业务培训、领导应关心员工、考核以及修订权等未尽事宜。

本文格式规范。作者思路清晰,语言准确。

【例文2】

×××秘书事务所章程(草案)

第一章 总 则

第一条 "×××秘书事务所"为民办咨询服务机构。

第二条 本所宗旨:面向社会,为机关、团体、企事业单位及个人提供秘书事务帮助,为广大群众的学习、工作、生产、生活等实际需要服务,促进经济繁荣和社会事业的发展。

第二章 机构与人员

第三条 本所人员自愿平等加入,退出自由。

第四条 本所人员应努力学习党的方针、政策和国家的法律、法令,提高政治站位,增强业务能力,不断地提高写作水平,为社会提供优质服务。

第五条 本所人员应严守职业道德,为服务对象保密,尊重他们的意愿,维护他们的合法权益。

第六条 本所人员由三方面组成:一是现职文秘中的兼职工作者;二是本地政府机关和法律、财政、科技、新闻等部门中有较高写作水平的工作人员(含离退休的);三是具有大专学历的文秘专业毕业生。

第七条 本所由民主推选一人为所长,负责主持工作,其余均为工作人员。所长任期一年,可连选连任,不胜任者可随时改选。

第三章 服务内容

第八条 本所的服务内容和项目暂定如下。

1. 代写公文及通用文书。如通知、通报、请示、报告、纪要及计划、总结、调查报告、讲话稿、规则、章程、制度、守则。
2. 代写经济文书及科技文书。如意向书、协议书、说明书、广告、经济合同、招投标书、新产品申报书、专利申请文件。
3. 代写司法文书。如诉状、辩护词、遗嘱、契约、委托代理合同、授权委托书。
4. 代写礼仪文书。如贺词、答谢词、悼词、挽联、讣告、慰问信。
5. 为集体和个人翻译外文(英、日、俄)资料及查询有关经济、技术方面的资料。
6. 为单位及个人介绍和推荐秘书。
7. 接受委托,办理有关秘书、文书方面的其他事务。

第九条 随着事业的发展和社会的需要,本所将进一步增加网上网下信息服务项目,为集体和个人提供经济、技术人才信息。

第十条 本所设固定地点提供服务。根据需要可实行网上服务,也可派人员上门服务。

第四章 收入分配

第十一条 本所实行有偿服务。

第十二条 本所各个服务项目的收费标准,根据其劳动工时确定,并报请物价部门审定后执行。

第十三条 本所收入,除开销及必须交纳的税收、保险费外,提取15%留作增添必要的设备用具经费,其余按照个人参加劳动的工时和完成任务的质量合理分配。

第十四条 本所人员的工资分配,可以凭工记分、按分论值,可以按件计资,也可以按工时计算。总的分配原则是多收多分、多劳多得。

第十五条 本所实行财务民主,每个季度由会计人员向全体人员公布账目,年终进行最后结算,做到公开监督。

附 则

第十六条 本章程的修改权,归全所工作人员大会或代表大会。

【提示】

　　这则有待员工会议通过秘书事务的章程草案,标题由单位名称加"章程"构成。正文为总则、分则和附则式结构。第一章总则写秘书事务所的性质、宗旨。第二至第四章为分则。第二章机构与人员属下各条分别写进退自由、业务要求、人员组成和所长的产生等问题。第三、四章分别写秘书事务所的服务内容和项目、收入分配。附则写修改权的归属。

　　本文结构合乎章程规范,语言也明晰。但是,如果我们按照企业章程的结构和写作要求,仔细分析,便会发现存在下列问题:

　　1. 人事机构欠完善。漏写所长的具体职权,也漏写所内的科室设置。

　　2. 漏写资产管理。

　　3. 条的排列有不合理处。如现在的第三条应移至现在的第六条之上,因为同属写人事的问题,可放在一起。

　　4. 条款(项)式表述有的地方不规范。根据本书第二章第二节应用文书的结构中关于"条款(项)式"的要求,条下如果不带序码,一个自然段就是一款。若条下的自然段带上了序码,则不是款而成项,项冠以带圆括号的汉字码。因此,应把文中第八条下的项码阿拉伯数字,全部改为带圆括号的汉字码,即"(一)"至"(七)"。

　　5. 文字也存在不准确之处。应把第三章"服务内容"改为"业务项目",把第四章"收入分配"改为"分配制度"。

二、必备知识

(一) 章程的含义和用途

　　章程是组织、社会团体或公司依据法律法规,对本组织、社会团体或公司的性质、宗旨、任务、组织原则、成员条件及义务、权利、机构设置、职权范围、行为规则、纪律措施等作出规范要求的规章文书。

　　国家行政机关及其职能部门一般不使用章程这一文种。

(二) 章程的特点

1. 组织性

　　根据国家有关规定,章程是成立一个团体组织的必要条件。在申报成立时,团体组织必须同时上报该组织的章程"草案",以便主管部门和社团登记部门全面掌握其性质和宗旨。在获得批准成立之后,团体组织还需将章程草案提交代表大会或全体成员大会审议并通过,才具有效力。

2. 准则性

　　章程是一个团体组织或全体成员的行为或业务等内容的规范性文件,是该组织或全体成员必须遵守的工作、行为准绳,违反者将受到处理。

(三) 章程的常见类型

1. 组织章程

　　组织章程即用于制定政党、社团组织的组织准则和成员行为规范的章程。如《中国共产党章程》《中国写作学会章程》。

2. 企业章程

　　企业章程即用于规范企业的性质、组织原则、机构设置和经营管理等的章程。如《广东××公司章程》。

三、章程的结构写法和写作模板

（一）章程的结构写法

1. 标题

标题一般有2种写法：一种由"团体组织名称"加"章程"构成，另一种由"团体组织名称"加"事项"再加"章程"构成。

标题下可注明会议通过的时间及会议名称。

2. 正文

第一章即"总则"，末章为"附则"，中间各章为"分则"。

（1）总则。总则是章程的纲领，对全文起统率作用。

① 组织章程的总则部分，一般要求阐明组织的名称、性质、宗旨、任务、指导思想和组织本身的建设等。

② 企业章程的总则部分，涉及的内容一般有企业名称、宗旨、经济性质、隶属关系、服务对象、机构等。

（2）分则。分则即基本规则部分，分则部分即总则和附则之间的各章。

① 组织章程的分则部分，通常需写明的内容有以下几方面。

组织人员：加入条件、加入程序、义务和权利、纪律规定等。

组织机构：领导机构、常务机构和办事机构的设置、规模、产生方式和程序、任期、职责、相互关系等。

组织经费：来源、管理方式。

组织活动：内容、时间和方式。

其他事宜：根据不同组织、团体的需要而确定。

② 企业章程的分则部分，通常需写明组织关系、资本构成、人事制度、资产管理、业务范畴、运作规程、利润分配等。

分则是章程的主体部分，要全面考虑，合理分章，使各章内容相互独立，先后位置安排有序，一条一款，清楚分明。

（3）附则。附则为补充说明的部分。无论是组织章程还是企业章程，附则一般都要说明解释权、修订权、实施要求、生效日期、本章程与其他法规、规章的关系，以及其他未尽事项等。

（二）章程的写作模板

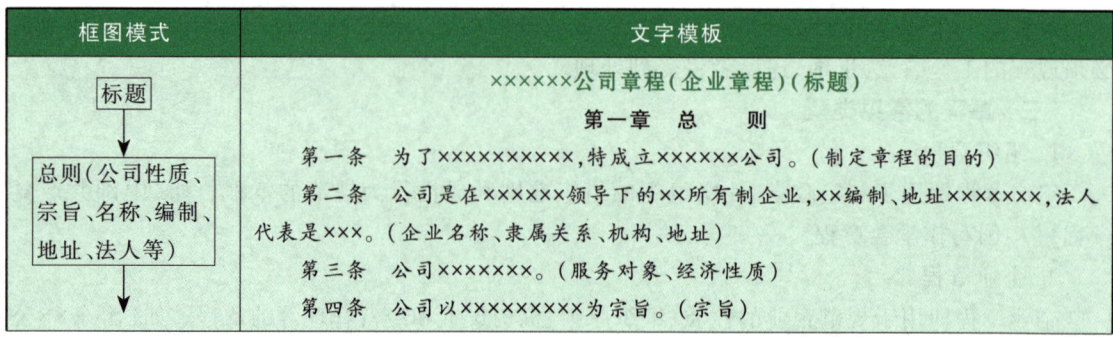

续表

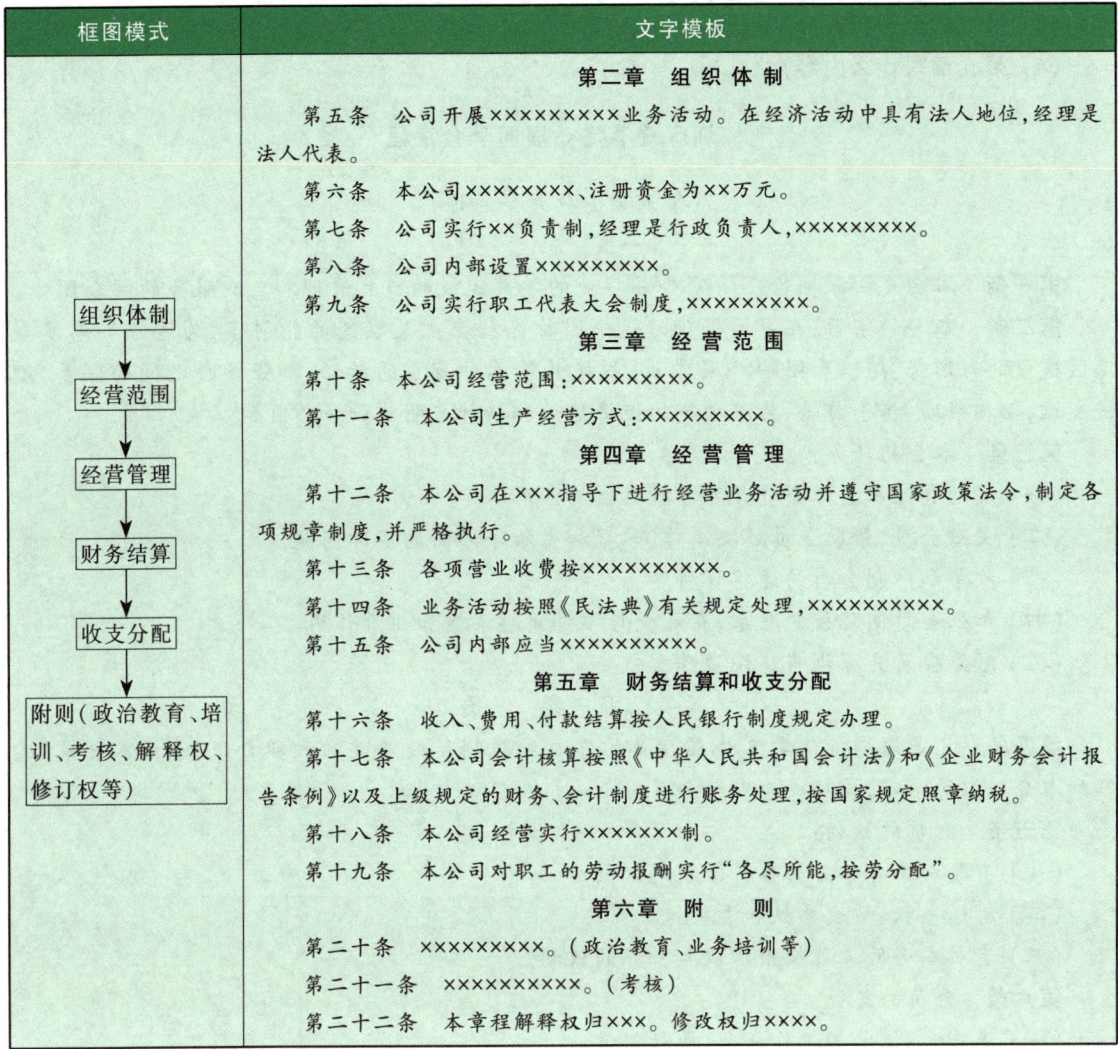

（三）**注意事项**

（1）必须符合国家的法律、法规和方针政策。这是撰写章程的前提条件。

（2）凡章程从撰写初稿到定稿,必须经历讨论、修改和会议通过等环节。合资企业的章程,一般先由合资各方签订"意向书""会谈纪要",经由各方深入磋商、对条款内容反复讨论修改后,才可能正式形成章程(草案)。

（3）做到每条内容只表达一个完整独立的意思,条文严谨、周密和规范。对于一些把握不准的提法和难以阐明或界定的问题,不能勉强写入,以免造成歧义。

（4）结构要合乎章程的规范写法,格式规范。

四、技能训练

请阅读下面的章程,试回答下列问题：

（1）这是一篇什么类型的章程？

(2)第一章总则写什么内容?
(3)第二章至第四章分别阐述了什么内容?
(4)第五章写什么内容?

深圳行政学院××届同学会章程

(第五次会员大会通过)

第一章 总 则

第一条 本会是由深圳行政学院××届毕业的学员组成的自我管理和自我服务的群众团体。

第二条 本会的宗旨:在习近平新时代中国特色社会主义思想的指引下,为适应粤港澳大湾区建设的新形势,组织和团结××届学员,积极开展各种有益的活动,加强学员之间的联系,增进友谊,互相帮助,携手前进,为深圳市的经济建设和精神文明建设多作贡献。

第三条 本会的任务:

(一)发动和组织全体会员开展各种有益的活动。

(二)关心会员,帮助会员解决工作、学习和生活等方面的实际问题。

(三)收集和印制会员的通信资料。

(四)加强会员同母校的联系,在母校与学员间起桥梁和纽带作用。

(五)激励会员为深圳市建设多作贡献。

第二章 会 员

第四条 凡是深圳行政学院××届毕业的学员和深圳行政学院的教职员工,承认本会章程,参加本会组织的活动,均可成为本会会员。

第五条 会员的权利:

(一)有参加本会举办的各种活动的权利。

(二)有选举权、被选举权和表决权。

(三)有对本会的工作提出建议和批评的权利。

第六条 会员的义务:

(一)遵守章程,承担工作任务,履行职责。

(二)学习、宣传和执行党纪国法。

(三)联系校友,团结校友和服务校友。

(四)捐助本会经费,帮助本会开展各项活动。

第三章 组 织

第七条 本会的组织原则是民主集中制。

第八条 会员大会每年7月8日召开,如遇特殊情况可提前或延期召开。会员大会设立理事会,理事会由会员推选产生,每届任期3年,理事可连选连任。

第九条 理事会的权利和职责:

(一)定期召开会员大会。

(二)推选会长和秘书长,会长和秘书长负责处理本会活动事务,会长和秘书长可连选连任。

(三)解释和修改本会章程,组织开展本会的各项活动,审查本会经费的收支情况。

第四章 经　　费

第十条　本会的经费主要来自会员捐助,同时可考虑参与办一些网上咨询服务实业,增加活动经费的来源。

第五章 附　　则

第十一条　本章程由深圳行政学院××届同学会负责解释。

第十二条　本章程自××××年7月8日起生效。

【拓展学习】

10.2　即测即评

一、名词解释

1. 章程
2. 组织章程
3. 企业章程

二、填空题

1. 章程具有＿＿＿＿和＿＿＿＿两个显著特点。
2. 常见的章程类型有＿＿＿＿和＿＿＿＿两种。

三、判断题

1. 如果"试行"或"暂行"等字样标在法规、规章标题的文种后边,要用圆括号括上。(　　)
2. 正文的条文,每一条表达一个完整的意思(即规范),不能一条规定中写几种规范。(　　)
3. 章程的正文下面,不再签署发文机关名称及成文时间。(　　)
4. 附则对于章断条连式的章程可有可无。(　　)

四、简答题

1. 试述企业章程的总则部分一般写什么内容。
2. 试述企业章程的分则部分一般写什么内容。
3. 章程的附则通常写什么内容？

五、AI同行

1. 输入提示词指令:"撰写章程,容易出现哪些误区?"阅读AI生成的文字。
2. 在AI上输入提示词指令:"为什么章程和其他规章文书都要求每一条条文内容只表达一个完整独立的意思,要求:严谨、周密、规范,务请结合例子说明。分条列项",评阅AI的回复。
3. 在AI上输入提示词指令:"《××××学院网球协会章程(暂行)》,要求:详细、严谨、周密、规范",重复输入指令,对比AI多次生成的回复。

第三节　规定

教学视频:规定

一、例文借鉴

【例文】

关于禁止在公司公共场所吸烟的管理规定

第一条　为了营造公司的无烟环境,提高员工的健康水平、安全意识和维护财产与人身安全,特制定本规定。

第二条　本规定旨在体现人文关怀,以关爱员工健康和营造企业的文明生产环境为原则。

第三条　由公司工会会同保安公司牵头组建公共场所禁止吸烟督察队,负责日常禁止吸烟的检查和处罚工作。

第四条　禁烟范围:

1. 公司内公共场所、过道禁止吸烟。
2. 各车间除吸烟区外的所有区域禁止吸烟。
3. 办公楼所有办公室、会议室、楼道等区域禁止吸烟。
4. 食堂、厕所及走廊禁止吸烟。
5. 有重要客人出席本公司会议时,未经与会人员同意,禁止吸烟。
6. 公司内非专门设置的吸烟点禁止吸烟。

第五条　禁烟对象:

1. 公司所有员工。
2. 进入公司的外来人员。

第六条　处罚条款:

1. 凡发现在禁烟区域内吸烟者,第一次罚款50元,以后再被发现,加倍处罚(即第一次50元,第二次100元,第三次200元)。
2. 凡不服从劝阻,态度恶劣者,外加罚款200元。情节严重者,根据具体情况选择一次性罚款300元、全公司通报批评、停职检查、留厂察看、解除劳动合同等处罚方式。
3. 对违规者给予罚款处理的,由各管理口开具罚款通知单,违规者将罚款交至财务部。
4. 对部门(单位)给予罚款处理的,由管理部开具罚款通知单,在部门(单位)第一责任人的工资中扣除。
5. 凡在禁止吸烟的公共场所、办公楼走廊、过道,会议室等区域发现烟头、烟盒,对负责该公共区域的单位和部门进行处罚,取消该单位和部门该月卫生评先资格。

第七条　对违规在公共场所吸烟处罚所得款项,由工会负责设账登记,划入公司员工的集体福利。

第八条　本规定的解释权归管理部。

第九条 本规定从发布之日起执行,以前有关规定与本规定相抵触之处,按本规定执行。

【提示】

这是一个公司的一则管理性规定。正文采用条文式结构。第一条写制定规定的目的,第二条为管理原则,第三条是管理机构的设立及其职责,第四条至第七条是管理的范围、对象、措施、办法和相关要求,第八、九条为规定的解释权生效日期及废止原规定的必要说明。

作为管理性规定,本文表述清楚,应该如何,不应该如何,违规将承担什么责任,即缘由、规范和说明,都写得具体明确,界限清晰,具有可操作性,颇具借鉴意义,但要特别说明的是,企业规章制度必须以不违反《中华人民共和国民法典》《中华人民共和国劳动法》等法规为前提,这则管理性规定的罚款条款,虽然没有违法,但以罚款作为处罚总不太妥,如果有其他更好的方式或办法会更好。

二、必备知识

(一)规定的含义和用途

规定是党和国家机关、社会团体、企事业单位对某一项工作或开展某种活动作出政策性或规则性要求的法规文书。

(二)规定的特点

1. 使用的广泛性

各级领导机关和职能部门、社会团体、企事业单位均可制发规定。规定可用于重大事项,也可用于一般事项,篇幅可大可小,时效可长可短,制发灵便,适用范围广泛。

2. 规范对象的集中性

规定规范的是某项工作或某种活动,对象具体、明确而集中。

3. 制约性

规定的制约性,主要表现在它用限定行为规范、办事准则及规范界限,对活动开展、事项管理、问题处置作出规定。具体来说,多为解决"应该如何"和"不应该如何"的界限问题,特别是一些禁止性、限制性"规定",其制约性特点尤为突出。

(三)规定的常见类型

1. 管理性规定

管理性规定即制定某项活动或某方面工作的管理规则和要求,以达到加强管理,规范行为的目的与规定。

2. 政策性规定

政策性规定即依照有关法律法规条文,对某项活动或某项工作制定政策规范的规定。

3. 实施性规定

实施性规定即为实施有关法规而制定的规定。实施性规定与实施原件配套使用。

4. 补充性规定

补充性规定即对某些法规性文件作补充的规定。

三、规定的结构写法和写作模板

（一）规定的结构写法

1. 标题

标题通常有 3 种写法。

（1）由发文机关、适用对象或主要内容加"规定"构成，如《国务院关于集中申报标准的规定》。这种标题的构成与行政公文完全式标题写法一样。

（2）由规范范围、适用对象或主要内容加"规定"构成，如《广东省江门市开平市碉楼保护管理规定》。

（3）在"规定"之前加某些修饰限定语，如《关于加强引进资金管理的暂行规定》《关于加强私募投资基金监管的若干规定》。

2. 正文

规定的正文一般由缘由、规范、说明三部分组成。规定的缘由部分，一般说明制作本规定的依据或目的。

不同类型的规定，其规范部分的写法不尽相同。

（1）管理性规定着重于规定管理原则、管理职责、质量标准、管理措施、管理办法、管理范围及管理要求。

（2）政策性规定着重于界限划分、明确范围、提出要求和奖惩情况，解决"应该如何"和"不应该如何"的问题。

（3）实施性规定着重于对实施文件作出有关规定，对原件条款作出解释，提出相应的实施意见。

（4）补充性规定主要是对原件中某些提法不够明确、不够具体的方面加以明确和具体说明，对遗漏的问题加以补充完善，以便实施。

规定的说明部分，通常说明本规定的制定权、解释权和实施日期。

（二）规定的写作模板

框图模式 （管理性规定）	文字模板 （管理性规定）
标题 ↓ 目的、依据 ↓ 管理原则 ↓ 管理职责 ↓ 质量标准 ↓	××××××××规定（管理性规定）（标题） 第一条　为了××××××××，特制定本规定。（目的、依据） 第二条　××××××××。（规定的管理原则） 第三条　×××××××××××。（规定的管理职责） 第四条　×××××××××。（规定的质量标准） 第五条　××××××××××。（规定的具体措施） …… 第×条　×××××××。（规定的具体管理范围和要求） 第××条　本规定自××××年 12 月 1 日起施行。 ××××年 4 月 15 日发布的《××××规定》同时废止。（规定生效日期、废止原规定的说明）

框图模式 （管理性规定）	文字模板 （管理性规定）
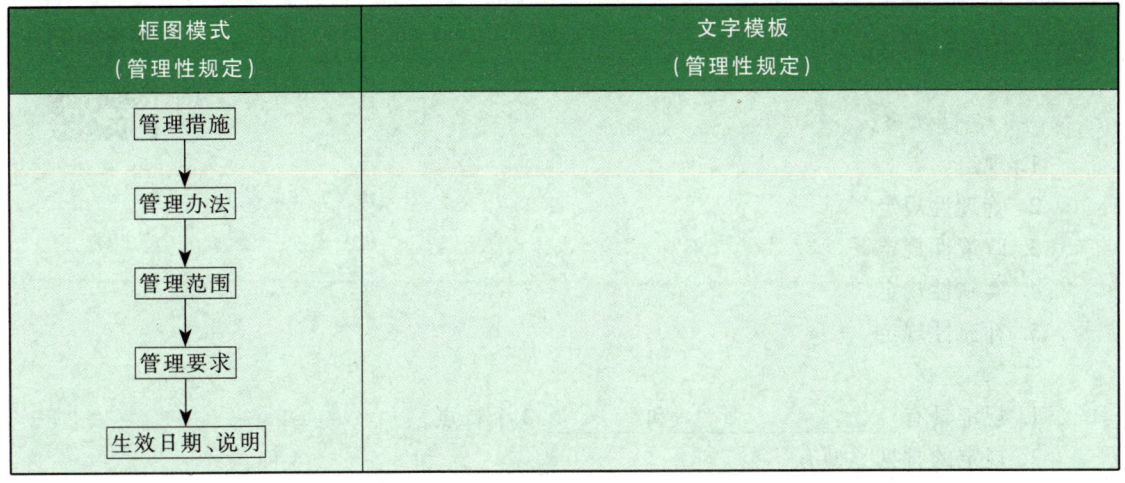	

（三）注意事项

（1）准确掌握规定的适用范围。一般说来，制定某项规定性强、政策性强的工作或活动的规则，可用"规定"。但对临时性、阶段性的工作，则应发"通知"，而对岗位性、局部性的且业务性强的工作，则应制定"制度"。

（2）规定的内容要具体、明确，让读者明确"应该如何"和"不应该如何"。文字不能空泛。

（3）语言要凝练、准确、严密、肯定，避免产生歧义。

四、技能训练

下面是一篇病文，请指出其问题并写出修改稿。

××市人民政府关于加强自行车交通管理的规定

为了进一步贯彻《××市道路交通安全管理规定》和《××市道路交通管理暂行处罚管理办法》，适应共享单车迅速增多的情况，加强自行车（含共享单车，下同）交通管理，将重申并补充以下规定。

一、凡骑自行车者，必须遵守以下规定。

1. 沿路靠右行驶，禁止逆行。在画有车辆分道线的道路上，不准在机动车或便道上骑行。

2. 转弯要提前减速，照顾前后左右情况，并伸手示意。在画有四条以上机动车道的路段上左转弯时，必须推车从人行横道内通过。不准突然猛拐、争道抢行。

3. 在三环路以内，郊区城镇或公路上，不准骑车带人，不准与骑车同行者扶身并行；不准双手离把、持物或攀扶其他车辆；不准骑车拖带车辆；不准追逐竞驶或曲折竞驶。

4. 自行车在道路上停车、载物、停放等均应按《××市道路交通管理暂行办法》的规定执行。

二、对违反规定的，要批评教育，处罚款××元至×××元。

三、因骑车人违反规定，造成交通事故由骑车人承担全部责任。

四、本规定由市公安局负责实施。

××××年××月××日

【拓展学习】

一、名词解释
1. 规定
2. 管理性规定
3. 政策性规定
4. 实施性规定
5. 补充性规定

二、填空题
1. 规定具有_____、_____和_____3个特点。
2. 规定的常见类型有_____、_____、_____和_____4种。
3. 规定的正文由_____、_____和_____构成。
4. 规定的缘由部分一般说明制作本规定的_____。
5. 规定的说明部分通常说明本规定的_____、_____和_____。

三、简答题
1. 管理性规定的正文着重写什么内容？
2. 政策性规定的正文着重写什么内容？
3. 实施性规定的正文着重写什么内容？
4. 规定的写作有哪些注意事项？

四、AI同行
1. 输入提示词指令："撰写规定，容易出现哪些误区？"阅读AI生成的文字。
2. 在AI上先输入"四、技能训练"中的病文《××市人民政府关于加强自行车交通管理的规定》全文，再输入提示词指令："修改前面的病文，要求：删除不适当的文字，补充有关条款内容。修改为条款式。"如果AI的回复还不够完善，则再输入如何修改的提示词指令继续修改。
3. 自拟提示词指令，在AI上生成：《××××专业××班班费管理规定(暂行)》，若AI生成的回复存在毛病，则在AI上输入应如何修改的提示词指令，阅评AI回复的修改稿。

第四节　制度

一、例文借鉴

【例文】

门卫管理制度

一、门卫是本公司精神文明的窗口。门卫工作人员在值班时间务须衣饰整洁，对来访者以礼相待,态度和蔼。

二、门卫工作人员必须坚守工作岗位,做好安全保卫工作。

三、传达室是工作场所,外来人员不准在室内谈天闲坐。外来联系工作的人员必须出示身份证、工作证,并进行来访登记,方可进入公司。

四、上班时间谢绝会客和推销人员进入。除急事外,私人电话一般不传呼。集体参观必须持上级主管部门介绍信,并事先与本公司有关部门联系,经同意后才能进入公司。

五、本公司职工进公司必须衣冠端正,佩戴厂徽(佩在左胸上方),未佩戴者需登记上报。外包工、临时工、外来学习培训人员进公司应出示相关凭证。

六、职工实行刷卡进公司。凡本公司职工迟到者必须登记。上班期间因公外出,应持出公司证明。凡经批准的病假、事假、调休等人员出公司应持有准假证。所有持证人员必须在门卫登记后才能出公司。对无证出公司者,门卫有权登记并及时上报人保科。

七、凡公司内的原辅材料、生产设备、工具零件、成品、半成品等一切物资一律凭成品物资出公司单或实物现金发票出公司联出公司。凡拎包等物出公司要主动向门卫打招呼。对不符合手续出公司的物品,门卫有权询问、检查或滞留。

八、各种车辆按指定地点停放,未经批准不准入公司。

××市××公司
××××年××月××日

【提示】

这份某企业的《门卫管理制度》,是一种岗位性制度。内容以人为中心,涉及出入公司人员、物品和车辆管理等方面。首先,规范对外来人员(来联系工作的人员和集体参观人员)的管理。其次,规范对内部人员及物品、车辆的管理(上班期间进出公司的注意事项和有关考勤事宜)。条理清晰,规定明确,针对性强,便于执行。但需要指出的是,文中个别词句还有待推敲。"门卫是本公司精神文明的窗口"应略去。

二、必备知识

(一)制度的含义和用途

制度是党和国家机关、社会团体、企事业单位为了加强对某项工作的管理而制定的要求有关人员共同遵守的管理操作规程和行为准则。

常见的制度有会议管理制度、社保制度、保密制度、公司规章管理制度等。

建立制度,是为了明确职责,规范行为,提高工作质量,达到优化管理的目的。

(二)制度的特点

1. 规程具体性

制度所体现的工作规范和工作程序,都是针对某项具体的工作或具体的岗位而制定的。规程具体,利于促使该项工作顺利展开,提高工作质量。

2. 准则性

制度对人们的制约比不上规定,制度主要是一种行为准则。

3. 发布形式多样性

除作为文件发布外,制度还可以张贴或悬挂在工作现场。

（三）制度的主要类型

1. 岗位性制度

岗位性制度即对做好某一个岗位的工作而制定的管理操作规程和行为要求,如《××公司保安工作制度》《办公室日常工作制度》。

2. 法规性制度

法规性制度即根据有关政策法规而制定的某一项工作的工作程序和管理规范。如《××银行资金营运管理制度》《××公司用电管理制度》。

三、制度的结构写法和写作模板

（一）制度的结构写法

1. 标题

标题有 2 种写法:一种由制发机关、制度内容和文种构成,如《××公司财产管理制度》;另一种由制度内容和文种构成,如《××岗位责任制度》《机关事业单位轮岗制度》。

2. 正文

内容较多、涉及面较广的制度,正文的内容分总则、分则、附则三部分。总则说明定立制度的目的、根据和指导思想。分则是除总则和附则之外的中间部分,是对某项工作的实质性规范。附则说明执行要求及生效日期等事项。

内容较单一的基层单位的制度,其正文一般第一条写制定制度的目的、要求、适用范围等,中间各条写制度的各项具体规范,最后一条写施行制度的要求及生效日期。

也有的制度各条均写具体规范,略去制定制度的目的、适用范围和生效日期等。

3. 签署

写在正文右下方,由制发机关名称、制发时间构成。如果标题已注明制发单位,则此处可省略。

（二）制度的写作模板

框图模式 （基层单位制度或岗位制度）	文字模板 （基层单位制度或岗位制度）
标题 ↓ 目的、要求 ↓ 适用范围 ↓ 具体规范 ↓ 要求、生效日期	××××××制度（基层单位制度或岗位制度）（标题） 一、为了××××××,特制定本制度。（制定制度的目的、要求） 二、本制度适用于××××××××××××××。（制度的适用范围） 三、××××××××××××××。（制度的具体规范） 四、××××××××××××。（制度的具体规范） …… 十五、本制度从××××年××月××日起生效。（施行制度的要求、生效日期） ××××××公司 ××××年××月××日

（三）注意事项

（1）内容必须符合党和国家的方针、政策及法律。
（2）条文必须具体、实在，针对性强，有可行性。
（3）语言准确、明晰、简练，不含糊笼统，以免产生歧义。

四、技能训练

请认真阅读下文，指出其存在的问题，并写出修改稿。

用电管理制度

(××公司××××年××月××日发布)

第一条 制定本制度，是为了合理利用国家电力资源，充分发挥用电设备潜力，达到安全、经济、合理、节约用电的目的。

第二条 加强用电管理、严格用电制度。实行内部经济合同制，每月根据生产、工作任务把用电指标下达到车间、部门，做到日清、旬结、月考核，实行节奖超罚，充分调动各用电部门的积极性。

第三条 所有用电部门应切实做到"五有"。

1. 用电有计划

各用电部门不得随意更换生产设备、照明设备，以搞好计划用电。特殊情况需要更换时，需经动力科批准，否则动力科有权停止供电。

2. 消耗有定额

工艺科根据产品数量、加工性质、工艺流程，制订当日用电定额，下达到车间和所有用电部门，同时交能源办公室一份备考。

3. 考核有计量

所有用电部门的电度表不许任意更动，以免损坏，影响考核。不属于同一电度表的线路不准自行接线使用，违者罚款。

4. 使用有制度

各用电部门要认真执行动力部门许可的用电时间，否则动力部门有权停止供电。如劝阻不改者，每千瓦电罚款8元。

5. 节约有措施

所有用电部门的生产、照明设备均应有专人负责，做到人走灯灭、机床停。

第四条 变电所（室）人员要严格按规定做好用电记录，发现问题立即报管电人员，并按规定时间将用电记录呈报有关部门，登记考核。

第五条 所有办公室、集体宿舍、家属点的照明设施不得超过60 W（有特殊需要者经厂长批准），违者罚款。如不经批准擅自接线使用手机充电器、电熨斗、电炉者，根据不同情节，处以200~500元罚款。由此造成损失者，要负经济责任。

第六条 对常年坚持节约用电有贡献的集体或个人，根据贡献大小，分别在不同范围内予以表扬，或作为评先条件之一。对提出用电合理化建议和改革措施，并且有节电经济效果的集体或个人，要给予物质奖励。

第七条 各部门要经常开展用电安全和合理节约用电教育，普及用电常识，使有限的电力资源在我厂发挥应有的作用。

【拓展学习】

一、名词解释
制度

二、填空题

1. 制度具有_____、_____和_____ 3 个特点。
2. 制度的主要类型有_____和_____。
3. 建立制度,是为了明确职责,规范行为,提高工作质量,达到_____的目的。

三、判断题

1. 制度的标题一般不写"关于"两字。(   )
2. 总则、分则、附则三部分齐备的制度多是内容较多、涉及面较广的制度。(   )
3. 制度可以各条均写具体规范,略去制定制度的目的、适用范围和生效日期。(   )

四、AI 同行

1. 输入提示词指令:"撰写制度,容易出现哪些误区?"阅读 AI 生成的文字。
2. 在 AI 上输入提示词指令:"生成《××总公司保密管理制度(暂行)》,要求:详细、严谨、周密、规范",若 AI 生成的回复存在毛病,则在 AI 上输入提示如何修改的提示词指令,阅评 AI 回复的修改稿。

第十一章　会务文书

第一节　开幕词

教学视频：开幕词

一、例文借鉴

【例文】

××集团公司商品交易洽谈会开幕式致辞
（××××年××月××日）
董事长×××

女士们，先生们，朋友们：

值此××集团公司商品交易洽谈会开幕之际，我谨代表本集团公司向来自"一带一路"的各国来宾、港澳同胞、海外侨胞表示热烈的欢迎和真诚的问候！

前年金秋，在庆祝本集团公司产品研发中心落成典礼时，我们曾在这里举办过一次商品交易洽谈会。今年这次洽谈会，规模和内容比上一次洽谈会更大更丰富。本次洽谈会，将进一步扩大本集团公司与有关国家和地区的经济技术合作和贸易往来，增进相互了解和友谊。

本集团公司地处我国沿海经济发达的××省，对外经贸事业的发展有着广阔的前景。目前，本集团公司已同世界上近30个国家和地区建立了贸易往来和经济技术合作关系，这种合作关系正在日益巩固和发展。

本次洽谈会，本集团公司将推出轻工、机电、陶瓷、电子及食品等大类250余种商品，供各位来宾选择。所展出的商品不少是我国或我省的名牌产品和新开发的出口产品。欢迎各位来宾洽谈贸易，凭样订货。

今天在座的各位来宾中，有许多是我们的老朋友，我们之间已保持了长期的良好的合作关系。对于各位真诚合作的精神，良好的信誉，本集团公司表示由衷的赞赏和感谢。同时，我们也热情欢迎来自许多国家、地区的新朋友，我们为有幸结识新朋友而感到十分高兴。我们欢迎老朋友和新朋友发展相互间的友好合作关系。

最后，预祝本集团公司商品交易洽谈会圆满成功！

谢谢！

> 【提示】
> 这篇开幕词称谓之后的首段,即开头部分,讲话人借洽谈会开幕之机,代表本集团公司对来宾表示热烈的欢迎和真诚的问候。主体部分为第二至第五段。第二段介绍本次洽谈会的背景、规模和宗旨、目的。第三段概括介绍省情、本集团公司贸易往来状况及前景。第四段说明本次洽谈会的任务。第五段点明来宾中有许多是有良好合作关系的老朋友,同时,对新老朋友发展相互合作关系表示欢迎。最后是祝福性结语。
> 全文内容符合开幕词的要求。文字精练,表达庄重而热烈。

二、必备知识

(一)开幕词的含义和用途

开幕词是党政机关、企事业单位和社会团体的领导宣告会议开始、交代会议任务、阐述会议宗旨和介绍与会议有关事项的致辞。

(二)开幕词的特点

1. 宣告性

开幕词是会议开始的序曲、标志,致辞之后,会议的各项议程才能陆续展开。因此,开幕词具有宣告会议开始的特性。

2. 导引性

开幕词一般要阐明会议的宗旨、任务、目的、意义等,这对于整个会议的成功召开无疑起着导引作用。

3. 鼓动性

开幕词带有对会议顺利召开的良好祝愿,并通过向与会者介绍会议的议程和宗旨,激励与会者的参与意识,调动其与会的积极性。

三、开幕词的结构写法和写作模板

(一)开幕词的结构写法

1. 标题

标题常见的有三种形式。

(1)由会议全称加开幕词构成。标题下面注明开会时间,并加圆括号。在其下正中署致开幕词者姓名。

(2)把致开幕词的领导人姓名写进标题中,标题下面注明开会时间。在报刊发表时多使用这种标题。

(3)正副题结合式。正标题概括会议的宗旨,副标题注明会议名称及"开幕词"。

2. 正文

正文包括开头、主体和结语三部分。

(1)开头。在称谓之后,用简短、有号召力的语言宣布大会开幕,接着介绍会议的规模、出席会议的人员情况、会议的筹备情况等,并对会议的召开及与会人员表示祝贺。

(2)主体。主体通常包括的内容有:说明与会议有关的形势、会议的目的或任务;阐明会议的指导思想、议题和议程、会议的意义,并对会议作出预示性的评价;对与会者提出希望和要求。

(3)结语。一般用祝愿会议圆满成功的话语作结,如"预祝大会圆满成功"。

(二)开幕词的写作模板

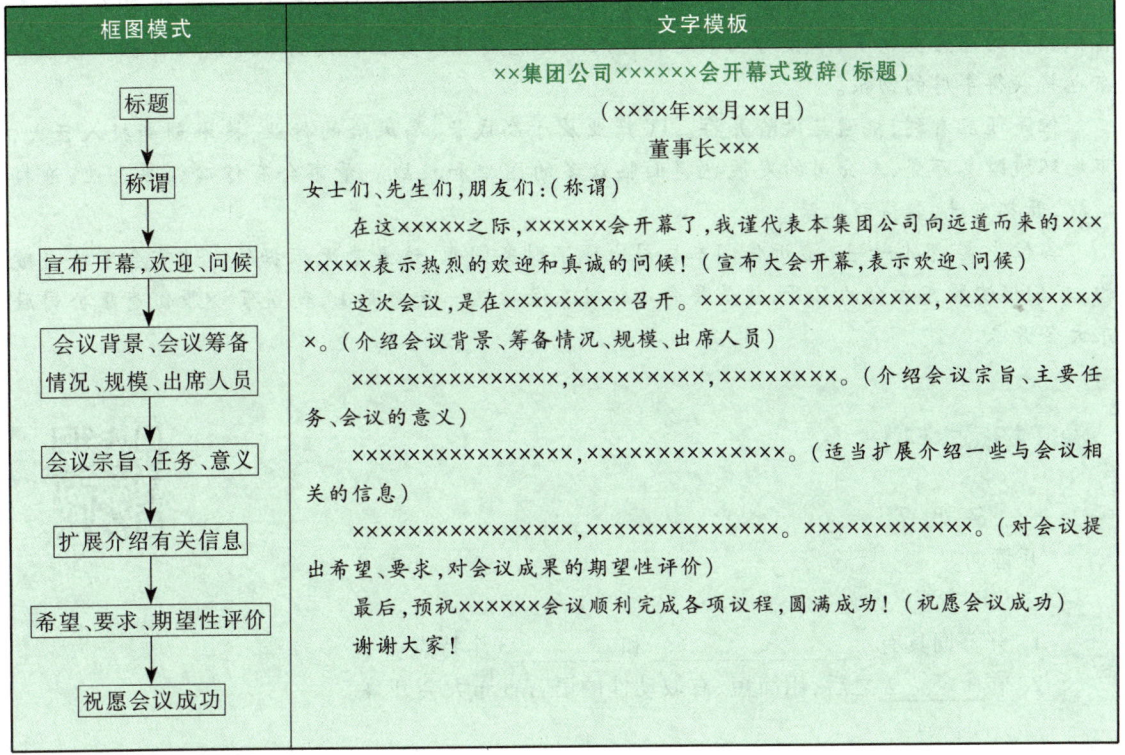

(三)注意事项

1. 处理好与大会报告的关系

开幕词对会议宗旨、意义、议程只能作画龙点睛的提示,切忌长篇大论,不要成为大会报告的缩写。

2. 要注重营造庄重热烈的会议气氛

除庄重严肃外,开幕词还要做到生动且富有感情色彩。

3. 语言明快、流畅

用字谨慎,大方有礼,不卑不亢。适当口语化,注重与会议场景气氛和谐融洽。

四、技能训练

下面是一篇病文,试指出其在结构和写法上存在的问题,并写出修改稿。

××股份有限公司股东大会开幕词

总经理××

各位先生,各位女士,各位朋友:

欢迎前来参加这个盛大的聚会。今年是本公司快速成长的一年,在此,请允许我代表董事会向为此付出了辛勤劳动的全体员工表示感谢。正是由于全体员工的不懈努力,本公司在过去5年中克服了众所周知的许多国内外经济因素带来的困难,业绩增长了40倍,股票价格上涨了800%。

在过去的几年中,本公司在各位的鼎力支持下,在技术积累和人力资源储备开发方面取得了长足进步,为公司的下一步发展奠定了坚实的基础。我相信,在全体员工的不懈努力之下和各位股东的鼎力支持下,本公司在不远的将来一定能实现跻身世界同行500强的目标。各位股东也将获得丰厚的回报。

但是还应看到,机遇与风险并存。IT产业属于高成长、高风险的行业,技术创新投入巨大,市场环境瞬息万变,本公司的发展也将面临众多的困难和挑战。董事会有信心领导企业,迎接挑战,开拓前进,取得新业绩。

各位先生、各位女士,最近传闻本公司出现了财务问题,这是毫无根据的。谣言会不攻自破的,我们这次股东大会的召开,就是要向各位股东澄清这一点。现在,我宣布××股份有限公司股东大会开幕。

【拓展学习】

一、名词解释
开幕词

11.1 即测即评

二、填空题
1. 开幕词具有_____、_____和_____3个特点。
2. 在_____之后,用简短、有鼓动性的语言宣布大会开幕。

三、简答题
1. 开幕词的主体部分通常写哪些内容?
2. 怎样才能处理好开幕词与大会报告的关系?

四、AI同行
1. 输入提示词指令:"撰写开幕词,容易出现哪些误区?"阅读AI生成的文字。
2. ××××服饰文化公司举办首届民族服饰订货会,试自撰提示词指令,运用AI生成一篇开幕词,如果AI首次回复不符合要求,则不少于两次输入相关的提示词指令,直至生成你满意的文本。

第二节 闭幕词

教学视频：闭幕词

一、例文借鉴

【例文】

××学院第×届田径运动会闭幕词

（××××年××月××日）

院长××

全体运动员、裁判员，老师们、同学们：

大家好！经过两天的激烈角逐，学院第×届田径运动会，在全体运动员、裁判员和师生员工的共同努力下，圆满完成了预定的各项比赛项目，就要胜利闭幕了。

本届运动会大力弘扬了"更高、更快、更强"的奥运精神，在短短的两天时间里，比赛进程井然有序，赛场气氛紧凑热烈，运动员以顽强的意志和拼搏的精神，完成了田径项目的各项赛事，赛出了水平，取得了好成绩。

老师们、同学们，体育运动不仅是塑造自身健康体格的手段，同时也是凝聚人心、塑造人格、培养高尚道德品格的方式。在本届运动会赛场上，我们不仅感受到力量和勇气，还感受到温暖和感动，感受到鼓舞和振奋。运动员奋力拼搏、勇攀高峰，裁判员以身作则、坚持标准、公平公正，工作人员坚守岗位、默默奉献、热情服务，同学们在观看比赛中呐喊助威、积极参与、主动服务，对本届运动会的网络宣传也非常及时和到位，这一切充分展现出我校师生员工团结一心、顽强拼搏、奋发向上的精神风貌，昭示着学校欣欣向荣、不断发展的美好前景。

本届运动会取得了体育竞技水平和精神文明建设双丰收。我们相信，通过本届运动会，我们将进一步贯彻落实国家"阳光体育"工程计划，积极探索体育教学和体育运动的新方法、新途径，把开展丰富多彩、形式多样的体育活动作为学校日常教育工作的有机组成部分，大力推进素质教育，促进全民健身活动蓬勃开展。

我们也希望，广大师生员工把运动会中表现出来的团结一心、顽强拼搏、奋发向上的精神风貌融入我们的工作、学习和生活中去，为学校健康、和谐发展作出贡献！

最后我宣布，××学院第×届田径运动会胜利闭幕！

谢谢大家！

【提示】

这篇闭幕词在称谓之后的导言部分首先肯定了运动会的收获；主体部分简要回顾运动会的进行情况，总结运动会反映的主要精神，评点运动会带来的影响；结尾部分号召广大师生发扬体育精神，并庄严宣布运动会胜利闭幕。全文结构严谨，条理清晰。

二、必备知识

（一）闭幕词的含义和用途

闭幕词是在重大会议行将结束时，由有关领导向全体与会人员所作的总结性讲话。

闭幕词是对整个会议的总结，同时，又是对今后如何贯彻落实会议精神的动员。

（二）闭幕词的特点

闭幕词与开幕词互相呼应，但又各有侧重，各具特色。

1. 总结性

总结性主要体现在讲话人概括总结大会所完成的任务、所通过的报告或决议，以及大会的经验等方面。

2. 要求性

要求性主要体现在讲话人提出今后贯彻会议精神的要求和希望，号召大家为实现大会提出的任务而奋斗。

三、闭幕词的结构写法和写作模板

（一）闭幕词的结构写法

1. 标题

与开幕词的标题结构基本相同，但文种为"闭幕词"。

2. 正文

正文包括开头、主体和结语三部分。

（1）开头。称谓之后，一般简要回顾大会的议程及有关报告人讲话的要点、肯定大会的成绩或收获。

（2）主体。主体部分总结大会取得了什么成果、达到了什么目的，会议的基本精神和会议的影响等。有些闭幕词在主体部分还要分析当前的形势、指出今后的任务等。

（3）结语。结语通常提出贯彻落实大会精神的号召、希望和要求，表示祝愿，并宣布大会胜利闭幕。

（二）闭幕词的写作模板

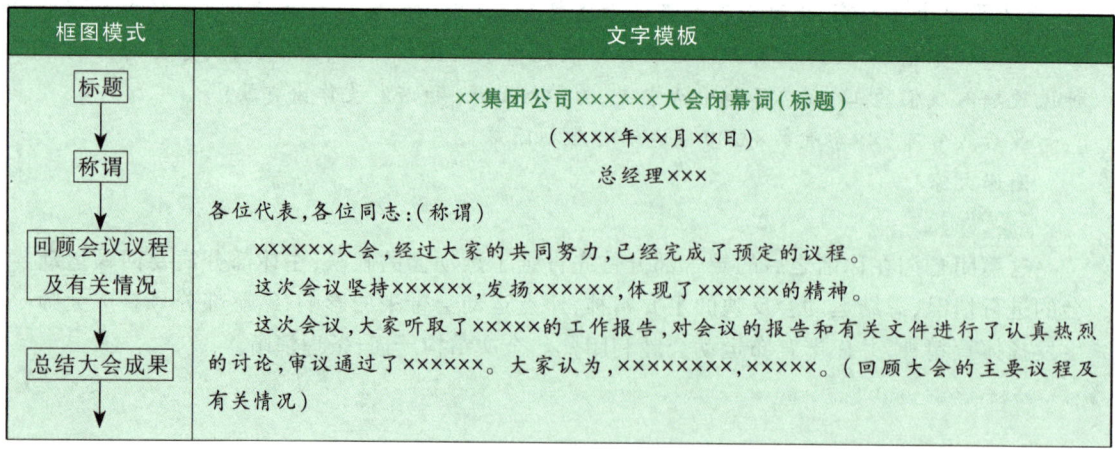

续表

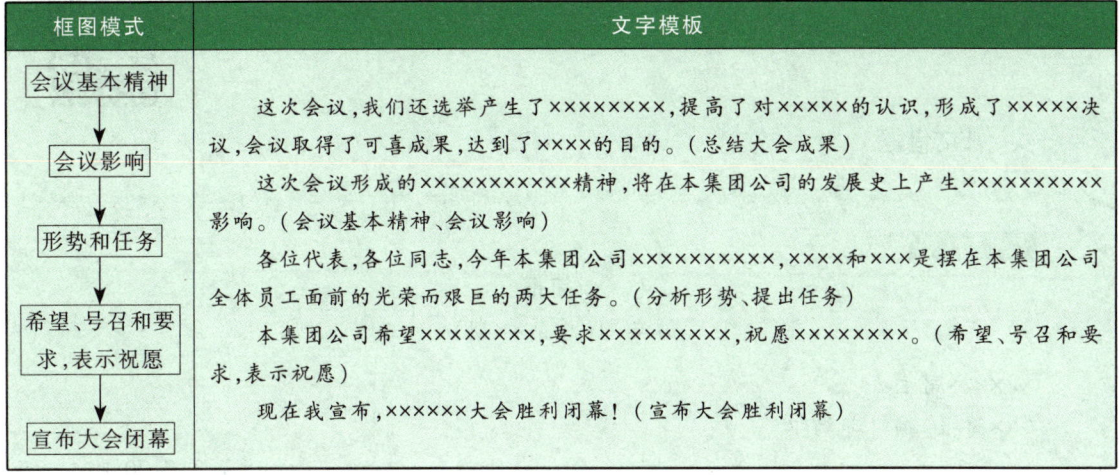

(三) 注意事项

（1）注意闭幕词与开幕词的区别。开幕词是大会序曲，重在阐明大会的任务，为会议顺利进行打基础、定基调，对会议产生指导、定向和"提神"作用。闭幕词是会议的尾声，着重对会议的主要成果给予准确的总结和评价，重点放在总结大会的成绩和经验，以及强调大会精神对今后工作的指导作用。

（2）闭幕词要求言简意赅，与会议的基调保持一致，富于感染力，能鼓舞人心。

四、技能训练

从网上搜索一篇闭幕词，分析其结构写法是否存在问题。

【拓展学习】

11.2 即测即评

一、名词解释

闭幕词

二、填空题

1. 闭幕词具有_____和_____两个特点。
2. 闭幕词是对整个会议的_____，同时，又是对如何贯彻落实会议精神的_____。

三、简答题

1. 闭幕词的主体部分一般写什么内容？
2. 开幕词与闭幕词的主要区别表现在哪里？

四、AI 同行

1. 输入提示词指令："闭幕词写作容易出现哪些误区？"阅读 AI 生成的文字。
2. 在 AI 上生成："××省秘书职业技能大赛闭幕词"，提示词指令涵盖的内容和相关要求自拟，若 AI 生成的回复不符合要求，则不少于两次输入相关的提示词指令，直至生成你满意的文本。

第三节　简报

教学视频：简报

一、例文借鉴

【例文1】

××简报

第二期（总第××期）

××××公司主办
《××简报》编辑部编印

××××年3月20日

提高素质　优化结构　我公司调整一批中层领导干部

　　为了适应企业转换经营机制和转型升级，推动产品质量再上新台阶，春节前后，公司对中层领导干部进行了调整。本公司这次共免去7名中层干部的领导职务；8名党政中层领导由副职提为正职；2名中层干部被任命为经理助理；还选拔了7名年轻干部担任中层领导职务，他们平均年龄37.7岁，文化程度平均在大专以上。这次中层以上干部调整的特点如下。

　　1. 一批老干部退居二线，但不"一刀切"。（略）

　　2. 重实绩，一批年轻干部被大胆起用，有的走上了重要领导岗位。各单位被推上了市场，要想在市场竞争中夺得显著效益，就需要那些精力充沛、头脑清醒、思想解放、敢闯敢干、有能力的同志做带头人。这次新提拔和副职提正职的干部，就具备这些特点，他们在过去一年的工作中做出了突出的成绩，受到领导和职工群众的认可，公司注意发现并给这些同志提供发挥才干的机会，给他们表演的舞台，放手让他们在创业中为公司做出贡献。

　　3. 大胆尝试，逐步增加党政担子一肩挑的干部。（略）

　　经过这次干部调整，本公司中层领导干部的结构渐趋合理，整体素质得到进一步提高，从而为本公司的经济发展提供了有力的组织保证。

（人事部供稿）

上报：（略）
抄送：（略）

【提示】

　　这是一篇企业人事动态简报。正文前言表述目的，概括叙说"春节前后，公司对中层领导干部进行了调整"，简述了中层干部的任免情况，接着用"这次中层以上干部调整的特点如下"，导出主体内容。主体内容为"特点"的展开。

　　这篇简报文字简洁，表述也清楚，已算是一篇不错的简报了，但细究起来，结构还不太合

理,还可作这样的调整:

将前言第二句话独立成段,冠上小标题:"一、中层干部任免数量较大";以"二、中层干部调整的特点"为原文第二、三、四段的小标题。

【例文2】

教学工作简报
2024年第9期

教务处编　　　　　　　　　　　　　　　　　　　　　　　　2024年9月17日

2024—2025第一学期初教学检查情况简报

学校各级领导高度重视新学期开学的教学工作。开学第一天,校领导黄××副校长巡视了阳光校区各教学楼,检查了教师的教风和学生的学风。教务处李××处长、张××、唐××、卢××等副处长和教务处工作人员分别在阳光、南湖、东湖校区各教学楼检查教师上课情况和学生到课情况。7:40前高职学院李××院长、电子电气学院刘××副院长、学工部陈××副部长就到达3号楼检查教学情况。外经贸学院龙××书记、刘××副院长、经济学院副书记张××、管理学院王××副院长早早地到达东湖校区教学楼检查教学工作。数计学院、纺织学院、化工学院、机械学院、经济学院、管理学院、环城学院、材料学院、艺术学院、服装学院、传媒学院等各二级学院领导和工作人员都到各教学楼检查教学工作。外国语学院将院办和院教学工作委员会成员分成三个检查小组,在第一周内对三个校区每天进行巡查。教务处和校教学督导组第一周每天派员在三个校区巡视,加大对课堂教学的监督。

开学第一天,东湖校区学生学习积极性很高,7:40前就有大批学生涌进教学楼,学生到课率高,呈现出新学期的新气象。阳光校区和南湖校区的学生到课率也高。1~2节课学生到课率高、教学秩序好的教室有3-112、3-116、3-120、3-306、3-504、3-508、6-113、6-405、7-110、7-121、7-203、7-210、7-213、7-217等。

新学期开学,任课教师精神饱满,教学状态良好。(略)

这次教学检查发现的问题如下:

1. 个别外聘教师上课精神状态欠佳,不仅坐着讲课,甚至将教材放在跷起的大腿上,低着头边看边讲,教态不端庄,教学效果差。

2. 个别教师不熟悉多媒体设备的使用方法,课前没有调试,耽误了上课时间。

3. 少数教师备课不充分,对教材内容不熟悉,坐着讲课,没有课件,没有板书,课堂纪律松弛,气氛沉闷。

4. 少数学生上课迟到,部分教室中存在学生玩手机、讲话的现象。

5. 南湖校区综合楼教室中的黑板损坏严重,教师不能在黑板上书写,5-308、5-309、5-

208、5-210、5-108等教室需要更换黑板;5-111,5-311教室多媒体设备需要维修。

教 务 处
校督导处

(出自××大学教务处网站,2024年9月17日,引用时做了增删。)

【提示】

这份工作简报采用了单标题的形式,正文开头第一句话交代编发本简报的主题和背景,此句可视为"按语"。接着简述教学检查活动的过程和运行情况,内容翔实,条理清楚,教学检查发现的五个问题,对教学工作具有针对性和批评、警示作用。不足之处是个别地方用词略显口语化。

二、必备知识

(一)简报的含义和用途

简报是党政机关、人民团体、企事业单位编发的反映情况、沟通信息、交流经验、指导工作的一种简短、灵便的事务文书。简报也叫作"情况反映""情况交流""简讯""动态""内部参考"等。

简报在工作中起着重要的作用。简报可以下情上达、汇报工作、反映情况,也可以上情下达、互通信息、交流经验。简报还能为新闻单位提供有意义的新闻线索或稿件。

简报的内容质量和采编速度,往往反映了一个单位的工作状况。

(二)简报的特点

1. 时效性

简报以讲究时效著称。一则会议简报,如果当天不编发出去,明天会议可能就结束了,失去了其应有的意义。

2. 简明性

简明扼要,是简报的显著标志。简,不仅是指文字少、篇幅短,更主要的是它追求用最少量的文字概括出事实的精髓和意义,简短而不疏漏。简报的主要阅读者是各级领导同志,如果篇幅太长,领导没时间读完,必然影响其对情况的掌握。

3. 交流范围的限制性

简报不是公文,也不同于报刊,有些内容可给新闻单位提供新闻线索,但多数情况下,简报只在内部传阅。有的简报还是专门给某些岗位的领导看的,保密要求高,不能任意扩大阅读范围。

(三)简报的类型

从时间上划分,有常规简报和阶段性简报。按版期分,有定期简报和不定期简报。从性质上划分,有一事一报的专题简报和综合反映情况的综合简报。从内容上划分,可分为以下3种。

1. 动态简报

动态简报所反映的是本单位的动态,又可分为思想动态简报和业务动态简报。

(1) 思想动态简报反映员工对工资、福利等问题的认识与看法等。

(2) 业务动态简报则主要反映与本部门、本企事业单位有关的业务动向、人事变动等,如

《部分机电产品市场行情动态》。

2. 工作简报

工作简报是一种经常性的、不定期编发的长期性简报。在所有简报中,工作简报的时效性相对较差。工作简报反映的内容,可以是对党的方针、政策,上级的指示、决定、通知等的贯彻执行情况,也可以是工作中的经验、教训和问题。本单位的好人好事、好风尚或不良倾向,也可用简报予以反映。

3. 会议简报

会议简报主要反映会议的概况、议程、进程、中心议题、讨论情况及与会人员的意见和建议等。

三、简报的结构写法和写作模板

(一)简报的结构写法

从简报的样式可知,简报分报头、报体和报尾三部分,如图11-1所示。

1. 报头部分

报头部分又称为版头。一般占首页1/3的上方版面,用间隔红线与报体部分隔开。报头的内容包括以下六个方面。

(1)简报名称。如《商业工作简报》,在居中位置,用套红大号字,要求醒目大方。

(密级)	(份号)	↑ 报 头 ↓
简报名称		
(期数)		
编发单位名称	印发日期	
按语………… 标题 正文		↑ 报 体 ↓
发送范围(报送发)	(共印××份)	↑ 报 尾 ↓

图11-1 简报的样式

(2)期数。排在简报名称的正下方,按期序编排,有的简报还注明总期数。

(3)编发单位。写在横隔线的左上方位置。

(4)印发日期。在横隔线的右上方位置。

(5)密级。在报头左侧上方位置,标志密级加标识★,如"机密★""秘密★"或"内部刊物"。保密时限在标识后写上,如"1年"或"4个月"之类。

(6)份号。印在报头右侧上方位置。

2. 报体部分

报体部分内容包括以下四个方面。

（1）按语。按语是表明办报单位的主张和意图的文字。一般有以下三种写法。

① 说明性按语。介绍稿件来源、编发原因和发至范围。

② 提示性按语。提示稿件内容,帮助读者理解稿件的精神。一般加在内容比较重要、篇幅较长的文稿前面。

③ 批示性按语。批示性按语也叫要求性按语,主要写在具有典型意义或指导作用的稿件前面。一般要声明意义、表明态度,并对下级提出要求或提供办法。

不是每篇简报皆配按语。是否需要配按语,要根据稿件的情况而定。

（2）标题。每篇稿件都需有标题。标题必须确切、醒目、简短,且富有吸引力。简报文稿的标题写法多类似新闻标题的写法。

（3）正文。一般包括前言和主体两部分。

① 前言。相当于消息的导语,用极简洁、明确的一句话或一段话,概括全文的主题或主要事实（含时、地、人、事、因、果六要素）,给读者一个总的印象。写法一般有叙述式、提问式和结论式等。

② 主体。这是简报的主干,是对前言的展开,目的是使其具体化。

简报正文如篇幅较长,为求眉目清楚,可采用小标题、序数法等方式展开。

（4）具名。即提供简报材料的单位或个人姓名,写在正文后右下角并用圆括号括上。如果作者是编发单位,则可不具名。

3. 报尾

报尾在正文之下,由一条粗横线与报体分开。报尾内容包括主送单位、抄送单位、印刷份数等。

（二）**简报的写作模板**

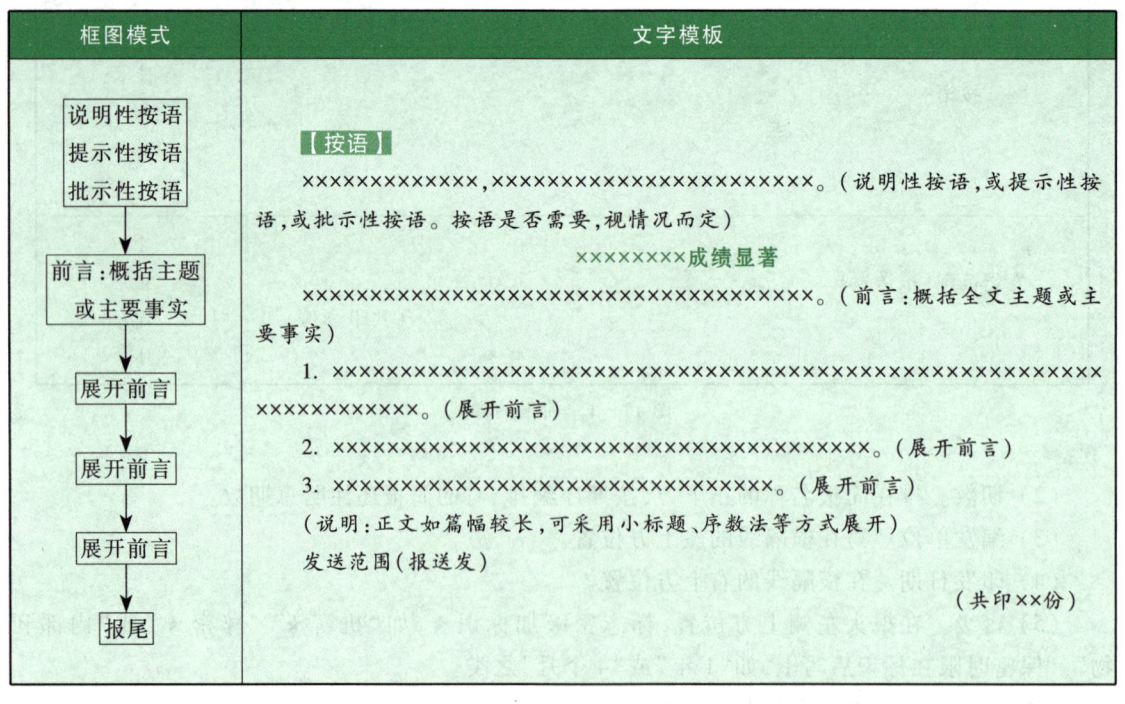

（三）注意事项

1. 材料要真

真实性是简报的生命所在。简报的材料绝不能全凭想象,捕风捉影。

2. 内容要新

简报中反映的事件要有新闻性,要写新情况、新经验、新趋势。唯有"新"的东西,才值得编发简报。

3. 文字要简

顾名思义,简报是情况的简明报告。简报的"简"主要体现在以下三个方面。

（1）内容精练、集中,一篇文章只反映一个主题,观点鲜明。

（2）语言简洁,开门见山,直陈其事。字数一般以1 000字左右为宜,最长不超过2 000字,有的甚至只有几十字。

（3）结构简明,线索单一,脉络分明。

4. 编发要快

及时捕捉信息,快速成文。

四、技能训练

下面的"简报"是一篇病文,试指出其在结构上和语言上存在的毛病,并写出修改稿。

【简报】

公 司 动 态
第 63 期

美丽国际服装设计公司办公室 ××××年8月11日

丽州服装协会考察团一行莅临我公司交流工作

××××年8月11日,天气晴朗,是一个可以记载入我公司史册的好日子,丽州服装协会考察团在团长张先照的带领下,莅临我公司进行了认真的参观交流。考察团的成员包括丽州泉记制衣织造有限公司、丽州华超制衣有限公司、丽州利丰达制衣厂、丽州胜丰制衣有限公司、丽州联丰制衣印花厂、丽州金富制衣有限公司、丽州桦达制衣有限公司等7家服装企业。

我公司总经理邓林达和副总经理叶继元对考察团的到来表示热烈欢迎,邓总经理与张先照团长曾经是多年老战友,邓总给老战友和大家简单地说明了公司情况,还陪同考察团实地考察了公司厂房、生产条件、生产线、销售、技术设计等情况,尤其对公司的网站建设十分关注。

考察团团长张先照等成员认为:美丽国际服装设计公司应当牵头组织全国范围内的服装网商协会,通过吸纳网商协会的会员单位,提供网络营销平台、渠道等方式,以拓展各品牌服装的营销思路和拓宽销售范围,努力摆脱目前普遍存在的销路还不够顺畅的困境,要在自主品牌打造、创新销售通路方面迈上一个新台阶,也希望通过举办服装行业交流活动,为会员单位整合供应链资源,为会员单位寻找新货源及销售新方式,秉承合作共赢的理念,共同推进网商协会的发展。

在激动、振奋、老朋友相见的情绪中,惠州服装协会考察团团长张先照与我公司互相交换了礼物,可喜的是好多考察团成员在今天表达了愿与我公司加深合作、共同进步的意愿。

报：大门市商务局

送：美丽国际服装设计公司各处室

发：美丽国际服装设计公司各车间、班组

【拓展学习】

一、名词解释

简报

二、填空题

1. 简报具有_____、_____和_____3个特点。

2. 从内容上划分，简报可分为_____、_____和_____3种类型。

3. 简报的样式可分为_____、_____和_____3部分。

4. 简报的按语通常有_____、_____和_____3种。

三、简答题

1. 报头部分包括哪些内容？

2. 各类按语各写什么内容？

3. 简报写作有哪些注意事项？

四、判断题

1. 每一篇简报都要配写按语。（　　　）

2. 简报正文的主体一般都是对前言的具体展开。（　　　）

3. 每篇简报都必须在正文后右下角具名。（　　　）

五、AI同行

1. 输入提示词指令："简报写作容易出现哪些误区？"阅读AI生成的文字。

2. 在AI上输入自拟提示词指令，生成："××××学院××级学生毕业实习情况简报，涵盖：实习成效，实习对口，主要问题需结合例子说明，教学调整，要求：言之有物"，辨析AI生成的回复。

六、写作训练

试以所在班级的集体活动或班会内容为材料，编写一份简报。

第十二章　事务文书

第一节　计划

教学视频：计划

一、例文借鉴

【例文 1】

××集团公司企业审计年度工作计划

一、指导思想

2023 年内部审计工作将紧密围绕集团公司的发展目标，树立科学的审计理念，坚持"围绕中心、突出重点、求真务实"的工作方针，即围绕增强集团公司经济效益这个中心，重点对集团公司的热点问题、难点问题以及带有普遍性和倾向性的问题进行专项审计，同时还要及时对重大经济事项进行专项审计调查，求真务实是指审计工作要合理地分析评价，辩证地做出评价结论。努力构建与集团公司发展态势相适应的审计监督模式和审计服务体系，着力提升审计服务质量，切实履行审计监督职能，为集团公司的发展提供保障。

二、工作目标

（一）进一步建立健全内部审计制度，建立并完善《内部审计工作手册》。

（略）

（二）加强审计人员培训，进一步提升审计工作质量，力争审计报告优秀率（由上级评价 90 分以上为优秀）达 50% 以上。

加强审计队伍综合素质能力建设，满足内审工作要求的适应程度、提高内审业务质量。

（三）参照《企业内部控制基本规范》（财会〔20××〕7 号，以下简称《基本规范》）和《企业内部控制配套指引》（财会〔20××〕11 号，以下简称《配套指引》），对本企业内部控制有效性进行一次全面、系统的评价。

（四）以财务收支审计为基础，开展对所属公司（事业部）经济责任和经济效益审计一次。

（略）

（五）建立审计结果落实反馈制度，加强对审计意见落实情况的跟踪，审计意见落实率达 90% 以上。

（略）

三、具体措施

（一）制订并完善《内部审计工作手册》，计划于2023年6月完成。

（二）计划安排对现有的内审人员进行两次（每人一次）脱产审计业务培训（为期一周），计划于2023年6—8月完成。继续组织参加国际内审师资格考试，不断丰富业务知识，提高审计人员自身素质，以适应新形势、新任务的需要。

（三）深入学习并理解《基本规范》和《配套指引》内容，对本企业内部控制有效性进行一次全面、系统的评价。计划于2023年11月完成。

（四）结合预算执行情况，对所属公司（事业部）2023年上半年的经济责任和经济效益情况进行审计（必要时延伸至以前年度）。计划于2023年10月完成。

（五）建立审计结果落实反馈制度，计划于2023年2月完成。同时，加强对审计意见落实情况的跟踪。

（六）结合效能监察，重点开展活动项目、大宗物资采购等支出性经济合同事前审计工作，充分发挥事前审计的预防作用。

（七）开展重要领域、重点活动项目的专项审计。（略）

（八）开展各项常规性审计工作。主要审计内容包括：财务收支、经济往来的真实性、合法性；各经营单位的经济效益审计；经营管理人员经济责任审计；检查国家财经法规和企业财务规章制度的执行情况；对公司经营管理中的重要问题开展专项审计调查等。

（九）对物资采购管理进行审计，特别是对印刷采购、办公用品、设备、项目活动物资等采购管理活动进行审计监察。

四、人员安排

2023年审计室将保持现有组织架构及人员配置不变，通过提高工作效率和工作质量，来保证各项目标任务的完成。

五、费用预算（略）

（资料来源于网络，选入教材时有改动。）

【提示】

这是一份专题性工作计划，采用条文式结构。计划从指导思想、工作目标、具体措施、人员安排等方面对一年中审计工作"做什么""怎么做""什么时候做"进行了说明。这份计划目标明确，重点突出，措施具体，时间清楚，切实可行。

【例文2】

××西服店××××年工作计划

本店决定将今年的工作重点调整为适应"国内国际双循环"。与深化企业改革一起抓，改善企业经营管理体制，深入挖掘潜力，加大网上网下营销力度，充分发挥名牌特色产品优势，进一步提高经济效益。现根据我店的实际，确定××××年的工作计划如下。

一、目标

序号	类别	指标	同比
1	销售计划	1 600 万元	比去年的 1 552.8 万元增长 3%
2	周转天数	118 天	比去年的 122.9 天加快 4.9 天
3	平均流动资金	524.4 万元	比去年的 530.5 万元下降 1.15%
4	费用额	68.5 万元	比去年的 70.69 万元下降 3.1%
5	借款利息	19.3 万元	比去年的 20.8 万元减少 1.5 万元
6	削价损失	16.7 万元	比去年的 33.4 万元下降 50%
7	毛利率	19.79%	比去年的 18.79 上升 1%
8	定制加工	5 460 件	比去年的 5 300 件增长 3%
9	上缴税利	262.2 万元	比去年的 255.7 万元增长 2.5%
10	利润	218.9 万元	比去年的 208.5 万元增长 5%

二、措施和做法

（一）扩大商品销售，提高经济效益

1. 抓好产品质量，扩大包括"一带一路"的市场占有率。对产品进行定期抽样检查，力争正品率达到××%。其中××%的产品质量符合市优和部颁标准。

2. 全面分析和预测市场上各款时装的生命周期，合理选择进货渠道，组织适销对路的原料，增加花色品种，妥善安排工作，做到款式新颖、高雅，并做好必要的储备，以满足市场需要。

3. 开拓新产品，设计部分销往"一带一路"的新品种，对库存商品不断地更新换代，使产、销、调、存保持良好的运行状态。

4. 采取门市销售、预约销售、集会展销和网店销售等形式，扩大销量。

5. 提高服务质量，引发顾客的购买兴趣，唤起消费者的潜在需求。结合×××活动，争取商店评上"文明服装商店"的称号。

（二）优化销售方式，抓好横向联系

1. 在全国各地设立特约经销单位。以京、津、沪为据点，向四面扩展；上半年增设××、××、××等3个经销点，下半年再增设××、××、××等3个经销点，逐渐形成国内×××商品的销售网，今年争取发展若干个"一带一路"共建国家的经销商。

2. 加大网上营销的力度。注重网店的营销策划，提高本店产品的质量并加大宣传效果。

3. 利用短期贷款，多生产质量优、价格合理的产品，满足各地不同层次的需要。

4. 加强横向联系，了解各地市场的风土人情，分析销售趋势；帮助经销单位改进柜台设计和商品陈列，扩大供应能力。

（三）压缩银行贷款，减少利息支出

1. 加速资金周转，对库存商品不断地进行清理、分类，及时处理冷、呆、残损商品，防止资金积压。

2. 缩短生产流转的期限，加工产品及时回收，及时上柜，及时回笼资金，以压缩银行贷款，减少利息支出。

（四）降低成本，节约费用

1. 紧密排料，减少损失，降低消耗。
2. 合理调整库存，减少库存量。
3. 紧缩差旅费，节约水电及文具办公费用。

（五）加强经营管理建设

1. 健全财务报表体制，准确反映单位的经济情况，定期分析各项经济指标完成情况，找出问题，及时处理。
2. 加强管理环节，使进、产、销、存的管理系统化、科学化。
3. 对原材料仓库场地、成品仓库场地、商品陈列室等进行合理的布局，对管理人员加以调整充实。
4. 健全各项考核制度，做到"奖不虚施，罚不妄加"。

××××年的任务是艰巨的，但我们有一支热爱商店的职工队伍，有信心完成我们的奋斗目标。

××西服商店经理室
××××年 1 月 3 日

【提示】

本计划的正文导言，概述了制订计划的依据和工作思路。主体部分首先用表格表述奋斗目标，将每项指标与上年度实绩做比较，目标明确而具体。以条文式表达的实现目标的五项措施和具体做法，具有操作性。结尾一句，充分表明了实施计划的信心。

本计划的一大特色是将表格与条文很好地结合。不足之处有两个：一是计划中没有写明落实措施和做法的具体步骤，二是各项任务没有具体落实到由什么人做。这不仅是写作思路的问题，还与作者和该店领导的业务素质及工作能力有关。

二、必备知识

（一）计划的含义和用途

计划是国家机关、企事业单位、社会团体以及个人，在工作、生产、学习以及日常生活中，为了完成某项任务，拟定的目标、措施、步骤、要求及完成期限，并加以书面文字化或表格化的预先安排。

计划可以提高工作的预见性和自觉性，使工作围绕目标，更好地分工合作，充分利用人力、物力和财力，提高工作效率。同时，可以为日后检查工作进度，总结、评价和考核工作的完成情况提供必要的依据。

（二）计划的特点

1. 预测性

计划是为未来工作目标或实践活动做的一种预见性的部署和安排，具有一定的预测性。

2. 具体可行性

一份完善的计划，必须有为实现具体的目标而制定的可行措施、办法和要求，而且，各项措施、办法和要求必须具体明确,切实可行,符合实际。目标定得过高,无法实现和完成;定得过低,计划又无法起指导、激励作用。计划的步骤、措施、要求、时限不但要写得具体、细致,还要便于检查督促,对照落实。如果某一环节出现特殊情况,则需采取相应的处理措施,或作出相应的调整,以保证计划的按时完成。

(三) 计划的种类

根据不同的标准,计划可以分为不同的类型。

(1) 按计划内容分,有学习计划、工作计划、教学计划、营销计划等。
(2) 按计划性质分,有指导性计划、指令性计划等。
(3) 按计划范围分,有国家计划、地区计划、公司计划、部门计划等。
(4) 按计划时间分,有远景规划、五年计划以及年度计划、季度计划、月度计划等。
(5) 按计划写法分,有条文式计划、图表式计划和条文图表结合式计划。

三、计划的结构写法和写作模板

(一) 计划的结构写法

1. 标题

计划的标题一般有以下 3 种写法。

(1) 由计划单位名称、计划时限、计划内容、计划名称四要素组成的完整式标题,如《××公司××××年营销工作计划》。

(2) 省略式,即视实际需要省略某些标题要素,有的省略时限,如《××公司营销方案》;有的省略单位,如《××××年工会工作要点》;有的省略单位和时限,如《毕业生就业工作计划》。凡省略单位的标题必须在正文后署名。

(3) 公文式,即由发文机关名称、事由、文种组成的标题,如《××总公司关于××××年机构改革工作的部署》。

若计划尚不成熟或未经批准,则在标题后或正下方注明其成熟度,如"草案""讨论稿"字样,并加上圆括号。

2. 正文

计划的正文一般由前言、主体和结语构成。

(1) 前言。前言的文字表达要简明扼要,一般写以下四个方面的内容。

① 说明制订计划的依据。
② 概述本单位的基本情况,分析完成计划的主、客观条件。
③ 提出总的任务和要求,或完成计划指标的意义。
④ 指出制订计划的目的。

以上四个方面的内容可根据实际情况作出适当选择。

前言通常以"为此,特制订计划如下"或"为此,需抓好以下几方面的工作"为过渡语,引出主体部分。

(2) 主体。一般必须写清以下三个方面的内容。

① 目标任务。即在某一时段内要完成的工作任务,通俗地说就是写清楚"做什么"。
② 措施。写清楚采取何种办法,利用什么条件,由何单位何人具体负责,如何协调配合以完成任务。措施就是写明"怎么做"。

③ 步骤程序。即写明实现计划分几个步骤或几个阶段,即"何时完成"。

目标、措施、步骤程序,可以分开写,也可以将措施和步骤程序放在一起写。

不便在正文里表述的内容,可另作"附件"。

(3) 结语。计划的结语,可以说明计划的执行要求,也可以提出希望或号召。也有的计划不专门写结语。

(二) 计划的写作模板

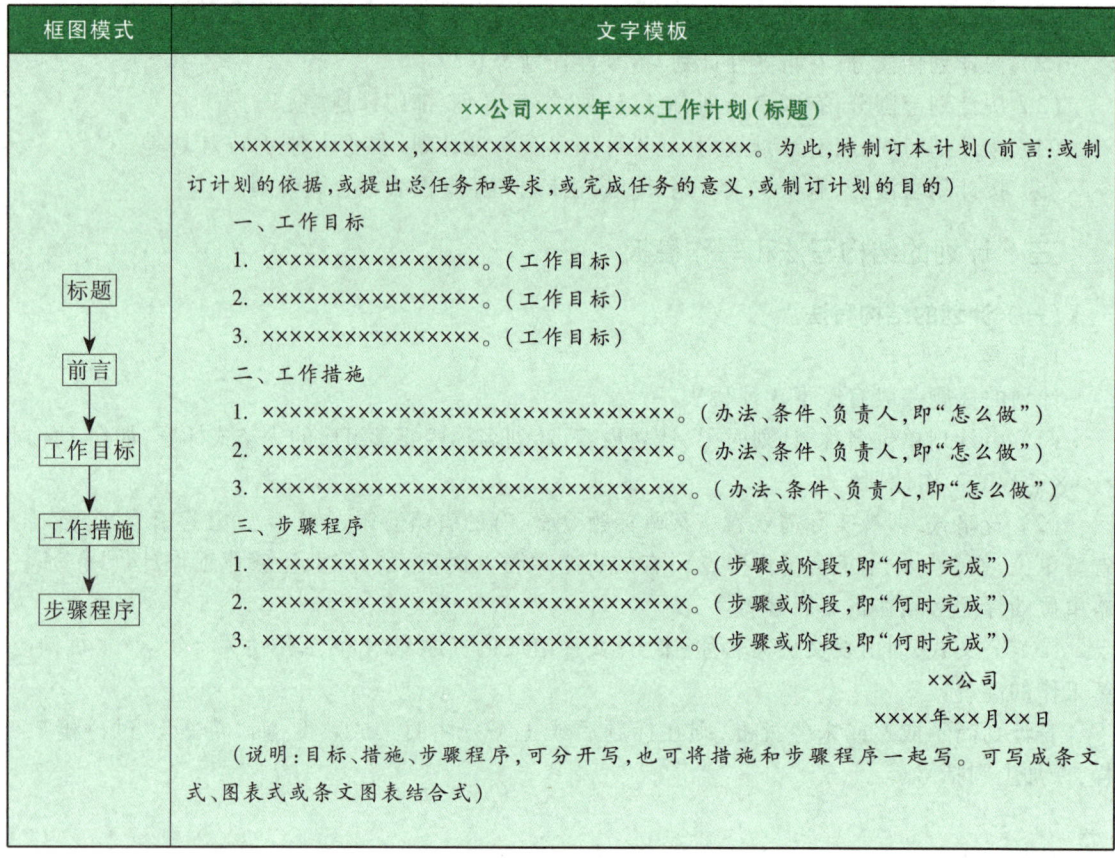

(三) 注意事项

(1) 要把预测性和可行性很好地结合起来。必须符合党的方针政策、法律法规,并能适合本地区、本单位、本部门或本人的实际情况。计划的目标不能定得太高或太低,要实事求是,切实可行。

(2) 计划的目标任务、措施、步骤程序等都要写得明确具体,切忌含糊不清、模棱两可。

(3) 要走群众路线,集思广益,把计划变成群体的共同意志,以保证计划的认同度和可行性。

(4) 语言要准确、明晰。

四、技能训练

试按计划的结构和写法,拟一份近期班级活动计划。

【拓展学习】

一、名词解释

计划

二、填空题

1. 计划具有_____和_____两个特点。

2. 按写法分,计划可分为_____、_____和_____ 3 种类型。

3. 计划的标题,一般有_____、_____和_____ 3 种写法。

三、简答题

1. 计划的前言部分通常可写哪些内容?

2. 计划的主体必须写清哪些内容?

3. 在计划正文里不便表述的内容该如何处理?

4. 制订计划有哪些注意事项?

四、AI 同行

1. 输入提示词指令:"计划的拟写容易出现哪些误区?"阅读 AI 生成的文字。

2. 自拟提示词指令,运用 AI 生成一份新学年××学院××专业班级课外文体活动计划,辨析 AI 的回复,若不够完善,则在 AI 上输入如何修改的提示词指令,直至生成满意的回复。

五、写作训练

试拟订一份自己大学毕业前阅读世界文学名著的计划,要求:表格式,以月为时间单位,写明书名和作者。

第二节 总结

教学视频:总结

一、例文借鉴

【例文1】

企业围绕市场转　产品随着效益变

——××钢铁集团公司开展"转、抓、练、增"活动的经验

××钢铁集团公司是全国独立型特钢企业,全国 500 家最佳经济效益企业。长期以来,××钢铁集团公司始终坚持了"育人为本、管理为头、质量为命、效益第一"的指导方针,立足高原,艰苦创业,以深化改革为主线,以市场经济为导向,加速企业机制转换,在调整产品结构、提高产品质量的同时,增产降耗,加强经营管理,克服了重重困难,使企业得到了长足的进步和发展,经营生产持续跨上新台阶,为振兴西北地方经济、发展我国钢铁工业作出了应

有的贡献。总结××钢铁集团公司在转机制、抓管理、练内功、挖潜力、增效益方面的做法,主要有以下几个方面。

一、深化企业内部配套改革,加快转换企业经营机制

(一)解放思想,转变观念,走转机制、抓管理的新路子。(略)

(二)坚持实行"两保一挂"承包方式,进一步完善内部经济承包责任制。

1. 以集团公司利益为重,始终坚持国家、企业、职工三者利益兼顾,责权利相结合,职工报酬与企业效益、个人劳动成果相联系的原则;坚持以市场为导向,突出经济效益的原则;坚持突出成本、质量的考核,增大对成本、质量、安全指标否决力度的原则。从而使企业内部经济承包责任制逐年走上程序化、标准化、规范化的轨道。

2. 不断地完善企业内部经济承包责任制的"指标、考核、保证"体系。把企业对国家的承包指标,逐级分解,层层落实,实行全员承包,设计并完善了多种承包形式。

(三)深化以"三项制度改革"为重点的企业内部配套改革,不断地完善分配机制和竞争机制。

二、强化管理,深挖内潜,努力增加效益

(一)加强以标准化为重点,以班组建设为落脚点的基础管理。(略)

(二)不断地提高专业管理水平,向管理要效益,加强以质量为中心的生产管理。(略)

(三)大力推广和应用现代化管理方法,积极推进企业管理现代化。先后推广和应用了方针目标管理、网络技术、价值工程、正交试验法等15种现代化管理方法和手段,计算机已广泛应用于财务、劳动人事、生产、质量、统计等专业管理,都收到了较好的效果。

三、坚持科技兴厂方针,加快技术改造步伐

(一)加快技术改造步伐,提高装备水平,增强企业发展后劲。(略)

(二)依靠科技进步,积极开发"三新"。××钢铁集团公司坚持市场急需、适销对路的产品研制开发方向,充分发挥新产品研制开发体系和研制开发管理网络的骨干带头作用。根据有关文件规定,每年按销售收入的1.5%提取技术开发费。确保技术开发,工作得以顺利开展。同时,对技术难度高、对全厂经济指标影响大的攻关项目和"三新"开发项目等实行了技术承包,进一步调动了科技人员的积极性。

目前,××钢铁集团公司围绕建立现代企业制度进行公司制改造,本着"管好主体、放活辅助、加强基层、服务现场"的指导思想,重点抓好经营机制的转换,逐步实现主辅分离,为建立现代企业制度、进行公司化改制打好基础。

【提示】

这是一份专题性经验总结。

正标题概括总结的主题,副标题写单位名称和概括总结的具体内容。

正文的前言,概述企业的基本情况和取得的主要成绩,接着用"主要有以下几个方面"过渡到主体部分。

主体从三个方面具体介绍了××钢铁集团公司在转机制、抓管理、练内功、挖潜力、增效益方面的成功做法。写法上采用列小标题的方式,每条经验概括为一个小标题。具体介绍各条经验时,又以观点作段旨,并编上序号。文章以该集团公司目前的工作和今后努力的方向作结语。

【例文2】
××社区党建工作年终总结

今年以来,我们根据以习近平同志为核心的党中央的要求,按照集团公司总体部署,结合社区实际,制订出"围绕一个中心——生产经营中心;抓好一个落实——落实党委工作责任制;突出两个'安'字——安全生产和人心安定;做好四个结合——常规工作与重点工作相结合、深入调研与解决实际问题相结合、点与面相结合、自身努力与调动整体积极性相结合"的工作思路,经过半年来的工作实践,探索出一条在社区改革发展的新形势下做好党建工作的新路子,使社区党建工作迈上了一个新台阶。

一、围绕生产经营中心,集思广益谋发展

随着集团公司改革的步伐加快,我们主要做好以下工作:首先,在往年"三转"主题教育活动取得的成果基础上,结合社区改革发展进程,广泛开展了促"三转"树"三观"主题教育活动,通过活动载体使广大党员干部职工牢固树立"发展观、市场观、创新观"。先后开展了"为社区的生存与发展进一言""'生存与发展'征文""经营项目建议征集""'生存与发展'座谈会"等系列活动,共征集到社区各单位文章208篇、建议59条,使全体党员干部职工的思想和行动统一到主辅分离、改制分流上来,为社区的稳定、改革和发展奠定了坚实的基础。其次,不断寻找与规范化、标准化的物业管理存在的差距,根据国务院颁布的《物业管理条例》,结合实际组织房产、收费等四名基层党支部书记集中一星期时间讨论审议,制订了《运作制度》《内部岗位责任制》《装修管理与指南》《工作质量标准》《员工考核制度》《文化手册》《公众制度》7大类149项规章制度,努力使社区的物业服务更精细化、工作更具体化、责任更清晰化,做到人人、事事、处处有标准,时时有监控,以最快的速度缩短与同行业先进水平的差距。最后,优化人力资源。我们按照上级要求,对人员进行合理分配重组,共转岗分流152人。

二、突出三个重点,全面抓好党建工作

1. 建立健全工作机制。(略)
2. 建立健全党建组织网络。(略)
3. 开展活动发挥作用。(略)

三、突出两个"安"字,确保社区稳定

一是抓安全生产。我们始终把安全生产作为头等大事来抓,进一步细化措施、明确责任,坚持"管理、装备、培训"并重的原则,抓重点、抓关键、抓现场、抓薄弱环节,建立安全管理长效机制,扎实推进安全管理创新和技术创新,强化安全法律法规知识教育,夯实了安全"双基"建设的基础。

二是抓人心安定。(略)

四、做好四个结合,推动各项工作全面发展

一是常规工作与重点工作相结合。我们坚持每周一例会制度,全面部署社区各项工作,做到常规工作无遗漏,重点工作无放松,全面地推进整体工作。二是深入调研与解决实际问题相结合。制定了领导干部下现场制度,我们要求社区领导班子成员每年下基层时间达到三分之一以上,注重带着问题深入基层、深入群众调研,有针对性地制定解决问题的措

施,有效地解决实际问题。三是点与面相结合。每件关键的、牵动面广、影响面大的工作,都注意要先抓要点,选准突破口,取得成功经验,再在面上推进。四是明确职责和干部人才培养相结合。进一步理顺副职和正职的关系,落实各主管部门的责任,发挥各部门、各层面干部和工作人员的积极作用,既保证各项工作任务的完成,又使干部得到锻炼提高。

  我们的工作虽然取得了一定成绩,这些成绩的取得与上级的正确领导和广大干部职工的辛勤努力是分不开的。但我们也清醒地认识到,在社区发展前进的过程中还存在一些问题急需解决。一是如何在改革的进程中,充分发挥党组织的政治核心作用,探索新形势下党建工作的新途径、新方法,是我们目前面临新课题、新任务。二是内部管理还是薄弱环节,根据《物业管理条例》结合社区实际,从机制和管理模式上需进一步加强依法治企,依靠制度来规范我们的工作机制。

  按照集团公司和物业公司的总体部署,我们将继续全面贯彻党中央和上级党委的要求,遵循社区党委制定的"围绕中心转,贴着效益干,抓党风促廉政,抓安全促生产"的工作思路,以创建"平安社区""温馨家园"活动为契机,以减亏增效为目的,以深化改革为动力,加强学习,深化改革,加快发展,搞活创收,加强管理,创新机制,紧紧围绕××社区××年经营奋斗目标,切实抓好党委各项中心工作,确保完成2021年的各项任务。

(来源:工作总结网,选用时有删改。)

【提示】

  这篇某集团公司某社区的党建工作总结,属于专题性工作总结。全文由前言、主体、结尾三部分组成,结构完整,条理清晰,语言准确。前言部分简明扼要,表明指导方针和工作思路,起着总起下文的作用。主体部分分为四个方面具体展开,小标题提纲挈领,突出观点,具体明确地写出了社区党建工作的思路、做法、收获和经验。结尾部分写存在的不足和今后努力的方向,简洁明了。

二、必备知识

(一)总结的含义和用途

  总结是单位、部门或个人对前一段的实践活动进行回顾、检查、分析和研究,从中找出经验教训和规律性的认识,以指导今后实践而写成的应用文书。我们通常说的总结主要是指工作总结。

  总结的作用是多方面的,可以是制订下一阶段计划的重要依据,是开展工作的有效手段。通过总结,可以检查上阶段实践活动的成败好坏,在分析研究事实材料的基础上,找出经验教训,以便更好地指导下一阶段的工作。同时,通过总结,有利于养成理论联系实际的作风,更好地学会观察事物和分析问题,提高思想认识水平和工作能力。

(二)总结的特点

1. 实践性

  总结以回顾实践或工作的全过程为前提。自身实践的事实,尤其是工作中的典型事例和确凿数据是一篇总结得出正确结论的基础。

2. 理论性

  总结的理论性表现在,通过总结,将实践中获得的大量零散的、感性的认识上升为系统化的理性认识。

能否找出带有规律性的认识,用以指导今后的工作,是衡量一篇总结质量好坏的标准。

(三) 总结的类型

和计划一样,根据不同的划分标准,总结也可以划分为不同的种类。

(1) 按内容分,有工作总结、生产总结、学习总结、科研总结、经营总结、会议总结等。

(2) 按范畴分,有个人总结、单位总结、部门总结、各级政府总结等。

(3) 按时间分,有年度总结、季度总结、月度总结、阶段总结、周小结、日小结等。

(4) 按性质分,有综合性总结、专题性总结等。

综合性总结又叫作"全面总结",即单位、部门对一定的时限内所做的各方面工作进行的综合性的分析、总结,是全方位、多角度、深层次的总结。它反映的是工作的全貌,内容包括基本情况、过程、成绩、经验、不足、教训等诸多方面。如《××学院××××年工作总结》,就是对学院在该年度的教学工作、科研工作、学生工作、后勤工作、财务工作等进行的全面总结。综合性总结要求对材料的选择和处理既要全面,又要重点突出,做到点面结合。

专题性总结是在某方面的单项工作如生产、思想、宣传任务完成之后所进行的总结。如一个公司抓好产品质量方面的总结,一个学校加强学生政治思想工作方面的总结。这类总结内容集中单一,重点突出,针对性强,偏重于总结经验,有一定的思想深度。专题性总结一般理论性较强。

三、总结的结构写法和写作模板

(一) 总结的结构写法

1. 标题

总结的标题通常有以下三种形式。

(1) 公文式标题。由单位名称、时限、事由、文种构成,如《×××公司关于××××年度的工作总结》。这种标题多用于综合性总结。

(2) 文章式标题。即概括文章的内容或基本观点的标题,标题中不出现文种"总结"两字。这种标题一般用于专题总结,如《股份制使企业走上成功之路》。

(3) 双标题。这种标题的正题揭示主题或概括经验体会,副题标明单位、时限、事由和文种等,如《一本书一页纸一句话——职业技能考证学习方法浅谈》。

2. 正文

正文由开头、主体和落款三部分组成。

(1) 开头,也叫前言。要求概述基本情况,通常简述工作或任务是在什么形势下,遵循什么思想或方针完成的,有哪些主要成绩,存在哪些主要问题。介绍时要有所侧重,或重在单位基本情况,或重在指出成绩。不论哪一种形式,前言都要开门见山,简明扼要,紧扣中心,统领全文,有吸引力。

(2) 主体。主体一般有以下三方面的内容。

① 基本做法、成绩和经验。多数总结把这部分内容作为重点。要写明在什么思想指导下,做了哪些工作、采取了哪些措施、取得了哪些成绩,其主客观原因是什么,有哪些体会等。成绩、做法是基础材料,经验体会是重点。要点面结合,重点突出,数据具体,才能具有较强的说服力。切忌面面俱到,不分主次,或者写成流水账。

② 问题与教训。要求以一分为二的观点看问题,写出工作中存在的问题与不足,并分析其主客观原因及由此得出的教训等。不同的总结,可以有不同的侧重。如果是着重反映问题的总结,就要把这部分作为重点来写。如果是典型经验总结,或者工作中确无大的失误,这部分就不必写,也可以把这部分内容合并到"努力方向"中去写。如果是常规工作总结,就要概括写存在的主要问题。

③ 今后的工作和努力的方向。这部分内容要写得简单明了。

主体部分切忌事无巨细,一一罗列。这一部分内容很多,既需要写基本做法,又需要进行理论分析、归纳,在写作时要以合适的方式来安排结构。常见的结构方式有以下 3 种。

第一,分部式结构。按"情况—成绩—经验体会—问题—今后设想"或者"做法—效果—体会"的顺序,分成几个大部分来写。每部分可用序号列出,也可恰当地运用小标题,每部分内容用一个小标题表示,或采用段旨句表示,即把观点置于每一段的开头,这是分部式结构中最常见的写法。这种形式适于单位总结、个人小结或体会。

第二,阶段式结构。把工作的整个过程,按时间顺序,划分成几个阶段来写。每个阶段写一个部分,在各个部分中再以块式结构来安排内容。这种形式适于时限较长而又有明显阶段性的工作总结。

第三,观点式结构。根据内容归纳出几个观点,每个观点就是一个大层次,使用"一、二、三……"序号排列,逐条叙述,条文之间具有比较严密的逻辑关系。这种形式,能有效地提升总结的理论性,较适于专题经验总结。

(3) 落款。在正文右下方署上单位名称,名称下面标明时间。如果单位名称已署在标题下面,则可不再标明。

(二)总结的写作模板

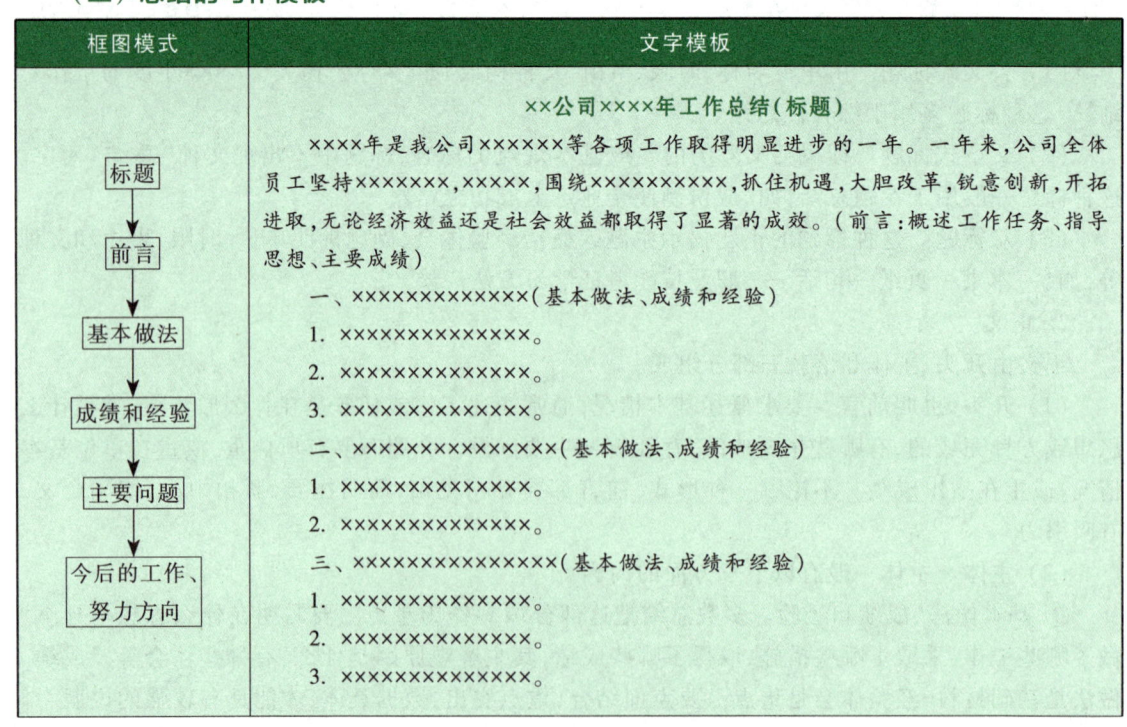

续表

框图模式	文字模板
	四、××××××××××××（主要问题。反映问题的总结，这部分是重点，经验总结不写这部分）
	1. ×××××××××××。
	2. ×××××××××××。
	3. ×××××××××××。
	五、×××××××××××（今后的工作和努力的方向）
	××××年××月××日

（三）注意事项

（1）实事求是。总结必须从本单位、本部门的实际情况出发，反映真实情况，如实总结工作中的成绩、缺点和不足。不能无中生有，虚报成绩；不可文过饰非，掩饰问题；也不可任意拔高，自我吹捧，任何的主观臆造都是总结写作的大忌。

（2）点面结合，观点和材料要统一。

（3）总结规律。从客观实际出发，从分析研究问题和事实入手，透过现象看本质，发掘出事物的本质特点，找出取得成绩的原因和存在问题的根源，从而找出事物发展的本质规律，以指导今后的工作。

（4）叙议得当。叙议得当，是总结在表述上的特别要求。应以叙述为主，叙议结合。一般在交代工作的过程、列举典型事例时，以叙述为主；而在分析经验教训、指明努力方向时则多发议论。

四、技能训练

写好总结，首先，要做好材料的收集整理工作。其次，要认真、反复地分析研究材料，通过由此及彼、由表及里地反复分析研究，发现本质特点，找出规律性的东西。在这些工作做完之后，还得注重谋篇布局。

试读下面这篇病文，分析其在占有材料、分析材料、找出规律性的东西方面做得怎样。

××公司上半年工作总结

半年来本公司取得了很大成绩，主要做了以下工作：动员组织公司干部和广大群众学习中央文件；安排、落实全年生产计划；推行、落实工作责任制；修建子弟小学校舍；建方便面生产车间厂房；推销果脯、食品、编织产品；解决原材料不足问题；美化环境，栽花种草；办了一期计算机技术培训班；调整了工作人员岗位，开始试行干部招聘制。

半年来，在工作繁杂，头绪多而干部少的情况下，能做这么多工作，主要是：

第一，上下团结。公司领导和一般干部都能同甘共苦，劲往一处使。工作中有不同看法，当面讲、共同协商。互相有意见能开展批评与自我批评，不犯自由主义。例如有干部就对经理未做商议，擅自更改果脯销售奖励办法，影响产量一事有意见，经当面提出，经理做了自我批评，并共同研究了新的奖励办法，又出现了增产势头。

第二，不怕困难。本企业刚刚起步，困难很多，技术力量薄弱，原材料不足；产品销路没有打开；等等。为此，领导干部共同想办法，他们不怕跑路，放弃自己的休息时间，忍饥挨饿受冻，四处联系,终于解决了今年所需要的原料问题,推销了一些产品。

第三,领导带头。公司的几位主要领导带头苦干,实干。除了利用网络资源调查,他们经常白天深入到基层去调查了解情况,晚上又开会研究问题,寻找解决的办法。领导干部夜以继日地工作,使公司工作上了台阶。

××××年××月××日

【拓展学习】

一、名词解释
1. 总结
2. 综合性总结
3. 专题性总结

二、填空题
1. 总结具有_____、_____两个显著特点。
2. 按性质分,总结分为_____和_____两种类型。
3. 总结的标题有_____、_____和_____3种常见形式。
4. 总结主体部分写作常见的结构方式有_____、_____和_____3种。

三、判断题
1. 能否找出带有规律性的认识,用以指导今后的工作,是衡量一篇总结质量好坏的标准。(   )
2. 总结要既报喜,又报忧。(   )
3. 总结要把感性认识上升到理性认识的高度。(   )
4. 写总结一般用第三人称。(   )
5. 写总结一定要按照完成工作的时间先后顺序来写。(   )
6. 总结的正文在结构安排上只有分部式和纵式两种。(   )

四、简答题
1. 试简述总结前言的写法。
2. 总结主体一般写什么内容?各部分内容如何写?

五、AI同行
1. 输入提示词指令:"撰写总结,容易出现哪些误区?"阅读AI生成的文字。
2. 在AI上输入提示词指令:"生成一份个人学习应用写作课程的总结,涵盖:写作方面的收获,学习方法,经验,问题与教训,努力方向,要求:内容具体,分条列项,多个角度,提出有规律性的认识。"阅评AI生成的回复,若你认为需增加或限制某方面的内容,则撰写出修改指令输入AI。

六、写作训练
试写一篇你所在班的班级工作年度总结。

12.2 即测即评

第三节 述职报告

一、例文借鉴

教学视频：
述职报告

【例文】

学生会主席述职报告

尊敬的各位领导，各位老师：

　　大家好！

　　××××年对我来说是不平凡的一年，在此感谢学院领导对我的信任和支持，感谢领导给我提供了一个展现自我、锻炼自我的平台。自从竞选为学生会主席的那一刻，我就坚定"不忘初心、牢记使命"的信念，立志将学院学生会工作做好，打造一个充满创新意识、充满改革斗志的优秀学生团队，充分发挥学生会在学生与老师之间的桥梁纽带作用。时至学期结束，一学期的工作锻炼使我感触颇多，鉴于此，特向各位领导、老师对本学期的工作情况进行简要述职。

　　一、明确工作职责

　　（1）全面贯彻执行党的教育方针和学校的办学思想，认真完成学校和学院交给的各项任务，配合校学生会开展一系列学生活动，不断提高学生会的办事效率。

　　（2）制订和实施学生会发展规划与学期学年工作计划，并指导、督促、检查规划和计划的执行情况，定期总结阶段性工作。

　　（3）主持学生干部会议，领导学生会各部门和各年级积极主动地开展工作。重大问题提请学代会或学生委员会讨论，决议形成后，责成有关部门执行。

　　（略）

　　二、回顾学期工作

　　（一）组织制度建设方面

　　在第四届学生会工作的基础上，有选择地继承，有原则地创新。在自身建设上，严明纪律，拓宽机制，明确职能，细化分工；制定了学生会日常工作指南；创建了信息传递部、创新创业部等拓展工作的新部门，进一步完善了评议部、社会实践部等年轻部门；在选干机制上，深层次明确了各部门的学生干事培养流程及推选竞选流程，为下一届学生会输送优秀人才。此外，在学校领导的倡导和学生干部的工作反馈下，制定出学生会改革建设办法，比如：成立学院学生会常务委员会，促进校院两级学生会组织间的沟通。

　　（二）校园文化活动方面

　　传统活动和创新活动相结合。在继续承办往届的美食文化节、"校园杯"足球赛、书画艺术创作大赛、"校园杯"辩论赛、学雷锋活动系列等传统活动的基础上，创新性地由各部门策划、协调，共同举办了首届"书院文化与学院人文精神"大学生演讲比赛、首届"四院友谊杯"足球赛和首届"环校园定向越野"长跑赛，进一步丰富了我院学生的课余生活。

校风建设和学生管理相结合。学校校风建设年,我们还联合各二级学院学生会共同举办了"改陋习,树新风,争做文明大学生"巡回图片摄影展和"十无校园"万人签名系列活动,以促进在校学生规范日常行为,培养在校学生良好的文明修养,提高其综合素质;为促进校园民主化建设和大学生健康成长,学生会还首创学生论坛,即"蝶湖论坛",协助学校为同学们的成长成才、就业创业搭建平台。

(三) 部门联系交流方面

本学期继续加强与其他学生组织的联系与交流。根据本届学生干部上任之初面临的实际情况,定期召开校院学生会主席联席会,举办第七届委员会第八次主席团会议等,还加强了与社团联合会、校报记者团等学生组织的交流,取长补短,共同进步。此外,还与市内各高校学生会骨干探讨、交流心得经验,加强了各兄弟院校之间的了解与协作。

三、存在的问题与不足

(一) 活动组织缺少预见性

在各项比赛和活动过程中,人员安排的合理性和组织协调性仍须进一步完善。活动过程中出现了各种突发事件,如电脑故障、话筒故障、天气状况,应该要有两手准备,以防万一。

(二) 内部管理有待制度化

目前学生会的管理缺少制度,特别是各部门内部的制度管理仍有待进一步完善。

(略)

四、下学期工作计划

(1) 坚决拥护校、院的方针政策,认真贯彻落实校、院党委和团委的要求与指导思想。在学习实践过程中,我们将一切从实际出发,实事求是,认真学习,提高全体学生干部学习政治理论的积极性,增强学生干部的政治觉悟和思想道德修养。同时,我们将继续严格要求每位学生干部努力学习,积极向党组织靠拢,争取有更多的同学早日成为光荣的共产党员。

(2) 加大力度提升学生干部的文化素质和文化水平,以满足为广大学生服务的要求。

(3) 加强与外界的联系,加大与校学生会、各兄弟学院学生会的交流与合作,吸取宝贵经验。

(4) 积极开展学生会干部内部交流和培训工作。

(5) 健全院系工作例会规章,加强责任落实到人的措施。

(略)

金无足赤,人无完人。我们每个人身上或多或少都会有一些缺点,只要我们能够及时发现,并正确对待,那么我们就可以成为合格、称职的表率。作为学院学生会主席,我会从自身做起,严格要求自己,处处起模范带头作用,敢于坚持原则,积极为同学们谋正当利益,处理和协调好各种关系,做好今后的分内工作。

作为学生会主席,这一学期的工作,给了我太多的感触。我见证了学生会发展的每一步。留下了很多难忘的回忆。我坚信,在上级党组织和团组织的正确领导与大力支持下,我院的学生会工作将会在现有的基础上有更大的提高。我们将以崭新的姿态和饱满的热情,扎实地推进学生会的各项工作,不断迈上新台阶!

以上是我的述职报告，敬请各位领导、老师和同学评议，欢迎对我的工作多提宝贵意见，并借此机会向一直关心、支持和帮助我的各位领导、老师和同学表示诚挚的感谢！

谢谢大家！

述职人：梁××
××××年××月××日

【提示】

这篇述职报告采用分条列项的写法，说明履行了什么职责、怎样履行职责以及称职与否等问题，观点明确，格式规范，条理清楚，较好地体现了述职报告的自述性、自评性和报告性的特点。

二、必备知识

（一）述职报告的含义及用途

述职报告是各级机关、企事业单位、社会团体的各级领导干部及管理人员，向组织人事部门、上级主管机关或本单位的员工陈述自己在任职期间履行岗位职责情况的书面报告。

述职报告有助于正确考核和评价干部，有利于提高干部的素质和能力。

（二）述职报告的特点

1. 自述性

自述是指报告人以第一人称回顾自己在任职期内履行岗位职责的情况。

2. 自评性

自评是指报告人依据岗位规范和职责目标，对自己在任期内的德、能、勤、绩、廉等方面的情况，作出实事求是的自我评价、自我鉴定、自我定性。

3. 报告性

报告是指报告人在述职时，是以被考核、接受评议的身份作履行职责的报告。

（三）述职报告的类型

从内容上划分，有综合性述职报告和专题性述职报告。

从时间上分，则有下列3类述职报告。

1. 任期述职报告

即对任职以来履行岗位职责情况的报告。

2. 年度述职报告

即一年一度履行岗位职责情况的报告。

3. 临时性述职报告

即担任某一项临时性的职务，当工作结束时表述履行职责情况的报告。

三、述职报告的结构写法和写作模板

（一）述职报告的结构写法

1. 标题

标题通常有两种写法：一种由述职人和文种构成，如《我的述职报告》；另一种直接用文种做标题,即《述职报告》。

2. 称谓

称谓即述职者面对的对象或呈报的部门,如"各位领导""董事会""组织人事部"。

3. 正文

正文由导言、主体、结尾三部分组成。

(1)导言。概述现任职务、任职时间、岗位职责、工作目标及对自己工作的总体评价。

(2)主体。即履行岗位职责的情况。内容包括:自己的工作思路、工作指导思想及工作的成效和经验,要着重介绍有代表性的工作实绩,并写明其起止时间,概述工作期间存在的主要问题、失误和改正措施以及努力方向。

(3)结尾。通常写"以上报告,请领导和同事们指正""以上是我的述职报告,谢谢各位"之类话语。

(二)述职报告的写作模板

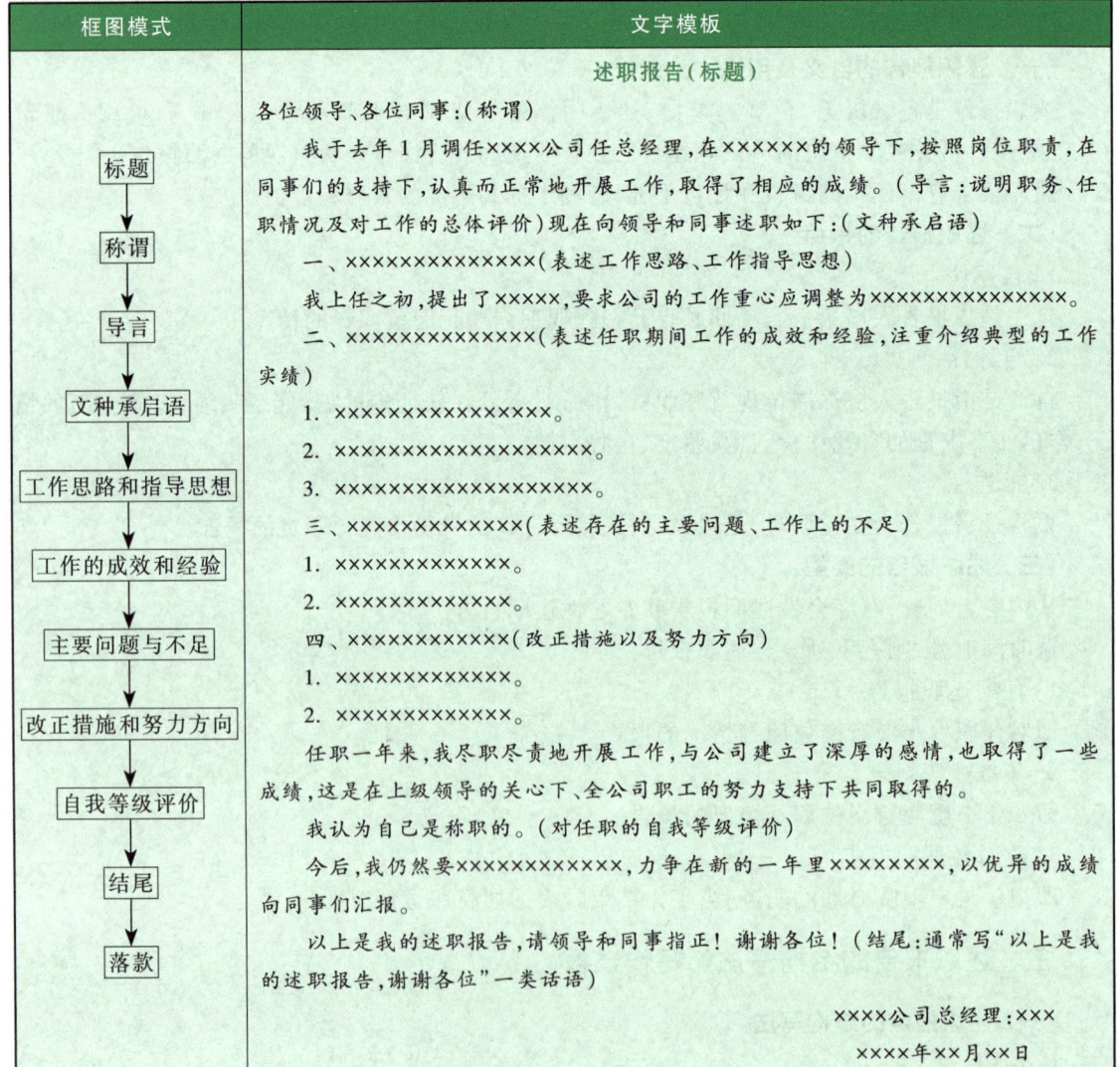

（三）注意事项

（1）内容要客观真实。自评必须实事求是，全面准确。同时，要处理好成绩与问题、个人与团队的关系。

（2）重点要突出。不能事无巨细地写成"流水账"，要写好典型工作实绩，突出自己的特点和独特的贡献。

（3）注意述职报告与工作总结的区别。工作总结，可以是单位的、集体的，也可以是个人的，其写作角度是全方位的，即凡属于突出的工作业绩、出现的问题、经验或教训、今后的工作设想等都可以写，虽然也要上升到理论高度，概括经验和体会，但基本上是做了什么就总结什么。而述职报告则要求侧重展示个人在一定的时期内履行岗位职责的思路、过程和自己的能力等，重点是回答自己称职与否的问题，并不以表现本单位、本部门的总体业绩、问题为重点。

（4）语言要诚恳、得体、简洁且注意减少用词口语化，把握好分寸。

四、技能训练

下面是一篇述职报告的残缺稿，试写出残缺部分的提纲。

述 职 报 告

现在，我把自己一年多来的思想工作情况做一汇报，请予审议。本人自去年××月至今担任×××公司副总经理……（略）

一、履行职责情况

（一）抓员工思想教育，增强企业凝聚力，塑造企业形象（略）

（二）抓管理建章立制，争创一流（略）

（三）参与新产品 KS-2 型机的研制（略）

二、思想作风情况

（一）理论学习（略）

（二）科技学习（略）

述职人：×××
××××年××月××日

【拓展学习】

一、名词解释
述职报告

二、填空题
1. 述职报告具有_____、_____和_____ 3 个特点。
2. 述职报告从时间上分，可分为_____、_____和_____ 3 类。

三、判断题
1. 简言之，述职报告就是陈述自己任职期间履行岗位职责的情况。（　　）
2. 述职报告不必介绍自己的工作思路。（　　）

3. 述职报告不必陈述自己的努力方向。（　　）
4. 述职报告需处理好成绩与问题、个人与团队的关系。（　　）
5. 述职报告只讲履行岗位职责的情况，不必突出个人特点。（　　）

四、简答题

1. 述职报告的导言一般写什么内容？
2. 述职报告的主体一般写什么内容？
3. 述职报告的结尾通常写什么话语？

五、AI 同行

1. 输入提示词指令，请 AI 生成："撰写述职报告时如何处理好成绩与问题、个人与团队的关系？"
2. 在 AI 上"生成一份××××学院文学社长年度述职报告"，选择提示词指令可参阅述职报告写作模板"框图模式"中的内容，辨析 AI 生成的回复，若你认为需增加或限制哪一方面的内容，则输入相应的修改指令。

第四节　启事

教学视频：启事

一、例文借鉴

【例文1】

企业更名启事

根据生产发展需要，经市经委立项批准，我厂转产不锈钢餐具，并从××××年11月1日起改名为"××现代餐具器皿厂"，同时使用新印鉴，原"红星五金制品厂"的一切债务均以新厂名承担。引进设备技术改造后，除继续生产虎头牌木工锯条、鹿牌钢铲、三角支架和窗帘道轨等五金传统产品外，我厂将主要生产不锈钢餐具。

欢迎海内外客商洽谈订货。

欢迎来模、来料加工不锈钢餐具。

联系电话：×××××××

××现代餐具器皿厂
××××年10月8日

【例文2】

征集标志启事

"广州××科技专修学院"已正式升格为"广州××理工职业学院"，同时，今年8月8日，欣逢学院建校20周年。为了利于宣传,广州××理工职业学院面向社会征集学院标志,诚请社会精英参与设计。

学院将组织专家对所有来稿进行评选,分别评出"设计奖"1名和"入围奖"3~5名。要求作品能体现学院的办学宗旨,并富有时代气息。作品请附不超过1 000字的"释义"稿。

截稿日期:××××年6月5日
联系地址:(略)
联系人:×××
邮政编码:××××××
电话:××××××××
电子邮箱:××××××××
学院网址:(略)

【例文3】

××五金卷闸厂聘请常年法律顾问启事

本厂及下属××劳动保护设备厂、××装饰工程公司、××保安闸门厂因业务需要,特聘请××市对外经济律师事务所×××律师、×××律师为我厂及下属厂(公司)之常年法律顾问。今后有关我厂及下属厂(公司)的法律事务,均委托法律顾问办理。

本厂地址:××市××路×××号
邮政编码:××××××
电话:××××××××
法定代表人:×××厂长
律师办公地址:××市×××路×××号
邮政编码:××××××
电话:××××××××

【例文4】

招 聘 启 事

根据公司扩大经营规模,开辟新经营网点的需要,经市人才服务中心批准,现诚聘以下人员:

商务管理人员10名、业务员10名、公关经理1名。

要求应聘人员年龄在35岁以下,具有专科以上文化程度,并有从事本专业5年以上的工作经验。

有意应聘者,请将个人履历、身份证和毕业证影印件、联系地址、电话及近照一张寄深圳市华强路市人才智力市场转本公司收。邮政编码：××××××。合格则考核录用，恕不面洽。

深圳××商场有限公司
××××年6月10日

【提示】

以上四则启事均具备启事的公开性、事项单一性和期望性特点。各例文标题主旨鲜明，正文内容目的、原因、事项及要求齐全，联系方式清楚。

各例文格式规范，文字简洁、明晰，值得借鉴。

二、必备知识

（一）启事的含义和用途

启事，就是公开陈述事情。"启"含有"陈述"的意思。"事"即"事情"。单位或个人将需要向大众公开说明并希望获得关注、理解、支持和协助的事情简写成文，通过传媒公开，这种应用文书就是启事。

启事是企业常用的应用文书之一。

（二）启事的特点

1. 公开性

启事通过传媒向社会广泛发布，无秘密可言。

2. 单一性

启事的事项要求单一，不掺杂无关的内容。

3. 期望性

启事不是行政公文，没有行政约束力，它只期望得到人们的了解、支持和协助，而不强制读者承担责任和义务。

（三）启事的类型

启事的种类很多，根据内容大致可以分为以下12类：找寻启事、招领启事、征集启事、招聘启事、开业（庆典）启事、迁址启事、停业启事、遗失（作废）启事、征婚启事、征订启事、致歉启事、更正启事。

三、启事的结构写法和写作模板

（一）启事的结构写法

1. 标题

启事的标题要醒目，通常在标题中写出事由。如《开业启事》《招领启事》。有的"启事"前冠单位名称。如《××公司招聘技术员启事》。若事项重要或紧急，可在启事前加"重要"或"紧急"字样，如《××股份公司紧急启事》。

2. 正文

正文用明晰、简练的语言说清楚启事的目的、原因、具体事项、要求、联系方式和联系人等。如果内容较多，可分条列项，逐一交代明白。正文部分要体现各种启事不同性质和特点的关键部分，应依据不同启事的内容和要求变通处理，写法不强求一律。

开业启事一般要写明企业性质、宗旨、经营范围及地址、电话、电报挂号等,而且要写上"欢迎惠顾"一类词语。有的开业启事还写上负责人的姓名,也有的另列上祝贺单位名称。

搬迁启事一般要写清迁移日期、新址、电话以及方便联系的有关事项。

聘请法律顾问启事一般写明某单位聘请××律师担任法律顾问这一事实即可,也可说明聘请目的以及法律顾问的职权。

招聘启事和招工启事要写明招聘人员的职别和工种、应具备的条件、报名事项、考场及录用办法,有的还需说明待遇。

征集设计启事,一般要说明征集目的、有关背景、设计要求、奖励办法及截稿日期。

若希望对方与启事方联系,则需写明联系方式。

3. 落款

落款处写启事单位名称或个人姓名及日期。如果标题或正文中已写明单位名称,此处可略。以机关、团体、单位名义张贴的启事,一般应加盖公章。

（二）启事的写作模板

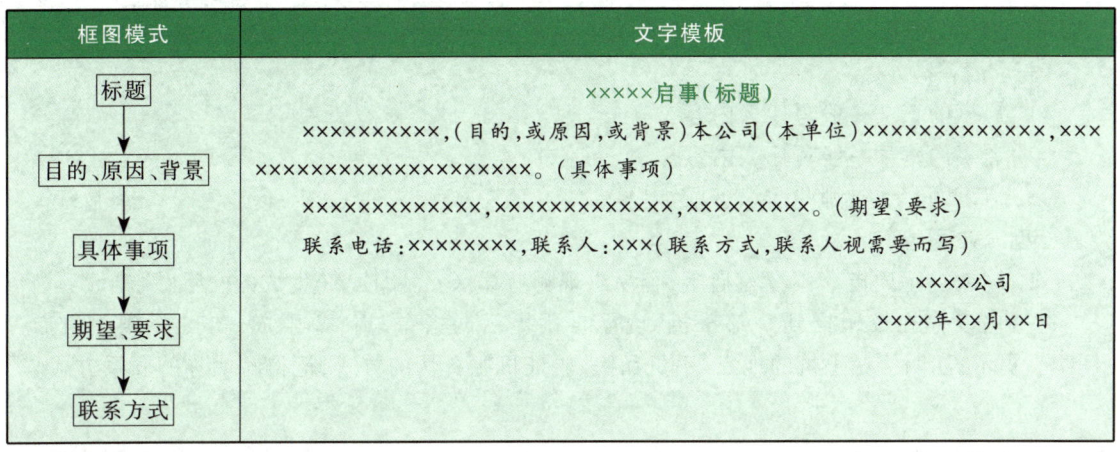

（三）注意事项

(1) 标题要能揭示事由,简短醒目,吸引公众。

(2) 内容要真实。启事的内容不能弄虚作假,否则,不但欺骗他人,还会损害单位和个人形象。

(3) 内容单一,一事一启,便于公众迅速理解和记忆。

(4) 文字通俗、简洁、集中,态度庄重、平易,而又不失热情、文明,给公众以信任感。

四、技能训练

下面是一则庆典"启事"。请指出其毛病,并写出修改稿。

××大学(1921—2021)百年校庆启事

今年10月2日,将是中国近代名校即我校的百年诞生日。

为了迎接百年校庆,百年校庆筹备委员会,恭请全世界凡在北洋大学、天南大学学习和工作过的师生员工回母校参加活动。同时学校拟编《校史资料集》《优秀论文集》,请各界校友踊跃支持。

热烈欢迎海内外校友为母校的发展作出贡献。

邮政编码:(略)

联系电话:(略)

电子信箱:(略)

【拓展学习】

一、名词解释

启事

二、填空题

1. 启事具有_____、_____和_____3个特点。

2. 启事通常在标题中写出_____。

3. 如果事项重要,可在"启事"前加上_____字样;如果事项紧急,则可在"启事"前加上_____字样。

三、简答题

1. 启事的正文一般写什么内容?

2. 启事的落款一般写什么内容?

3. 启事的写作有哪些注意事项?

四、AI同行

1. 输入提示词指令:"撰写启事,容易出现哪些误区?"阅读AI生成的文字。

2. 假设你在校园拾到一部手机,现需自撰提示词指令,请AI生成一份"招领手机启事"。提示:注明拾获手机的地点、手机品牌、验证机主真伪的方式,记得写明你的联系方式。

第五节 备忘录

教学视频:备忘录

一、例文借鉴

【例文1】

龙湖公司与××公司会谈备忘录

中国龙湖公司(简称甲方)与×国××公司(简称乙方)的代表,于××××年××月××日在××市甲方总部就兴办合资项目进行了初步协商,双方交换了意见,并作出有关承诺。为了便于将来继续洽谈,形成备忘条款如下。

一、依据双方的交谈,乙方同意就合资经营××项目进行投资,投资金额约为×××万美元。投资方式待进一步磋商。甲方用厂房、场地、机器设备作为投资,其作价原则和办法,亦待进一步协商。

二、关于利润分配的原则,没有取得一致意见。乙方认为自己的投入既有资金,又有技术,分成应该占60%~70%,甲方则认为应该按投资比例分成。乙方代表表示,利润分配比例愿意考虑甲方的意见,希望另定时间协商确定。

三、合资项目生产的××产品,乙方承诺在国际市场上销售产量的45%,甲方希望乙方将销售额提高到70%~75%,其余的在中国市场上销售。

四、工厂的规模、合资年限以及其他有关事项,尚未详细讨论,双方都认为待第二项内容向各自的上级汇报确定后,再商议。

五、这次洽谈虽未能解决主要问题,但双方都表达了合作的愿望。期望在今后的两个月内再行接触,以便进一步协商洽谈合作事宜。再次洽谈的具体时间待双方磋商后再定。

中国龙湖公司　　　　　　　　　　　　　×国××公司
代表:×××(签章)　　　　　　　　　　代表:×××(签章)
××××年××月××日　　　　　　　　××××年××月××日

【提示】

这是一篇商务会谈备忘录。正文导言简介了会谈的基本情况和写作本文的目的。主体部分分条列项记录了会谈中的一致或不一致的意见和愿望,内容翔实,可为下一次双方继续会谈起提示作用,或提供基础平台。全文语言平实,格式规范,颇能体现备忘录的特点。

【例文2】

备　忘　录

发给:××——秘书
发自:××——行政部经理
日期:××××年1月6日
内容:总经理来京行程安排

总经理将于××××年1月8日星期三到达北京,并将于1月10日下午离开返回香港。希望你安排一下总经理在北京期间的行程,并经我确认后发到香港办公室。

【提示】

这是一则选自《秘书》(国家职业资格培训教材)的《备忘录》。属于企业内部计划式备忘录。正文首部写收、发对象,时间和内容提要,主体部分内容是上级对下级近期工作的指示。

这种企业自印的工作计划备忘录稿笺,使用时只要填上收、发人和正文内容即可,很方便。

二、必备知识

（一）备忘录的含义和用途

备忘录是记录有关活动或事务，起揭示或提醒作用，以免忘却的一种记事性文书。

备忘录可用于个人事务的记录，也可作商务谈判或业务合作的记录。

（二）备忘录的特点

1. 事务性

备忘录所记录的事项有两类：一类是如实记录现实中曾经发生过的事实真相，如记录商务谈判中双方所表达的承诺，一致或不一致的意见；另一类是为了避免忘却而提前记下计划办理的事项，如上级发给下级的工作要点备忘条。

2. 提醒性

即提示当事人避免忘却的特性。

（三）备忘录的类型

备忘录可分为以下三种类型。

1. 个人备忘录

个人备忘录即属于个人事务的备忘录，记录的事情其他人不参与。

2. 交往式备忘录

交往式备忘录是记录人与人之间活动的备忘录，这种备忘录必须真实地记录各种情况，包括对当事人有利或不利的情况。这类备忘录有商务谈判备忘录等。

3. 计划式备忘录

计划式备忘录即提醒将来之事的备忘录。

三、备忘录的结构写法和写作模板

（一）备忘录的结构写法

1. 标题

标题通常有两种写法：一种直接写文种名称，即《备忘录》；另一种由单位、事由和文种组成，如《××公司与××集团公司合作开发机电产品会谈备忘录》。

2. 商务谈判备忘录正文

个人备忘录和计划式备忘录的正文写法自由，不拘一格，写下事项要点即可。

下面专门介绍商务谈判备忘录正文的一般写法。

（1）导言。记录谈判的基本情况，包括双方单位名称、谈判代表姓名（与外商谈判需注明国别）、会谈时间、地点、会谈项目等。

（2）主体。记录双方的谈判情况，包括讨论的事项，一致或不一致的意见、观点和作出的有关承诺。主体内容的记录类似于意向书的写法，通常采用分条列项式记录。

（3）结尾。备忘录多数不另写结尾。

3. 商务谈判备忘录落款

由参加谈判的各方代表签字认可并标明时间。

（二）商务谈判备忘录的写作模板

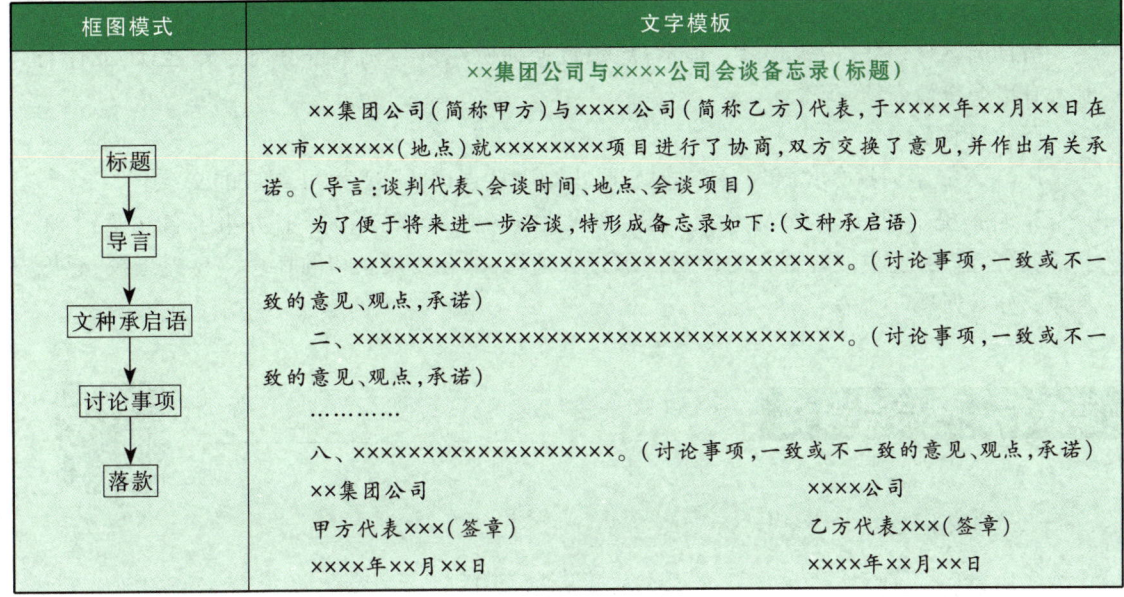

（三）注意事项

（1）注意商务谈判纪要与商务谈判备忘录的区别。一是效力不同。商务谈判纪要一经双方签字，具有一定的约束力，而商务谈判备忘录没有约束力，只起提示备忘作用。二是内容不同。商务谈判纪要中记的主要是谈判双方达成的主要的一致性意见，而商务谈判备忘录中记的则不一定是谈判达成的一致意见，在很大程度上是下一次谈判、洽谈或磋商的商谈问题。

（2）内容要翔实、具体而完备。

（3）语言要朴实、准确。

四、技能训练

从网上搜索一篇备忘录，分析其结构和写法是否存在问题。

【拓展学习】

一、名词解释

备忘录

二、填空题

1. 备忘录具有_____和_____两个特点。
2. 备忘录可分为_____、_____和_____3类。

三、简答题

1. 试述商务谈判备忘录正文的写法。
2. 备忘录写作有哪些注意事项？

12.5 即测即评

四、写作训练

请自选题材,写一份备忘录。提示:想想近期你所在班与兄弟班有何合作会谈,或你与他人有何合作性商约,等等。

五、AI 同行

1. 输入提示词指令:"撰写备忘录,容易出现哪些误区?"阅读 AI 生成的文字。

2. 自撰提示词指令,请 AI 生成一份"个人大学毕业离校前 10 天必办事务备忘录",要求:笔触含情,心境类似普希金的诗句:"那过去了的,都会变成亲切的怀念。"感恩母校,感恩老师。分条列项。

第六节　产品说明书

教学视频:
产品说明书

一、例文借鉴

【例文 1】

×××抗病毒口服液
(纯中药新药)
使用说明书

本品系以板蓝根、藿香、连翘、芦根、生地、郁金等中药为原料,用科学方法精心研制而成,是实施新药审批法以来通过的第一个用于治疗病毒性疾患的纯中药新药。

经××医科大学附属第一医院、××大学南方医院和广州市××医院等单位严格的临床验证,本品对治疗上呼吸道炎、支气管炎、流行性出血性结膜炎(俗称红眼病)、腮腺炎等病毒性疾患有显著疗效。总有效率达 91.27%。其中,对流行性出血性结膜炎和经病毒分离阳性的上呼吸道炎疗效均为 100%,并有明显缩短病程的作用。

本品疗效确切,服用安全、方便,尤其适用于儿童患者,是治疗病毒性疾病的理想药物。

[性状]本品为棕红色液体,味辛,微苦。

[功能与主治]抗病毒药。功效清热祛湿,凉血解毒,用于治疗风热感冒、瘟病发热及上呼吸道感染、流感、腮腺炎等病毒感染疾患。

[用法与用量]口服,一次 10 mL,一日 2~3 次,宜饭后服用,小儿酌减。

[注意事项]临床症状较重,病程较长或合并有细菌感染的患者应加服其他治疗药物。

[规格]每支 10 mL。

[贮藏]置阴凉处保存。

【提示】

这是一份药品说明书。最突出的优点是其对药品的介绍,用了名牌医科大学附院等单位的临床疗效以作证明,对消费者的需要和利益也考虑得比较周到。

本文语言明晰、准确,很好地体现了产品说明书的说明性、实事求是性和指导性的特点。

【例文2】
××暖宝产品简介

××暖宝为冬季保暖用品。真空包装,开包自热,轻巧薄小,粘贴方便。产品撕开外包装,即可单面全部贴体,散热均衡,无毒无害,可持续保持51℃12小时以上。

××暖宝基于中医"通则不痛,痛则不通"理论,采用铁"氧化放热"原理和微孔透氧技术,以铁粉、水、活性炭、蛭石、艾草、吸水性树脂、食盐等为原料,整体由原料层、明胶层和无纺布袋组成,通过热疗、灸疗、药疗三重作用,同时兼具抵御寒气侵袭,保温暖,促进局部微循环,促进新陈代谢,活血化瘀,并可消肿止痛,缓解甚至消除各种畏寒疾病引发的关节炎、肩周炎、腰腿痛、风湿及类风湿、四肢发凉和患处遇寒等疼痛,另有逐寒暖宫、治愈痛经的功效。

用过的暖宝可以置于鞋内除臭,也可用于枕芯吸湿、入盆养花。

同类产品××暖足宝,即××暖足鞋垫,适合冬季户外活动或足感寒冷者,产品在暖宝质材外增除臭剂,无味无毒无害。

【××暖宝规格】:长方形,每片9.5 cm×12.5 cm,包装盒25 cm×19 cm×16 cm。持续保暖12小时以上。

【××暖足宝规格】:鞋垫形,均码37码,包装盒25 cm×19 cm×16 cm。持续保暖8小时~10小时。

生产商:浙江省××冬季宝贝日用品有限公司

联系人:××

电话:××××××××××

邮箱:××××××@×××.com

【提示】

近些年,暖宝产品日益进入大众的生活。这份产品说明书对暖宝和暖足宝的原理、原料、功能、特点、规格和使用方法的简介,文字简明、准确,需要指出的是,对使用过的暖宝该如何处理的提示,颇有环保意识,值得点赞。文末的联系方式,方便销售商和个体客户联系购买。

二、必备知识

(一)产品说明书的含义和用途

产品说明书又叫商品说明书,是对商品的性能、用途、使用和保养方法以及注意事项等作书面介绍的文书。

产品说明书的作用,主要是帮助和指导消费者正确地认识、使用和保养商品,同时,兼具宣传商品的作用。

(二)产品说明书的特点

1. 说明性

说明、介绍产品,是产品说明书的主要功能和目的。

2. 真实性

产品说明书必须客观、准确地反映产品的实际情况。

3. 指导性

在向消费者介绍产品特点、性能、用途的同时,产品说明书还包含指导消费者使用和维修产品的知识。

4. 多样性

产品说明书的表达形式可以是文字式的,也可以图文兼备。

(三) 产品说明书的类型

(1) 根据内容和用途的不同,可分为民用产品说明书、专业产品说明书、技术说明书等。

(2) 根据表达形式的不同,可分为条款式说明书、文字图表说明书等。

(3) 根据传播方式的不同,可分为以下两种:

① 包装式说明书。即直接写在产品的外包装上的说明书。

② 内装式说明书。即采用附件的形式,将产品说明书专门印制,有的甚至装订成册,装在产品的包装箱(盒)内。

三、产品说明书的结构写法和写作模板

(一) 产品说明书的结构写法

1. 标题

产品说明书的标题,一般由产品名称加上"说明书"三字构成,如《××××冲剂颗粒说明书》。有些说明书的内容侧重介绍使用方法,称为使用说明书,如《××电器使用说明书》。

2. 正文

通常要求较详细介绍产品的有关知识,如产地、原料、功能、特点、原理、规格、使用方法、注意事项和维修保养。

由于说明书说明的事物千差万别,因而,不同说明书的内容侧重点也有所不同。下面介绍几大类产品说明书的写作。

(1) 家用电器类。此类说明书一般较为复杂,写作内容为产品的构成、规格型号、使用对象、使用方法、注意事项等。

(2) 日用生活品类。写作内容有产品的构成、规格型号、适用对象、使用方法、注意事项等。

(3) 食品药物类。写作内容有食品药物的构成成分、特点、性状、作用、适用范围、使用方法、保存方法、有效期限、注意事项等。

(4) 大型机器设备类。主要写作内容包括结构特征、技术特性、安装方法、使用方法、功能作用、维修保养、运输、储存、售后服务范围及方式、注意事项等。

(5) 设计说明书。是工程、机械、建筑、产品、装潢、广告等行业对整个设计项目全盘构想,统筹规划,并对工作图样进行解释和说明的技术性文书。简单的就写在设计图样上,复杂的则单独成文或装订成册。不同的设计说明书,其写作的内容也不同。写作内容一般包括设计的思路、指导思想、设计方案及其论证、方案的技术特征或性能、主要技术参数、时序安排、所需资金等。

产品说明书的正文之后需附写一些内容,如厂名、地址、电话、传真、联系人和生产日期等。出口产品还要有中外文对照。

（二）产品说明书的写作模板

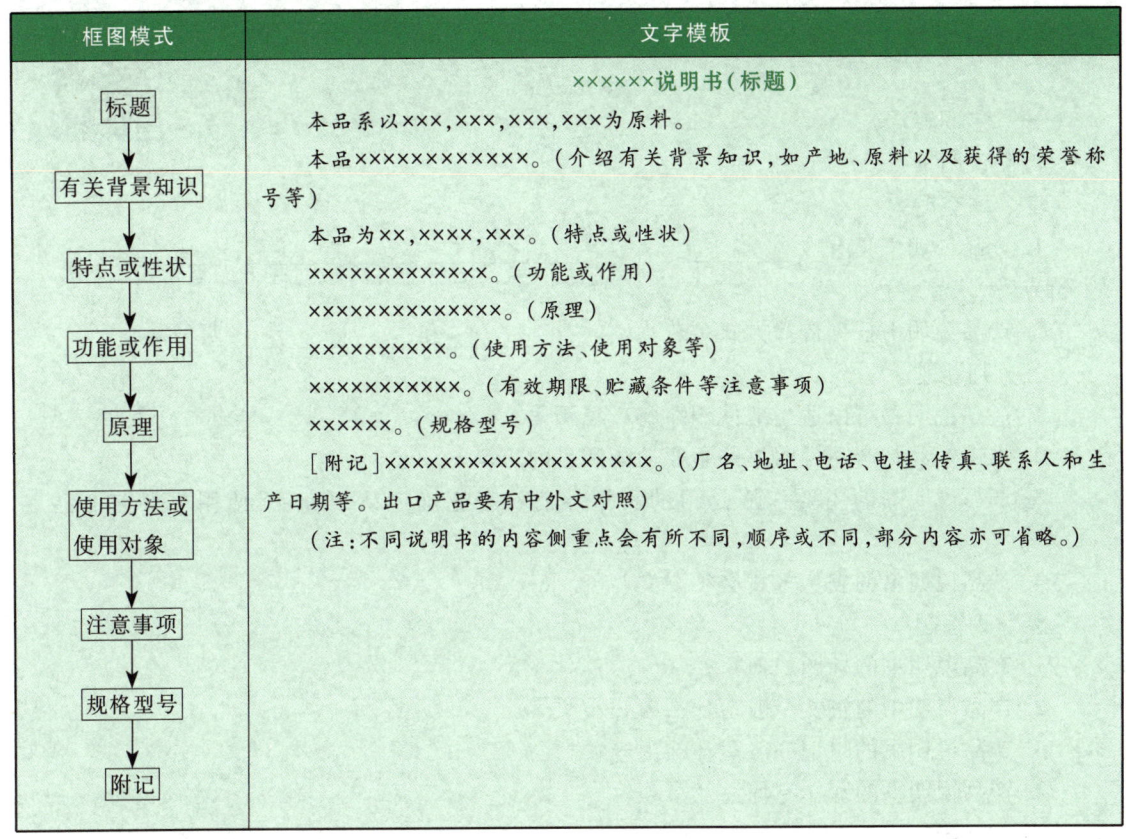

（三）注意事项

1. 突出产品特点

产品品种繁多，性质各异，因此产品说明书不能千篇一律地依照一个模式来写，必须突出重点，各有侧重，以突出所写产品的独特之处。

2. 要注意广告和产品说明书的区别

产品说明书不仅要介绍产品的优点和作用，还要说明其性质与成分，使用范围与限制，工作原理，有无副作用等与使用有关的内容。广告性质的语言不适合写入产品说明书。

3. 语言要求准确、通俗、简明

尽可能图文并重，以便形象直观地说明产品。

四、技能训练

企业每推出一个新产品都会配该产品的说明书。试从网上搜索一篇产品说明书，分析其在语言、内容等方面是否存在毛病，如有毛病，请按产品说明书的写作要求，写出修改稿。

【拓展学习】

12.6 即测即评

一、名词解释

产品说明书

二、填空题

1. 产品说明书具有_____、_____、_____和_____ 4个特点。

2. 产品说明书根据传播方式可分为_____和_____两种。

三、判断题

1. 产品说明书可以适当地使用一些广告用语。（　　）

2. 推销产品是产品说明书的主要功能和目的。（　　）

3. 产品说明书的主要作用是帮助和指导消费者正确地认识商品，使用或保养商品。（　　）

4. 产品说明书的表达方式必须图文并茂。（　　）

四、简答题

1. 产品说明书的标题如何写？

2. 产品说明书的正文一般写什么内容？

3. 产品说明书的附记一般写什么内容？

4. 产品说明书的写作有何注意事项？

五、AI同行

1. 输入自拟的提示词指令，请AI生成撰写产品说明书容易出现哪些误区。

2. 自拟提示词指令，请AI生成"保温杯使用说明书"，要求：文字温馨，提示提醒，富有文采。如果AI生成的回复，不完全符合产品说明书的结构写法，则不少于一次输入相应的修改指令，直至回复符合要求。

第十三章 经济契约文书

第一节 经济合同

教学视频:经济合同

一、例文借鉴

【例文1】

航空运输合同

托运人(姓名)_____与中国民用航空_____航空公司(以下简称承运人)经友好商定,由_____(发货地点)空运_____(货物名称)到_____(到达地点),双方特签订本合同,并共同遵守下列条款。

第一条 托运人于_____月_____日起需用_____型飞机_____架次运送_____(货物名称),其航程如下:

_____月_____日自_____至_____,停留_____日;
_____月_____日自_____至_____,停留_____日;

运输费用总计人民币_____元。

第二条 根据飞机航程及经停站的条件,可供托运人使用的载量为_____kg(内含客座)。如因天气或其他特殊原因需增加空勤人员或燃油时,载量照减。

第三条 飞机吨位如托运人未充分利用,承运人可以利用空隙吨位。

第四条 承运人除因气象、政府禁令等原因外,应依期飞行。

第五条 托运人签订本合同后要求取消飞机班次,应交付退机费_____元。如托运人退机前承运人为执行本合同已产生调机费用,应由托运人负责交付此项费用。

第六条 托运人负责所运货物的包装。运输过程中如因包装不善造成货物损毁,由托运人自行负责。

第七条 运输货物的保险费由承运人负担。货物因承运人一方的人为问题所造成的损失,由承运人赔偿。

第八条 在执行合同的飞行途中,托运人如额外要求停留,应按规定收取留机费。

第九条 本合同如有其他未尽事宜,由双方共同协商解决。凡涉及航空运输规则规定的问题,按运输规则办理。

托运人：_____　　　　　承运人：_____
　　开户银行：_____　　　　　开户银行：_____
　　银行账号：_____　　　　　银行账号：_____
　　××××年××月××日　　　　　　××××年××月××日

【提示】

这是一份分条列项式经济合同。合同短小精悍,语言简洁,格式规范。首部写当事人姓名和事由。第一条至第九条写标的、数量和质量、价款和酬金、履行期限、地点和方式这些合同必备条款。不足之处:一是漏写出现纠纷如何处理,二是漏写合同份数和保存方式,三是漏写双方的联系方式。

【例文2】

房屋租赁合同

　　订立合同双方:出租方:_____(以下简称甲方),承租方:_____(以下简称乙方)
　　根据《中华人民共和国民法典》及有关规定,为了明确甲、乙双方的权利义务关系,经双方友好协商一致,签订本合同。

　　第一条　甲方将自有的坐落在_____市_____街_____巷_____号第_____栋房屋_____间,建筑面积_____m²,使用面积_____m²,类型_____,结构等级_____,完损等级_____,主要装修设备_____,出租给乙方作_____使用。

　　第二条　租赁期限及终止合同情形
　　租赁期共_____年,甲方从_____年_____月_____日起将出租房屋交付乙方使用,至_____年_____月_____日收回。
　　乙方有下列情形之一的,甲方可以终止合同,收回房屋:
　　1. 擅自将房屋转租、分租、转让、转借、联营、入股或与他人调剂交换的。
　　2. 利用承租房屋进行非法活动,损害公共利益的。
　　3. 拖欠租金_____个月的。
　　合同期满后,如甲方仍继续出租房屋的,乙方拥有优先承租权。
　　租赁合同因期满而终止时,如乙方确实无法找到房屋,可与甲方协商酌情延长租赁期限。

　　第三条　租金和租金交纳期限、税费和税费交纳方式
　　甲乙双方议定月租金_____元,按年交,由乙方在每年的_____月_____日交纳给甲方。先付后用。甲方收取租金时必须出具收租金凭证。无收租金凭证乙方可以拒付。
　　甲乙双方按规定的税率和标准交纳房产租赁税费,交纳方式按下列第_____款执行。
　　1. 有关税法按××部发〔××××〕××号文件规定比例由甲、乙方各自负担。
　　2. 甲、乙双方议定。

第四条 租赁期间的房屋修缮和装饰

修缮房屋是甲方的义务。甲方对出租房屋及其设备应定期检查，及时修缮，做到不漏、不淹、三通（户内上水、下水、照明电）和门窗好，以保障乙方安全正常使用。

修缮范围和标准按城建部〔××××〕××号通知执行。

甲方修缮房屋时，乙方应积极协助，不得阻挠施工。

出租房屋的修缮，经甲乙双方商定，采取下述第_____款办法处理。

1. 按规定的维修范围，由甲方出资并组织施工。
2. 由乙方在甲方允诺的维修范围和工程项目内，先行垫支维修费并组织施工，竣工后，其维修费用凭正式发票在乙方应交纳的房租中分_____次扣除。
3. 由乙方负责维修。
4. 甲乙双方议定。

乙方因使用需要，在不影响房屋结构的前提下，可以对承租房屋进行装饰，但其规模、范围、工艺、用料等均应事先得到甲方同意后方可施工。对装饰物的工料费和租赁期满后的权属处理，双方议定：

工料费由_____方（　　）承担。
所有权属_____方（　　）。

第五条 租赁双方的变更

1. 如甲方按法定手续程序将房产所有权转移给第三方时，在无约定的情况下，本合同对新的房产所有者继续有效。
2. 甲方出售房屋，须在3个月前书面通知乙方，在同等条件下，乙方有优先购买权。
3. 乙方需要与第三人互换用房时，应事先征得甲方同意，甲方应当支持乙方的合理要求。

第六条 违约责任

1. 甲方未按本合同第一、二条的约定向乙方交付符合要求的房屋，负责赔偿_____元。
2. 租赁双方如有一方未履行第四条约定的有关条款的，违约方负责赔偿对方_____元。
3. 乙方逾期交付租金，除仍应补交欠租外，并按租金的_____%，以逾期天数计算向甲方交付违约金。
4. 甲方向乙方收取约定租金以外的费用，乙方有权拒付。
5. 乙方擅自将承租房屋转给他人使用，甲方有权责令停止转让行为，终止租赁合同。同时应交纳违约金，违约金标准以约定租金的_____%计，以天数为单位由乙方向甲方支付。
6. 本合同期满时，乙方未经甲方同意，继续使用承租房屋，按约定租金的_____%，以天数计算向甲方支付违约金后，甲方仍有终止合同的权利。

上述违约行为的经济索赔事宜，甲乙双方议定在本合同鉴证机关的监督下进行。

第七条 免责条件

1. 房屋如因不可抗拒的原因导致损毁或造成乙方损失的,甲乙双方互不承担责任。
2. 因市政建设需要拆除或改造已租赁的房屋,使甲乙双方造成损失,互不承担责任。

若因上述原因而终止合同,租金按实际使用时间计算,多退少补。

第八条 解决争议的方式

本合同在履行过程中如发生争议,双方应协商解决。协商不成时,任何一方均可向房屋租赁管理机关申请调解,调解无效时,向市工商行政管理局经济仲裁委员会申请仲裁,也可以向人民法院起诉。

第九条 其他约定事宜

1. ……
2. ……

第十条 本合同有效期限:_____年_____月_____日至_____年_____月_____日。

第十一条 本合同未尽事宜,甲乙双方可共同协商,签订补充协议。补充协议报送市房屋租赁管理机关认可并报有关部门备案后,与本合同具有同等效力。

第十二条 本合同一式4份;其中正本2份,甲乙方各执1份;副本2份,分别送市房管局、工商局备案。

出租方:(盖章) 　　　　　　　承租方:(盖章)
法定代表人:(签名) 　　　　　法定代表人:(签名)
单位联系地址: 　　　　　　　单位联系地址:
电话: 　　　　　　　　　　　电话:
委托代理人:(签名) 　　　　　委托代理人:(签名)

【提示】

这是一份租赁合同。标题由合同类别和文种"合同"组成。导言写订立合同人、订立合同的目的,并说明订立本合同双方经过了友好协商。第一条至第十条为主体,分别写经双方协商约定的各自承担的法律责任、享有的权利、解决争议的方式和有效期。第十一条、第十二条作为尾部内容,分别写未尽事宜的解决方式、执合同者及合同的备案单位。

本合同条款具体,格式规范,语言明晰,行文周密,可以说详尽地包揽了房屋租赁合同的写作内容。本合同可为因就业而可能需要租赁房屋的毕业生提供借鉴。

二、必备知识

(一) 经济合同的含义和用途

《中华人民共和国民法典》规定:"合同是民事主体之间设立、变更、终止民事法律关系的协议。"

经济合同则是自然人、法人、其他组织之间为了实现一定的经济目的,明确相互的权利义务关系而订立的书面协议。

经济合同具有法律约束力,能够保护合同当事人的合法权益;利于加强社会的经济管理,利于维护社会经济秩序,利于建构和谐社会。

(二) 经济合同的特点

1. 立约人具有限定性

立约人必须是具有法律行为能力者。未成年者、精神病患者、被剥夺政治权利的人,以及丧失语言思维能力的人不能作为立约人。代表经济组织团体签订合同的签约双方,必须具有法人资格。

2. 协商互利性

订立合同,当事人任何一方不得把自己的意志强加给他方。各方当事人必须平等相待,协商一致,本着自愿、公平、诚信的原则,订立互利互惠的合同。

3. 约束性

当事人双方所订立的合同,对双方均具有法律约束力。

(三) 经济合同的类型

按照《中华人民共和国民法典》,典型合同主要有:买卖合同、供用电、水、气、热力合同,赠予合同,借款合同,保证合同,租赁合同,融资租赁合同,保理合同,承揽合同,建设工程合同,运输合同,货运合同,多式联运合同,技术合同,技术开发合同,保管合同,仓储合同,委托合同,物业服务合同,行纪合同,中介合同,合伙合同。

按照格式和写法分类,经济合同则可以分为下列3种类型。

1. 条款式合同

条款式合同是用文字记叙的方式,将当事人各方协商一致的内容逐条记载下来的合同。

2. 固定式合同

固定式合同就是把合同中必不可少的相关内容分项设计、印制成一种固定格式的合同。在签订合同时,各方当事人只需把达成的协议逐项填写到表格或文字空当处即可。

3. 条款和表格结合式合同

这种合同用表格形式固定共性内容,而对需经各方当事人协商才能形成的意见,则用条款的形式记载。

三、经济合同的结构写法和写作模板

(一) 经济合同的结构写法

经济合同的写作内容一般分为下列五个部分。

1. 标题

标题由合同性质或内容加文种两部分组成,如《购销合同》《抚养遗赠协议书》《建筑合同》。

2. 立合同人

即合同当事人名称或者姓名。要准确写出签约单位或个人的全称、全名,并注明双方约定的固定指代,如一般写"甲方""乙方"。如有第三方,可将其称为"丙方"。在对外贸易合同中,有时可指代为"卖方""买方"。不论在什么情况下,合同都不能用不定指代"你方""我方"来指定当事人。

3. 引言

引言即合同的开头,主要写明订立合同的目的、根据,是否经过平等友好协商等。

4. 主体

合同的主体内容由合同当事人各方约定,写明各方所承担的法律责任和应享有的权利。一般应具备以下条款。

（1）标的。标的是指合同当事人的权利义务所共同指向的对象，即合同的基本条款。如购销合同卖方交付的出卖物。

（2）数量、质量要求。数量是标的的具体指标，是确定权利与义务大小的度量，所以必须规定得明确具体，不但数字要准确，计量单位也必须精确。质量是合同的基本条件之一，必须对使用材料、质地、性能、用途甚至保质期等各方面作详细约定。

（3）价款或报酬。这是指合同标的的价格，是合同各方当事人根据国家法律、法规、政策和有关规定，对标的议定的价格，是合同一方以货币形式取得对方商品或接受对方劳务所应支付的货币数量。要明确标的的总价、单价、货币种类及计算标准、付款方式、程序、结算方式。

（4）合同履行的期限、地点和方式。履约期限就是合同的有效期限，是合同具有法律效力的时限和责任界限，过时则属于违约。日期用公元纪年，年、月、日书写齐全。地点是指当事人履行合同义务、完成标的任务的地点。履行方式是当事人履约的具体办法，如借贷合同的出资方要以提供一定的货币来履约。

（5）违约责任。这是对当事人不履行合同义务时的制裁措施。违约责任应考虑周全，需逐一估计其可能发生的事，包括写明发生当事人不能预料、无法躲避且不可抗拒的如地震、台风等情况时如何处理等事项。

5. 尾部

（1）必要的说明。如说明解决争议的方法、合同的份数、保管及有效期；说明合同所附的表格、图纸、实物等附件。

（2）落款。要写明双方单位全称和代表姓名，并签名盖章。还应写上合同当事人的有效地址、邮政编码、联系方式以及开户银行、账号等。

（二）经济合同的写作模板

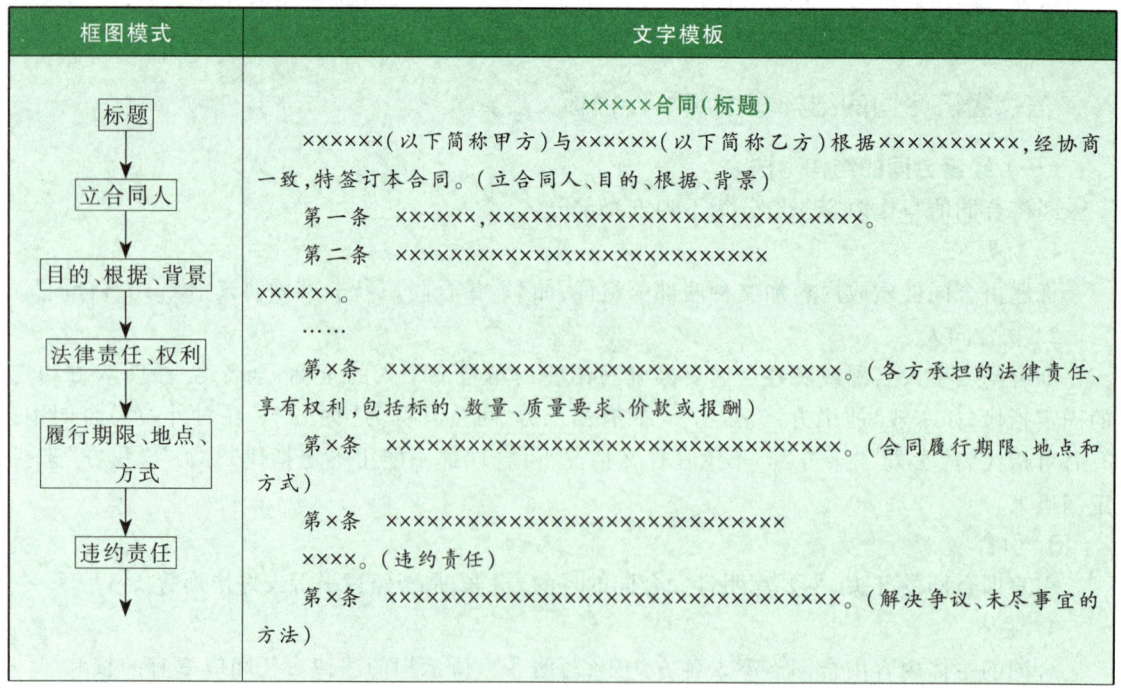

续表

框图模式	文字模板
解决争议、未尽事宜的方法 → 相关说明 → 落款	第×条　××××××××××××××××××××××××。（合同份数、保管及有效期，附件） 甲方：_____（盖章）　　乙方：_____（盖章） 甲方代表：_____（签名）　　乙方代表：_____（签名） 通信地址：_____　　通信地址：_____ 联系电话：_____　　联系电话：_____ ××××年××月××日　　××××年××月××日

（三）注意事项

（1）合法、合理。合同内容必须符合法律规定，如果合同内容违反国家的法律和政策，不仅不受法律保护，还要依法追究法律责任。同时，签订合同必须贯彻平等互利、协商一致、等价有偿的原则。

（2）条款规定全面完整。即合同所必备的各个构成部分不能缺少，关键条款不能遗漏。

（3）表达简明准确。合同的写作采用说明方式，应做到周密严谨，言简意赅。要写得明确具体，条款清晰，概念准确，切忌词不达意或含糊不清。比如，必须使用规范汉字，不使用"最近""基本上""可能""大概""上一年"一类的模糊词语。价款与酬金数字必须大写。

（4）充分了解合作方的资格、资信和履行合同的能力。

四、技能训练

试指出下面这份合同存在的问题，并指出应如何修改才能符合经济合同的写作要求。

交换写字楼合同

甲方：××贸易总公司

乙方：××市广告集团公司

甲乙双方为了便于在穗深两地联系业务，需交换写字楼作为各自的办事处。现本着友好合作的精神制订如下协议：

一、甲方在广州市××路××号大楼中为乙方提供一单元住宅（三室一厅，实用面积不得小于80 m^2）作为乙方驻穗的办事处用房。

二、乙方在深圳市为甲方提供同样的一单元住宅，规格同上，作为甲方驻深办事处用房。

三、双方分别负责为对方上述办事处供水、供电及安装电话，以确保日常业务活动的正常开展。

四、本合同有效期为五年，是否延期届时根据需要商定。

五、本合同自双方同时履约之日起生效。

六、未尽事宜，由双方另行商定。

甲方代表签名　　　　　　乙方代表签名

甲方公章　　　　　　　　乙方公章

　年　月　日　　　　　　　年　月　日

【拓展学习】

一、名词解释
1. 合同
2. 经济合同

二、填空题
1. 经济合同的特点是_____、_____和_____。
2. 按照格式和写法分类,经济合同可分为_____、_____和_____ 3 种类型。
3. 具有法律行为能力的人,才能充任经济合同的_____。

三、简答题
1. 经济合同的标题如何写?
2. 经济合同的立合同人如何写?
3. 经济合同的引言如何写?
4. 试述经济合同主体的写作内容。
5. 试述经济合同尾部的写作内容。
6. 试述经济合同写作的注意事项。

四、AI 同行
1. 输入自拟的提示词指令,请 AI 生成撰写合同容易出现哪些误区。
2. 在网络上下载一篇 1 500 字左右的条款式经济合同病文,在 AI 上输入这篇病文后,再依次完成下列步骤:
(1) 输入提示词指令:"指出这份经济合同写得不准确、不规范的条款,并说明原因。要求:分条列项,分析精准。"辨析 AI 的回复;
(2) 输入提示词指令:"请修改这份经济合同,包括修改不准确、不规范的条款,要求:条款内容简明准确。符合合同规范。"辨析 AI 的回复;
(3) 输入提示词指令:"请继续修改这份经济合同,如果合同中未写违约责任、份数、解决争议的方式以及其他合同必备的条款,务请补充,要求:全面完整,表达精准。格式规范。"辨析 AI 的回复。

第二节　意向书

教学视频:意向书

一、例文借鉴

【例文 1】

联营综合服务公司意向书

××市化工有限公司(以下简称甲方)和×××公司(以下简称乙方)于××××年××月××日

在×地就创办联营综合服务公司的问题进行了初步协商。根据双方需要,为了更合理地利用双方优势,提高经济效益和社会效益,双方在平等互利的基础上达成如下联营意向。

一、联营综合服务公司在创建之初的生产经营项目主要有两个:一是利用甲方在生产过程中产生的废渣石灰生产煤渣砖;二是代客户运输。

二、甲方提供运输工具载重车数辆给联营企业,按月收取适当的租用费。乙方提供土地一块给联营企业,按月收取适当的租用费。乙方一并提供综合服务公司所需的生产人员。

三、此联营项目投资总额估计50余万元(包括基建、厂房、设备及流动资金)。甲方投资比例约八成,乙方投资比例约三成,实现的利润按投资比例分成。

四、综合服务公司是具有法人资格、实行独立核算、自负盈亏的企业。

五、双方各派代表若干人组成筹建小组,具体负责筹建工作。筹建小组应于明年春完成可行性研究并提交工作方案。

六、有关具体问题双方在进行可行性研究后进一步协商。

七、本意向书一式四份,双方各执两份。

甲方(盖章):　　　　　　　　　　　乙方(盖章):

甲方代表×××(签名):　　　　　　乙方代表×××(签名):

××××年××月××日　　　　　　××××年××月××日

【提示】

这是一份双方联办公司的意向书。标题由项目名称和文种构成。导言部分,写双方单位名称、因何事项进行了"初步协商"和合作的指导思想。一句"……达成如下联营意向"引出主体部分。主体部分采用条文式结构,依次写了联营综合服务公司的经营项目、双方的职责、双方投资比例、公司的性质和经济形式、组建筹建小组及意向书份数等内容。

本协议书的语言注重使用留有余地和弹性的语言,比如载重车是"数辆",土地是"一块",投资比例约"八成""三成",各派代表"若干",还有"有关具体问题双方在进行可行性研究后进一步协商",这些都是颇能体现意向书写作特点的语言。

【例文2】

开展技术经济合作意向书

×××对外经济发展公司(甲方)与深圳××××有限公司工贸发展部(乙方),经双方协商同意,确定如下技术经济合作关系:

一、双方合作范围

1. 高科技产品开发。
2. 农副产品深加工与综合利用。
3. 外贸出口。
4. 合办第三产业。
5. 信息技术咨询。

6. 高新技术以及资金等方面的引进合作。

二、双方义务

1. 甲方负责提供其资源、项目及资料和项目的落实。

2. 乙方负责提供合作开发项目的技术资料,组织有关技术力量,以及协调开发项目的有关关系。协助或代理甲方的产品出口,合作项目产品的出口,甲方所需或双方合作项目所需的设备、技术的引进。

3. 双方确定具体的联络人员,进行经常的联络工作。

三、双方合作程序

双方商定在适当的时间相互考察,根据考察结果,共同商拟双方合作项目、方式、内容和步骤。

四、双方合作方式

双方本着互惠互利,利益共享,风险共担的原则,根据不同的项目采用相应的合作方式。具体合作项目由双方另行签订合同。

五、本意向书一式四份,双方各执两份。

甲方:×××对外经济发展公司　　　　　　代表:××

联系地址:××××××××　　　　　　　电话:×××××××

乙方:深圳××××有限公司工贸发展部　　代表:×××

联系地址:深圳市××路××大厦×××室　　电话:×××××××

×××年××月××日

【提示】

这份意向书,标题由项目名称和文种构成。导言写签订意向书的单位,承上启下惯用语导出本文的主体。主体部分写合作的范围、双方义务、合作程序、合作方式等方面的意向性意见。文尾写意向书份数、双方代表的签字及联系信息。

全文目标具有导向性,各条款内容注重只确定原则意向,而不涉及具体的数字等细则,可为日后签订实质性、具体性的项目合同奠定基础。这是一则写得较好的意向书,可资借鉴。

二、必备知识

(一) 意向书的含义和用途

意向书是当事人各方就某一项目在进入实质性谈判前所形成的表达合作意愿的文书。

意向书能为合作双方进行实质性谈判奠定基础,提供基本依据,是签订合同的先导。

(二) 意向书的特点

1. 协商性

意向书不具有法律效力,是双方初步协商的产物,但具有促使双方进一步协商而签订合同的导向作用。

2. 意向性

意向书的文字灵活度较大,对实质性的关键问题不能像合同那样做出具体、准确的表述,只表达原则性的意向。

（三）意向书的类型

从文体格式分,意向书可分为以下两种类型。

1. 条款式意向书

条款式意向书类似于合同,采用分条列项式写法的意向书。

2. 书信式意向书

书信式意向书即用信函文体写作的意向书。

三、意向书的结构写法和写作模板

（一）意向书的结构写法

1. 标题

标题常见的形式有两种:一种直接写文种,即《意向书》;另一种由项目名称和文种构成。

2. 正文

正文由导言、主体和结尾三部分构成。

（1）导言。导言一般写各方当事人的单位名称,因何事项进行了协商,以及合作的指导思想,继而用"双方就有关事宜,达成如下意向"一类承上启下的惯用语导出主体部分。

（2）主体。主体部分是意向书的重点内容,一般写双方的意图及初步商谈后达成的倾向性认识和比较认同的事项,多采用分条列项的形式写。各项条款之间的界限要清楚。各项条款的内容要相对完整。

（3）结尾。结尾一般应写明"未尽事宜,在签订正式合同时予以补充"一类的语言,以便留有余地。

3. 尾部

尾部写签订意向书各方单位的名称、签订时间、通信地址、电子邮箱、电话号码等。

（二）意向书的写作模板

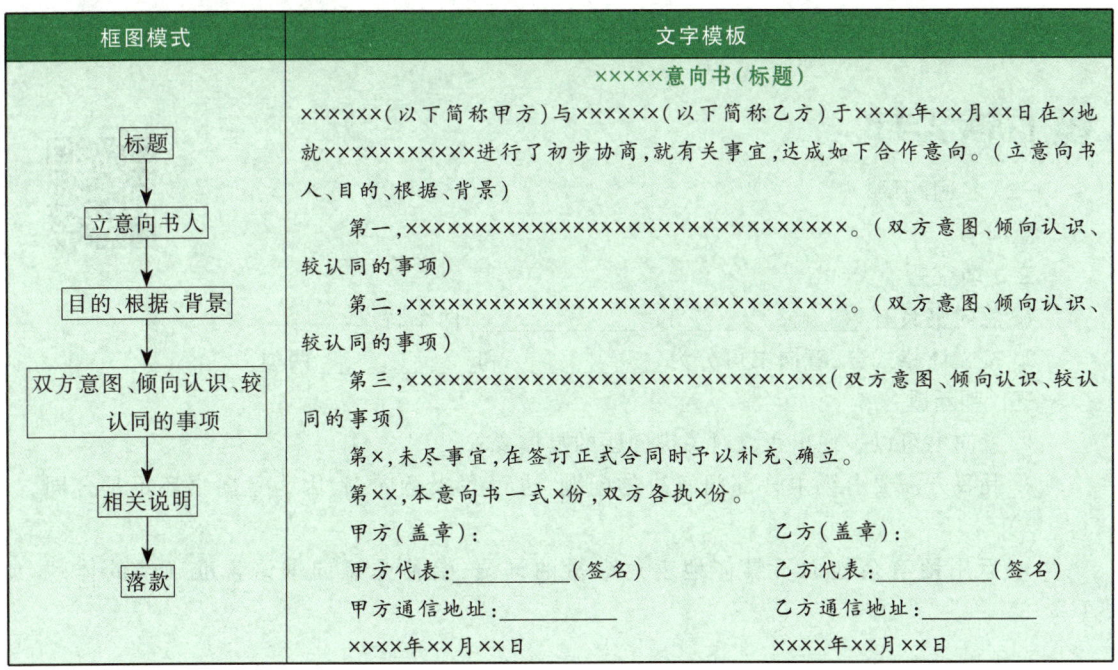

（三）注意事项

（1）要忠实地表达各方协商的事项。

（2）语言要体现意向书的特点。意向书表述的内容应是原则性的、笼统的，如此才能为以后的谈判和正式签订合同留有余地，因而必须注重使用留有余地、富有弹性的语言，切莫把关键问题的条款尤其是数字写得太具体、太精确。

（3）各条款的内容要合理合法。

四、技能训练

下面是一篇病文，请结合本节学习的知识，指出其存在的问题。

共建合资企业意向书

一、甲、乙两方愿以合资或合作的形式建立合资企业，定名称为××有限公司，地址在中国××市××街××号。建设期为××年，即从××××年至××××年全部建成。双方签订意向书后，即向各有关上级申请批准，批准的时限为××个月，即××××年××月至××××年××月完成。然后办理合资企业开业申请。

……

十一、项目实施进度安排

8月进行立项审批与签订购货合同，10月进行设备验收，11月进行设备安装与调试，12月进入正常生产。

十二、经济效益分析

该项目建成后，预计每年可增产衬衫50万件，产值425万元。创汇100万美元，创利税102万元，一年内可收回全部设备投资总额。经济效益显著。（详见附表一、附表二）（附表略）

××青春服装有限公司
××××年××月××日

【拓展学习】

一、名词解释

意向书

二、填空题

1. 意向书具有_____和_____两个特点。
2. 按文体格式分，意向书可分为_____和_____两类。

三、判断题

1. 意向书可以表现出我方对关键问题的具体要求。（   ）
2. 凡我方需要上级主管部门解决的问题，也可写入意向书，因为意向书还不是合同。
（   ）
3. 运用留有余地而不具体地表达数量的词语，恰恰是意向书语言准确性的体现。
（   ）

13.2 即测即评

四、简答题
1. 意向书的导言一般写什么内容？
2. 意向书的主体写什么内容？
3. 意向书的结尾一般写什么话语？
4. 什么样的语言才能体现意向书对语言的要求？

五、AI 同行
1. 输入自拟的提示词指令，请 AI 生成撰写意向书容易出现哪些误区。
2. 将"四、技能训练"中的病文《共建合资企业意向书》全文输入 AI，前置提示词指令："按意向书的结构和写法完成修改，要求：条款内容合理合法，语言内容体现原则性、笼统性、留有余地。"若 AI 生成的回复存在不适当之处，则输入如何具体修改的指令再修改。（提示：可用手机自带功能提取拍摄照片中的文字。）

第三节　招标书

教学视频：招标书

一、例文借鉴

【例文】

重庆市××高级中学科技综合楼施工招标书

我校科技综合楼施工现公开招标。具体内容如下：

一、招标条件

本招标项目重庆市××高级中学科技综合楼已由涪发改委发[20××]72号文批准建设，项目业主为重庆市××高级中学，建设资金来自××区财政资金，项目出资比例为100%，招标人为重庆市××高级中学。项目已具备招标条件，现对该项目的施工进行公开招标，特邀请有兴趣的潜在投标人参与投标。

二、项目概况与招标范围

（一）建设地点：重庆市××区××大道99号。

（二）建设内容及规模：科技综合楼项目，总建筑面积7 809.47 m^2。

（三）项目招标范围：重庆市××高级中学科技综合楼施工设计图和施工招标前的设计修改（含施工图修改、设计变更和招标补遗及答疑）所包含的地基与基础、主体结构、建筑屋面、建筑装饰装修、建筑给排水、建筑电气、建筑消防、防雷、建筑节能及附属工程以及施工图、招标文件有关条款、答疑纪要和相关说明所包含的所有内容（具体以工程量清单明确的内容为准）。

（四）计划工期：270日历天。

（五）项目分包情况：本工程项目不允许分包。

三、投标人资格要求

（一）本次招标实行资格后审，要求投标人必须具有独立法人资格，具备建设行政主管部门颁发的建筑工程施工总承包二级及以上资质，并在人员、设备、资金等方面具有相应的施工能力。

（二）本次招标不接受联合体投标。

四、招标文件的获取

（一）本工程招标不需报名，开标时直接投标，凡有意参加投标者，请于2021年3月11日起，在重庆市涪陵公共资源交易信息网（http://www.××××.com/）下载本招标项目的招标文件、图纸、工程量清单、答疑、补遗、最高限价等投标截止时间前公布的所有相关资料，不管投标人下载与否，招标人和招标代理机构都视为投标人收到以上资料并全部知晓有关招标过程和事宜，由此产生的一切后果由投标人自负。

（二）本招标公告开始发布至投标截止时间，各投标人应随时在重庆市涪陵公共资源交易信息网（http://www.××××.com/）上关注本招标项目相关修改或补充内容。

（三）招标文件每个工程每套售价1 000元（含图纸等电子资料），递交投标文件时支付购买招标文件的费用，否则招标人和招标代理机构拒绝接收其投标文件，招标文件售后不退。

五、投标文件的递交

（一）投标文件递交的截止时间（投标截止时间，下同）以招标文件为准，地点为重庆市涪陵区公共资源交易中心（涪陵区顺江大道6号行政服务中心3楼）。

（二）逾期送达的或者未送达指定地点的投标文件，招标人不予受理（时间以重庆市涪陵区公共资源交易中心开标大厅公开挂钟时间为准）。

六、发布公告的媒介

本次招标公告同时在重庆市招标投标综合网（http://www.××××.gov.cn/）及重庆市涪陵区公共资源交易信息网（http://www.××××.com/）上发布。

七、联系方式

招标人：重庆市××高级中学	招标代理机构：重庆××国地工程咨询有限公司
地址：重庆市××区李渡太乙大道99号	地址：重庆市××区××花园三期17栋
联系人：甘××	联系人：邓老师
联系电话：×××××××××××	联系电话：×××××××××××
招标单位（公章）	

（出自重庆市招标投标综合网，编入教材时略有删改。）

【提示】

这是一份学校综合楼招标书，标题由招标单位名称、招标项目名称和文种组成。前言以一句话介绍事由。主体部分包括招标条件、项目概况与招标范围、投标人资格要求、招标文件的获取、招标文件的递交、发布公告的媒介、联系方式等七个方面的内容。本招标书对项目概况与招标范围部分表述具体详细，对招标人资格要求、文件获取、文件递交等环节均有详细的说明和标注，表述周密严谨，言简意赅，利于投标方理解，极具操作性。

二、必备知识

（一）招标书的含义和用途
招标书又称为招标说明书，是招标者利用投标者之间的竞争优选投标者的文书。

（二）招标书的特点
1. 具体性

招标书对征召项目、要求和技术质量指标等内容的表达要有具体性，不能模棱两可。

2. 规范性

招标书中的内容必须符合国家的明确规定。

3. 竞争性

从投标者中选优的做法决定了招标书具有竞争性。

（三）招标书的类型
按性质和内容分类，招标书有工程建设招标书、大宗商品交易招标书、选聘企业经营者招标书、企业承包招标书、企业租赁招标书、劳务招标书、科研课题招标书、技术引进或转让招标书等。

三、招标书的结构写法和写作模板

（一）招标书的结构写法
1. 标题

招标书的标题一般由招标单位名称、项目名称和文种构成，或由招标单位名称和文种构成。

2. 正文

招标书的正文包括前言、主体和结尾三部分内容。

（1）前言。前言主要写招标单位的基本情况、行文的目的或事由。

（2）主体。主体一般用条文式，也可用表格式，写清楚招标项目的情况、实施招标项目的地点、招标的条件和要求、投标开标日期等应让投标人知晓的一切事项。

商品招标书要求标明商品的名称、数量规格、价格等相关信息。

科技项目招标书则要求写清招标原则、项目名称、任务由来、研究开发目标、研究开发内容、经济技术指标、研究开发的进度要求、成果要求、经费要求、承包单位的条件及要求等。

（3）结尾。结尾主要写招标单位的名称、地址、法人代表、成文日期并加盖印章以及联系人姓名、电话号码等，必要时还可写上开户银行及账号。

（二）招标书的写作模板

框图模式	文字模板
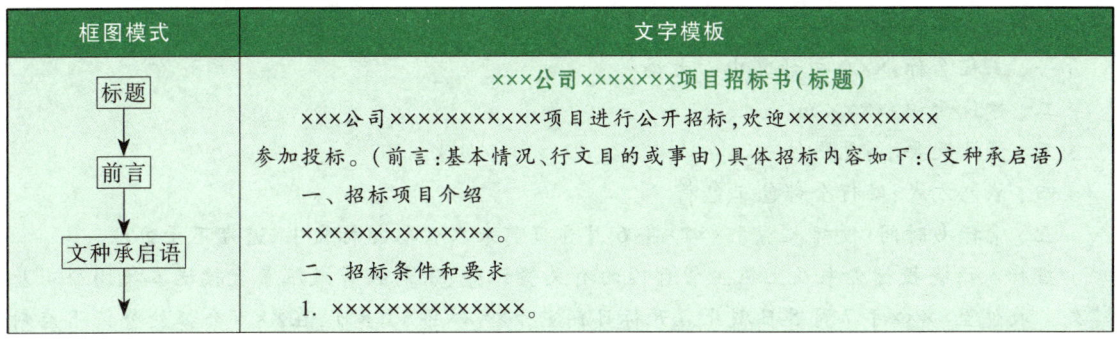	×××公司×××××××项目招标书（标题） ×××公司××××××××××项目进行公开招标，欢迎××××××××××参加投标。（前言：基本情况、行文目的或事由）具体招标内容如下：（文种承启语） 一、招标项目介绍 ×××××××××××××。 二、招标条件和要求 1. ××××××××××××。

续表

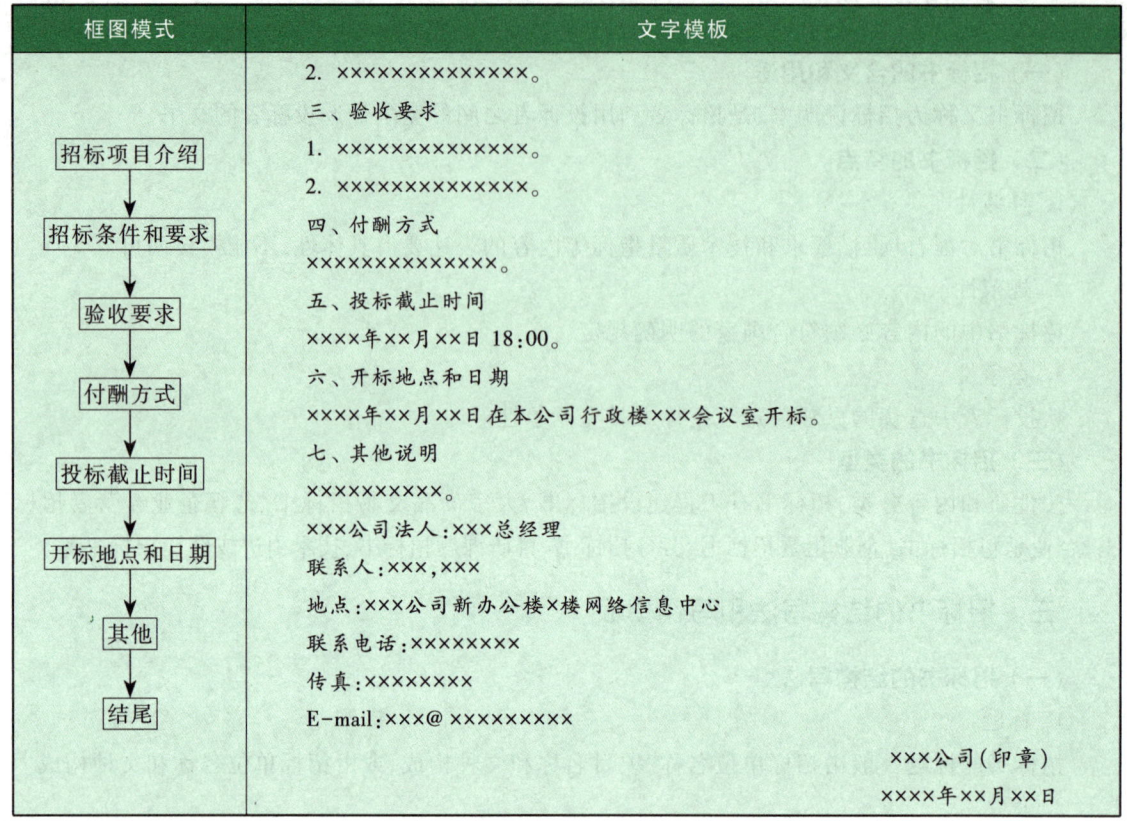

（三）注意事项

（1）方案和内容必须合理合法。

（2）内容必须真实、全面、具体、严密，以免发生不必要的纠纷。

（3）语言表述要简明、准确，尤其是对技术规格、质量要求的表述应绝对准确无误。

四、技能训练

请按照招标书的写作要求，指出下文缺写什么内容。

××公司修建计算中心大楼招标书

　　本公司将修建一栋计算中心大楼，由××市城市建设委员会批准，建筑工程实行公开招标，现将招标有关事项公告如下。

一、工程名称：××公司计算中心大楼

二、建筑面积：×××× m^2

三、设计及要求：见附件

四、承包方式：实行全部包工包料

五、索标书时间：投标人请于××××年6月5日前来人索取招标文书，逾期不予办理。

　　投标人请将投标文书及上级主管部门的有关签证等，密封投寄或派员直接送本集团公司基建处。收件至××××年7月5日截止。开标日期定于××××年×月×日，在××市公证处公证下启封开标,地点在本集团公司绿湖楼第一会议室。

  E-mail:××××@×××.com

  电话:××××××××

  联系人:×××

××公司招标办公室

××××年5月5日

【拓展学习】

一、名词解释

招标书

二、填空题

1. 招标书又叫作_____。
2. 招标书具有_____、_____和_____3个特点。
3. 招标书的正文由_____、_____和_____3部分构成。

三、判断题

1. 招标书是一种启事。（ ）
2. 招标书也可用公文式标题。（ ）

四、简答题

1. 按性质和内容分,招标书主要有哪些类型?
2. 招标书的前言部分写什么内容?
3. 招标书的主体部分写什么内容?
4. 招标书的结尾部分写什么内容?

五、AI同行

1. 输入自拟的提示词指令,请AI生成撰写招标书容易出现哪些误区。
2. 通过百度下载一份2 000字左右的招标书,不论其是否病文,均参照教材里招标书写作模板框图模式的内容,自拟对其进行修改的提示词指令进行修改,阅评AI的回复。

第四节 投标书

教学视频:投标书

一、例文借鉴

【例文】

培训楼工程施工投标书

  根据××铜矿兴建培训楼工程施工招标书和设计图的要求,作为建筑行业的×级企业,我公司完全具备承包施工的能力与条件,决定对此项工程进行投标。具体说明如下。

一、综合说明

工程简况(工程名称、面积、结构类型、跨度、高度、层数、设备)：培训楼一幢,建筑面积 100 000 m^2,主体 6 层,局部 2 层。框架结构：楼全长 80 m,宽 40 m,主楼高 28 m,二层部分高 9 m。基础系打桩水泥浇注,现浇梁柱板。外粉全部,玻璃马赛克贴面,内粉混合砂浆采面涂料,个别房间贴壁纸。全部水磨石地面,教室呈阶梯形,个别房间设空调。

二、标价(略)

三、主要材料耗用指标(略)

四、总标价

总标价 6 408 395.20 元,每平方米造价 670.23 元。

五、工期

开工日期：××××年 2 月 5 日。

竣工日期：××××年 8 月 20 日。

施工日历天数：547 天。

六、工程计划进度(略)

七、质量保证

全面加强质量管理,严格操作规程；加强各分项工程的检查验收,上道工序不验收,下道工序绝不上马；加强现场领导,认真保管各种设计、施工、试验资料,确保工程质量达到全优。

八、主要施工方法和安全措施

安装塔吊一台、机吊一台,解决垂直和水平运输；采取平面流水和立体交叉施工；关键工序采取连班作业,坚持文明施工,保障施工安全。

九、对招标单位的要求

招标单位提供临时设施占地及临时设施 40 间,我们将合理使用。

十、坚持勤俭节约原则,尽可能杜绝浪费现象。

投标单位：××建筑工程总公司(公章)

负责人：李××(盖章)

电话：(×××)××××××××　电子邮箱：××××××××@×××.com

附件：本公司基本情况介绍

【提示】

这是一篇工程建设项目投标书。正文先介绍了工程简况,然后说明了标价、耗材指标、工期、计划进度等,对招标书作出了明确的回答。这可以说是投标单位的正式报价单,是评标决标的依据。本投标书还包括了保证工程质量的措施和达到的等级、主要施工方法、安全措施和对招标单位的要求等。文末附上公司基本情况,让他人对己方建立信心。这是一份写得较完整、较规范的投标书。

二、必备知识

（一）投标书的含义和用途

投标书又称为"标函"，是投标者为了中标而按照招标书提出的项目、条件和要求，以求实现与招标者订立合同，而提供给招标者的承诺文书。影响中标的因素很多，但能否中标，与投标书撰写的好坏有着直接的关系。

（二）投标书的特点

1. 针对性

投标书的内容皆是按照招标书提出的项目、条件和要求而写，针对性强。

2. 求实性

投标书对投标项目的分析、对己方的介绍、拟采取的措施和承诺等都须求实、求真，忌虚假。

3. 合约性

投标书以追求合作、签署合同为目的，这决定了投标书具有合约性。

（三）投标书的类型

投标书有各种不同的分类。按投标方人员组成情况，可分为个人投标书、合伙投标书、集体投标书、全员投标书和企业（或企业联合体）投标书等；按性质和内容，可分为工程建设项目投标书、大宗商品交易投标书、选聘企业经营者投标书、企业租赁投标书、劳务投标书等。

三、投标书的结构写法和写作模板

（一）投标书的结构写法

1. 标题

投标书的标题一般由投标单位名称、投标项目名称和文种构成，或由投标单位名称和文种构成。

2. 正文

投标书的正文包括引言、主体和结尾三部分内容。

（1）引言。引言主要说明投标的依据、指导思想和投标意愿。

（2）主体。主体写法比较灵活。一般根据招标书提出的目标、要求，介绍投标企业的现状，说明具备投标的条件，提出标价（常用表格表示）、完成招标项目的时间，明确质量承诺和应标经营措施，还要根据招标者提出的有关要求，填写标单等。

（3）结尾。结尾主要写明投标单位的名称、法人代表、联系地址、电话号码和传真，并以附件形式附上有利于己方中标的有关材料等。

（二）投标书的写作模板

框图模式	文字模板
标题 ↓ 引言 ↓	××××××××投标书（标题） 根据××××××××招标书的要求，我公司完全具备××××××的能力与条件，决定对此项目进行投标。（引言：说明投标依据、指导思想和投标意愿）具体投标说明如下：（文种承启语）

续表

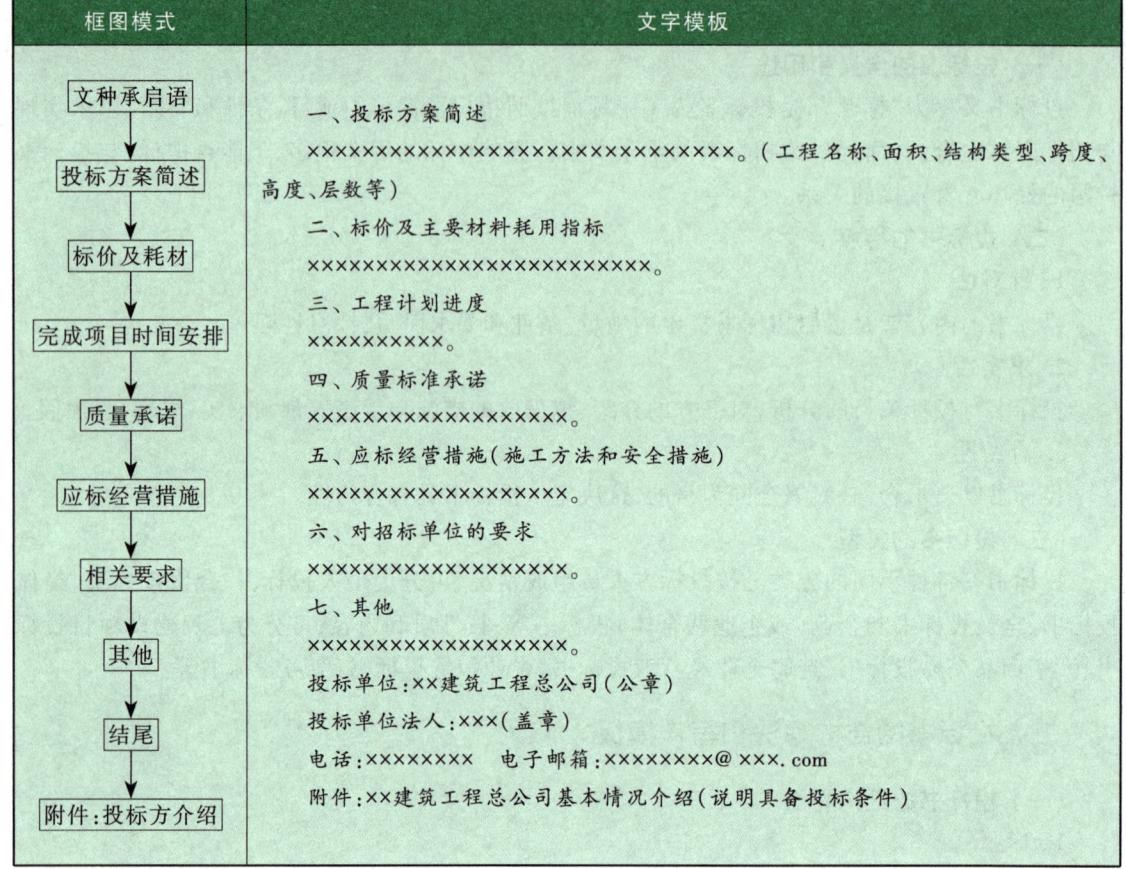

（三）注意事项

（1）写作内容要求能紧扣招标书的要求。

（2）实事求是说明己方存在的优势和特点。

（3）内容要合理合法，尤其对承诺的内容，要表述得明确、具体、全面、周密，以免中标后发生纠纷。

四、技能训练

请按照投标书的写作要求，指出下文存在的问题。

××××公司投标书

××××总公司

诸位先生：

　　研究了招标文件IMLRC—LCB9001号，对集通铁路项目所需货物我们愿意投标，并授权下述签名人×××，代表我们提交下列文件正本一份，副本四份。

（1）投标报价表。

（2）货物清单。

（3）技术差异修订表。
（4）资格审查文件。

签名人兹宣布同意下列各点：
（1）所附投标报价表所列拟供货物的投标总价为×××美元。
（2）投标人将根据招标文件的规定履行合同的责任和义务。
（3）投标人已详细审查了全部招标文件的内容，包括修改条款和所有供参阅的资料及附件，投标人放弃要求对招标文件做进一步解释的权利。
（4）本投标书自开标之日起90天内有效。
（5）如果在开标之后的投标有效期撤标，则投标保证金由贵公司没收。
（6）我们理解你们并不限于接受最低价和你可以接受任何标书。

投标单位名称：中国广州×××公司
地址：中国广州××区××街××号
电话：(×××)××××××××
授权代表：×××
（公章）
××××年××月××日

> 【拓展学习】
>
> 一、名词解释
> 投标书
> 二、填空题
> 1. 投标书又名_____。
> 2. 投标书具有_____、_____和_____3个特点。
> 3. 投标书的正文由_____、_____和_____构成。
> 三、判断题
> 1. 投标书介绍己方的优势可以适当提高。（　　）
> 2. 投标书常用表格文字综合式表述。（　　）
> 四、AI同行
> 1. 输入自拟的提示词指令，请AI生成撰写投标书容易出现哪些误区。
> 2. 通过百度下载一份2 000字左右的投标书，不论其是否病文，均参照教材里投标书写作模板框图模式的内容，自拟对其进行修改的提示词指令进行修改，阅评AI的回复。

13.4　即测即评

第五节　订货单

一、例文借鉴

教学视频：订货单

【例文】

订　货　单

单位名称			名称:×××公司		
货物抵达地址			地址:××市××路×号		
联系人		电话	联系人:××		
传真		邮编	电话:××××-××××××××		
结算方式		发票性质	电子邮箱:×××@×××.com		
要求发运方式			邮编:××××××		
税号			账号	×××××××××	
开户行			希望到货时间		
品名规格		单位	数量	单价	金额
1		套			
2		套			
3		套			
4		套			
5		套			
总金额	大写:佰　拾　万　仟　佰　拾　元整(单位:人民币)				

经办人(签章)
××××年××月××日

订货方(签章):

请订货方将货款汇至供货方以下账户:

户名:×××公司

开户行:中国××银行××支行××分理处

账号:××××××××××

【提示】

这份文字表格综合式订货单,表格部分栏目清楚,项目合理,令人一目了然,便于填写。文字部分为表格内容的说明补充。表格和文字内容设置在同一页纸上,能免除被人换页。这是一份设计得较好的订货单,值得借鉴。

二、必备知识

（一）订货单的含义和用途

订货单是由买方向卖方订购货物时填写的单据。

订货单是买方和卖方之间货物交易的依据或凭证。

（二）订货单的特点

1. 履约性

履约性是指买方和卖方都具有认同及信守订货单中各项条款和约定的特性。买方填写了订货单，便等于认同与卖方有过协商。

2. 严肃性

填写订货单有近似签订合同的性质，对买方和卖方来说，都是一种与人、财、物有关的负责任的行为，无疑具有严肃性。

（三）订货单的类型

从表达方式分，订货单有表格式、文字式（订货函）和文字表格综合式3种。

三、订货单的结构写法和写作模板

（一）订货单的结构写法

订货单一般由标题、正文和尾部构成。

1. 标题

标题一般有三种写法：第一种由货物名称和文种构成，第二种由单位名称和文种构成，第三种只写文种"订货单"三个字。

2. 正文

正文包括的内容如下：

（1）买方和卖方的信息。包括公司名称、地址、邮政编码、电话、传真号码、电子邮箱和联系人等。

（2）订货信息。包括商品名称、商品编码、商品单价、商品质量级别和订购数量等。

（3）配送方式及配送地点信息。

（4）款项支付方式及银行账号。

（5）买方的意见和要求。

3. 尾部

尾部包括订货单位、订货日期及经办人签章。

（二）订货单的写作模板

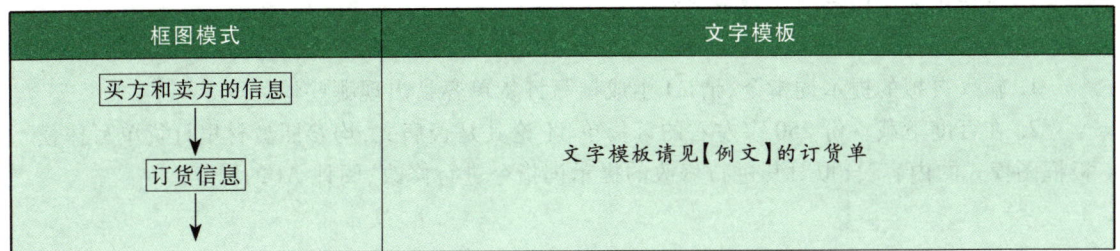

续表

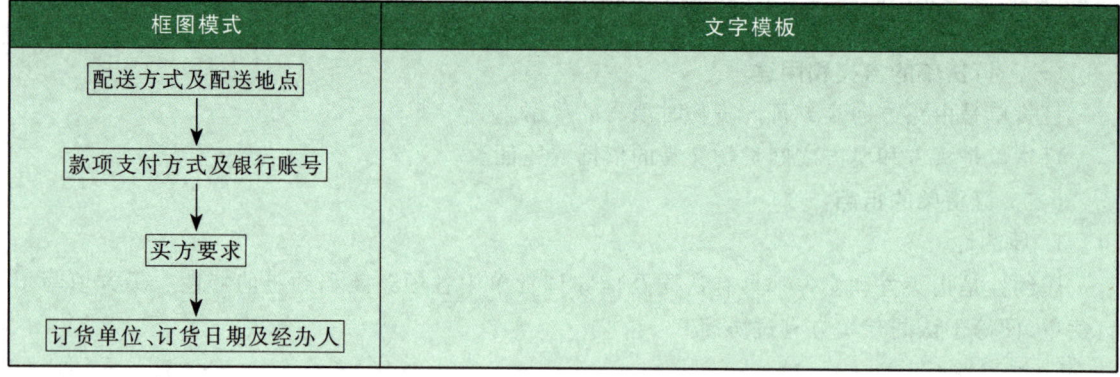

（三）注意事项

1. 信息要齐备

即印制的订货单要包含货物买卖必需的各种信息，不得遗漏。

2. 要实用、简洁

订货单的结构要尽可能简单，让买方一目了然，便于填写。

3. 表格和内容设置在同一页纸

切忌一份订货单跨页或分成几页，以免被"掉包"换页。

四、技能训练

从网上搜索两份订货单，分析其是否符合订货单的写作要求。

【拓展学习】

一、名词解释

订货单

二、填空题

1. 订货单具有_____和_____两个特点。

2. 按表达方式分，订货单具有_____、_____和_____3种类型。

三、简答题

1. 订货单的标题有哪些写法？

2. 订货单的正文包括哪些内容？

3. 订货单的制作有何注意事项？

四、AI同行

1. 输入自拟的提示词指令，请AI生成撰写订货单容易出现哪些误区。

2. 在百度下载一份250字左右的订货单，不论其是否病文，均参照教材里订货单写作模板框图模式的内容，自拟对其进行修改的提示词指令进行修改，阅评AI的回复。

13.5 即测即评

第十四章 经济调研文书

第一节 市场调查报告

一、例文借鉴

教学视频：
市场调查报告

【例文】

厦门市老年旅游市场调研报告

中国的老龄人口不论是绝对数还是相对数，都堪称世界之最。从市场规模的基础性要素来看，中国的老年市场具有不可限量的开发潜力。推动"老年经济"的发展，提高老年人生活质量，已经成为当代社会必须面对的一项重要议题。

一、厦门市老年旅游市场呈现新亮点

（一）出境成为厦门市老年人出游主流

近一年，厦门市老年人的旅游地出国出境比例达42.7%，成为老年人出游的主流，厦门老年旅游者的消费潜力略高于全国平均水平。

随着生活水平的不断提高、生活理念和生活方式的改变，很多赋闲在家的老年人追求生活品质，向往并愿意探寻外面的世界。

老年产业已经成为朝阳产业，老年旅游作为老年文化和休闲产业的一部分，越来越凸显出重要性。

（二）来厦"老候鸟"越来越多

厦门被赞誉为"温馨之城"，温暖的气候、清新的空气、整洁的市容、友好的居民、便捷的交通……被众多北方老年人视为能与海南媲美的"候鸟城市"，他们成群结伴来厦门长期或短期居住。

调查发现，来厦门过冬的"老候鸟"增多，这些老年人多来自北京、上海、江苏、河北等地，接待南飞"候鸟"成为厦门一些养老社区的主营业务。

近几年新兴的"候鸟养老"不同于传统的养老模式，更像是"旅游式养老"，养老机构更像是家庭旅馆。这些老人生活上完全可以自理，而且基本是离退休干部或教授。目前，厦门的"候鸟养老"市场属于起步阶段，一位老人单月"过冬"成本在3 000元左右，部分老人的退休金就足够支付。这些候鸟一族，也成为厦门的潜力旅游消费者。

集美某老年公寓是"候鸟老人"比较集中的居住地。每年10月开始,"候鸟老人"就会来到这里,3月至6月陆续"飞回"。该老年公寓给"候鸟老人"提供良好的服务,将适合观海的五楼六楼腾出来给他们居住,老年人也可以自由自在地出入,同集美人一样享受学习、休闲、娱乐的待遇。据了解,大多数"候鸟老人"均是夫妻同来同住,每间两张床,包吃包住一个月5 000元。

二、缺少为老年人定制的特色旅游产品仍是厦门老年旅游市场首要的问题

如何选择合适的旅游产品并付诸行动,成为大多数老年人出行的制约因素。而如何设计符合老年游客的旅游特色产品,也是旅行社等相关旅游服务部门迫切需要解决的问题。

从旅行社提供的问卷分析来看,12家被调查的旅行社中,有9家具有专门为老年人服务的部门,但实际上,除"夕阳红"专列外,老人家旅行都是混杂在常规的旅行团中运行的,产品线路并没有根据老年游客的特殊性进行设计。

本次问卷调查中,也有不少老年人反映,希望旅行社能够设计适合老年游客的线路,更加重视人性化的服务,包括老年人牙口不好、健康指标有别于年轻人、饮食要适宜老年人等。

三、在调查基础上,专家建议厦门市老年旅游市场要在老年人和旅行社间搭建服务平台

在老年旅游市场的推动过程中,目前最急缺的主要是老年旅游产品的策划和创意。厦门市旅游协会会长谢进元表示,发展旅游市场应从文化与旅游结合切入,以老年旅游市场为载体传播文化;通过老年旅游,弘扬我国敬老文化、孝亲文化以及闽南文化。

谢进元认为,厦门老年旅游事业急需搭建沟通老年人和旅行社之间的桥梁和平台。目前,厦门市老龄办下属的厦门市美丽夕阳老年服务中心是厦门唯一专门为老人提供旅游咨询的服务平台。中心主任苗巍告诉记者,厦门市美丽夕阳老年服务中心成立于2015年10月,依托厦门知名旅游公司,为老年群体提供旅游休闲养老信息咨询服务。

(摘自福州新闻网,选入教材时有改动。)

【提示】

这份市场调查报告在调查研究的基础上,提炼出厦门老年旅游市场呈现的亮点和存在的问题,并在此基础上提出合理化建议,为相关部门准确把握市场脉络、有针对性地设计新型旅游产品提供了有力佐证。全文结构合理,思路清晰,条理分明,观点结论鲜明。

二、必备知识

(一)市场调查报告的含义和用途

市场调查报告是通过对市场的营销情况和经济现象进行调查,对所得信息经过分析、研究和处理后而写成的关于市场现状的报告性文书。市场调查报告是调查报告的一个分支。

市场调查报告能为企业和政府了解市场提供帮助。

(二)市场调查报告的特点

1. 针对性

市场十分广阔,信息错综复杂,而市场调查只能有针对性地、有选择地进行。一般是针对市场经营中某一方面的问题,抓住产、供、销中的某一环节展开调查,写成调查报告。

2. 真实性

市场调查的范围是市场某一方面问题的过去和现状。通过调查获取真实的、反映市场现状和变化规律的信息,写出客观的市场调查报告,为企业经营决策服务,这是市场调查报告的价值所在。

3. 时效性

市场时刻在变化。只有及时、迅速和准确地发现与反映市场的新情况、新问题,市场调查报告才能让经营决策者及时掌握情况,不失时机地作出相应的决策,调整经营方向,提高企业的应变能力和竞争能力,确保产销对路,避免和减少风险。过时的市场调查报告是没有任何价值的。

(三) 市场调查报告的类型

市场调查报告按调查对象的不同,主要有如下四种类型。

1. 市场需求调查报告

这类市场调查报告的调查对象主要为市场对某种产品的需求量和影响需求量的因素,如购买力、购买动机和潜在需求。

2. 竞争对手调查报告

这类市场调查报告主要调查竞争对手的情况、竞争能力及新产品的开发情况等。

3. 市场价格调查报告

这类市场调查报告的调查对象主要为市场同类商品的价格变动情况,消费者对价格及价格变动情况的反映。

4. 市场消费行为调查报告

这类市场调查报告的调查对象主要为消费者的分布地区及经济状况、消费习惯、消费水平及广告对消费者的影响等。

(四) 市场调查的常用方法

1. 现场调查法

现场调查法即调查人员到现场直接观察、记录调查对象的行为和言辞等,向消费者直接了解购买意向,了解对商品的意见的方法。这种调查法简便易行,但调查范围较小。

2. 访问调查法

访问调查法即根据事先确定的调查问题,用口头或书面的方式向被调查者询问,以获取有关资料的方法。这种调查法要求提前准备好所要询问的问题,或设计好问卷,调查方式有个人访问、开座谈会、电话询问、邮件调查等。

3. 实验调查法

这种调查法多以试行销售的方式进行。常见的试销会、展销会、订货会、博览会等都属于此类。

4. 统计分析法

统计分析法即利用企业的销售情况表、会计报表等现成资料进行统计分析的调查方法。这种调查法带有总结本企业目前的产品及现行的经营策略是否能适应市场的因素,现实可行。

三、市场调查报告的结构写法和写作模板

(一) 市场调查报告的结构写法

1. 标题

市场调查报告标题的写作没有固定的格式。常见的形式有两种:一种是公文式标题,如《关

于×××冰箱销售市场前景的调查》；另一种是揭示调查对象式标题，通常采用正副标题的形式，如《中高档手机持续热销——××手机市场的调查报告》。标题必须概括全文的基本内容。

2. 正文

（1）导言。导言要写明调查的基本情况，如调查的目的、时间、地点、对象、范围以及采用的调查方法。也可以提出问题，或简要介绍报告的主要内容和观点，使读者获得初步印象。导言必须高度概括，简明扼要。

（2）主体。主体是市场调查报告最重要的部分，要写明调查的结果和相应的建议。一般分为以下3个层次。

① 基本情况。即介绍通过调查获得且经过归纳整理的资料数据及图表，说明调查对象的过去和目前的商情。

② 分析及结论。这部分内容有：对调查得来的资料数据是如何分析、归纳的；发现的问题和得出的关于市场状况的结论。这部分内容也可以和基本情况糅在一起写，即边介绍情况边进行分析。

③ 建议。根据分析及结论提出有针对性的对策或措施。

（3）结尾。市场调查报告的结尾没有特定的格式。可以概括全文的观点，写出总结式的意见，或说明调查中存在的问题、主要的情况倾向，或预测可能遇到的风险等。也可以不另加结尾。

（二）市场调查报告的写作模板

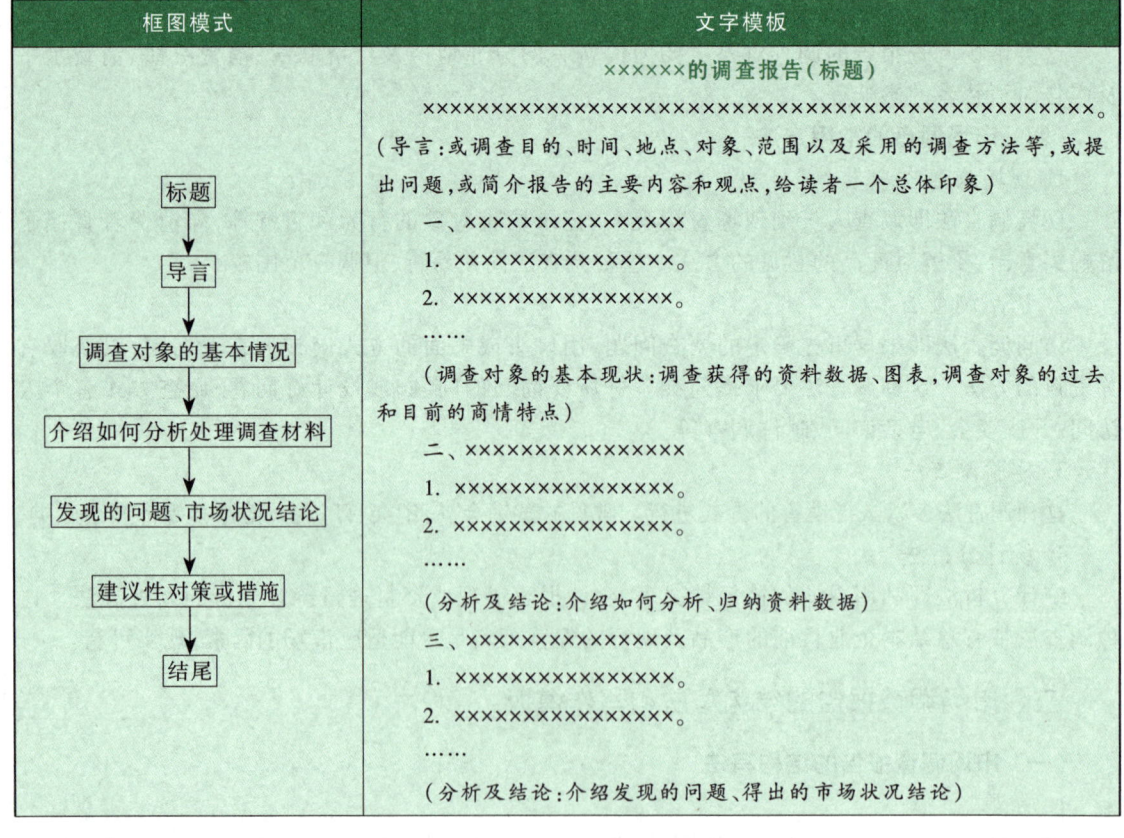

续表

框图模式	文字模板
	四、×××××××××××××× 　1. ××××××××××××××。 　2. ××××××××××××××。 　…… 　（建议：提出有针对性的对策或措施） 五、×××××××××××××× ×××××××××××××××××××××××××××××。 （结尾：或概括全文观点，或说明存在的问题、主要倾向，或预测风险等） 　　　　　　　　　　　　　　××××年××月××日

（三）注意事项

（1）资料信息要充分、真实。市场调查报告的写作必须建立在充分占有真实资料信息的基础上。如果资料信息不全面、不真实，报告就丧失了得出正确结论的前提。

（2）分析处理资料信息的方法要科学。市场调查报告不是资料信息的简单罗列，而是需要认真地分析、深入地研究，必要时要运用数学、经济学的原理和方法进行处理，才能得出正确的结论。

（3）一份市场调查报告以写一个问题为宜，切忌涉及的问题太大、太多，面面俱到。

四、技能训练

下面是一则病文，试指出其问题。

大学生课外阅读情况的调查

阳光下、草坪上、教室里、图书馆……到处可以看见正在阅读的大学生，他们脸上洋溢着满足、自信的笑容。

"你课外阅读的主要目的是什么？""你最喜欢阅读哪种类型的书籍？""你平时看一本网刊用多长时间？"……前不久我们通过问卷，对大学生的阅读取向进行了一次访问式调查，目的是了解当代大学生读什么书、读多少书和怎样读书的问题。

通过调查有部分学生的课外阅读主要是为了休闲，这部分学生以手机阅读为主。他们认为"平时专业课程的阅读量已经很大了，课外阅读当然选择内容较轻松的课外书籍，以缓解读书的压力"。这样的学生大约占44.9%。还有部分同学的课外阅读是为了拓展知识面。这样的学生所占比例较少，只有8%。

大学生不青睐具有专业知识的书籍是否合理呢？不少招聘企业都感慨现在的大学生专业能力很薄弱，学以致用的能力较差。在学校期间不注重专业知识的积累和自身专业技能的训练，不阅读、不关注相关专业课外书籍，是造成这种现象的原因之一。

在回答"你最喜欢阅读哪种类型的书籍"时，除一部分学生选择喜欢阅读网上书籍外，大多数学生选择报纸杂志。报纸杂志始终占据大学生阅读排行榜的首位。多数学生选择此类书籍的原因大多是因为"阅读起来方便"和"信息量大"。调查中发现,学校为学生免费提供的《文汇报》成为阅读人次最多的报刊,《青年报》《环球时报》《参考消息》《电脑报》《读者》有一定的市场。选择报纸杂志阅读的学生,在阅读内容上,阅读新闻占61%,领先其他3项,阅读"生活信息及收集资料"占24%,阅读"文学作品"占16%,阅读"评论文章"占18%。

网络时代信息真假混杂、鱼目混珠,大学生的阅读结构对大学生树立正确世界观、人生观具有关键作用,急需加以正确引导。

【拓展学习】

14.1 即测即评

一、名词解释
市场调查报告

二、填空题
1. 市场调查报告具有_____、_____和_____3个特点。
2. 市场调查报告常见的有_____、_____、_____和_____4种类型。
3. 市场调查的常用方法有_____、_____、_____和_____4种。

三、判断题
1. 市场调查报告是关于市场发展情况的文书。(   )
2. 市场调查要把调查面放宽,才能更全面地掌握市场情况。(   )
3. 市场调查报告的写作也要突出重点。(   )
4. 对自己的观点不利的材料,在市场调查报告中也应附带提及。(   )

四、简答题
1. 市场调查报告的标题通常有哪些写法?
2. 市场调查报告正文的导言一般写什么内容?
3. 市场调查报告正文的主体一般写什么内容?
4. 市场调查报告的写作有何注意事项?

五、AI同行
1. 输入自拟的提示词指令,请AI生成撰写市场调查报告容易出现哪些误区。
2. 在AI上输入提示词指令:"现场调查法和访问调查法,是市场调查报告常用的调查方法,请分别生成'现场调查法'和'访问调查法'的具体做法,要求:分条列项,操作性强。"
3. 在AI上输入提示词指令:"生成一份《大学生喜欢购哪些品牌的手机》的调查报告,内容涵盖:导言:调查的基本情况,如调查的目的、时间、地点、对象及采用何种调查方法;主体:(1)资料数据及图表,(2)分析及结论,(3)根据分析及结论提出的建议;结尾:概括全文的观点。要求:有理有据,条理清晰。"阅读AI的回复。

第二节　可行性研究报告

一、例文借鉴

【例文】

元江旅游风景区项目可行性研究报告
××市旅游集团公司

一、项目总览

本项目拟建立一个以元江特大桥景观为背景,以解放战争历史回顾、民族风情体验为主题的休闲度假娱乐区。

本项目分为三大功能区:哈、彝、傣三民族风情体验及休闲度假区、元江特大桥河谷探险运动体验区及世界第一高桥观光游览区、解放战争历史回顾和夺标区。

进入景区后,游客可根据自己的喜好和需求,选择单纯的休闲娱乐、观光游览、历史回顾项目或者选择六大功能区都串联起来的"夺标"游乐项目。

本项目的设计方案既充分利用了景区的旅游资源,扩充了旅游的内容,延长了游客停留的时间;又加强了对游客积极性和参与性的调动,延长了项目的生命周期,可以创造更大的经济效益。

二、项目功能区规划

本项目规划分为三个功能区:元江特大桥探险运动区、解放战争历史回顾及夺标区以及哈、彝、傣三民族风情园及休闲度假区。

(一)元江特大桥探险运动区及世界第一高桥观光游览区

1. 该区拟建蹦极、攀崖、水上漂流、高空溜滑钢索等运动设施;

(略)

(二)解放战争历史回顾及夺标区

该区位于世界第一高桥元江峡谷地带,为解放战争时期遗留下来的战争遗址。该区的主要功能为解放战争历史回顾及夺标,竞赛的最后一关——夺标区。本区规划建设如下:

1. 建设纪念碑、纪念馆作为历史回顾爱国教育基地,向游客普及红色文化;

2. 修复遗留下来的作战区、战壕及军事设施仿制品,如铁丝网、栅栏及一些军事障碍比赛使用的器材。

3. 购置军事娱乐设施,如迷彩服、"匹特博"枪具、面具、红旗、蓝旗。

(三)哈、彝、傣三民族风情园区及休闲度假区

该区位于世界第一高桥元江峡谷地带,与解放战争历史回顾及夺标区毗邻。主要功能为民族风情体验或游客观景、休闲、度假的区域。该区也是在红河谷寻梦园进行夺标运动的第一关——民族风情体验关。

1. 停车场。分为大客车、中巴车、轿车等区域,设入口、出口各一处;

2. 景区标志性门景:采用哈尼族或彝族的寨子寨门,既有地方特色,又简易可行;

（略）

三、项目游览线路规划

（一）游览线路一：

入口——哈、彝、傣三民族风情园——民族竞技园——观景台——元江特大桥——解放战争历史回顾及夺标区——民族风情园——出口

（二）游览线路二：

入口——解放战争历史回顾及夺标区——元江特大桥——观景台——民族竞技园——哈、彝、傣三民族风情园——出口

四、项目建设规模

项目总占地面积为500亩，分两期进行投资，本项目一期主要是游路建设、基础设施和民族风情园区、探险运动区和历史回顾及夺标区的建设。本项目一期预计投资1 762.05万元。其中，固定资产投资1 572.05万元，无形资产投资190.00万元。项目二期将扩建游客服务中心，并增加旅游休闲娱乐设施，二期预计投资350.00万元。

项目正常营运后，年营运收入预计5 329.06万元（平均值），总成本费用预计2 304.33万元，营运利润预计3 074.73万元，盈亏平衡点42.43%。本项目的实施还将有利于促进当地经济的发展、增加当地居民的经济收入和当地生态环境的保护，从而实现旅游业带动地方经济的可持续发展。

五、附表（略）

1. 项目建设投资估算表；2. 项目总投资估算表；3. 项目资金筹措和投资计划表；4. 项目营业收入估算表；5. 项目总成本费用估算表；6. 项目现金流量表；7. 项目损益和利润分配表；8. 项目盈亏平衡图；9. 项目敏感性分析图。

报告日期：××××年5月

（出自中国产业监测研究网，选入本教材略有删改。）

【提示】

这篇旅游风景区项目可行性研究报告，层次分明，文字清晰精练，报告从五个大的方面进行了有序论述。因论证对象为旅游风景区项目，该报告的重点放在了对休闲度假娱乐旅游风景区三大功能区的介绍上，文章对项目建设规模及项目所需占地面积、分期经费、可产生的经济效益等做了明确说明，并且用附表的形式对经费预算进行详细分解。该报告不足的地方在于对项目的背景介绍略显粗略，虽然本报告给读者的印象项目是可行的，但文中仍应补充论证的结果，即几句话的结论，此外，文章开头应加写导言。

二、必备知识

（一）可行性研究报告的含义和用途

可行性研究报告又称为可行性报告，是对拟建或拟改造项目进行周密的调查、分析，最终形成论证该项目的可行性和效益性的书面报告。

可行性研究报告是项目投资决策前的一项重要材料，是项目能否立项的论证文件。同时，也是申办建设执照及与合作单位签订合同的依据。

（二）可行性研究报告的特点

1. 材料的真实性

即可行性研究报告所运用的大量的数据、资料，必须是真实的，它们是以真实的数据证明拟建项目在技术上和经济上是否合理和是否可行的前提。

2. 论证的全面性

可行性研究报告必须围绕影响拟建项目的各种因素进行全面系统的分析，以求作出正确的结论。因而，在分析方法上，既要注重动态和静态分析相结合，又要注重定量分析与定性分析、阶段性经济效益分析与全过程经济效益分析、宏观效益分析与微观效益分析等多种分析方法的综合运用。

（三）可行性研究报告的类型

分类标准不同，可行性研究报告的类型也不同。

（1）按内容划分，可分为政策可行性报告和建设项目可行性报告。

（2）按范围划分，可分为一般可行性报告和大中型项目可行性报告。

（3）按性质划分，可分为肯定性可行报告和否定性可行报告。

三、可行性研究报告的结构写法和写作模板

（一）可行性研究报告的结构写法

可行性研究报告由标题、正文和附件组成。

1. 标题

标题由项目主办单位、项目名称和文种组成，如《×××公司能源综合开发项目可行性研究》。

2. 正文

正文由前言、论证、结论和建议三部分组成。

（1）前言。前言也称为概述、概论或总说明。前言一般介绍立项的原因、目的、依据、范围、实施单位、承担者及报告人的简况，研究工作的依据和范围等。

（2）论证。这是可行性研究（分析）报告的核心，是结论和建议赖以产生的基础。要求使用系统分析的方法，以经济效益为核心，围绕影响项目的各种因素，运用大量的数据资料，全面论证拟建项目是否可行。

对于企业上马项目的可行性论证来说，其目的无非是为能否立项提供科学依据。企业上马项目的论证，一般从以下几个方面展开。

① 需要预测和拟建的规模。

② 资源、原材料、燃料及公用设施情况。

③ 拟建项目条件和地址方案。

④ 设计方案。

⑤ 环境保护、劳动保护与安全防护。

⑥ 企业组织、劳动定员和人员培训。

⑦ 工程实施进度。

⑧ 投资估算和资金筹措。

⑨ 经济效益与社会效益。

对于企业不同项目的可行性研究报告，以上内容将有所侧重或增减。

（3）结论和建议。对拟立项的项目完成了所有方面的分析研究之后，便可以对其提出综合性的评价或结论，指出其优缺点，提出可行或不可行的建议。

3. 附件

附件即必须附上的有关资料或证明文件。包括有些篇幅过长、类别较多的统计资料及说明文字，技术论证材料、财务测算、设备清单、批文、有关协议、意向书、地址选择报告、环境影响报告等。

（二）可行性研究报告的写作模板

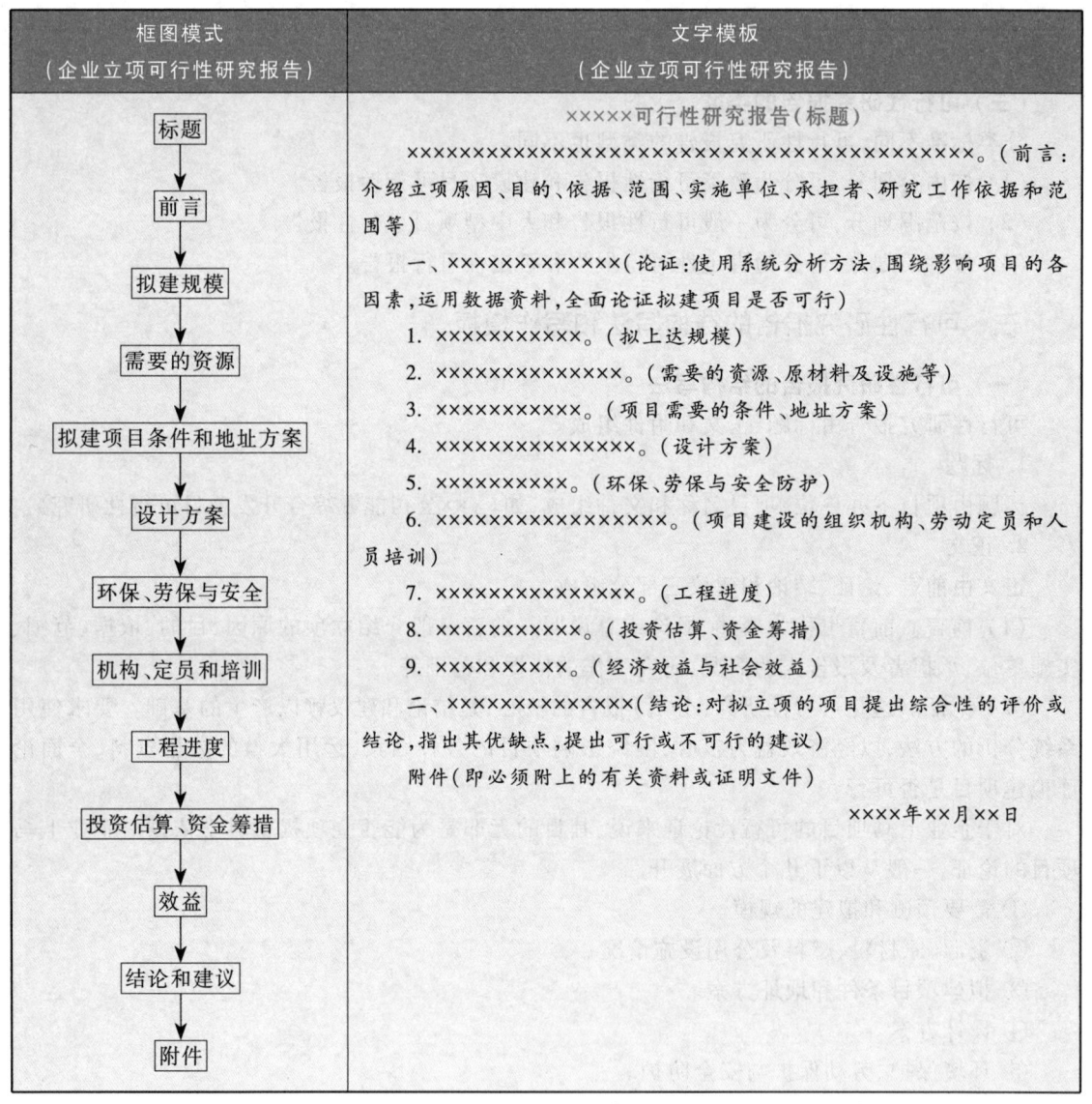

（三）注意事项

（1）材料要真实、可靠。这是确保可行性论证报告得出的结论是否符合客观实际的前提和基础。为此，撰稿人必须深入细致地开展调查研究，全面地占有材料，确保材料真实、可靠。

（2）论证要全面而有深度，实事求是。既要分析对拟立项项目有利的方面，也要充分分析对其不利的方面，尤其是可能承担的风险，避免因分析出现盲点或遗漏而得出不全面或不正确的结论。

（3）紧紧围绕论证可行性这一中心来组织材料。材料的安排有主有次，有详有略。与结论相左的有关材料，如果不宜写入正文，应作为附件附上。

（4）语言基调要与可行性研究报告一致，做到准确、简明，且富有逻辑性。

四、技能训练

试指出下文的优点和不足之处。

缝纫设备补偿贸易可行性研究报告

一、总论

我公司下属的服装厂是初具规模的专业化服装生产厂。随着对外经济的发展，现在生产规模和设备已不适应"一带一路"贸易需求，技术与设备改造已势在必行。为此，总经理×××在香港考察期间与香港××行×××先生就补偿引进关键设备事宜进行了友好的洽谈。双方初步达成了一致的协议，并因此进行可行性研究。

二、项目名称

缝纫设备补偿贸易

主办单位：××××公司××青春服装厂

法人代表：×××

企业地址：××市××路××号

项目负责人：××××××

三、合作双方简况

甲方：本公司××青春服装厂是初具规模的专业化服装厂，现有职工670人，专业技术人员25人，服装设计师2人；年产衬衫160万件，毛呢服装8万件，产值2 400多万元。

乙方：香港××行是一个既有企业又有商店的综合性经济组织，有一定的资金和实力，信誉良好。

四、补偿金额

50万美元。

五、补偿方式

利用本厂生产的衬衫直接补偿。

六、补偿期限

从今年9月开始分期进行至2021年底之前全部补偿完成。

七、项目申请理由

1. 本项目引进的关键缝纫设备均为日本制造，具有性能好、生产效率高、操作简便等优点，是适合外贸生产的先进设备。

2. 引进项目后，每年可多为国家创汇100万美元。

3. 因该项目主要是利用本厂的衬衫作直接补偿。因此，可以扩大我厂产品在国际市场的销路，有利于我厂发展外贸生产。

八、市场需求分析

随着企业改革的不断深化,我厂的产品质量不断提高。"×××"牌男女衬衫和拷花呢长大衣相继被评为省优、部优产品,畅销上海、南京、西安等 20 多个大中城市,除了网上销售,现有销售网点 300 多个。今年已落实销售计划 200 多万件。产品供不应求。今年 1—6 月,生产衬衫 90 多万件,销售 130 多万件。预计明年可销售衬衫 250 万件。外贸产品销售趋势良好。今年预计可完成外贸收购额 200 万元。

九、原辅材料及水、电供应安排

本公司在上海、常州、无锡、宁波等地已有固定的原辅料供应网点,因此,原辅料供应能保证满足生产。

水、电可利用本厂现有供电设备及水塔,能满足生产需要。

十、项目内容

本项目共引进缝纫设备 160 台,新增衬衫流水线 1 条,改造老衬衫流水线 4 条(详见附表二)。(附表略)

十一、项目实施进度安排

8 月进行立项审批并签订购货合同,10 月设备进厂进行验收,11 月进行设备安装与调试,12 月进入正常生产。

十二、经济效益分析

该项目建成后,预计每年可增产衬衫 50 万件,产值 425 万元。创汇 100 万美元,创利税 102 万元,一年内可收回全部设备投资总额,经济效益显著(详见附表一、二)。(附表略)

【拓展学习】

14.2 即测即评

一、名词解释

可行性研究报告

二、填空题

1. 可行性研究报告具有_____和_____两个特点。
2. 可行性研究报告按内容分,有_____和_____两种类型。
3. 可行性研究报告按性质分,可分为_____和_____两种类型。
4. 可行性研究报告的标题由_____、_____和_____组成。
5. 可行性研究报告的正文由_____、_____和_____组成。

三、简答题

1. 可行性研究报告的前言部分一般写什么内容?
2. 可行性研究报告的论证部分一般写什么内容?试以企业上马项目的可行性研究为例加以说明。
3. 可行性研究报告的附件一般附什么资料或文件?

四、AI 同行

1. 输入提示词指令:"撰写可行性研究报告,容易出现哪些误区?"阅读 AI 生成的文字。

2. 在 AI 上输入提示词指令:"生成××××学院设立××××专业的可行性研究,要求:务求有深入的师资、行业发展趋势、校企合作资源、就业市场的可行性分析。"不写明具体的专业名称,AI 的回复只能是可行性研究报告的框架性文本。

第十五章 经济仲裁与诉讼文书

第一节 经济仲裁申请书

教学视频：
仲裁申请书

一、例文借鉴

【例文】

仲裁申请书

申请人：张××，男，汉族，19××年×月×日出生，身份证号：××××××××××××××××
住址：××市××区××街××号。联系电话：×××××××××××
被申请人：××××有限公司，法定代表人：黄××，职务：总经理
公司地址：××市××区××区街×号，联系电话：×××××××××××

一、案由

申请人与被申请人之间因《×××××买卖合同》的货物交付与款项支付发生争议。

二、仲裁请求

（一）请求裁决被申请人向申请人支付合同款项共计人民币××万元（注：大写金额写法）。

根据双方签订的《×××××买卖合同》，合同约定被申请人应在20××年×月×日前向申请人支付合同款项，但至今被申请人仍未履行支付义务。

（二）请求裁决被申请人向申请人支付逾期付款违约金。

违约金的总金额的计算日期，从逾期起始日期即20××年×月×日起至实际支付之日止，按每日×%的标准计算支付违约金，其中，自逾期起始日期即20××年×月×日至申请仲裁之日违约金已达人民币×××××元（注：大写金额写法）。

依据《×××××××合同法》第××条的规定和《××××××条例》第××条的规定，被申请人逾期付款的行为已构成违约，应当承担违约责任，支付违约金。

（三）请求裁决被申请人承担申请人为本次仲裁所支付的律师费人民币×××××元。

由于被申请人的违约行为导致申请人不得不通过仲裁方式维护自身合法权益，根据《×××××××法》第×条和《××××××条例》第×条的规定及合同约定，被申请人须承担申请人为此支付的仲裁律师费。

三、事实和理由

（一）合同签订情况

20××年×月×日，申请人与被申请人签订了《×××××买卖合同》（以下简称"合同"）。合同约定申请人向被申请人提供货物××××，被申请人应在收到货物后的付款期限内支付合同款项人民币××万元（注：大写金额写法）。

（二）被申请人的违约行为

1. 未按时支付合同款项。申请人按照合同要求于交货完成日期完成了交货，并向被申请人提供了相应的发票及证明文件。然而，被申请人却未按照合同约定在合同约定的付款时间支付合同款项。虽经申请人在20××年×月×日和20××年×月××日两次发函催促被申请人付款，均被申请人以各种理由拖延付款，至今分文未付。

2. 拒绝承担违约责任。申请人根据合同约定要求被申请人支付逾期付款违约金，被申请人却无理拒绝，声称不存在违约行为，这显然违背了合同约定和基本的商业诚信原则。

（三）申请人的损失情况

由于被申请人长期拖欠合同款项，给申请人的资金周转带来了极大的困难。申请人不得不通过借款等方式维持正常的生产经营活动，为此承担了高额的利息成本。同时，为了追讨这笔款项，申请人还花费了大量的时间和精力，包括聘请律师、准备仲裁材料等，产生了律师费、差旅费等额外费用。

综上所述，被申请人的行为严重违反了合同约定，损害了申请人的合法权益。为维护自身合法权益，申请人特依据双方签订的合同中所约定即假如出现纠纷即申请仲裁解决的条款，现向贵仲裁委员会提起仲裁申请，请贵委依法依规裁决，支持申请人的仲裁请求。

此致

××市仲裁委员会

申请人（签名）：×××

20××年×月×日

附件：1. 仲裁申请书副本一份

2. 合同复印件一份

3. 交货发票及证明文件

4. 两次催被申请人付款函

5. 其他证据材料

【提示】

本文是仲裁申请书，写法值得借鉴。本文的案由部分，简洁明了地指出了纠纷的来源。仲裁请求明确具体，对各项请求都列出了相应的金额、计算依据或法律支持条款。事实和理由部分详细阐述了合同签订、被申请人的违约行为以及申请人遭受的损失情况。

注重写明合同签订货到交货的时间、违约须承担违约责任等关键信息，还辅以曾催告等细节以及损失情况的说明，这样写有效地增加了申请人要求赔偿的合理性。

本文结构合理，内容完整，用语准确，关键信息交代清楚，证据有力，符合仲裁申请书的要求，有助于仲裁机构掌握案件情况并作出公正裁决。

二、必备知识

（一）经济仲裁申请书的含义和用途

经济仲裁申请书是经济纠纷当事人的一方（即申请人或申诉人）为了维护自己的合法权益，向仲裁机构提交的请求仲裁与他方当事人（即被申请人或被申诉人）的经济纠纷的申请文书。

经济仲裁机构，为各级工商行政管理局设立的经济仲裁委员会。仲裁机构不行使经济审判权，不按司法程序解决争议，而主要采用协商、调解的方式处理经济合同纠纷。

在当今的经济活动中，当经济合同出现当事人无法解决的纠纷时，当事人一般都会选择仲裁方式解决纠纷。仲裁申请书是带有法律特质的文书，是仲裁机构进行仲裁的主要依据之一。

（二）经济仲裁申请书的特点

1. 申述性

申述性即经济仲裁申请书具有陈述经济纠纷事实、申述理由的特性。

2. 参证性

经济仲裁申请书提供的事实和理由，能为仲裁机构开展协商、调解提供参考依据。

3. 启动仲裁程序性

递交仲裁申请书本身就是对仲裁程序的启动，是产生仲裁程序的条件。

三、经济仲裁申请书的结构写法和写作模板

（一）经济仲裁申请书的结构写法

1. 标题

首页居中写"仲裁申请书"。

2. 当事人基本情况

内容包括当事人的姓名、性别、年龄、职业、工作单位和住所，法定代表人的姓名、职务、电话等。

3. 案由

概括写明因为何事申请仲裁。

4. 仲裁请求

写明申请仲裁的具体事项、要求达到的最终目的。

5. 事实和理由

要求概括叙述经济纠纷的事实经过，说明请求仲裁的法律依据，指出有关证据、证据来源、证人姓名和住所等。

6. 尾部

尾部的内容包括：呈送仲裁机构名称，按信函格式写"此致""×××仲裁委员会"，署名、签章和日期。

7. 附件

附件包括以下几方面材料：

（1）本仲裁申请书×份。

（2）书证×份。

（3）物证×份。

（4）证人姓名、住址、身份证号码、通联方式。
（二）经济仲裁申请书的写作模板

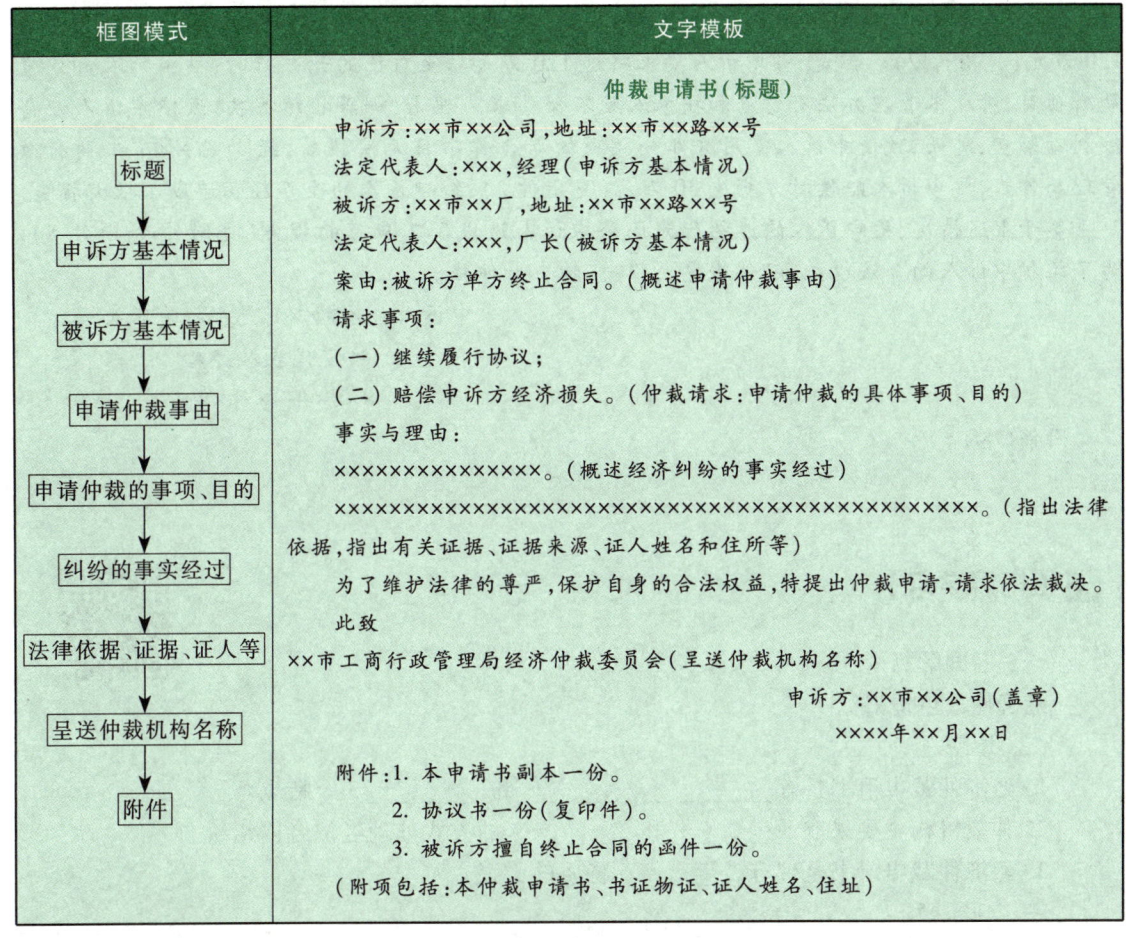

框图模式	文字模板
标题 → 申诉方基本情况 → 被诉方基本情况 → 申请仲裁事由 → 申请仲裁的事项、目的 → 纠纷的事实经过 → 法律依据、证据、证人等 → 呈送仲裁机构名称 → 附件	仲裁申请书（标题） 申诉方：××市××公司，地址：××市××路××号 法定代表人：×××,经理（申诉方基本情况） 被诉方：××市××厂,地址：××市××路××号 法定代表人：×××,厂长（被诉方基本情况） 案由：被诉方单方终止合同。（概述申请仲裁事由） 请求事项： （一）继续履行协议； （二）赔偿申诉方经济损失。（仲裁请求：申请仲裁的具体事项、目的） 事实与理由： ××××××××××××。（概述经济纠纷的事实经过） ××××××××××××××××××××××××××。（指出法律依据，指出有关证据、证据来源、证人姓名和住所等） 为了维护法律的尊严，保护自身的合法权益，特提出仲裁申请，请求依法裁决。 此致 ××市工商行政管理局经济仲裁委员会（呈送仲裁机构名称） 　　　　　　　　　　　　　　申诉方：××市××公司（盖章） 　　　　　　　　　　　　　　××××年××月××日 附件：1. 本申请书副本一份。 　　　2. 协议书一份（复印件）。 　　　3. 被诉方擅自终止合同的函件一份。 （附项包括：本仲裁申请书、书证物证、证人姓名、住址）

（三）注意事项
（1）叙述事实纠纷要实事求是，条理清楚，准确简练，申请理由必须以事实为依据。
（2）要求通过仲裁达到的目的应当合法，合情合理。
（3）语言要得体，避免使用过激言语，以免进一步扩大矛盾。

四、技能训练

细读下列病文，试指出其遗漏了哪些结构内容。

仲裁申请书

申诉方：××市××区新光机械有限公司
法定代表人：×××,男,40岁,新光机械有限公司经济开发部部长
委托代理人：××市法律顾问处律师，×××,女,38岁
被申诉方：××省××市××区桥梁设备厂
××××年××月××日，被申诉方与申诉方签订的经济技术联合体合同开始生效。在合同中，明

文规定:申诉人应从联合体纯利润中分红40%,此外,合同中对成本摊销、缴纳税费、利润留成、派遣管理人员、技术人员入股等办法都作了详细规定(见附件1)。

在××××年××月××日完成了上年度财务决算,表明纯利额为300万元,申诉人应分利润为120万元(见附件2)。但是,当申诉人要求将这120万元转至自己的开户行时,被申诉人却以发展新项目、对成本管理办法有意见和技术入股不合要求为理由,一再拒绝拨款,致使申诉人应得红利额落空,进而,致使申诉人需用这部分款项的新合作项目无法拨款,经××省××市工商行政管理局仲裁,要申诉人赔偿对方损失30万元(见附件3),给申诉人的生产经营造成了很大损失。

鉴于上述情况,被申诉人的违约行为已给申诉人造成了不应有的损失(见附件4、附件5)。为了维护申诉人的合法权益,以免遭更大损失,特申请仲裁。

申诉人:××市××新光机械有限公司
法定代表人:×××
××××年××月××日

附件(略)。

【拓展学习】

15.1 即测即评

一、名词解释

经济仲裁申请书

二、填空题

1. 经济仲裁申请书具有_____、_____和_____3个特点。
2. 仲裁机构主要采取_____和_____的方式处理经济合同纠纷。
3. 经济仲裁申请书是带有_____特质的文书。

三、判断题

1. 仲裁机构可以行使经济审判权。(   )
2. 经济仲裁申请书是仲裁机构进行仲裁的主要依据之一。(   )
3. 经济仲裁申请书要详细描述经济纠纷的来龙去脉,以便仲裁机构裁决。(   )

四、简答题

1. 经济仲裁申请书的结构由哪几部分组成?试简述各部分的写法。
2. 经济仲裁申请书的写作有何注意事项?

五、AI同行

1. 输入自拟的提示词指令,请AI生成撰写经济仲裁申请书容易出现哪些误区。
2. 在AI上输入提示词指令:"生成经济仲裁申请书框架性文本,涵盖:请求仲裁、事项和目的、事实经过、法律依据和证人及证据,要求:事实清楚具体、实事求是、语言得体、格式规范。"辨析AI生成的回复,并将其与教材中的经济仲裁申请书写作模板进行对比。

第二节 经济仲裁答辩书

一、例文借鉴

教学视频：
仲裁答辩书

【例文】

仲裁答辩书

答辩人：××市××房地产开发公司

地址：××市××路××号

法定代表人：×××　　　　职务：经理

申请人：××市第三建筑设计院

地址：××市××路××号

法定代表人：×××　　　　职务：院长

因申请人××市第三建筑设计院向贵会申请仲裁设计合同，追索设计费、赔偿损失一案，我公司根据事实特作如下答辩：

我公司与申请人于××××年××月××日签订了《商贸楼设计合同》。根据合同条款，我公司向申请人预付5万元人民币作为定金，即设计费总额的20%。后我公司因内部原因曾于同年××月××日向申请人说明情况，提出要求终止合同。双方进行了多次磋商，终因申请人索取费用（包括所谓"设计费"和"赔偿费"等）过高，双方未能达成协议。于是申请人向贵会申请仲裁。

现就申请人提出的理由答辩如下：

一、申请人要求我公司支付"设计方案意见费"8万元是毫无根据的。

根据××××年×××计委印发的《工程设计收费标准》总说明中第十七条的规定："设计费按设计进度分期拨付，设计合同生效后，委托方应向设计单位预付设计费的20%作为定金，初步设计完成后付30%，施工图完成后付50%。"然而申请方向我公司提交的是《设计方案意见书》，并不是初步设计书。根据规定，初步设计书应包括初步说明书、初步设计概算书及设备、结构、电器三个专业图纸。而申请人只交付《设计方案意见书》要我公司审批，我公司认为申请人没有完成合乎规定的初步设计，因此不能按规定支付设计费。

我公司与申请方签订的设计合同第五条第二款规定："方案设计完成后20天内，甲方即向乙方支付设计费8万元。"该合同规定也是指初步设计书完成后付8万元，并不是指《设计方案意见书》完成后即付8万元。申请人把两个不同的概念混为一谈，向我公司追索8万元，既不符合国家的有关规定，也不符合合同条款规定。因此，我公司拒绝申请人的请求是有充分理由的。据此，申请人请求我公司支付延期付款0.5万元的违约金也是没有根据的。

二、申请人要求我公司赔偿经济损失3.4万元（其中施工图设计2.9万元，逾期违约金0.5万元）是没有根据的。

双方签订的设计合同规定："写字商务楼的基础图,是在设计方案认可后2个月及收到勘察资料后1个月内交付施工图。"申请人在我公司对《设计方案意见书》尚未认可的情况下,违反双方签订的设计合同条款规定,这是不履行合同的行为,所造成的后果应由申请人一方负责,我公司不承担任何经济损失责任。所以,我公司不承担申请人提出的施工图设计费2.9万元及其他经济损失的责任,这是理所当然的。

三、根据《建筑工程勘察设计管理条例》第七条规定:"按规定收取费用的勘察设计合同生效后,委托方应向承包方支付定金。勘察设计合同履行后,定金抵扣勘察、设计费。"又规定:"委托方不履行合同的无权请求返还定金。"根据以上条款,我公司与申请人签订合同后,按规定支付5万元定金,并且申请人也提交了《设计方案意见书》,双方均已履行合同,只是由于客观情况的变化提出终止合同,并不是不履行合同。所以申请人毫无理由扣我公司的5万元定金,再另外收取方案设计费8万元的行为,更是没有道理。我公司意见,可用定金抵作申请人所提供的《设计方案意见书》的设计费用。

综合上述意见,我公司请求仲裁委员会作出公正裁决。

此致
××市工商行政管理局经济合同仲裁委员会

答辩人:××市××房地产开发公司(公章)
法定代表人:×××(签章)
××××年××月××日

附件:1. 本仲裁答辩书副本两份。
   2. 书证四份:《商贸楼设计合同》一份、定金收据一份、《设计方案意见书》一份、《关于要求终止合同的函》一份。

【提示】

这是一篇经济纠纷仲裁答辩书。正文中答辩人、申请人的基本情况齐全,导言在点明引发答辩的事由后,简述了与申请人曾签订合同,向对方预付了定金,我方因内部原因提出过终止合同而出现磋商未果的情况。这些情况的说明为后面的答辩奠定了基础。而后,文章就申请人要我方支付"设计方案意见费""赔偿经济损失"及"扣我公司5万元定金"等问题,逐一进行了答复和辩解。在答辩过程中,注重与申请人的意见针锋相对,注重事实真相和引用有利于己方的有关条例和规定,以及与申请方签订的合同条款,有理有据,富有较强的逻辑力量。还值得提出的是本答辩书"一""二"部分的首句,点出申请方的意见后,随即直陈这"是毫无根据的""是没有根据的",接着再用事实与理由证明自己的意见,这种行文形式或写法能给人留下观点鲜明、辩解有力的印象,很值得借鉴。

二、必备知识

(一)经济仲裁答辩书的含义和用途

经济仲裁答辩书是被申诉人(被申请人)为了维护自己的经济权益,针对申诉人(申请人)在仲裁申请书中提出的要求及所依据的事实和理由,向仲裁机构做出答复和辩解的文书。

在收到仲裁申请书后,被申诉人应在仲裁规则规定的期限内向仲裁机构提交仲裁答辩书。

收到被申诉人的答辩书后,仲裁机构可以审理仲裁,若被申诉人不按期提交答辩书,仲裁程序也可以照常进行。

(二)经济仲裁答辩书的特点

1. 使用对象的特定性

经济仲裁答辩书只能由被申诉人或委托代理人提出。

2. 答辩内容的针对性

经济仲裁答辩书答复和辩解的问题,皆是针对申诉人在经济仲裁申请书中所提出的事项和要求。

三、经济仲裁答辩书的结构写法和写作模板

(一)经济仲裁答辩书的结构写法

1. 标题

首页居中写"仲裁答辩书"。

2. 当事人基本情况

内容包括答辩人(被申诉人)和申诉人的单位名称、法人代表、姓名、职务、通信地址等。

3. 导言(前言)

开宗明义地说明答辩的事由,即简述因何人何事而进行答辩。

4. 答辩意见

这部分内容是答辩书的关键部分,必须针对申诉人在仲裁申请书中提出的事实、证据、理由,据理答复和辩解,表明观点,作出对己方有利的陈述。

5. 尾部

尾部内容包括呈送仲裁机构名称,采用信函格式写"此致""×××仲裁委员会",具名、签章和注明日期。

6. 附件

附件包括以下几个方面材料:

（1）本仲裁答辩书×份。

（2）书证×份。

（3）物证×份。

（4）证人姓名、住址、身份证号码、通联方式。

(二)经济仲裁答辩书的写作模板

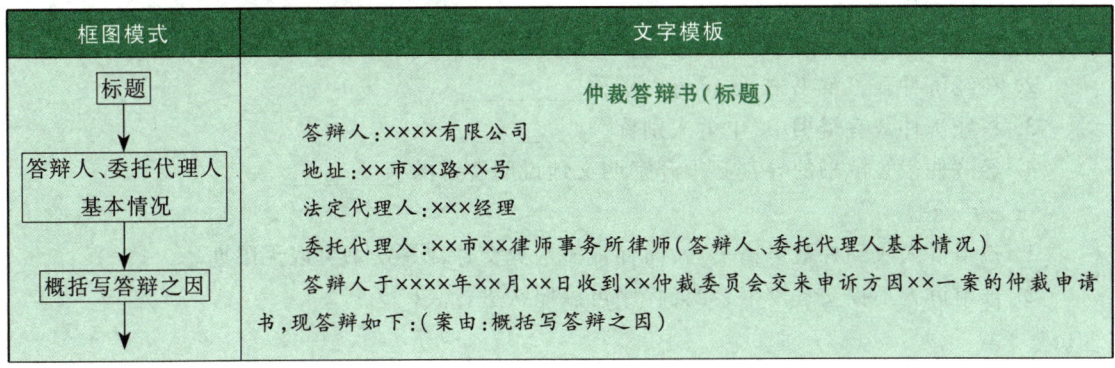

续表

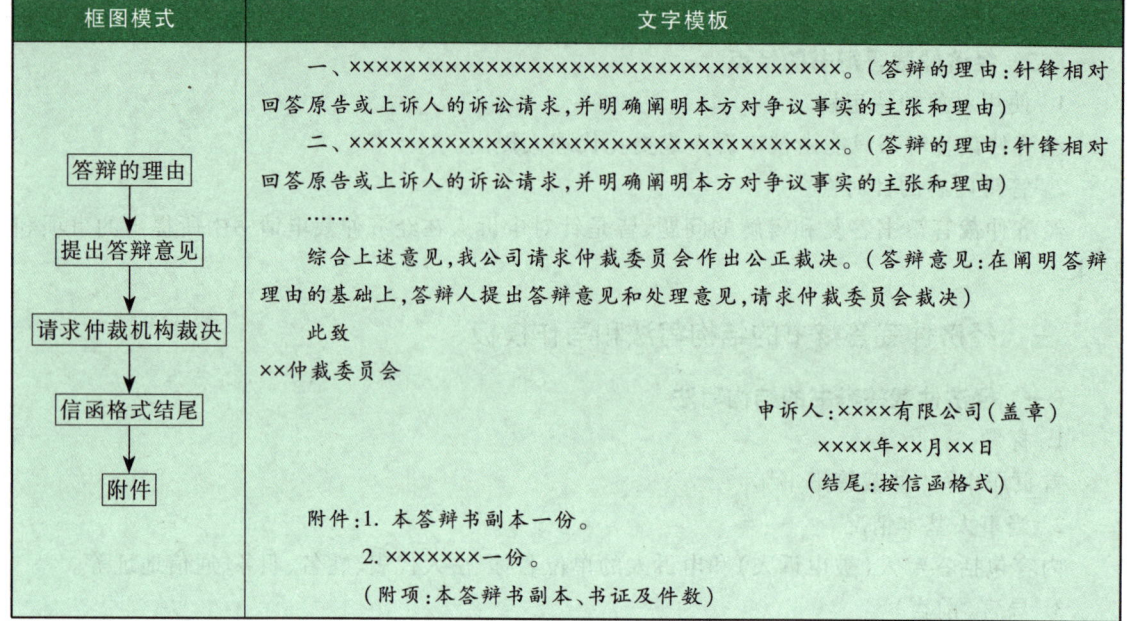

（三）注意事项

（1）针锋相对，立场鲜明。必须针对申诉人提出的问题、所依据的事实证据及理由，逐一表述自己的答辩观点。认同还是反对，是部分认同还是部分反对，都必须旗帜鲜明、明确具体。

（2）以事实说明问题，实事求是，以便仲裁机构作出公正的裁决。

（3）既要使语言具有论辩色彩，又要掌握好措辞分寸，避免言辞过激，使关系走向恶化。

四、技能训练

阅读网上的经济仲裁答辩书，分析其结构与写法是否正确。

【拓展学习】

一、名词解释

经济仲裁答辩书

二、填空题

1. 经济仲裁答辩书具有_____和_____两个特点。
2. 在经济仲裁答辩书中，被申诉人别称_____。
3. 在经济仲裁答辩书中，申诉人别称_____。
4. 经济仲裁答辩书的导言必须开宗明义地说明答辩的_____。

三、判断题

1. 被申诉人收到仲裁申请书后，向仲裁机构提交仲裁答辩书可以无限期。（　　）
2. 被申诉人不提交答辩书，仲裁程序可以照常进行。（　　）

3. 经济仲裁答辩书只能由被申诉人或委托代理人提出。(　　)

四、简答题

1. 经济仲裁答辩书的答辩意见部分一般写哪些内容?
2. 经济仲裁答辩书的写作有何注意事项?

五、AI 同行

1. 输入自拟的提示词指令,请 AI 生成撰写经济仲裁答辩书容易出现哪些误区。

2. 在 AI 上输入提示词指令:"生成经济仲裁答辩书框架性文本,涵盖:答辩起因、答辩事项、理由、答辩意见、法律依据和证据,要求:针锋相对、以事实服人、语言具论辩色彩、格式规范。"辨析 AI 生成的回复,并将之和教材中的经济仲裁答辩书写作模板进行对比。

第三节　经济纠纷起诉状

一、例文借鉴

教学视频:民
事起诉状

【例文】

起　诉　状

原告:××市××区××公司

地址:××市××区××路×号

法人代表:×××,系公司经理

被告:××市××区××商店

地址:××市××区××大街×号

法人代表:×××,系商店经理

案由:追索货款,赔偿损失。

诉讼请求:

1. 责令被告偿还原告货款 3 万元。
2. 责令被告赔偿拖欠原告货款 3 个月的利息损失。
3. 责令被告赔偿原告提起诉讼而产生的一切损失,包括诉讼费、律师代理费等。

诉讼事实和理由:

原告和被告××××年 10 月 18 日商定,被告从原告处购进西凤酒 200 箱,价值人民币 3 万元。原告于当年 10 月 19 日将 200 箱西凤酒用车送至被告处,被告立即开出 3 万元的转账支票交付原告,原告在收到支票的第二天去银行转账时,被告开户银行告知原告,被告账户上存款只有 1.2 万余元,不足以清偿货款。由于被告透支,支票被银行退回。当原告再次找被告索要货款时,被告无理拒付。后来原告多次找被告交涉,均被被告以经理不在为由拒之门外。

根据《中华人民共和国民法典》第一百零六条第一款和第一百三十四条第一款第七项的规定,被告应当承担民事责任,原告有权要求被告偿付货款,并赔偿由于被告拖欠货款而给原告带来的一切经济损失。

证据和证据来源:
1. 被告收到货后签收的收条一份。
2. 银行退回的被告方开的支票一张。
3. 法院和律师事务所的收费收据×张。

此致

××区人民法院

起诉人:××市××区××公司(公章)

××××年11月20日

附件:1. 本状副本一份。
2. 书证×份。

【提示】

这是一份经济纠纷诉讼起诉状。

状头介绍了当事人的基本情况。案由明确,诉讼请求具体明确,交代事实简洁清楚,陈述理由合情合理,引用法规明确、具体,人称前后一致。这是一篇较为规范的诉状。

二、必备知识

(一)经济纠纷起诉状的含义和用途

经济纠纷是指法人之间、法人与公民个人之间或公民个人之间,发生在经济方面的权利与义务之争。起诉状(诉状)俗称"状子",诉状分为民事诉状和刑事诉状。本节所要讲的经济纠纷起诉状属于民事诉状。

经济纠纷起诉状又称为经济诉状,是经济纠纷案件的原告认为自己的权益受到侵犯而向法院陈述纠纷事实、阐明起诉理由、提出诉讼请求的书状。

(二)经济纠纷起诉状的特点

1. 请求诉讼性

任何国家机关、社会团体、企事业单位和公民个人或其法定代理人向人民法院递交经济纠纷起诉状,便是提出了诉讼请求,具有诉讼性。

2. 适用范围的特定性

经济纠纷起诉状针对的是归人民法院管辖而未被审理过的案件,具有特定性。

3. 处理案件的参证性

诉状本身就是一种处理案件的证据,具有参证性。

三、经济纠纷起诉状的结构写法和写作模板

(一)经济纠纷起诉状的结构写法

经济纠纷起诉状一般由以下八部分内容构成。

1. 标题

标题要标明《经济纠纷起诉状》或《起诉状》。

2. 状头

即当事人的基本情况,包括原告和被告,要写明当事人的情况或单位的全称、性质、所在地、法定代表人姓名、职务、开户银行及账号。有诉讼代理人时,应写明代理人的姓名和所在单位、代理权限和其他情况。

3. 案由或事由

即概括写明因何事起诉。

4. 诉讼请求

即概括写请求人民法院依法裁决的具体事项,或诉讼要达到的最终目的。

5. 事实和理由

即起诉状的核心部分,它关系到人民法院是否受理此案。这部分内容主要包括事实经过、诉讼理由和法律依据。

6. 证据和证据来源

即列出起诉证据及出处。

7. 结尾

结尾内容要求按信函格式写"此致""××××人民法院",起诉人签名或盖章,写明年、月、日。

8. 附件

起诉状最后一页的左下角写附项,包括本状副本份数、物证件数、书证件数等。

(二) **经济纠纷起诉状的写作模板**

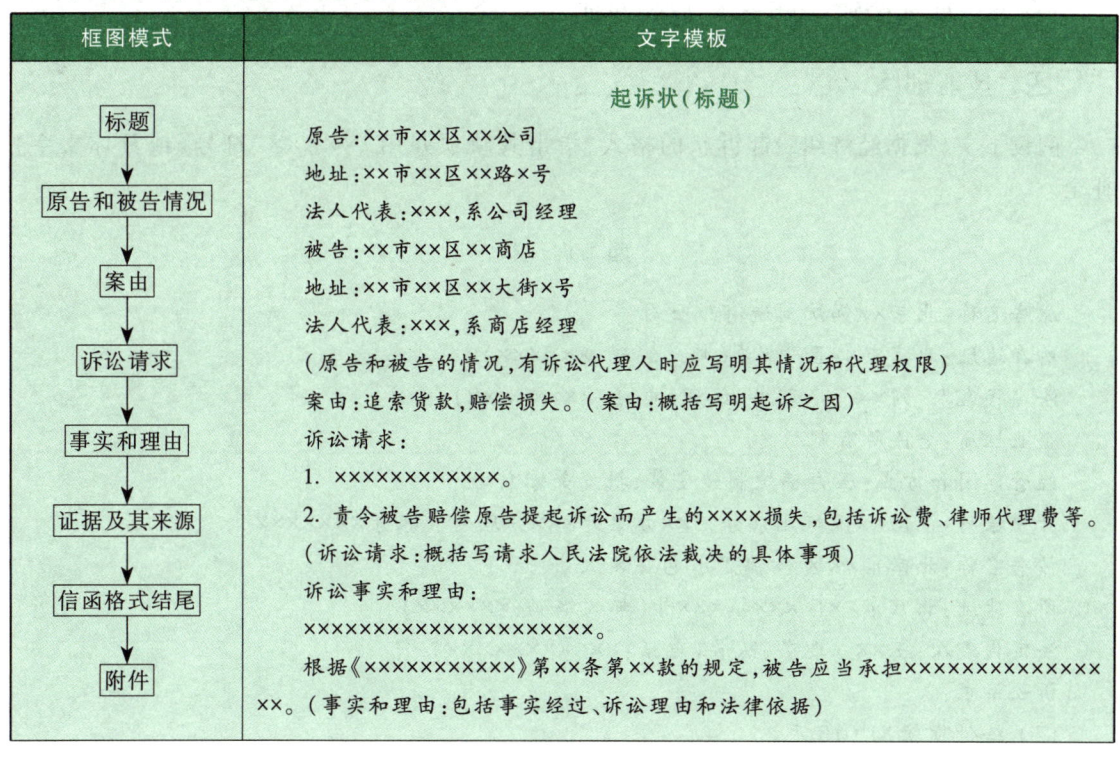

续表

框图模式	文字模板
	证据和证据来源： 1. ××××××××××××。 2. ×××××××××××。 此致 ××区人民法院 起诉人：××市××区××公司（公章） ××××年××月××日 （结尾：要求按信函格式） 附件：1. 本状副本一份。 　　　2. 书证×份。 （附项：本状副本份数、物证、书证及件数）

（三）注意事项

（1）提出诉讼请求事实要具体、全面，不得笼统或含糊不清。数字必须准确无误。

（2）诉讼理由要建立在确实充分的证据和明确清楚的事实基础之上，说清楚案件事实与理由之间存在的因果关系。引用的法律条文要准确、完备。

（3）注意人称的一致性。在陈述事实与理由时，叙述的人称要前后一致，如用第三人称时就要称原告与被告。

（4）语言做到准确、严谨，表述富有逻辑性。

四、技能训练

阅读下文，根据经济纠纷起诉状的格式，指出其缺项并用"×××××"符号（或具体文字）补全。

起 诉 状

原告名称：北京××锅炉制造有限公司

所在地址：北京市××区甲×号（邮政编码：××××××）

法定代表人：刘××　　职务：经理（电话：××××××××）

企业性质：全民所有制

经营范围和方式：压力锅炉制造安装，批发兼零售

开户银行：中国××银行北京分行××办事处×××分理处　　账号×××××××

被告名称：北京市××区××锅炉水电安装队

所在地址：北京市××区×××镇×××号（邮政编码：××××××）

法定代表人：王××　　职务：队长（电话：×××××××××）

诉讼请求：

（1）给付货款81 015元。

（2）支付违约金17 073.62元。

事实及理由：

××××年6月26日，我公司与被告北京市××区××锅炉水电安装队签订了一份锅炉购销合同。合同规定，被告向我公司订购SZW240-7-95-70型号锅炉一台及附属配件，价款总计96 015元，款到发货。同年8月16日，被告将所订锅炉主体及附属配件全部提走，但未付款。经催要，被告于同年8月26日将一张××区五中的15 000元转账支票交给我公司，尚欠的81 015元，被告以锅炉是××区五中委托代购、××区五中尚未付款为由拒不偿还。被告作为购货方，在我方按时提供锅炉后应履行合同规定的付款义务，其拒绝付款的行为是违约行为。被告除应支付尚欠的货款81 015元外，还应向我公司支付逾期付款违约金17 073.62元。请人民法院依法作出判决。

起诉人：北京市××锅炉制造有限公司（盖章）
××××年4月20日

附件：
1. 北京市××锅炉制造有限公司产品订货合同一份。
2. ××锅炉水电安装队还款计划一份。
3. 北京市××锅炉制造有限公司产品发货清单两份。

【拓展学习】

15.3 即测即评

一、名词解释

经济纠纷起诉状

二、填空题

1. 经济纠纷起诉状具有_____、_____和_____3个特点。
2. 经济纠纷起诉状是人民法院处理案件时的_____。
3. 事实和理由主要包括_____、_____和法律依据。

三、简答题

1. 试述经济纠纷起诉状的结构包括哪些内容。
2. 试述经济纠纷起诉状写作的注意事项。

四、AI同行

1. 输入自拟的提示词指令，请AI生成撰写经济纠纷起诉状容易出现哪些误区。
2. 在AI上输入提示词指令："生成经济纠纷起诉状框架性文本，涵盖：案由、诉讼请求、事实和理由、法律依据及证据、证据来源。要求：事实准确全面、语言精准严谨、逻辑性强、格式规范。"辨析AI生成的回复，并将之和教材中的经济纠纷起诉状的写作模板进行对比。

第四节　经济纠纷上诉状

教学视频：上诉状

一、例文借鉴

【例文】

上 诉 状

上诉人：××家具公司（被告）

法定代表人：王××

委托代理人：杨××，男，42岁，××家具公司业务员，住××市××区×街×里×号

被上诉人：××铁路局直属集体企业办公室（原告）

法定代表人：吕××，主任

案由：上诉人因合同纠纷一案，不服××市××区人民法院（××××）×民初字第×××号民事判决书判决，请上级法院重新审理改判。

上诉事实及理由如下。

一、原判决第一款："将57套沙发床及40张板式写字台退回被告。"上诉人不同意退货，并要求被上诉人赔偿损失。因为上述家具已经被上诉人验收达半年之久，只是由于被上诉人保管不善而造成了破损。经查，在57套沙发床中，已有20余套床帮变形，40张板式写字台中，已使用过10台，其中6台的抽屉已经损坏严重。对于上述用过而且破损的这部分沙发床和写字台不应退还，如果被上诉人一定要退还，应付给上诉人家具折旧费和破损费。

二、原判决第二款："付给被告20个床头柜和3套沙发床的价款22 050元。"上诉人不同意被上诉人付给上列款项。因为被上诉人如果提出产品质量不合格，理应全部退货，不应只留部分家具。

三、原判决第四款："赔偿经济损失205 000元。"上诉人认为，法院将被上诉人延期开业91天所造成的全部经济损失，都由上诉人承担是不公平的。因为，被上诉人延期开业有多种原因：当时该旅社基本建设施工尚未竣工，锅炉房没有修完，楼梯扶手没有安装完，室内灯具及油漆活等也没有完工，银行开业账号也没有批下来。上诉人的交货时间，比合同规定的11月3日往后推迟了3日，但距被上诉人要求的开业时间还有一个半月，并没有因此而影响开业。因此，被上诉人延期开业有其内部原因，上诉人不负直接责任，更不应承担全部经济损失。

四、原判决还说："以稻草代替树棕、桦木代替硬杂木……延期3天交货。"按合同规定，上诉人延期3天交货是事实。但延期的原因是当时市内供电不足，而且对这一情况上诉人已向被上诉人单位做了说明，并得到了负责人王××的允许。至于"以稻草代替树棕"，是因为树棕原料未到货不得已而为之，而且也把用稻草代替这一情况告诉了被上诉人，经双方商定，每一张沙发床少收40元钱。这种商定意见，也是经王××和陈主任同意的。上诉人还对用桦木代替硬杂木一事,曾经积极提出过换货或减价的几种措施,并由厂长出面进行联系,但因被上诉单位内部矛盾重重,既不予研究做出答复,对质量不合格的家具又不及时退货,而是有意采取拖延态度。所以,上述情况也是事出有因的。总之,被上诉人对已经验收的家具,事隔三个多月之后才提出质量问题,既不及时退货,又不妥善保管,以致造成陈旧、损坏,并且将延期开业的全部经济损失让上诉人承担,这是很不公平的。故上诉人对此不服,特提出上诉,请求上级人民法院予以重新审理,依法改判。

此致

××省××市中级人民法院

上诉人:××家具公司(盖章)
法定代表人:王××
委托代理人:杨××
××××年6月30日

【提示】

这是一篇不服原判决的经济纠纷上诉状。案由写明不服某字号民事判决书的判决,请求上级法院重新审理改判。接着,引出原判决书的四项条款,逐一进行有理有据地辩驳。最后,再次请求上级人民法院予以重新审理,依法改判。

文章语言明晰,条理清楚,事理兼备,有的放矢,具有逻辑力量。

二、必备知识

(一)经济纠纷上诉状的含义和用途

经济纠纷上诉状是指经济纠纷诉讼当事人或其法定代理人不服人民法院的第一审判决或裁定,向上一级人民法院提起上诉,请求撤销、变更原审裁判或重新审判而提出的诉状。

经济纠纷上诉状是第二审法院受理案件,并进行审理的依据。第二审法院可以通过上诉状了解上诉人不服第一审裁判的理由。因此,经济纠纷上诉状对于第二审法院全面了解案情,审理案件,保护当事人的合法权益,提高办案质量,具有重要的作用。

(二)经济纠纷上诉状的特点

1. 直接性

有权提出经济纠纷上诉状的必须是当事人或其诉讼权利承担人、法定代表人、特别授权委托代理人。

2. 针对性

经济纠纷上诉状是针对法院第一审判决和裁定而写的,因此要直接指出原判认定事实的错误、原判理由的不充足或适用法律的错误,并有针对性地写出不服一审判决的意见、看法以及自己的请求。

3. 时限性

上诉有时间限制。上诉人必须在法院规定的有效时间内进行上诉,超过了规定时间则会被视作服从一审判决。

三、经济纠纷上诉状的结构写法和写作模板

（一）经济纠纷上诉状的结构写法

经济纠纷上诉状一般由七部分内容组成。

1. 标题

标题写明《经济纠纷上诉状》或《上诉状》。

2. 状头

状头写明上诉人与被上诉人的基本情况,书写项目与顺序同起诉状。

3. 案由

案由即不服第一审判决或裁定的缘由。需概括写明上诉人因何案,不服人民法院于何事,以何字号(×字第×号)发出的判决或裁定而提出上诉。

4. 上诉请求

上诉请求就是上诉的目的,即请求第二审法院撤销或变更原审判决或裁定,或请求重新审理。

5. 上诉理由

这是上诉状的关键所在,通常从四个方面写理由。

第一,针对原审判决或裁定对事实的认定有错误、出入和遗漏,或证据不足,而提出纠正或否定之的事实和证据。

第二,针对原审判决或裁定对事实的定性不当,而提出恰当的定性判断。

第三,针对原审判决或裁定引用的法律条文不准、不适用,而提出正确适用的法律根据。

第四,针对原审判决或裁定不合法定程序,而提出纠正的法律依据。

6. 结尾

结尾与起诉状基本相同。

7. 附件

附件与起诉状基本相同。

（二）经济纠纷上诉状的写作模板

框图模式	文字模板
	上诉状（标题） 上诉人:××××有限公司 法定代表人:××,经理 被上诉人:×××××培训中心 法定代表人:×××,主任 （上诉人与被上诉人基本情况） 案由:上诉人因合同纠纷一案,不服××市××区人民法院××××判决书判决,请上级法院重新审理改判。（概括写明因何事上诉） 上诉请求: 1. ××××××××××。 2. ××××××××××。（请求撤销或变更原审判决,或请求重新审理） 上诉事实及理由如下:

续表

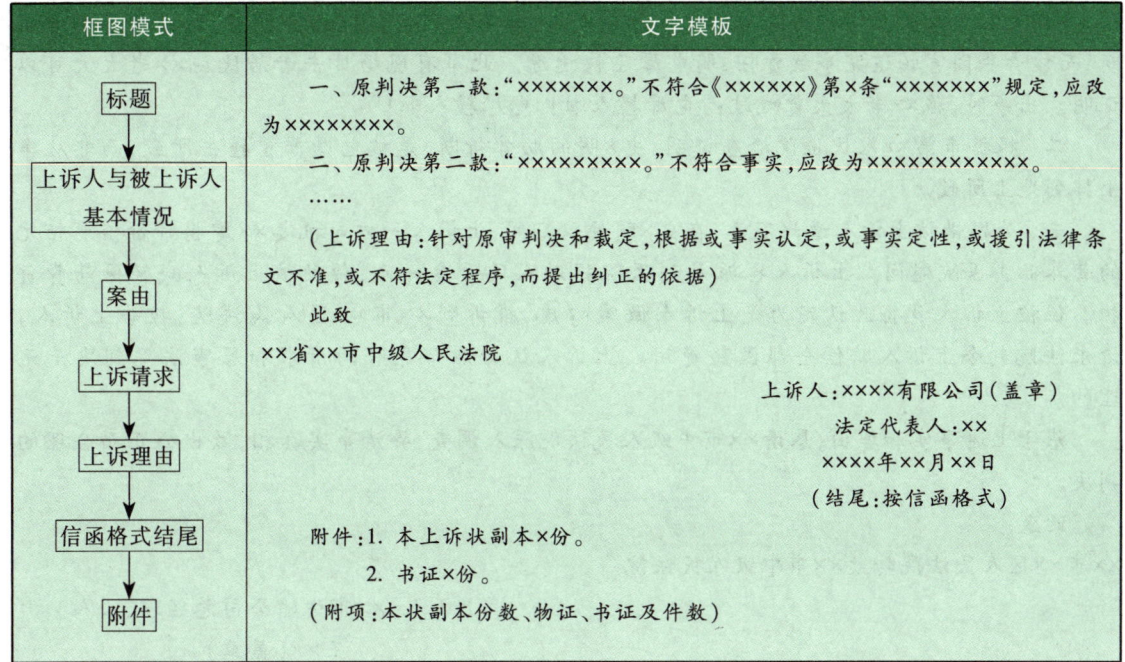

（三）注意事项

（1）针对性要强，要有的放矢。

（2）语言要明晰、简洁，做到条理清楚，逻辑性强。

（3）在限期内将上诉状送交上级法院。经济纠纷判决的上诉期限为15天，逾期上诉无效。

四、技能训练

请仔细阅读下面这篇上诉状，分析其格式是否规范，叙述事情是否清楚，理由、人证、物证是否充分等，并写出200字以内的评析文字。

上 诉 状

上诉人（原审被告）：××市运输公司总经理、法人王××。

被上诉人（原审原告）：史××，男，38岁，汉族，本市第一中学教师，住本市×路×号。

上诉人因车祸一案，不服××市××区人民法院××××年×月×日×字×号民事判决，特提起上诉。现将上诉理由和请求陈述如下：

原审判决认定：史××之子史×明，8岁，因扒乘市××市运输公司4吨解放牌汽车，司机姜××明明知晓，却不停车予以制止，而是照开快车，致使史×明摔断肋骨，判令被告人赔偿史×明全部医疗费用。

上诉人认为上述认定与事实真相不符。

一、史×明在×日×时×分确曾扒乘原审被告的福田欧曼（AUMAN）重型卡车。司机姜××发现后，曾停车劝其不要扒车，史×明当场下车。后当车子开动，史×明又偷偷地在后车厢铁杆上吊爬汽车。司机姜××发现后准备刹车，严令其不要吊爬汽车。不料史×明害怕受斥，急从车上跳下，摔在地上。此时正逢一男青年骑电摩急驰而过，来不及刹车，撞在史×明身上，致使其肋骨折断，而该青年因害怕追究事故责任，骑电摩飞快逃逸。此事有现场目击者居民施××老太太可以证明。出事时，施××老太太曾喊过："电摩撞人啦！电摩撞人啦！"

二、根据市第××人民医院检查证明，史×明的肋骨折断，是被电摩严重撞击所致，而非从车上摔到地上所致。

三、为顾惜被上诉人遭此不幸，在史×明住院期间，上诉人一方司机姜××曾携带价值叁佰元的营养品去医院慰问。上诉人也派员到医院捐助人民币叁仟元，帮助被上诉人减轻医药费负担。但被上诉人竟将此认定为是上诉人做贼心虚，投诉到××市××区人民法院，控告上诉人，请求法院判令上诉人赔偿全部医药费用。上诉人认为原审原告的请求和原审法院判决是无理的。

基于上述事实和理由，恳请××市中级人民法院深入调查，弄清事实真相，做出公正而合理的判决。

此致
××市××区人民法院转致××市中级人民法院

上诉人：××市运输公司总经理、法人

王××（盖章）

××××年×月×日

附件：人证：施××，女，55岁，居民，住本市××路×号

【拓展学习】

一、名词解释

经济纠纷上诉状

二、填空题

1. 经济纠纷上诉状具有_____、_____和_____3个特点。
2. 经济纠纷上诉状是第_____审法院受理案件，并进行审理的依据。
3. 经济纠纷上诉状的关键所在是_____。

三、简答题

1. 经济纠纷上诉状写上诉理由，通常可以从哪些方面考虑？
2. 经济纠纷上诉状写作的注意事项是什么？

四、AI 同行

1. 输入自拟的提示词指令，请 AI 生成撰写经济纠纷上诉状容易出现哪些误区。
2. 在 AI 上输入提示词指令："生成经济纠纷上诉状框架性文本，涵盖：上诉案由、上诉请求、上诉理由和法律依据，要求：有的放矢、语言明晰、逻辑性强、格式规范。" 辨析 AI 生成的回复，并将其与教材中的经济纠纷上诉状的写作模板进行对比。

15.4 即测即评

第五节 经济纠纷申诉状

一、例文借鉴

教学视频：申诉状

【例文】

申 诉 状

申诉人：××省A县××银行某信用社

地址：A县××街××号

法定代表人：×××主任

案由：申诉人A县××银行某信用社因与B县××银行贷款纠纷一案，对××省高级人民法院××××年××月××日××字第×号经济纠纷判决不服，现提出申诉。

申诉请求：

请求重新审理A县××银行某信用社与B县××银行贷款纠纷案，纠正××省高级人民法院××××年××月××日××字第×号经济纠纷判决。

申诉理由：

一、你院终审判决认为，我方并没有与借贷人个体户于某串通，来骗取B县银行的贷款，也没有明知个体户于某拿B县××银行的贷款来抵贷，因而收贷时并没有过错。但事后得知此还贷之款系B县××银行的贷款，就应该退还B县××银行，而保留向个体户于某追收贷款的权利。我方认为，既然收贷时没有过错，就应该保护我方合法的收贷行为，保护我方的合法权益。

二、B县××银行在向个体户于某放贷时，没有进行资信调查，也没有令其提供贷款担保单位，就将大笔款项借贷给他，事后又不监督其用贷，有很大过错。依照法律规定，有过错的一方对造成的经济损失也应承担一定的经济责任。而终审法院令我方全数归还B县××银行贷款，没有体现出B县××银行因过错而需负经济责任的法律要求，这样，导致早一步积极清贷，控制不法分子于某行为的我方蒙受重大损失。而在国家已经收紧银根的时候仍毫无顾忌地向不法分子于某贷款的B县××银行，却不承担丝毫经济损失，违反了有过错则有责任的基本法律原则。

根据上述理由，请求再审此案，重新作出公正合法的裁判。

此致

××省高级人民法院

申诉人：A县××银行某信用社（盖章）
××××年××月××日

【提示】

这是一份对已产生法律效力的判决不服而要求重新审理的申诉状。状头写了申诉人一方的基本情况（按规定可不写出被申诉人的基本情况）。案由用概括的语言写申诉人因何案件对哪个法院的判决不服而提出申诉。

申诉理由有两点：

第一，提出法院判决认定的事实与判决结果之间存在矛盾，即一方面判定我方"在收贷时并没有过错"，而另一方面又判决我方将此款还给 B 县银行。

第二，指出 B 县银行在放贷一事上有过错，应负一定的经济责任，而不应让申诉人承担全部责任。

本文格式规范，针对性强，对终审判决存在的问题能据理力争，富有较强的逻辑力量。

不足之处有两点：

第一，申诉理由中提出了"依照法律规定"，却没有明确指出具体的法律条款。

第二，未能提供新的证据。

二、必备知识

（一）经济纠纷申诉状的含义和用途

申诉状又称为申诉书、再审申请书，是指经济案件的当事人或法定代理人，认为已经产生法律效力的判决、裁定有错误而向原审人民法院提出申诉，请求复查纠正或重新审理的书状。

经济纠纷申诉状是保护当事人合法权益的诉讼文书，但是，提交申诉状后并不能停止已生效的判决、裁定的执行。

（二）经济纠纷申诉状的特点

1. 不受限制性

不论裁判是否经过上诉，也不论这些裁判是否已执行完毕，申诉人都可以不受时间限制而提交申诉状。提交申诉状不影响判决、裁定的执行。

2. 效应难测性

申诉状只能被视作是否引起重新审判程序的参考材料，不一定就能引发重判程序。

三、经济纠纷申诉状的结构写法和写作模板

（一）经济纠纷申诉状的结构写法

经济纠纷申诉状的结构写法与起诉状基本相同，可参见本章第三节经济纠纷起诉状。

不同之处主要有以下五点。

（1）标题应标为《申诉状》或《经济纠纷申诉状》。

（2）因为申诉状是针对原审法院判决、裁定有误而要求复审改判的，所以状头可不写"被申诉人"一项。

（3）尾部"送达法院"应写原审人民法院院名。

（4）具状人应称"申诉人"。

（5）附项应附上原审判决书、裁定书的原件复印件。

（二）经济纠纷申诉状的写作模板

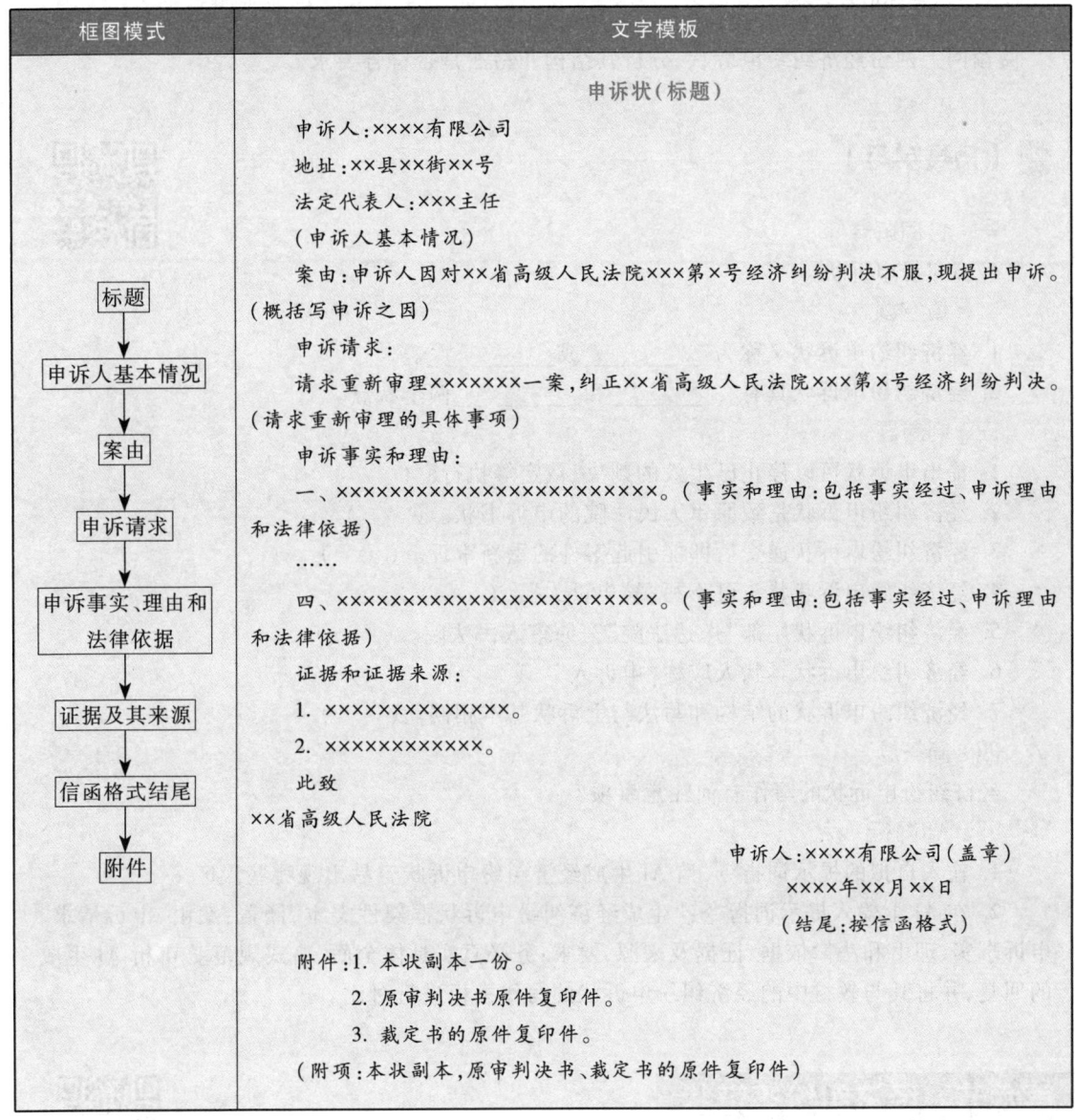

（三）注意事项

1. 对申诉的事实务必求全、求真

如果原审裁判不是依据全面事实裁判的，申诉状应对案情事实、原来的处理经过及处理结果进行归纳叙述，阐明原审裁定的不当之处。

2. 要实事求是

对原审裁定中对的、属实的处理，应承认其恰当而不应反驳，做到实事求是。

3. 尽量列示例证

应将与请求目的相符的人证、物证、书证等在申诉状里明确列示，并加以说明，以实证服人。如能提供有助于说明申诉事实的新证据，将更具有说服力。

四、技能训练

阅读网上两份经济纠纷申诉状,分析其结构和写法是否符合要求。

【拓展学习】

一、名词解释

经济纠纷申诉状

二、填空题

1. 经济纠纷申诉状又称为_____或_____。
2. 经济纠纷申诉状具有_____和_____两个特点。

三、判断题

1. 提出申诉状可以停止已生效的判决、裁定等执行。(   )
2. 经济纠纷申诉状是致原审人民法院的申诉书状。(   )
3. 经济纠纷申诉状递交后即能引起案件的重新审理。(   )
4. 经济纠纷申诉状状头可不写"被申诉人"。(   )
5. 经济纠纷申诉状尾部"送达法院"写原审人民法院。(   )
6. 经济纠纷申诉状具状人应称"申诉人"。(   )
7. 经济纠纷申诉状的结构和写法与上诉状基本相同。(   )

四、简答题

经济纠纷申诉状的写作有何注意事项?

五、AI 同行

1. 输入自拟的提示词指令,请 AI 生成经济纠纷申诉状容易出现哪些误区。
2. 在 AI 上输入提示词指令:"生成经济纠纷申诉状框架性文本,涵盖:案由、申诉请求、申诉事实、理由和法律依据、证据及来源,要求:务必真实具体全面、格式规范。"辨析 AI 生成的回复,并将其与教材中的经济纠纷申诉状的写作模板进行对比。

第六节 经济纠纷答辩状

教学视频:
民事答辩状

一、例文借鉴

【例文】

答 辩 状

答辩人:××省 B 县××银行

地址:××省 B 县××街×号

法定代表人：×××行长

委托代理人：××××市××律师事务所律师

为××省A县××银行某信用社因不服××地区中级人民法院××××年××月××日×字第×号经济纠纷判决提出上诉，我方就其上诉理由答辩如下：

1. 上诉人A县××银行信用社在收贷时，明知借贷人于某在短时间内不可能合法取得220万元用来还贷，但上诉人仍然收贷，这种做法实际上默认了借贷人以不法手段筹措还贷的行为。上诉人明知道借贷人一时无力还贷，仍胁迫借贷人迅速还贷，从而诱发了借贷人诈骗的动机。因此，对于我方被骗的贷款，上诉人负有不可推卸的责任。根据《中华人民共和国民法典》第一百五十条规定，一方或者第3人以胁迫手段，使对方在违背真实意思的情况下实施的民事法律行为，受胁迫方有权请求人民法院或者仲裁机构予以撤销。所以，一审法院判决A县××银行某信用社全数返还贷款是符合法律规定的。

2. 我方向个体户于某贷款是为了让他办公司，搞合法经营，但他却把这部分钱用来还贷，违反了贷款专款专用的原则。因此，个体户于某的还贷行为属于无效的民事行为，A县银行某信用社的收贷行为也是无效的民事行为，他们之间的收还贷行为不受法律保护。

3. 个体户于某在A县办公司时，其不法经营行为已触犯了刑法，早该绳之以法。但A县××银行××信用社为了收回贷款，不到法院控告个体户于某，害怕他一进监狱，就无力还贷，因此放纵了罪犯，为他到我县进行诈骗行为提供了时机，使不法分子得以继续进行买空卖空的诈骗行为，给我方造成了巨大损失。

我们认为一审法院的判决是公正的，上诉人的上诉理由是没有法律根据的，恳请二审人民法院公正审理，维持原判。

此致

××省高级人民法院

答辩人：B县××银行（盖章）

××××年××月××日

附件：本答辩状副本一份。

【提示】

这是一份二审答辩状，状头写答辩人的情况，内容详细清楚。案由部分写答辩的原因，表述简洁、清楚。对申诉的三个理由逐一进行了反驳与分析，有理有据，合情合理，最后明确提出对本案的处理意见，即要求二审人民法院维持原判。

此份答辩状针对性强，格式正确，理据兼具，语言准确精练，具有较强的思辨性，可资借鉴。

二、必备知识

（一）经济纠纷答辩状的含义和用途

经济纠纷答辩状是指被告针对原告的起诉状，或被上诉人针对上诉人的上诉状向人民法院递交的进行辩护、反驳或答复的书状。

被告人或被上诉人可以通过答辩状针对原告或上诉人提出的事实、理由以及请求事项,进行有针对性的答辩,阐明自己的理由和请求,维护自身的合法权益。经济纠纷答辩状还有助于法院兼听双方当事人的陈述理由和请求,以便全面掌握案情,以求公正地审理案件。

(二)经济纠纷答辩状的特点

1. 使用对象的特定性

经济纠纷答辩状只能由被告或被上诉人提出。

2. 答辩内容的针对性

经济纠纷答辩状必须针对起诉状或上诉状的内容有的放矢地进行答辩。

3. 行文方式的论辩性

经济纠纷答辩状通过摆事实、讲道理,通过运用有利的论据和有关的法律条文,通过论辩和反驳,以求驳倒对方的观点和论据,从而证明自己观点的正确。

三、经济纠纷答辩状的结构写法和写作模板

(一)经济纠纷答辩状的结构写法

1. 标题

标题写"经济纠纷答辩状"字样。如属于二审程序的答辩,要写明"上诉答辩状"字样。

2. 答辩人基本情况

依次写明答辩人的单位全称、性质、地址及电话、开户银行、法定代表人姓名及职务等。对方当事人的基本情况不必写。

3. 案由

要概括写明对何单位或对上诉的何案进行答辩。一般写:"答辩人于××××年××月××日收到××法院交来原告(或上诉人)因××一案的起诉状(或上诉状),现答辩如下"。

4. 答辩的理由

这是经济纠纷答辩状最关键的部分。要求针锋相对地明确回答原告或上诉人所提出的诉讼请求,并明确阐明本方对争议事实的主张和理由。

5. 答辩意见

在有针对性且充分地阐明答辩理由的基础上,答辩人应提出自己的答辩意见。答辩意见可包括:根据确凿事实与证据,证明己方行为的合理性;依据有关法律条文,说明己方答辩理由的正确性;归纳答辩事实,揭示对方当事人法律行为的谬误;提出对本案的处理意见,请求人民法院予以合理的裁决。

6. 尾部

尾部的结构及写法与起诉状基本相同,但具状人应称"答辩人"。

7. 附件

附件与起诉状基本相同。

（二）经济纠纷答辩状的写作模板

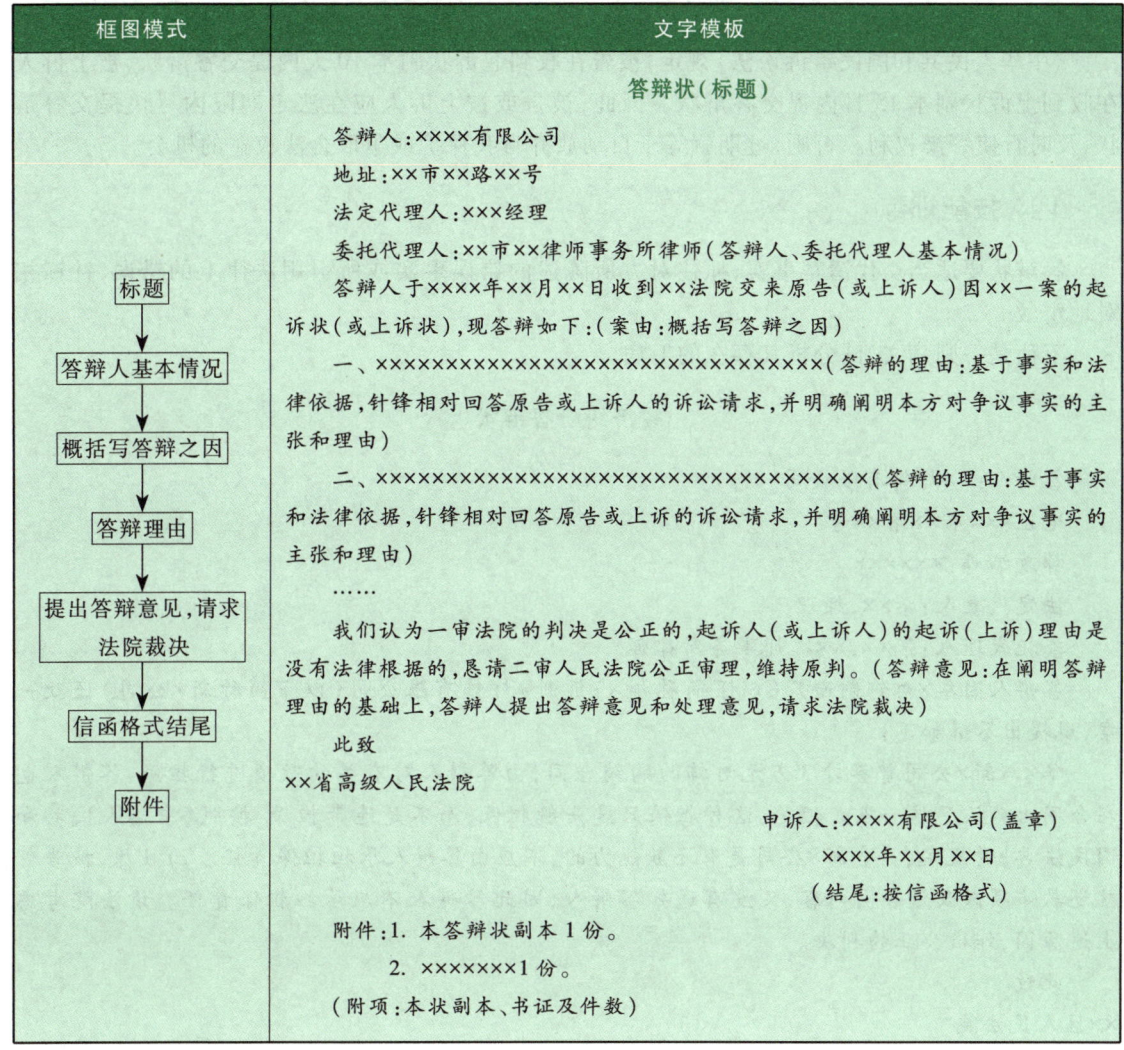

（三）注意事项

1. 据理反驳

在撰写答辩状时，要依次抓好三个环节。

第一，紧紧抓住对方所陈述的错误事实或者所引用有关法律的错误，建立反驳的论点。

第二，列举客观事实、恰当的证据作为反驳的论据。

第三，经过分析论证，推导出合乎逻辑的结论。

2. 抓准关键

即找到双方当事人在纠纷案件中争执的焦点、问题的要害，针锋相对地答辩。

3. 语言可较为尖锐犀利

答辩状具有的论辩性决定了其语言必然较为尖锐犀利，颇似针尖对麦芒，且富有气势。无可争辩的事实加上尖锐犀利、富有气势的语言，必能有助于答辩人在诉讼中变被动为主动。值得注意的是，如果对方的诉讼请求合理、合法，也应实事求是地予以承认，绝不能违背事实和法律。

    4. 注意答辩时限

    《中华人民共和国民事诉讼法》规定，被告在收到起诉状副本 10 天内提交答辩状，被上诉人在收到上诉状副本 15 日内提交答辩状。因此，被告或被上诉人应在法定期限内尽快提交答辩状，及时行使答辩权利。否则，过期就等于自动放弃自我保护或争取合法权益的机会。

四、技能训练

    答辩状要适当交代清楚事实，抓住对方所陈述的错误事实或所引用法律上的错误，针锋相对地辩驳。

    下面是一则病文，试分析其存在的毛病。

经济纠纷答辩状

答辩人：××灯饰有限公司
地　址：××市××路××号
邮政编码：××××××
法定代表人：李××，经理
委托代理人：张××，××律师事务所律师

    答辩人因华×灯饰制造厂（以下简称华×）诉新×灯饰有限公司（以下简称新×公司）还款一案，现提出答辩如下：

    华×与新×公司曾签订 3 万元灯饰的购销合同，由答辩人对有关的款项进行担保，答辩人也在合同上确认了这一点。但是，这种担保只是一般担保，而不是连带担保，按照《中华人民共和国民法典》的规定，被告新×公司是有还款能力的，不应由答辩人承担担保责任。而且原、被告曾就还款事项修改过合同内容，又没有通知答辩人，因此答辩人不应承担担保责任。请法院考虑上述原因，作出公正的判决。

    此致
××区人民法院

答辩人：××灯饰有限公司
法定代表人：李××
××××年××月××日

【拓展学习】

一、名词解释
经济纠纷答辩状
二、填空题
1. 经济纠纷答辩状具有_____、_____和_____3 个特点。
2. 经济纠纷答辩状必须运用充分的_____和有关法律条文进行论辩。

15.6　即测即评

三、简答题
1. 经济纠纷答辩状的答辩意见一般包括哪些内容?
2. 经济纠纷答辩状的写作有哪些注意事项?

四、AI 同行
1. 输入自拟的提示词指令,请 AI 生成撰写经济纠纷答辩状容易出现哪些误区。
2. 在 AI 上输入提示词指令:"生成经济纠纷答辩状框架性文本,涵盖:案由、答辩理由、法律依据和证据、答辩意见,要求:据理反驳、针锋相对、抓住关键、语言尖锐、具论辩色彩、格式规范。"辨析 AI 生成的回复,并将其与教材中的经济纠纷答辩状的写作模板进行对比。

第十六章　礼仪信函

第一节　感谢信

教学视频：感谢信

一、例文借鉴

【例文】

感 谢 信

××公司：

　　××月××日下午我公司业务员××和×××到时代广场购买物品,不慎丢失皮包一个,内有人民币十万余元、工作证一个及发票单据若干张。当我们发现后正在焦急寻找时,贵公司职工×××女士主动将捡到的皮包送到我公司。我们再三感谢并表示要赠送纪念品,×××女士却说:"这是我应当做的!"一再表示不能接受纪念品。她这种拾金不昧的高尚品德,使我们公司员工深受感动,纷纷表示要向×××女士学习!在此特对贵公司×××女士和贵公司深表谢意,并建议对×××的高尚行为予以表扬。

　　此致

敬礼!

××××网络公司
××××年××月××日

【提示】

　　这份感谢信正文虽短,但内容分两部分。第一部分简述丢失钱物的时间、地点和心态,接后简叙×××女士拾金不昧的表现。第二部分颂扬和评价对方的高尚品德,表示要向对方学习,在向对方表示深深感谢的同时,还建议对方公司对×××予以表扬。全文格式规范,语言简练,情感真挚,值得借鉴。

二、必备知识

（一）感谢信的含义和用途

　　感谢信是在得到有关单位或个人给予的关心、支持或帮助后,向对方表示感谢的信函。感谢信在公私事务及日常生活中使用广泛。

（二）感谢信的特点

1. 确指性

即被感谢者是特定的单位或个人。

2. 真实性

即写感谢信的缘由为已成事实，其时间、地点和事件，都是真实的。

3. 感激性

感谢信中包蕴着对对方的感激之情。

（三）感谢信的常见类型

1. 普发性感谢信

即对众多的单位或大众表示感谢。

2. 专指性感谢信

被感谢者为明确的单位或个人。

三、感谢信的结构写法和写作模板

（一）感谢信的结构写法

1. 标题

标题一般有3种写法。第一种即直接写文种"感谢信"。第二种由受文单位和文种组成，如《致×××的感谢信》。第三种由发文机关、受文单位和文种组成，如《××总公司致×××商场的感谢信》。

2. 称谓

称谓写被感谢的单位名称或个人姓名，后缀"先生（女士）"或职务（职称）。

3. 正文

正文一般写以下两个方面的内容。

（1）简述事迹，说明在对方帮助下产生的效果。

（2）对其品德作出评价和颂扬，表示感谢及向对方学习的态度和决心。

4. 敬语

按信函格式写上"致以最诚挚的敬礼"一类的敬语。

5. 落款

在正文右下方署上写感谢信的单位名称或个人姓名和时间。

（二）感谢信的写作模板

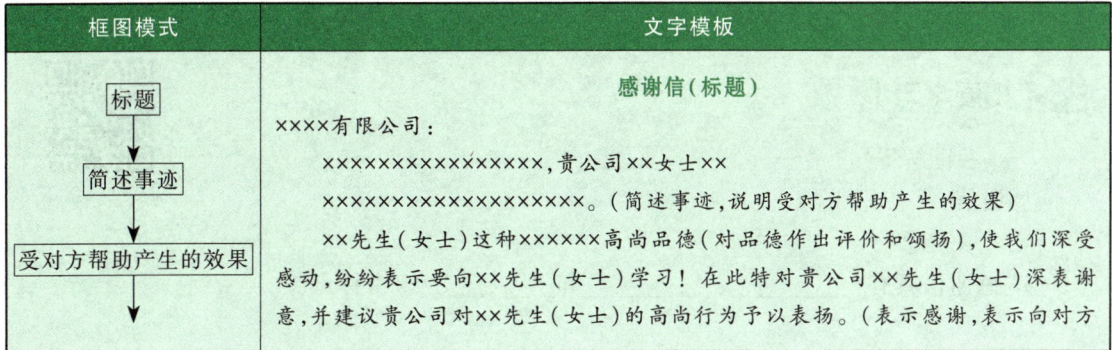

框图模式	文字模板
标题 ↓ 简述事迹 ↓ 受对方帮助产生的效果 ↓	感谢信（标题） ××××有限公司： 　　××××××××××××××，贵公司××女士×× ××××××××××××××。（简述事迹，说明受对方帮助产生的效果） 　　××先生（女士）这种××××××高尚品德（对品德作出评价和颂扬），使我们深受感动，纷纷表示要向××先生（女士）学习！在此特对贵公司××先生（女士）深表谢意，并建议贵公司对××先生（女士）的高尚行为予以表扬。（表示感谢，表示向对方

续表

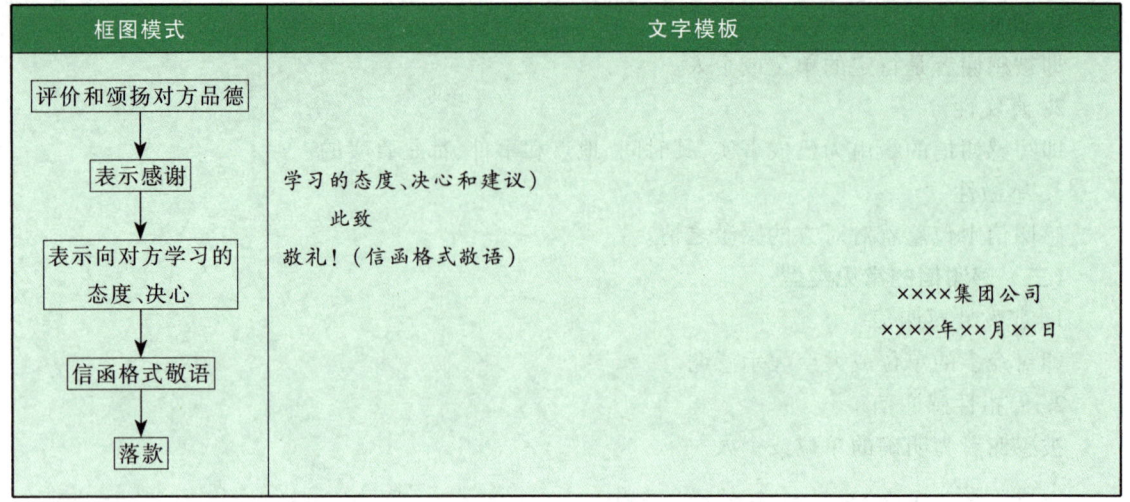

（三）注意事项

（1）叙事要简洁，内容要真实，有关人物、事件、时间、地点、原因等要交代清楚。

（2）评价和颂扬对方良好的行为及品德，既要有一定的高度，又要注意适度。

（3）情感要真挚，文字要精练。

四、技能训练

下文的结构和事由与本节例文相似，但却是一篇病文。请指出其毛病，并作出修改。

感 谢 信

××出租汽车公司：

　　5月3日下午，我公司经理张××乘坐贵公司"×××××"号出租车时，不慎将皮包丢失。内有人民币8万余元、身份证一个、护照一本、空白支票3张及各种票据若干张。在我们焦急万分之时，贵公司司机×××先生主动将捡到的皮包送至我公司，使我公司避免了一次重大损失。为此，我们再三表示感谢并拿出1万元作为酬谢，×××先生却说"这是我应当做的"，表示不能接受。在此特致函贵公司，深表谢意。

×××公司
××××年5月6日

【拓展学习】

一、名词解释

感谢信

二、填空题

1．感谢信具有_____、_____和_____3个特点。

16.1　即测即评

2. 感谢信可分为_____和_____两种类型。

三、判断题

1. 感谢信的称谓一般写被感谢单位的名称或个人姓名。（   ）

2. 感谢信的正文可以不简述事迹和不说明效果。（   ）

3. 感谢信的正文可以不颂扬、不评价对方的品德，但要表示向对方学习。（   ）

四、AI 同行

1. 输入自拟的提示词指令，请 AI 生成撰写感谢信容易出现哪些误区。

2. 将"四、技能训练"的病文《感谢信》全文输入 AI，并在其前面输入提示词指令："按照感谢信的结构、写法对以下病文作出修改，要求：简述事迹，作出评价和颂扬。"阅读分析 AI 修改稿与人工修改稿的差异。

第二节　邀请书　请柬

教学视频：
请柬、邀请书

一、例文借鉴

【例文 1】

请　　柬

尊敬的××先生：

　　敝公司定于××××年 6 月 30 日至 7 月 5 日 8：00—17：00 在上海××大厦×号楼展览大厅举办现代家具贸易洽谈会。

　　恭候光临。

×××公司
××××年 5 月 25 日

【提示】

　　这是一份邀请对方参加贸易洽谈会的请柬。时间、地点具体明确，内容简洁，语言谦恭得体。

【例文 2】

××大学 2021 年毕业生就业洽谈会邀请函

尊敬的用人单位：

　　我校 2021 年参加就业的毕业生约 3 800 人。几年来的情况表明，每年 3 月均是学生择业的高峰期，有相当大比例的毕业生通过大型洽谈会达成就业意向。为了帮助毕业生顺利就业，协助用人单位招聘人才，同时更好地对用人单位进行宣传，我们真诚邀请贵单位参加我校毕业生就业洽谈会。

一、时间及地点

时间：2021年3月10日（周六）9:00—16:00，上半场9:00—11:30对本校学生开放；11:30—13:00午餐，暂停开放；下半场13:00—16:00对校外同学开放。

地点：会场A：××大学东区田径训练馆；
　　　会场B：××大学第九学生食堂。

二、展位安排

学校将为单位搭设标准展位，规格为2 m（长）×1 m（宽）×2.2 m（高），一桌两椅，门楣标示参会单位名称。请单位自行选择展位数量，如有其他要求，请提前说明，我们将协助安排。

三、报到及住宿

1. 需要学校安排住宿的单位，请提前预订。住宿地点：××大学高培中心（紫荆公寓）。3月9日学校在住宿地点设会务组全天接待。预订了住宿的单位，如果有变化，务请提前3天告知我们。

2. 不需要安排住宿的单位，于3月10日上午8:00—9:00直接到会场报到并布展。

3. 参会单位的车辆3月9—11日凭行车证可出入学校东北门（紫荆门）、西北门及东门。行车路线图及行车证待确定参会后将先行发放。建议用人单位尽量减少自驾车参会。

四、费用

2 m×1 m×2.2 m展位的收费标准为1 000元/个（含场地费、展位费、会议资料、两人的午餐券、饮料、纪念品。参会单位每增加1人，增收300元费用），每个参会单位工作人员以不超过5人为宜。

五、招聘宣传

学校就业信息网免费提前发布单位招聘信息，单位可在会场展位板上张贴宣传海报，在展位发放宣传资料（宣传海报和资料由单位自行准备）。会后根据参会单位需要，学校可协助发面试及录用通知。

六、预订

确定参会的单位，请于2月28日前通知我中心，将单位基本情况和相关招聘信息发E-mail给我们，以便安排展位并进行宣传，由于展位数量有限，由于希望参会的单位会较多，请已预订展位的参会单位，如因特殊原因须取消预订，请最晚于3月5日前通知我们，以便使其他单位替补参会。1月24日—2月20日是学校寒假时间。

联系人：颜老师

电话：010-6277××××/6278××××/6279××××

传真：010-6279××××（自动接收）

E-mail：cc@××××.edu.cn

Http://career.××××.edu.cn

通信地址：××大学就业指导中心

××大学就业指导中心
2021年1月4日

> 【提示】
> 这篇邀请书,标题简洁醒目,受文单位称谓采用敬称,开篇点明邀请初衷,正文从六个方面写明参加洽谈会的具体事项、要求和通联办法,条理清楚,实用明了,针对性较强。

二、必备知识

(一)邀请书、请柬的含义和用途

邀请书、请柬,分别是单位、团体或个人邀请有关单位或人员出席重要会议、典礼或重要活动所用的礼仪信函或信柬。

邀请书与请柬相似,但邀请书的信息量比请柬大,使用范围也比请柬大。而请柬比邀请书庄重、典雅,表达的礼仪、情感色彩更浓一些。

(二)邀请书和请柬的特点

1. 确指性

即邀请书和请柬的发送对象是特定的单位或个人。

2. 礼仪性

邀请书和请柬的使用,包含表达尊重、联络情感的意味,具有礼仪性。

(三)邀请书和请柬的类型

按用途分,有会议类邀请书、请柬,用于庆祝会、纪念会、座谈会等;有活动类邀请书、请柬,用于典礼仪式、活动宴请等。

三、邀请书、请柬的结构写法和写作模板

(一)邀请书、请柬的结构写法

邀请书、请柬的结构分横式、直式两种。一般由以下几部分内容组成。

1. 标题

居中标明"邀请书"或"请柬"字样。"请柬"二字也可标于经过艺术加工、美观庄重的信柬封面之上。有的邀请书采用公文式标题。

2. 称谓

顶格写被邀请对象。单位名称需用全称,姓名后缀职务、职称或"先生""女士"。

3. 正文

正文交代会议或活动的目的、内容、性质、时间、地点,文末写"敬请光临""恭候光临"等邀请谦敬语。

4. 落款

落款签署发文单位名称或个人姓名,标明年、月、日。

（二）邀请书、请柬的写作模板

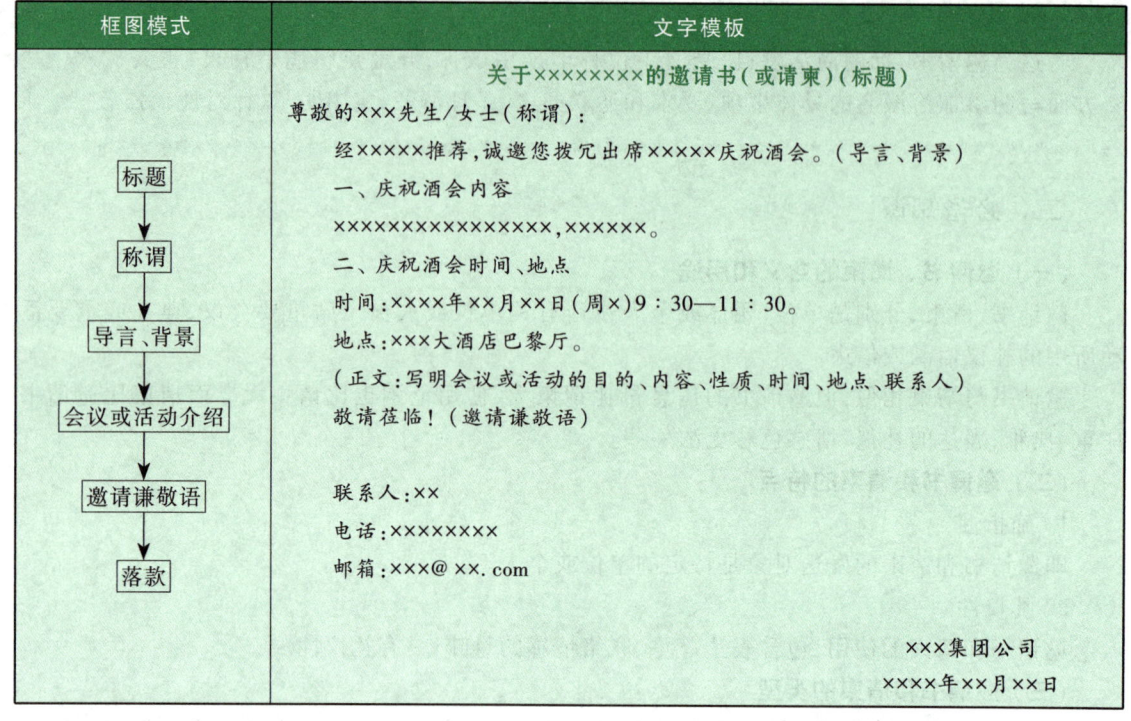

（三）注意事项

（1）措辞与邀请对方参与的活动风格要相适应。一般来说，邀请书和请柬都要求文辞典雅得体。宜用谦敬、期盼性语言，以表诚邀之心。

（2）邀请单位或个人的称谓、活动时间和地点不得有误。

四、技能训练

下面是一篇病文，请写出修改稿。

请　　柬

×××先生（女士）：

  在您的帮忙下，我公司生产的电视机在今年全国质量评比中获奖。现在确定于××××年6月10日在凤凰饭店开个庆功会，邀您赴会！

××电视机生产有限公司总经理（签名）
××××年6月4日

【拓展学习】

一、名词解释

1. 请柬

2. 邀请书

二、填空题

1. 邀请书和请柬具有_____和_____两个特点。
2. 邀请书和请柬的结构分_____和_____两种。

三、判断题

1. 邀请书与请柬的写法和作用相似。（　　）
2. 邀请书的信息量和使用范围比请柬大。（　　）
3. 邀请书和请柬应该制作得一样庄重、典雅。（　　）

四、AI 同行

1. 输入自拟的提示词指令，请 AI 分别生成撰写邀请书和请柬容易出现哪些误区。
2. 将网上下载的一份《请柬》全文输入 AI，并前置提示词指令："请按请柬的结构和写法完成下文的修改，要求：用语期盼、谦敬、典雅、得体。"辨析 AI 的回复。

第三节　欢迎词　欢送词

教学视频：欢迎词

一、例文借鉴

【例文 1】

欢 迎 词

女士们、先生们：

值此×××公司成立 30 周年大庆的美好日子，请允许我代表本公司，并以我个人的名义，向远道而来的贵宾们表示热烈的欢迎！

朋友们不顾路途遥远，专程前来贺喜并洽谈贸易合作事宜，为本公司 30 周年庆典更增添了一份热烈和祥和，我和公司全体员工由衷地感到高兴，并对朋友们表示诚挚的谢意！

今天在座的各位来宾中，有许多是我们的老朋友，也有来自"一带一路"的新朋友，我们之间有着良好的合作关系。我公司建立 30 年能取得今天的成绩，离不开朋友们的真诚合作和大力支持。对此，我们表示由衷的钦佩和感谢。同时，我们也为能有幸结识来自"一带一路"的新朋友感到十分高兴。在此，我谨再次向新朋友们表示热烈欢迎，并希望能与新朋友们密切协作，发展友好合作关系。

"有朋自远方来，不亦乐乎。"在此新朋老友相会之际，我提议：为今后我们之间的进一步合作，为我们之间日益增进的友谊，为朋友们的健康幸福，干杯！

谢谢各位！

××××公司总经理：×××
××××年 3 月 6 日

【提示】

这是一篇酒会上的欢迎词,内容分三部分。首先写欢迎的原因以及以何身份对客人表示热烈欢迎。其次回顾双方交往的历史、合作和友情,以及良好的预期。最后抒写客人到来的喜悦之情,以及美好的祝颂。言辞情真意切,友善礼貌,营造出一种友好欢快的气氛。

【例文2】

欢 送 词

尊敬的×××博士、同事们、朋友们:

刚好在两个星期以前,我们愉快地在这里欢聚一堂,热烈欢迎×××博士。今天,在×××博士访问了本集团公司各分公司和游览了我市的风景名胜之后,我们再次欢聚一起,感到特别亲切、高兴!

×××博士将于明天回国。

×××博士的访问时间虽然短暂,然而成果丰富,极其成功。在本集团公司期间,他会晤了技术人员和管理人员,参观了车间科室,与一线工人进行了亲切交谈,为我们树立了细致、严谨和高效的工作作风。

在向×××博士告别之际,我们真诚地希望×××博士给我们多多提出指导意见,以便我们更好地提升工作水平。同时,我们想借此机会请他转达我们对贵国××公司总裁和全体员工的亲切问候。

祝×××博士回国一路顺风!身体健康!

集团公司总裁:×××

××××年8月8日

【提示】

这篇欢送词突出了三方面的内容。首先写与客人两次欢聚。"两个星期以前"曾欢聚一堂欢迎客人一句,点明客人的访问时间长度。客人"将于明天回国"一句,又点明欢送的缘由。其次写客人访问的行程情况以及收获。最后写主人的希望、要求和祝愿。全文感情诚恳,语言精练,是一篇不错的欢送词。

二、必备知识

(一)欢迎词、欢送词的含义和用途

欢迎词是主人在迎接宾客的仪式、集会、宴会上,对宾客光临表示欢迎的礼仪文书。

欢送词是主人在欢送宾客的仪式、集会、宴会上,对宾客即将离去表示欢送的礼仪文书。

欢迎词和欢送词都属于礼节性社交活动的讲话稿。

（二）欢迎词、欢送词的特点

1. 欢愉性

欢迎词、欢送词都要表达迎接或欢送客人的热情。欢迎词要表达欢迎之情，让来宾有"宾至如归"之感；欢送词要体现依依惜别之情。

2. 口语化

欢迎词、欢送词都是面对宾客口头表达的文书，所以都具有口语化的特征。

（三）欢迎词、欢送词的类型

1. 私人交往式欢迎词、欢送词

一般是在个人举行的有一定规模的宴会、酒会、舞会等非官方场合下使用的迎送文书。私人交往式欢迎词、欢送词具有即时性、现场性、口语化的特征。

2. 公务往来式欢迎词、欢送词

这是在包括宴会、酒会以及会议等各类公共事务场合中发表的欢迎词、欢送词。内容、措辞一般比较考究、严谨。

三、欢迎词、欢送词的结构写法和写作模板

（一）欢迎词、欢送词的结构写法

欢迎词、欢送词的结构基本一样。

1. 标题

可直接以文种"欢迎词""欢送词"为题，也可以场合和文种为题，如《在开学典礼上××的欢迎词》。还可以以主人的名义、被欢迎或欢送的宾客和文种为题，如《周恩来总理在欢迎美国总统尼克松的宴会上的祝酒词》。

2. 称谓

称谓即对被欢迎、欢送的对象的称呼。称呼前可加"尊敬的""敬爱的"一类修饰语，称呼后可加头衔，也可加"先生""女士""夫人"等。

3. 正文

（1）欢迎词的正文，一般先写以什么身份、代表哪些人向宾客表示欢迎。接着写宾客来访的目的、意义、作用。继而回顾主宾之缘分或合作的历史与友情，赞扬宾客对我方发展的贡献及双方友好合作的成果，阐述其意义，表示加强合作的意愿、希望。结尾写祝颂语，对宾客的光临再次表示热情欢迎并致以良好的祝愿。

（2）欢送词的正文，一般先写与欢送有关的背景内容，宾客还剩的逗留时间或离别的日期。接着写宾客来访期间的活动行程、活动内容和取得的成果，应着重写彼此友谊的加深，对双方合作的促进等。继而表达与宾客进一步加强交往、合作的意愿，结尾对宾客即将离别表示祝福或再次表示依依欢送之情。

4. 落款

落款即在正文右下方写明致欢迎词、欢送词的单位名称、人物姓名和日期。如果标题中已经写明，则不必再落款。

（二）欢迎词、欢送词的写作模板

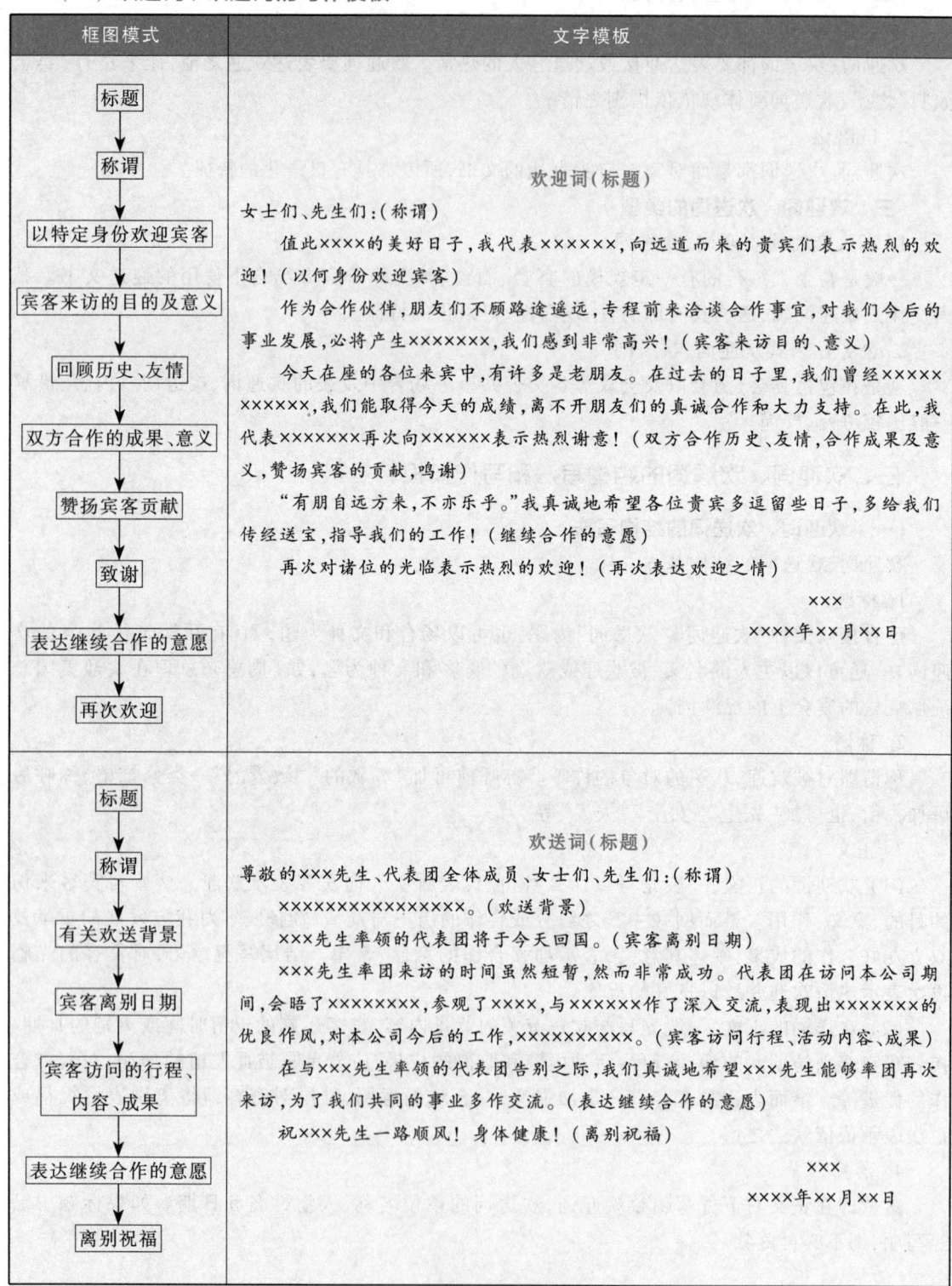

（三）注意事项

（1）语言适应场景氛围，注重创造友好热烈气氛，以密切关系、推进合作。

（2）充分了解宾客的基本情况、宾客来访的目的及取得的成果等。

（3）尊重宾客的风俗习惯，避开忌讳，以免发生误会。有分歧的或意见不一致的问题不表露于言辞。

（4）尽量口语化，称呼用尊称。

四、技能训练

请仔细阅读下面的欢迎词和欢送词后遮住正文，根据文章提供的信息，自己另写文字替代两文的正文，并对比优劣。

欢 迎 词

亲爱的同学们：

大家晚上好！

今天是我20岁的生日。有这么多同学来参加我的生日晚会，我很感动，也倍感荣幸！对大家在繁忙的学习中抽空参加我的生日晚宴，我表示最热烈的欢迎！

我在我们这个班集体已学习生活了四个学期，春花秋月易过，真是弹指一挥间。入学以来，我就得到了同学们的许多帮助，在同学们身上学到了许多美好的东西，使我一天天长进。我的家乡有一句老话，叫"一辈同学三辈亲"，我想，在远离家乡、远离父母的学校，同学情谊是除了父母恩情之外的人间最美好之情，最悠久之情。这是我在生日里最想说的话。

20岁被称为弱冠之年，要行弱冠之礼，也意味着我要开始闯荡自己的人生之旅。我会在今后的生活道路上，和同学们一道，走好每一步，努力学习，实现美好的未来！

再一次衷心地谢谢大家！

行政管理专业2班：×××

××××年××月××日

欢 送 词

××先生：

在您即将启程回国的前夕，我代表××公司全体工作人员，向您表示热烈的欢送！

一个月来，您与我们朝夕相处，不但在技术指导方面给予我们很大帮助，而且使我们的产品质量也有了提高，对此，我代表本公司全体人员向您表示诚挚的谢意！

在向××先生告别之时，借此机会，我请您转达我们对您一家的问候与敬意，并请他们在适当的时候来美丽的济南参观、游览。

祝××先生一路平安，身体健康。

×××

××××年××月××日

【拓展学习】

一、名词解释
1. 欢迎词
2. 欢送词

二、简答题
1. 试述欢迎词、欢送词正文的结构和写法。
2. 欢迎词、欢送词写作有何注意事项？
3. 欢迎词、欢送词的使用场合是否相同？

三、AI 同行
1. 输入自拟的提示词指令，请 AI 分别生成撰写欢迎词、欢送词容易出现哪些误区。
2. 根据"四、技能训练"《欢迎词》《欢送词》的内容，概括提炼出提示词指令，分别输入 AI，继而将 AI 生成的欢迎词、欢送词与原《欢迎词》《欢送词》对比阅读，若认为 AI 回复的文本存在毛病，则输入 AI 修改指令。

第四节 贺信（电）

一、例文借鉴

【例文】

贺　　电

××建筑设计公司：

　　欣闻贵公司在第16届国际别墅建筑设计博览会上摘取设计金奖，×××公司谨向你们表示热烈的祝贺并致以崇高的敬意！

　　你们今天取得的辉煌成就是你们多年来所倡导的"求精、拼搏、创新"精神的体现。

　　希望你们继续发扬这种精神，在建筑领域勇攀高峰，为中华建筑事业的发展作出新的贡献！

×××公司
××××年××月××日

【提示】

　　这封贺电首先祝贺对方取得辉煌成就，这是发贺电（信）的缘由，继而褒扬对方的优良传统和作风，评述取得成绩的原因，最后提出殷切希望。本贺电层次清楚，感情真挚，文字简约。

二、必备知识

（一）贺信（电）的含义和用途

贺信（电）是机关、团体、企事业单位或个人向取得重大成绩、作出卓越贡献的有关单位或人员表示祝贺或庆贺的礼仪书信。

（二）贺信（电）的特点

1. 祝贺性

发出贺信（电）的目的是恭贺对方，为对方取得成就增加喜庆气氛，增进相互间的感情。

2. 信电性

庆贺者发出贺信（电）是由于不能当场向受贺者表示祝贺，贺信（电）通过人工投递或电子邮件送抵受贺者手中。

（三）贺信（电）的类型

按作者类型分，贺信（电）可分为单位发出的贺信（电）和个人发出的贺信（电）两类。

三、贺信（电）的结构写法和写作模板

（一）贺信（电）的结构写法

1. 标题

标题常见的写法有以下 3 种。

（1）只写"贺信"或"贺电"二字。

（2）写由谁发出的贺信（电），如《××公司贺信（电）》。

（3）写明谁给谁的贺信（电），如《××协会给××公司的贺信（电）》。

2. 称谓

标题下一行顶格书写受文单位名称或个人姓名，后缀职务、职称或"先生""女士"。如果是祝贺会议则写会议名称。

3. 正文

正文结构由开头、主体和结尾构成。

（1）开头。用简练的语言写祝贺之由，并表示祝贺，如"值此……之际，谨代表……向……表示热烈祝贺"。

（2）主体。根据受文对象的不同，主体的内容与措辞有所区别。

如果是祝贺对方取得了突出成绩，主体一般要充分肯定和热情颂扬对方所取得的成绩，述评取得成绩的原因及意义，表示向对方学习，或提出希望。如果是祝贺会议，在主体里则侧重说明会议召开的重要意义和深远影响。如果是祝贺领导履新，主体就要侧重于祝愿，祝愿领导在任期内取得新的成就，并祝愿双方的友谊进一步加强。

（3）结尾。可再次写祝愿、鼓励和希望方面的话。也可不另写结尾。

（二）贺信（电）的写作模板

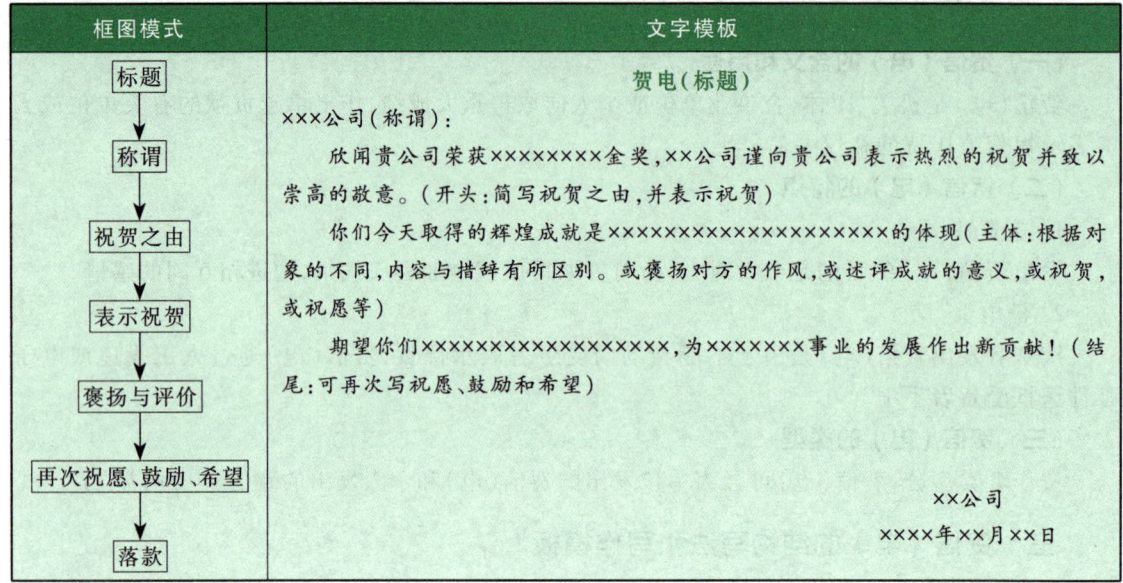

（三）注意事项

（1）内容要实事求是，评价、颂扬和祝贺要恰如其分。

（2）语言要简练流畅，篇幅力求短小精悍。

（3）感情要热烈真挚，发自内心。

四、技能训练

今年9月1日是××计算机公司成立10周年纪念日。该公司是一家注重自力更生、艰苦创业的公司，不但在计算机软件开发方面取得了重大成就，而且培养了大批人才。多年来，该公司曾为×××公司培训了20名技术人员。

试根据以上材料，以×××公司总经理的名义给××计算机公司员工发一份祝贺对方10周年庆典的贺电。

要求格式规范，语言简练，符合贺信（电）的写作的要求。字数不超过300字。

【拓展学习】

一、名词解释

贺信（电）

二、填空题

1. 贺信（电）具有_____和_____两个特点。

2. 按作者类型分，贺信（电）可分为_____发出与_____发出的贺信（电）两种。

三、判断题

1. 发送贺信（电）的主要目的是恭贺对方。（　　　）

2. 贺信(电)的语言要给人以鼓舞、希望和褒扬之感。(　　)
3. 贺信(电)对对方成绩的评价可以夸大。(　　)

四、简答题
1. 贺信(电)正文的开头通常写什么内容？
2. 祝贺对方取得突出成绩的贺信(电)正文主体写什么内容？
3. 贺信(电)的写作有何注意事项？

五、AI 同行
1. 输入自拟的提示词指令，请 AI 分别生成：撰写贺信、贺电容易出现哪些误区。
2. 假设你欣悉大学张三同学创办的"好运来现代秘书事务所"近日将隆重开业。试撰写提示词指令，请 AI 生成一份贺电，要求：文辞欣喜热情，真挚喜庆，体现同窗情，350 字内。

附录一 党政机关公文处理工作条例

第一章 总　则

第一条　为了适应中国共产党机关和国家行政机关(以下简称党政机关)工作需要,推进党政机关公文处理工作科学化、制度化、规范化,制定本条例。

第二条　本条例适用于各级党政机关公文处理工作。

第三条　党政机关公文是党政机关实施领导、履行职能、处理公务的具有特定效力和规范体式的文书,是传达贯彻党和国家的方针政策,公布法规和规章,指导、布置和商洽工作,请示和答复问题,报告、通报和交流情况等的重要工具。

第四条　公文处理工作是指公文拟制、办理、管理等一系列相互关联、衔接有序的工作。

第五条　公文处理工作应当坚持实事求是、准确规范、精简高效、安全保密的原则。

第六条　各级党政机关应当高度重视公文处理工作,加强组织领导,强化队伍建设,设立文秘部门或者由专人负责公文处理工作。

第七条　各级党政机关办公厅(室)主管本机关的公文处理工作,并对下级机关的公文处理工作进行业务指导和督促检查。

第二章　公文种类

第八条　公文种类主要有:

(一)决议。适用于会议讨论通过的重大决策事项。

(二)决定。适用于对重要事项作出决策和部署、奖惩有关单位和人员、变更或者撤销下级机关不适当的决定事项。

(三)命令(令)。适用于公布行政法规和规章、宣布施行重大强制性措施、批准授予和晋升衔级、嘉奖有关单位和人员。

(四)公报。适用于公布重要决定或者重大事项。

(五)公告。适用于向国内外宣布重要事项或者法定事项。

(六)通告。适用于在一定范围内公布应当遵守或者周知的事项。

(七)意见。适用于对重要问题提出见解和处理办法。

(八)通知。适用于发布、传达要求下级机关执行和有关单位周知或者执行的事项,批转、转发公文。

(九)通报。适用于表彰先进、批评错误、传达重要精神和告知重要情况。

(十)报告。适用于向上级机关汇报工作、反映情况,回复上级机关的询问。

(十一)请示。适用于向上级机关请求指示、批准。

（十二）批复。适用于答复下级机关请示事项。

（十三）议案。适用于各级人民政府按照法律程序向同级人民代表大会或者人民代表大会常务委员会提请审议事项。

（十四）函。适用于不相隶属机关之间商洽工作、询问和答复问题、请求批准和答复审批事项。

（十五）纪要。适用于记载会议主要情况和议定事项。

第三章 公 文 格 式

第九条 公文一般由份号、密级和保密期限、紧急程度、发文机关标志、发文字号、签发人、标题、主送机关、正文、附件说明、发文机关署名、成文日期、印章、附注、附件、抄送机关、印发机关和印发日期、页码等组成。

（一）份号。公文印制份数的顺序号。涉密公文应当标注份号。

（二）密级和保密期限。公文的秘密等级和保密的期限。涉密公文应当根据涉密程度分别标注"绝密""机密""秘密"和保密期限。

（三）紧急程度。公文送达和办理的时限要求。根据紧急程度，紧急公文应当分别标注"特急""加急"，电报应当分别标注"特提""特急""加急""平急"。

（四）发文机关标志。由发文机关全称或者规范化简称加"文件"二字组成，也可以使用发文机关全称或者规范化简称。联合行文时，发文机关标志可以并用联合发文机关名称，也可以单独用主办机关名称。

（五）发文字号。由发文机关代字、年份、发文顺序号组成。联合行文时，使用主办机关的发文字号。

（六）签发人。上行文应当标注签发人姓名。

（七）标题。由发文机关名称、事由和文种组成。

（八）主送机关。公文的主要受理机关，应当使用机关全称、规范化简称或者同类型机关统称。

（九）正文。公文的主体，用来表述公文的内容。

（十）附件说明。公文附件的顺序号和名称。

（十一）发文机关署名。署发文机关全称或者规范化简称。

（十二）成文日期。署会议通过或者发文机关负责人签发的日期。联合行文时，署最后签发机关负责人签发的日期。

（十三）印章。公文中有发文机关署名的，应当加盖发文机关印章，并与署名机关相符。有特定发文机关标志的普发性公文和电报可以不加盖印章。

（十四）附注。公文印发传达范围等需要说明的事项。

（十五）附件。公文正文的说明、补充或者参考资料。

（十六）抄送机关。除主送机关外需要执行或者知晓公文内容的其他机关，应当使用机关全称、规范化简称或者同类型机关统称。

（十七）印发机关和印发日期。公文的送印机关和送印日期。

（十八）页码。公文页数顺序号。

第十条 公文的版式按照《党政机关公文格式》国家标准执行。

第十一条 公文使用的汉字、数字、外文字符、计量单位和标点符号等，按照国家标准和相关规定执行。民族自治地方的公文，可以并用汉字和当地通用的少数民族文字。

第十二条 公文用纸幅面采用国际标准A4型。特殊形式的公文用纸幅面，根据实际需要确定。

第四章 行 文 规 则

第十三条 行文应当确有必要，讲求实效，注重针对性和可操作性。

第十四条 行文关系根据隶属关系和职权范围确定。一般不得越级行文，特殊情况需要越级行文的，应当同时抄送被越过的上级机关。

第十五条 向上级机关行文，应当遵循以下规则：

（一）原则上主送一个上级机关，根据需要同时抄送相关上级机关和同级机关，不抄送下级机关。

（二）党委、政府的部门向上级主管部门请示、报告重大事项，应当经本级党委、政府同意或者授权；属于部门职权范围内的事项应当直接报送上级主管部门。

（三）下级机关的请示事项，如需以本机关名义向上级机关请示，应当提出倾向性意见后上报，不得原文转报上级机关。

（四）请示应当一文一事。不得在报告等非请示性公文中夹带其他请示事项。

（五）除上级机关负责人直接交办事项外，不得以本机关名义向上级机关负责人报送公文，不得以本机关负责人名义向上级机关报送公文。

（六）受双重领导的机关向其中一个上级机关行文，必要时抄送另一个上级机关。

第十六条 向下级机关行文，应当遵循以下规则：

（一）主送受理机关，根据需要抄送相关机关。重要行文应当同时抄送发文机关的直属上级机关。

（二）党委、政府的办公厅（室）根据本级党委、政府授权，可以向下级党委、政府行文，其他部门和单位不得向下级党委、政府发布指令性公文或者在公文中向下级党委、政府提出指令性要求。需经政府审批的具体事项，经政府同意后可以由政府职能部门行文，文中需注明已经政府同意。

（三）党委、政府的部门在各自职权范围内可以向下级党委、政府的相关部门行文。

（四）涉及多个部门职权范围内的事务，部门之间未协商一致的，不得向下行文；擅自行文的，上级机关应当责令其纠正或者撤销。

（五）上级机关向受双重领导的下级机关行文，必要时抄送该下级机关的另一个上级机关。

第十七条 同级党政机关、党政机关与其他同级机关必要时可以联合行文。属于党委、政府各自职权范围内的工作，不得联合行文。

党委、政府的部门依据职权可以相互行文。

部门内设机构除办公厅（室）外不得对外正式行文。

第五章 公 文 拟 制

第十八条 公文拟制包括公文的起草、审核、签发等程序。

第十九条 公文起草应当做到：

（一）符合党的理论路线方针政策和国家法律法规，完整准确体现发文机关意图，并同现行有关公文相衔接。

（二）一切从实际出发，分析问题实事求是，所提政策措施和办法切实可行。

（三）内容简洁，主题突出，观点鲜明，结构严谨，表述准确，文字精练。

（四）文种正确，格式规范。

（五）深入调查研究，进行充分论证，广泛听取意见。

（六）公文涉及其他地区或者部门职权范围内的事项，起草单位必须征求相关地区或者部门意见，力求达成一致。

（七）机关负责人应当主持、指导重要公文起草工作。

第二十条　公文文稿签发前，应当由发文机关办公厅（室）进行审核。审核的重点包括：

（一）行文理由是否充分，行文依据是否准确。

（二）内容是否符合党的理论路线方针政策和国家法律法规；是否完整准确体现发文机关意图；是否同现行有关公文相衔接；所提政策措施和办法是否切实可行。

（三）涉及有关地区或者部门职权范围内的事项是否经过充分协商并达成一致意见。

（四）文种是否正确，格式是否规范；人名、地名、时间、数字、段落顺序、引文等是否准确；文字、数字、计量单位和标点符号等用法是否规范。

（五）其他内容是否符合公文起草的有关要求。

（六）需要发文机关审议的重要公文文稿，审议前由发文机关办公厅（室）进行初核。

第二十一条　经审核不宜发文的公文文稿，应当退回起草单位并说明理由；符合发文条件但内容需作进一步研究和修改的，由起草单位修改后重新报送。

第二十二条　公文应当经本机关负责人审批签发。重要公文和上行文由机关主要负责人签发。党委、政府的办公厅（室）根据党委、政府授权制发的公文，由受权机关主要负责人签发或者按照有关规定签发。签发人签发公文，应当签署意见、姓名和完整日期；圈阅或者签名的，视为同意。联合发文由所有联署机关的负责人会签。

第六章　公 文 办 理

第二十三条　公文办理包括收文办理、发文办理和整理归档。

第二十四条　收文办理主要程序是：

（一）签收。对收到的公文应当逐件清点，核对无误后签字或者盖章，并注明签收时间。

（二）登记。对公文的主要信息和办理情况应当详细记载。

（三）初审。对收到的公文应当进行初审。初审的重点是：是否应当由本机关办理，是否符合行文规则，文种、格式是否符合要求，涉及其他地区或者部门职权范围内的事项是否已经协商、会签，是否符合公文起草的其他要求。经初审不符合规定的公文，应当及时退回来文单位并说明理由。

（四）承办。阅知性公文应当根据公文内容、要求和工作需要确定范围后分送。批办性公文应当提出拟办意见报本机关负责人批示或者转有关部门办理；需要两个以上部门办理的，应当明确主办部门。紧急公文应当明确办理时限。承办部门对交办的公文应当及时办理，有明确办理时限要求的应当在规定时限内办理完毕。

（五）传阅。根据领导批示和工作需要将公文及时送传阅对象阅知或者批示。办理公文传阅应当随时掌握公文去向,不得漏传、误传、延误。

（六）催办。及时了解掌握公文的办理进展情况,督促承办部门按期办结。紧急公文或者重要公文应当由专人负责催办。

（七）答复。公文的办理结果应当及时答复来文单位,并根据需要告知相关单位。

第二十五条 发文办理主要程序是：

（一）复核。已经发文机关负责人签批的公文,印发前应当对公文的审批手续、内容、文种、格式等进行复核；需作实质性修改的,应当报原签批人复审。

（二）登记。对复核后的公文,应当确定发文字号、分送范围和印制份数并详细记载。

（三）印制。公文印制必须确保质量和时效。涉密公文应当在符合保密要求的场所印制。

（四）核发。公文印制完毕,应当对公文的文字、格式和印刷质量进行检查后分发。

第二十六条 涉密公文应当通过机要交通、邮政机要通信、城市机要文件交换站或者收发件机关机要收发人员进行传递,通过密码电报或者符合国家保密规定的计算机信息系统进行传输。

第二十七条 需要归档的公文及有关材料,应当根据有关档案法律法规以及机关档案管理规定,及时收集齐全、整理归档。两个以上机关联合办理的公文,原件由主办机关归档,相关机关保存复制件。机关负责人兼任其他机关职务的,在履行所兼职务过程中形成的公文,由其兼职机关归档。

第七章　公　文　管　理

第二十八条 各级党政机关应当建立健全本机关公文管理制度,确保管理严格规范,充分发挥公文效用。

第二十九条 党政机关公文由文秘部门或者专人统一管理。设立党委（党组）的县级以上单位应当建立机要保密室和机要阅文室,并按照有关保密规定配备工作人员和必要的安全保密设施设备。

第三十条 公文确定密级前,应当按照拟定的密级先行采取保密措施。确定密级后,应当按照所定密级严格管理。绝密级公文应当由专人管理。

公文的密级需要变更或者解除的,由原确定密级的机关或者其上级机关决定。

第三十一条 公文的印发传达范围应当按照发文机关的要求执行；需要变更的,应当经发文机关批准。

涉密公文公开发布前应当履行解密程序。公开发布的时间、形式和渠道,由发文机关确定。经批准公开发布的公文,同发文机关正式印发的公文具有同等效力。

第三十二条 复制、汇编机密级、秘密级公文,应当符合有关规定并经本机关负责人批准。绝密级公文一般不得复制、汇编,确有工作需要的,应当经发文机关或者其上级机关批准。复制、汇编的公文视同原件管理。

复制件应当加盖复制机关戳记。翻印件应当注明翻印的机关名称、日期。汇编本的密级按照编入公文的最高密级标注。

第三十三条 公文的撤销和废止,由发文机关、上级机关或者权力机关根据职权范围和有关法律法规决定。公文被撤销的,视为自始无效；公文被废止的,视为自废止之日起失效。

第三十四条 涉密公文应当按照发文机关的要求和有关规定进行清退或者销毁。

第三十五条 不具备归档和保存价值的公文,经批准后可以销毁。销毁涉密公文必须严格按照有关规定履行审批登记手续,确保不丢失、不漏销。个人不得私自销毁、留存涉密公文。

第三十六条 机关合并时,全部公文应当随之合并管理;机关撤销时,需要归档的公文经整理后按照有关规定移交档案管理部门。

工作人员离岗离职时,所在机关应当督促其将暂存、借用的公文按照有关规定移交、清退。

第三十七条 新设立的机关应当向本级党委、政府的办公厅(室)提出发文立户申请。经审查符合条件的,列为发文单位,机关合并或者撤销时,相应进行调整。

第八章 附 则

第三十八条 党政机关公文含电子公文。电子公文处理工作的具体办法另行制定。

第三十九条 法规、规章方面的公文,依照有关规定处理。外事方面的公文,依照外事主管部门的有关规定处理。

第四十条 其他机关和单位的公文处理工作,可以参照本条例执行。

第四十一条 本条例由中共中央办公厅、国务院办公厅负责解释。

第四十二条 本条例自 2012 年 7 月 1 日起施行。1996 年 5 月 3 日中共中央办公厅发布的《中国共产党机关公文处理条例》和 2000 年 8 月 24 日国务院发布的《国家行政机关公文处理办法》停止执行。

附录二 文章修改符号及其用法

编号	符号名称	符号形态	符号说明	用法示例
1	改正号		表明需要改正错误。把错误之处圈起来,再用引线引到空白处改正	
2	删除号		表明删除掉。文字少时加圈,文字多时可加框打叉	
3	增补号		表明增补。文字少时加圈,文字多时可用线画清增补的范围	
4	对调号		表明调整颠倒的字、句位置。曲线的中间部分不调整	
5	转移号		表明词语位置的转移。将要转移的部分圈起,并画出引线指向转移部位	
6	接排号		表明两行文字之间应接排,不需另起一行	

续表

编号	符号名称	符号形态	符号说明	用法示例
7	另起号		表明要另起一段。需要另起一段的地方,用引线向左延伸到起段的位置	我们今年完成了任务。明年……
8	移位号	(箭头) 或 (箭头) 或 (凸曲线)	表明移位的方向。用箭头或凸曲线表示。使用箭头,是表示移至箭头前直线位置;使用凸曲线是表示把符号内的文字移至开口处两短直线位置	锦州印刷厂 锦州 印刷厂
9	排齐号		表明应排列整齐。在行列中不齐的字句上下或左右画出直线	认真提高 提高 质量印刷质量, 缩短出版周期
10	保留号	△	表明改错、删错后需保留原状。在改错、删错处的上方或下方画出三角符号,并在原删除符号上画两根短线	认真搞好校对工作 △

附录三 公文和 AI 应用常用特定用语简表

类别	用语名称	作用	常用特定用语
1	开端用语	主要用于文章开头，表示发语、引据	为、为了、为着、查、接、顷接、根据、据、遵照、依照、按照、按、鉴于、关于、兹、兹定于、今、随着、由于
2	称谓用语	用于表示人称或对单位的称谓	第一人称：我、我单位、本人、本公司、我们、敝单位 第二人称：你、你局、贵公司、贵方 第三人称：他、该公司、该项目
3	递送用语	用于表示文、物递送方向	上行：报、呈 平行：送 下行：发、颁发、颁布、发布、印发、下达
4	引叙用语	用于复文引据	悉、接、顷接、据、收悉
5	拟办用语	用于审批、拟办	拟办：责成、交办、试办、办理、执行
6	经办用语	用于表明进程	经、业经、已经、兹经
7	过渡用语	用于承上启下	鉴于、为此、对此、为使、对于、关于、如下
8	期请用语	用于表示期望请求	上行：请、恳请、拟请、特请、报请 平行：请、拟请、特请、务请、如蒙、即请、切盼 下行：希望、尚望、切望、请、希予、勿误
9	结尾用语	用于结尾，表示收束	上行：当否，请批复；可否，请指示；如无不当，请批转；如无不妥，请批准；特此报告；以上报告，请批转；以上报告，请审核 平行：此致敬礼、为盼、为荷、特此函达、特此证明、尚望函复 下行：为要、为宜、为妥、希遵照执行、特此通知、此复、为……而努力、现予公布……
10	谦敬用语	用于表示谦敬	承蒙惠允、不胜感激、鼎力相助、蒙、承蒙
11	批转用语	用于上级对下级来文的批转处理	批转、转发

续表

类别	用语名称	作用	常用特定用语
12	征询用语	用于征请、询问对有关事项的意见、态度	当否、妥否、可否、是否妥当、是否同意、如无不当、如无不妥、如果可行
13	AI用语	用于发出提示词指令	请、务请、生成、须、涵盖、包括、至少、不限于、要求、分条列项、详细、严谨、周密、规范、附图、表格式、文字表格混合式、解释、辨析、分析、根据、达成、按……格式、参照……语言风格、回答、总结、综述、对比、限……字、不超过……字

主要参考文献

[1] 尹相如.写作教程[M].北京.高等教育出版社,2024.
[2] 潘桂云.应用写作与口才[M].3版.北京:高等教育出版社,2020.
[3] 李薇.财经应用文写作[M].3版.北京:高等教育出版社,2020.
[4] 王首程.应用文写作[M].4版.北京:高等教育出版社,2019.
[5] 农柳,战歆,陈献兰.应用文写作与口语训练[M].北京:中国人民大学出版社,2020.
[6] 邓玉萍.应用文书写作[M].3版.北京:中国人民大学出版社,2018.
[7] 董金凤,岳海翔,王丽芳.新编高职应用写作实训教程[M].2版.北京:高等教育出版社,2019.
[8] 余荣宝,武雪慧.大学语文[M].2版.北京:高等教育出版社,2024.
[9] 朱悦雄.创新应用写作[M].广州:广东高等教育出版社,2014.
[10] 陈子典.写作大要新编[M].2版.广州:中山大学出版社,2011.
[11] 叶黔达.应用写作(上、下)[M].成都:四川人民出版社,2022.
[12] 叶黔达,柯世华.现代公文写作与处理最新规范·观念·技巧[M].成都:四川人民出版社,2021.
[13] 曾昭乐.现代公文写作[M].4版.广州:中山大学出版社,2014.
[14] 陈倩倩.新媒体文案写作与编辑[M].2版.北京:中国人民大学出版社,2021.
[15] 安佳.互联网文案写作[M].北京:人民邮电出版社,2018.
[16] 杨文丰.实用经济文书写作[M].6版.北京:中国人民大学出版社,2022.
[17] 杨文丰.经济应用文书写作[M].3版.北京:高等教育出版社,2018.
[18] 劳社部中国就业培训中心组织编写(执行主编:杨文丰).秘书国家职业资格培训教程(二级秘书)[M].北京:中央电大出版社,2014.
[19] 杨文丰.直觉、灵感与创造性写作[J].写作,1998(9).
[20] 杨文丰.公文结构模块模式之建立及其教学[J].写作,1997(2).
[21] 杨文丰.公文正文内容显性和隐性结构模式及其教学意义[J].秘书,2002(2).
[22] 杨文丰."写作思维场"论[J].学术研究,1998(6).
[23] 杨文丰.论创造性写作思维的特质[J].学术研究,2001(12).
[24] 杨文丰.写作直觉论[J].写作,2003(3).
[25] 杨文丰.应用写作教学亟待创新问题浅说[J].应用写作,2001(6).
[26] 杨文丰."应用写作"国家精品课程的建设实践和认识[J].应用写作,2005(5).
[27] 杨文丰主持应用写作"国家精品资源共享课程".教育部爱课程网站.
[28] 网上有关AI的知识和AI使用技巧.

郑重声明

高等教育出版社依法对本书享有专有出版权。任何未经许可的复制、销售行为均违反《中华人民共和国著作权法》，其行为人将承担相应的民事责任和行政责任；构成犯罪的，将被依法追究刑事责任。为了维护市场秩序，保护读者的合法权益，避免读者误用盗版书造成不良后果，我社将配合行政执法部门和司法机关对违法犯罪的单位和个人进行严厉打击。社会各界人士如发现上述侵权行为，希望及时举报，我社将奖励举报有功人员。

反盗版举报电话　（010）58581999　58582371
反盗版举报邮箱　dd@hep.com.cn
通信地址　　　　北京市西城区德外大街 4 号
　　　　　　　　高等教育出版社知识产权与法律事务部
邮政编码　　　　100120

读者意见反馈

为收集对教材的意见建议，进一步完善教材编写并做好服务工作，读者可将对本教材的意见建议通过如下渠道反馈至我社。

咨询电话　400-810-0598
反馈邮箱　gjdzfwb@pub.hep.cn
通信地址　北京市朝阳区惠新东街 4 号富盛大厦 1 座
　　　　　高等教育出版社总编辑办公室
邮政编码　100029

资源服务提示

授课教师如需获得本书配套教学资源，请登录"高等教育出版社产品检索信息系统"（https://xuanshu.hep.com.cn/）搜索本书并下载资源，首次使用本系统的用户，请先注册并进行教师资格认证。

联系我们

高教社高职语文教育研讨 QQ 群：790979113